岩 波 文 庫

33-436-2

日本の古代国家

石母田 正著

はしがき

古代国家の歴史的考察が、中世国家や近代国家のそれと区別される特徴の一つは、そこに国家の成立の問題がふくまれているということである。成立の問題は、ただちに国家の一般的性質や機能の問題につながってくる。この問題の解明が、過去において、それについての学問的研究の余地がないほど、権力的な強圧のもとにおかれたのは、そのためである。本書の課題は、そのような抑圧から一応は解放された戦後の古代史学界の学問的蓄積を基礎にして、日本の古代国家の成立過程をあつかうことである。そのさい、本書では、国家の端緒をなす三世紀の邪馬《やま》台国《たいこく》から出発して、律令制国家の成立にいたる国家形成の諸段階を歴史的に跡づけるという方法はとらなかった。国家の成立についての諸問題が全面的に提起されるのは、古代国家の完成される時期においてであって、七・八世紀、すなわち推古《すいこ》朝から大化改新《たいかのかいしん》を経て律令制国家の成立にいたる時期こそ、国家の成立を総括的に問題にし得る基本的な場でなければならない。そこでは、邪馬台国以来の一切の政治的支配諸形態が消滅したのではなく、反対にそれらは国家構造の基本的契機として保存され止揚されているのであって、その分析のみが、古代国家の一般的属性と諸機能と特殊性を全面的にあきらかにし、過去の端緒的国家形態の性質と歴史的地位を決定する鍵を提供するのである。この手続を一度経なければ、日本における「国家の起源」について説くことができないというのが本書の立場である（本書を土台にして、二・三世紀以降の国家成立史を歴史的にたどるつぎの仕事は、当然本書の構成とは逆に、第四章の問題からはじめることとなろう）。『魏志』倭人伝の片言隻句についての精緻をきわめた解釈と、自由な構想力との結合が生みだす邪馬台国論の魅力を知りながら、あえてそこから出発しなかったのは、右の理由による。

国家についてのなんらかの哲学的規定からではなく、経験科学的・歴史的分析から国家の属性や諸機能を総括しようとする立場に立つということは、この問題に無概念、無前提に接近するということではない。そのようなことが可能だと思いこみ、それが通用しているのは、歴史家たちの住むせまい世界の特殊性のためである。しかし国家についてのどのような理論も、歴史的に存在した個々の国家について厳密に検証されなければならず、それにたえない理論はすてられなければならない。これが学問の約束であろう。そのさい、われわれがもっている国家についての諸理論が主として古典古代から近代国家にいたる西欧型の国家の歴史から帰納され、抽象された理論であること、したがってそれを歴史的性質が異なる東洋的社会から発生した日本の古代国家の成立史のなかで検証しようとするとき、検証はもはや検証にとどまっていることはできず、理論と事実との緊張関係のなかから新しく何かを生みだす作業にならなければならない。理論や概念の「適用」という安易な道ではなく、所与の国家の歴史自体からわれわれの古代国家論をつくり上げてゆく必要がある。戦後の古代史研究者の仕事は、この課題にこたえるために、蓄積されてきたといってよい。

本書のように死滅した過去の国家について考察する場合にも、われわれは現代の日本のおかれた状況をはなれて、それをなし得るわけではない。この数年、「国家利益」への従属、「国家権威」への忠誠が説かれ、「国家理想」を実現するためには、「教育権」は「国家」の手に握らねばならぬと公然と主張されている(中教審中間答申)。国家を超越的権威とし、それへの国民の依存を強めようとしているのである。数年前、『期待される人間像』なる文書は、「愛国心」を説いて「国家にたいする忠誠」であるとしたが、最近の『防衛白書』は、それは「国家の危急」にはせ参ずることだと、「忠誠」の内容をあきらかにしてきている(『毎日新聞』)。「国家」という手負いの「怪物」が、戦後二十五年を経て、ふたたび日本人と海外の諸民族のまえに立ちはだかろうとしている。戦前、その権力は歴史学をおしつぶしてしまった。この過去を安易に忘れることは、それを承認することにつながりかねないような転換がおこっているとみてよい。しかしそれは過去がそのままの形で「復活」しつつあるとみるべきではないだろう。記紀のつたえる日本国家の成立史が歴史的事実であるかどうかという科学的検討からはじまった批判的精神を継承し、発展させるだけでなく、研究者自身で各自の古代国家論をきたえあげる努力が、戦後になって積みかさねられてきたのは、学問が新しい時代の転換に対応し、それにたえるだけの力をたくわえるためであった。私の能力にあまる困難な課題であることは、はじめから承知していたが、本書もまた研究者の一人としての同じ責務をはたすつもりで、書かれたものである。

昨年四月、「竹内理三博士還暦記念会」は、竹内博士の還暦を祝って、論文集『律令国家と貴族社会』および『荘園制と武家社会』を刊行した。私は当時一篇の論文も寄稿できなかったので、おくればせながら、本書をもってそれにかえ、博士の学問的業績を記念する挙に加わりたいとおもう。

一九七〇年十一月

石母田　正

目　次

日本の古代国家

最も強いものでも、自分の強力を権利に、服従を義務にかえないかぎり、いつまでも主人であり得るほどに強いものでは決してない。

（ルソー『社会契約論』第一篇第三章）

第一章　国家成立史における国際的契機

第一節　交通の問題　戦争と内乱の周期

日本の古代国家の成立と構造の歴史的特質の一つは、国際関係ときりはなしては考察できないという点にある。その特質は一つの歴史的事実として与えられている。(1) おそらくそれは「国家」一般の本質と深くかかわっているのであろう。「国家」を抽象的概念として理論的にとりあつかう他の諸科学においては、国際的諸関係は、歴史的・外的環境として捨象し得るだろうが、歴史的に存在した特殊具体的な国家を問題にする歴史学においては、また与えられた事実の分析からのみ、古代国家についてなんらかの理論を学びとろうとするものにとっては、古代国家と国際的契機との関係は捨象し得ない問題として存在する。それは国際関係を重視するとか軽視するとかの問題ではない。対外関係という一つの契機が一国の内政に転化してゆき、また逆に内政が対外関係を規定する基礎となるという相互関係と不可分の統一を、それが独自の形をとってあらわれる古代国家の諸段階について、あきらかにする必要があるのである。それには「対外交渉史」や「外交史」が、貴重な学問的貢献をしながらも、内政と外政とを単純に分離してきたためにひきおこしてきた伝統的な思考方法を克服することが前提となる。この分離は、その反面の結果として、素朴な内政還元主義を生みだしたことが特徴的である。それは国際関係と、それに対応するそれぞれの国の外交政策が、独自の領域をなしている事実を見うしなう結果となった。一、二の単純な例でいえば、つぎのようなことである。

五九二年、蘇我氏が崇峻《すしゅん》天皇を暗殺した著名な事件は、推古《すいこ》朝の政治の前提をなす特徴的な事件として知られている。そのさい、蘇我馬子《そがのうまこ》は、さきに新羅《しらぎ》侵攻の目的で筑紫《つくし》に駐屯していた大将軍紀男《きのお》麻呂《まろ》指揮下の軍隊に駅使《はゆま》をつかわして、「内乱ニ依ッテ外事ヲ怠ル莫《ナカ》レ」と指令したといわれる(崇峻紀)。この指令は、天皇暗殺にそなえて、あらかじめ諸氏族の軍隊を筑紫に排し避けた馬子の政略であると古くから解釈され、近代の史家のなかにもそれを踏襲する説がある。このような解釈によって、「二万余」の軍隊の派遣という事実は、六世紀以来の日本の支配層内部の対立、しかも皇室対蘇我氏という単純な図式のなかに還元され、それだけ国際的諸関係からきりはなされ、政治は蘇我氏の陰謀によって進行しているかのような形にさえなってくる。しかし馬子の右の陰謀が成功するためには、「内乱」=内政と「外事」=外交とは区別すべきものであるという観念が、あらかじめ支配層内部の、または筑紫駐屯の将軍たちの共通の観念として存在することが前提となっているという側面を、右の解釈は評価しない結果となる。かかる内政還元主義は、対外関係または外交が、内政とは区別された別個の性質をもち、独自の領域を形成しており、内政から相対的に独立した契機であることを正しく評価しない誤りをおかすことによって、同時に内政そのものを矮小化し単純化するという二重の誤った思考方法にみちびく。両者はたがいに補いあっている。内政と外事＝外交を区別すべきだという認識は、六世紀を通じての朝鮮問題における敗退と行き詰まりの結果として、日本の支配階級の共通の観念となっていたこと、この事実こそが、推古朝の外交やいわゆる「改革」の前提となっているのであって、かかる階級的観点をはなれて、推古朝の外交を太子と蘇我氏のいずれが領導したかという問題に解消することは、内政自体の理解を一面的にする結果となろう。推古朝における外交問題は、支配層にとって独自の共通の課題として存在したからこそ、太子と蘇我氏の対立(もし推古朝にそれがあったとすれば)に転化してゆくのであって、その逆ではない。朝鮮問題は、王室や蘇我氏ばかりでなく、六世紀の支配層一般の利害関係あるいはその国制自体が、それと不可分に結合しているのであって(第四章第二節)、支配層の意識においては、内と外とは朝鮮海峡によって単純にへだてられているのではないところに古代国家の特徴がある。

第二の例も、基本的には同じ類型に属する。奈良時代の末期、専制的権力を確立した藤原仲麻呂《ふじわらのなかまろ》の新羅侵攻計画は、かれの没落とともに消滅したことがしめすように、仲麻呂という人物と不可分の関係にあることはあきらかである。そのためにこの計画は、かれの専制支配の確立のためのたんなる手段であり、いわゆる「仲麻呂政権」を強化するための政略にすぎないように説かれることとなる。しかしこの場合も、なぜ新羅侵攻計画が、奈良時代末期の支配層内部において一個の「手段」または「政略」としての役割をはたし得たかという問題が提起されない。その結果は歴史における個人の役割の過大評価にみちびき、歴史を諸階級の総体的運動からではなく、個人の意図や政略から説明するという誤りにみちびかざるを得ない。いかなる専制者といえども(あるいは専制者であればこそ)、与えられた歴史的諸条件の上にその歴史をつくるのである。「手段」が手段として機能するための諸条件、たとえば支配層全体の意識や思想、またそれらを規定しているところの六世紀以来の歴史的伝統と律令制国家自体の構造、また独立的領域として存在している国際関係の現実の運動等々を分析するかわりに、問題を特定の個人または諸勢力間の争闘に還元することによって安直に解決されることとなる。仲麻呂はたしかに天平《てんぴょう》期の国際関係や外交問題を、その政略のために利用した。仲麻呂だけでなく、その父祖の代から藤原氏にはその傾向がみられる。しかしかかる藤原氏自体が、律令制国家がそのなかに組みこまれていた国際的諸関係のなかで生みだされてきた新しいタイプの官人貴族層であることに注目する必要がある。時代が人間をつくるのであって、逆ではない。

本章の課題の一つは、国際関係を、国家成立のための独立の契機または要因としてとらえることにある。このことは日本の（または東洋の）古代国家の成立史の場合には、特別の意味をもっている。東洋的社会の特殊な構造がその根本にあるからである。それは国家の端緒形態をなす邪馬台国《やまたいこく》の段階においてすでに明確な形であらわれている。(2) 邪馬台国の女王卑弥呼《ひみこ》は二つの顔をもっていた。一つの顔は国内に向いていて、その面では彼女は、「鬼道ニ事《ツカ》エ、能《ヨ》ク衆ヲ惑ワス」ところのシャーマン的女王として存在する。もう一つの顔は、「親魏倭王《しんぎわおう》」として外部に向いている顔である。後者は、第一に女王の統属下にある二八カ国の諸王にたいする対外関係によって、第二にそれらの諸国を代表して中国に対する国際関係によって規定されている。それは所与の条件としてあらかじめ存在するのであって、彼女のつくりだしたものではない。その国際関係の特徴は、中国の王朝が魏・呉・蜀の三国に分裂し、魏と呉が対立抗争の関係にあること、また魏の対抗勢力として公孫《こうそん》氏・高句麗《こうくり》等が北方に存在しており、それらの勢力が南方の呉とむすぶことについて魏が脅威を感じていたということにある。したがって邪馬台国と呉との通交またはその可能性は、魏の対外政策にとって一つの関心事であり、より直接には高句麗にたいする対立関係が、魏にとっての邪馬台国の相対的地位を高める結果となったのである(3)。それは、魏の異例の日本遣使にたいする女王の答礼がおこなわれてから数年ならずして魏の大規模な高句麗征討が実現されたことにも反映している。以上が邪馬台国がおかれた国際関係の要点である。しかし注意すべきことは、卑弥呼がかかる客観的諸条件にたいして主体的に対処しているとみられることである。邪馬台国と狗奴国《くなこく》との紛争にさいして、女王が帯方郡《たいほうぐん》の大守に報告し、それにこたえて魏の使節が詔書をもって倭国にきて激励している事実は、それを明瞭にしている。彼女は所与の国際的諸条件を内政のために利用し、それによって狗奴国との紛争という国内矛盾を解決しようとしているのである。諸国の対立と交錯によって構成されている国際関係のなかから、自己の政治目的を実現するための可能性を見出し、それを内政に転化し現実化する政治技術が、「外交」の一つの性質だとすれば、女王卑弥呼は素朴ながらここで「外交」をおこなっているのである。

「外交」する女王の顔にたいして、他の顔はいちじるしく未開的な風貌を帯びているのが特徴的である。『魏志』倭人伝は、女王が特別の禁忌にしばられていたことをつぎのようにのべている。

王ト為リシヨリ以来、見ル有ル者少ク、婢《ヒ》千人ヲ以テ自ラ侍《ジ》セシム。唯男子一人有リ、飲食ヲ給シ、辞《ジ》ヲ伝エ、居処《キョショ》ニ出入ス。

この一節を理解するためには、中国についての知識ではなく、メラネシアやポリネシアについての知識の方が役立つほどである。女王に謁見するものが少ないのは、彼女が禁忌によって共同体の成員から隔離されていたためである。この禁忌についてとくに「王ト為リシヨリ以来」とことわっている点が注目すべきであろう。各種の禁忌が、支配下の共同体を法にかわって規制する一般的な秩序として存在したからこそ、共同体を人格的に統合し代表する「王」の地位は、特別の禁忌によって緊縛される必要があったのであり、またその限りにおいてのみ彼女は「王」たり得たのである。その禁忌が住居と飲食等についてとくに顕著であることも一般的にみられる特徴と共通している。女王に飲食を給する「男子一人」について、女王の「辞ヲ伝エ」る役割を特記していることも注目される。王＝首長は禁忌にしばられて直接その命令を伝達し得ないために、なんらかの形の特別の媒介者を必要とすることは多くの「未開社会」にみられ、それは六世紀以降のいわゆる「奉宣《ほうせん》」を職掌とする官職の原始形態をなしている。女王＝シャーマンと結びついている王独自の禁忌の存在は、彼女が共同体＝クニを統合し代表する人格＝首長であることの結果であるが、倭人伝によれば、国内統治の面でそこに一つの分化がおこっていることが注目される。「年已《スデ》ニ長大ナルモ夫壻《フセイ》無ク、男弟《ダンテイ》有リ、佐《タス》ケテ国ヲ治ム」といわれている彼女の「男弟」の存在がそれである。しかし支配のかかる二元的《デュアリズム》構造自体は、倭国《わこく》特有なものではなく、たとえばポリネシアのトンガ島の王制においても、形は異なるが同様の分化がみられるように、共同体の首長制の歴史的発展と統治機能の原始的な分化をしめす一形態にすぎない。しかし卑弥呼が、国内的な面では「治国」を男弟に委せて、シャーマン的権威として疎外されておりながら、外交の領域においては、女王国を代表するものとしてあらわれ、「外交」する開明的な王として登場するところに問題があるのである。異質の二つの顔をささえている彼女の身体の構造が解かれねばならない。

初期の支配形態は、大づかみには、二つの類型に分類される。共同体の「共同性」が首長によって「代表」される型と、成員相互の関係として、すなわちなんらかの形の「民会」によって「代表」される型である。後者には古典古代的・ゲルマン的類型が属し、前者には、いわゆる共同体の「アジア的形態」が対応し、そこでは王＝首長は多かれ少なかれデスポティックな性格をもつ(4)。その特徴は対外的な側面においてもっとも明確にあらわれるのであって、共同体の成員による民会が発達して内部的事項を把握し、首長の権力が名目的な地位にまで低下した場合でさえも、たとえば外来の客人の接待、贈答の形における外部との物資の交換、他の共同体との同盟関係または戦争の指揮の権能等は、首長の特別の機能として維持されるのである。(5) 王＝首長が共同体を形式的にでも「代表」するかぎり、それは当然の帰結であった。したがってその内部構造がいかに未開的で、「呪術からの解放」が未発達であっても、首長層は、対外的な面においては開明的であり得るのであって、ことに高度に発達した国との対外関係をもつにいたると、後者の側面は後進的な内部構造と対比した場合、不均等に発達するのである。卑弥呼の二つの顔をささえているのは、アジア的首長制という同一の身体である。七世紀初頭になって、対外関係または外交が支配層にとって重要な課題となった推古朝において、王権が前面にでてくることは右のことと関連しているとおもう。推古女帝と万機を総摂する皇太子という結合体は、女王とその「男弟」という組合せの発展した形態であるが、両者の系譜的関係よりも、大切なのは王制＝首長制が対外関係においてもつ特別の機能である。六世紀において、後の「皇太子」の前身をなすのは「大兄《おおえ》」であるが、百済《くだら》にたいする任那《みまな》四県の割譲という有名な事件において、外交上の国事の決定に勾大兄《まがりのおおえ》が参画している事実は、右にのべた特徴との関連で注目される。(6) したがってアジア的社会のもとでは、他民族との交通が重要になればなるほど、その機能を独占する首長制＝王権は「開明的」となり、内部的地位はそれによって強化されるという傾向をもつのである。

邪馬台国における国家の機関の萌芽の問題も右のことと不可分である。そこには「官名」をしめすとみられる二種類のものが区別される。一つは対馬《つしま》・一支《いき》・奴《な》・不弥《ふみ》等のクニに共通してみられるヒナモリ(卑奴母離)や狗奴国の「官」としての「狗古智卑狗《くこちひこ》」等の系列に属するものであり、一つは伊都《いと》国に駐在する「一大率《いちだいそつ》」の系列に属するものである。前者が女王から派遣されたものか、またはそれぞれのクニの「官」であるかは別として、その性質がおよそ「官」とは遠い存在であることはいうまでもない。それにたいして「一大率」は、女王国以北の諸国の検察と、倭国の外交事務を掌《つかさど》る官であり、女王から特定の任務をもって派遣され、伊都国に駐在する官である。また「国々市《イチ》有リ、有無ヲ交易シ、大倭《ダイワ》ヲシテ之ヲ監《カン》セシム」は、「大倭」が難解なため明瞭でないが、「監セシム」とある以上、女王が派遣したかまたは任命した官人の存在が推定され、これも「一大率」の系列に属する。注意すべき点は、この系列の官が、いずれも邪馬台国と統属下の諸国との間に、あるいはそれらの諸国をふくむ倭国全体と中国との間に、成立しているという特徴である。それぞれのクニ＝共同体の内部にまず「官」が成立するのではなく、それら相互の間に、または外国と接触する場にまず「官」が成立することは、前記の首長制の特徴と密接に関連しているのである。

前記の「国々市有リ」といわれる場合の「市」が、それぞれのクニの内部の分業と交換の発展の所産としての「市」ではなく、クニグニの間の、あるいは倭国と朝鮮・中国との間の交換の場としての公的な「市」であることは、女王がとくにそれを制御しようとしている事実からもあきらかである。「商品交換は、諸共同体の終るところで、諸共同体が他者たる諸共同体または他者たる諸共同体の成員と接触する地点で始まる」という一般的に確認されている特徴をここで想起する必要がある。(7) 邪馬台国または弥生《やよい》式時代においては、朝鮮海峡は、朝鮮半島・大陸から倭国を隔離する役割よりも、反対に両者を結合させ、媒介する通路をなしており、そこに点在する大小の島々は、古典古代の成立期における多島海と同じ役割をはたした。(8) この時代の豊富な舶載の副葬品がそれをしめしている。つづく古墳時代においても、被葬者たる首長の副葬品は、その支配領域の内部においては生産されない物資を多くふくんでおり、それらは交換によって他のクニ＝共同体から調達されたとみるほかはなく、「諸共同体の終る」ところ、その「接触地点」でまず交換が始まるという原則はここでも特徴的である。(9) 旧沖縄の「按司《あじ》」＝首長の支配と鉄製品の輸入・独占の関係も同じである。この交換・流通の発展過程において、決定的役割をはたすのは諸共同体を代表する首長の媒介者としての機能であり、古代社会の基礎構造をなす在地首長層の生産関係を土台にすえなければ、商品交換をふくむこの段階での一切の経済的、政治的、精神的交通の構造的特質が見うしなわれよう。

諸首長＝諸王権の間の「信物《しんもつ》」や奴隷＝「生口《せいこう》」をふくむ貢納品も交通の一手段であり、三世紀の「倭国《わこく》」大乱や、四・五世紀の内外の戦争も、諸王権間の「正常な交通」(10)の一形態としての側面をまだ保存しているけれども、この戦争＝交通の帰結として生れてくる諸共同体または諸首長間の体制は、邪馬台国の内部がすでに王《おう》・大人《だいじん》・下戸《げこ》・奴婢《ぬひ》という階級的・身分的分化をしめしている段階では、多かれ少なかれ支配と隷属の関係として編成されざるを得ず、邪馬台国の前記の「一大率」の系列に属する「官」は、そこを場として成立してくるのである。

国家機構の萌芽が諸国間の境界領域の場にまず成立するという特徴は、前記の商品交換の場合と同じく、「王」を首長とする諸国の内部構造がアジア的首長制を根柢にしていること、いいかえればその内部では「官」または統治のための機構的・制度的なものが発生することが極度に困難であり、弥生式末期の北九州の首長層の墳墓や四・五世紀の古墳の副葬品の各種の宝器がしめすような首長層の司祭者的性格と機能、また卑弥呼の前記のような禁忌に緊縛されたシャーマン的機能が政治に代位しているという特徴によって規定されているのである。天武《てんむ》朝にはじめて分離されるいわゆる新国造《しんこくぞう》の「神官」的性格が、本来旧国造層の固有の一側面をなしていたことも想起すべきである(第四章第一節)。かかる総体的な構造連関をみないで、国家の個々の萌芽の存在を標識として、そこから逆に古代社会の段階を測定したり、国家の成立を論ずることの方法上の危険はいうまでもない。日本古代のようにアジア的首長制またはアジア的共同体が頑強に在地を支配した国にあっては、国家の基本的属性をなす機構、組織、機関等々の制度の成立は必然的におくれるのであって、諸国間、諸首長間の境界領域がその成立の主要な場にならざるを得ないのである。推古朝にあってさえその傾向はみられる。この時期の国家機構としてもっとも純粋な型をしめしているのは、性格上右の「一大率」の系譜をひく「筑紫大宰《つくしのだざい》」であり（第二章第五節）、後者の系列につながる改新期の東国の「総領《そうりょう》」である。

「筑紫大宰」は、(イ)常駐の官であり、(ロ)独立の官衙《かんが》をもったと推定され、(ハ)特定の任務権限をあたえられていた点で、改新期の「総領」は、右の(イ)(ロ)の特徴を欠くとはいえ、(ハ)を共通し、そのほかに長官《かみ》・次官《すけ》および主典《さかん》の三級の官人に分化し、長官には九人の、次官には七人の、主典には五人の従者が定められている点で注目すべきである（孝徳紀）。後者の長官・次官・主典の用語が書紀編者の潤色になるとしても、潤色し得るだけの整った官人構成をもっていたとみるべきであるから、改新期の段階ではそれはもっとも純粋な国家機関の形をしめしていた。推古朝の「筑紫大宰」が、天武・持統朝に整備され、令制の「大宰府」すなわち対外交渉にあたり、九国二島を統管する整然たる「西海ノ小朝廷」としての一大機構に成長する原型であることはいうまでもない。これにたいして推古朝の中央の政府組織は、このような純粋な形の機構をもつことはできなかったのが特徴的である。伴造《とものみやつこ》や品部《しなべ》制や「人《ひと》」制のなかから自然発生的かつ散在的に官司《かんし》制が成長するけれども、それは名代《なしろ》が「私部《きさいべ》」に、負名氏《おいなのうじ》が「殿部《とのもり》」に制度化された場合と同じく、機構や制度の実体は部民制的構造から分離することはできなかった。王権の家産制的組織または「内廷《ないてい》」の伝統的構造によって制約されたからである。かかる中央の官司制のなかでは、もっとも発達した官司である「外廷《がいてい》」としての「大蔵《おおくら》」が、「ヤマト朝廷」が諸国から貢納物を収納する官司として、ほかならぬ両者の境界領域に成立していることに注目すべきであろう。かかる特徴も、地方の首長制と同じく、中央の首長制＝王権の内部構造が、機構化または官僚制化することが困難であったことによってもたらされた結果である。これはアジア的首長制または共同体を構造上の特徴とする日本の場合、むしろ自然の結果とみるべきであろう。基本的構造を共通にしながら、朝鮮三国、たとえば推古朝の日本がモデルとした百済において、国家機構が早期に発達したのは、三国間の、あるいは対中国の戦争と対立によってもたらされた軍事的・政治的緊張という特殊な歴史的事情によって説明さるべきである。

国家の、あるいは国家の個々の諸側面の成立の仕方が、基本的にはアジア的首長制＝

共同体の存在によって規定されているという右の基本関係は、倭国・朝鮮諸国・中国をふくむ国際的諸関係についても同じである。たしかに中国の戦国時代のように、対等の諸国間の関係を規制する法慣習や儀礼が成立することもあるが、かかる関係はつねに相対的であり、経過的なものである。諸国の内部構造が支配と隷属を基礎にしている以上、諸国間の国際関係も対等であり得ず、冊封《さくほう》関係、君臣関係、朝貢関係がむしろ国際関係を規制する正常な原則となる。秦漢王朝の内部関係が冊封体制以下の従属の諸形式として、世界帝国の秩序として拡大される。もともと古代文明の発展の仕方は、その出発点から多極的かつ多元的であるのを特徴とした。金属器とくに鉄器の使用と奴隷制は、地理的諸条件とも関連して、生産力の飛躍的発展をともなうが、このことは古代文明の発展の仕方における地域的不均等性の形をとってあらわれる。中国の黄河流域、インドのインダス河とガンジス河流域、さらにメソポタミアやナイル河流域等に成立した古代文明が、その世界史的典型であるが、日本の内部においても北九州、畿内およびそれらと同規模な巨大古墳をきずいた吉備《きび》地方等は、後進地帯と比較にならない卓越した古代文明を発達させ、この不均等な発展の仕方に規制されて、その周辺の共同体＝クニグニは、なんらかの形で、支配・隷属の関係のなかに編成される。その点で、生産力と生産様式が基本にある。しかしそのことは、前記の「交通」形態がもっている特別の意味を否定することにはならないし、またなってはならない。ここにいう「交通」とは、経済的側面では、商品交換や流通や商業および生産技術の交流であり、政治的領域では戦争や外交をふくむ対外諸関係であり、精神的領域においては文字の使用から法の継受にいたる多様な交流である。生産力と生産様式を基礎として多極的かつ不均等な形において前記の古代文明がいったん成立すると、こんどは右の交通形態が、一方においては古代文明の水準化をもたらすと同時に、他方では本来の不均等性をさらに発展させる役割をする。たとえば、前記の古代文明のいずれからも隔離された南太平洋諸島の諸民族が、「未開社会」または「自然民族」としてとりのこされたのがそれである。その後進的な社会構造は、かれらのおくれた生産方法に基礎をもっている。しかし後者はまたかれらが既成の古代文明から隔離されていたという交通形態によって規制されているのである。かれらが、その内的・自律的発展の結果として、アジア的首長制を土台とした王・王族(＝大人)・庶民(＝下戸)・奴隷(＝奴婢)の形における階級分化、つまり邪馬台国的段階にまでは到達するけれども、それ以上にすすむことは困難であったのである。同時にこれらの「未開社会」の世界においても、交通形態は独自の意義をもっていた。たとえばメラネシアとポリネシアの境界線上にあるフィジー島の首長制が、ポリネシアの進んだ技術、首長の支配体制を継受することによって、あるいは後者によって征服されることによって、その階級分化を発展させた事実を想起すべきであろう。交通形態を媒介することなくしては、西欧人渡来以前のこの「未開社会」の存在と歴史は、巨視的にも微視的にも理解しがたいとすれば、邪馬台国以前から、漢代から中国王朝に朝貢して「金印」を授与されているような北九州の首長たちの交通形態が、そのポリネシア的段階を克服する点において、いかに恵まれていたかが理解されよう。後者や卑弥呼が中国の皇帝にもたらした貢物も、また日本内部の首長間の前記の交換も、根本はそれぞれの支配領域における剰余生産物の生産に依存しているという事実は、右の交通の独自の意義を否定することにはならない。

本章でとりあつかう国際的契機は、このような国際的「交通」形態の一部、すなわち政治的領域におけるそれであり、とくに日本の古代国家の成立史におけるその役割を、七・八世紀の時点で考察しようとしたものである。ここでは、国際的契機の問題が、三世紀の邪馬台国の段階、すなわち日本の国家の「起源」においてすでに不可欠の契機として存在していたこと、またその契機のあり方が、基本的には首長制という日本古代社会の基礎構造によって、内部的条件によって規定されていることをのべておくだけで十分である。ただ一言つけ加えておけば、右の独自の意義をもつ交通形態が首長制を媒介とすること、首長が交通の機能を独占することから出発するという特徴が、国内の階級分化、支配形態、国家構造を特徴づけている点である。それは最大最高の首長である中央の大王《だいおう》(天皇)を軸とした支配層が、中国および朝鮮の先進的な統治技術、国家機構、法典等々を輸入し、継受することによって、国際的交通から疎外され、共同体的諸関係にしばられていた人民にたいする階級的優位を体制化する点に端的にあらわれている。一例をあげれば、文字の使用である。中国の律令制国家とその複雑な官僚機構は、「文書主義」を基本とし、またそれなしには運転できず、古代国家の諸類型のなかで、文字の使用と統治技術がこれほど不可分の関係にある国家の型は他に例をみない。日本の支配層は漢字・漢文という外国の文字と文章を習得することによってのみ、かかる国家機構を運転し得たのである。その結果、首長層による交通の独占は、知的労働の支配層による独占を強化し、補強することとなる。肉体労働と知的労働の分離が、社会的分業の最大かつ基本的なものであるとすれば、外国の文字と文章を自分のものとした支配階級と文字をもたない人民との分離は、右の分業を決定的なものとし、律令制国家の成立は、それ自体社会的分業の発展の帰結であるとともに、後者を促進し、体制化したのである。国家はたんに「強力」によって支配するのではない。裸の「強力装置」は、専制国家の場合には、十年と存続し得ないであろう。それが肉体労働と知的労働との社会的分業の体制を基礎とし、後者が支配階級によって独占されている事情によって、律令制国家は数世紀にわたって日本人民を支配し得たのである。交通の問題は、前記のように、古代文明の発展の地域的不均等性をはげしくするとともに、その階層的不均等をも尖鋭にした。同じ禁忌の秩序によってしばられていたシャーマン的女王卑弥呼と一般の下戸との間には、それほど大きな質的相違はなかったが、漢文で書かれた史書や経典を読み、漢文で詔勅を書き、漢文の法典をもち、その教養や思考方法まで中国的になった奈良時代の諸天皇と一般公民との間には、同じ島国に住み、同じ日本語を話すという以上の共通性はなくなっているのである。しかし「諸共同体の終るところで」、首長を媒介としてはじまった商品交換が、やがては、共同体の内部の交換と分業の発展に反作用してくるように、支配階級による右の文字の独占も、それを媒介として人民が文字をもつようになることによって、内部の階級闘争に反作用してくる。はじめは尾張国郡司百姓等解文《おわりのくにぐんじひゃくしょうらげぶみ》のように支配層と同じ漢文体の文章によって抗議することによって、やがては漢字から発明された仮名によって中世の庄民が地頭の収奪を糾弾することによって。またそれ自体五・六世紀の国際関係と交通の所産であり、各種の技術の導入によって王権の物的基礎を確立するために貢献した「帰化人」の技術は、やがて日本の人民の技術として獲得され、その生産力と民富を高める力に転化し、九世紀以降における手工業と商業の発展は、律令体制を解体せしめてゆく一つの動因になるのである。

交通形態の一環としての政治面における外交と国際関係を七・八世紀の国家成立期に限定して考察する場合、それが三世紀または四・五世紀と異なった国際関係の新しい局面であり、それに対応する諸国の内政にも一つの特徴がみられることに注意する必要がある。それは東アジアにおける戦争と内乱の新しい周期である。それはつぎのように要約できよう。この周期の始まりは、六世紀末または七世紀初頭、すなわち日本の推古朝の時期にあたり、その終末は唐の朝鮮半島直轄機関である安東都護府《あんとうとごふ》の半島撤退のとき、すなわち日本の天武朝の初年にあたる時期である。この周期の特徴は、朝鮮問題が国際関係を規定する主な領域として登場したことである。第一に、高句麗・新羅・百済三国の王権の確立は、半島において覇権をめぐる内戦をひきおこしたが、七世紀初頭は、それまで数十年間相対的に安定し、均衡をたもっていた三国間の内戦が激化した点で、朝鮮史の新しい局面をひらいた時期であり、その内戦は七世紀中葉の高句麗・百済の滅亡、新羅の半島統一をもって終結するまで継続した。第二は、朝鮮における右の内戦の激化と諸国家興亡の歴史は、隋・唐両王朝の半島にたいする侵略戦争または干渉戦争と、冊封体制を基礎とする外交によって特徴づけられ、それと不可分の関係をもって展開されたことである。五八九(隋・文帝・開皇九、崇峻二)年、隋が陳を滅して中国を統一したことは、朝鮮にとって紀元前二世紀末の漢の武帝による楽浪郡《らくろう》以下四郡の設置以来、もっとも重大な事件であり、三国の運命にとって決定的な転換となった。五九八(文帝・開皇十八、推古六)年の水陸三十万の軍隊による高句麗征討の役、ことに六一二(煬帝《ようだい》・大業八、推古二十)年の「二百万」の大軍による煬帝の高句麗征討は、朝鮮における新しい戦争の時代の開始を意味した。それはつづく唐による数次の高句麗との戦争、朝鮮への侵略によって、百済・高句麗の滅亡となり、両国の領土に唐の直轄統治がおこなわれることによってはじめて終結するのであって、六世紀末から七世紀の七〇年代にいたる時期は、東アジアにおける一つの特殊な時代を画している。煬帝の高句麗征討の役に先立って、百済と新羅が隋とむすんで、高句麗に対抗したように、三国間の対立抗争は、隋または唐の対朝鮮戦争政策によって激化し、それと不可分の関係をもって進行するのであって、最終的には唐が新羅と結び、まず百済を討滅することによって高句麗を孤立させ、ついで後者を滅ぼすことによって、唐と新羅との戦争をひきおこし、後者による半島統一によって、漢の四郡の解体以来の三国の対立は最終的に解決されることとなる。

六世紀以来、武力干渉の力をうしなっていた倭国の朝鮮問題にたいする関与の仕方は、隋・唐のように直接的なものではないが、しかし三国にとって倭国は一つの政治勢力またはは「大国」として、外交上重要な地位をしめていた。ことに倭国は、百済との特殊な結びつきによって、朝鮮問題とぬきさしならない関係のなかにおかれていたので、百済滅亡のさいの海外出兵がしめすように、最終的には朝鮮における戦争に介入することとなり、半島の戦争は、朝鮮三国、中国、倭国と東アジアのすべての諸国家間における戦争に発展した。これがこの時代の特徴である。

　六世紀末以来の新しい戦争の時代は、同時に諸国における内乱・叛乱・政変等の時代として特徴づけられる。この時代ほど、国際関係または戦争が、それぞれの諸国家における内政にたいして強力に反作用した時代は少ないであろう。その典型的な事例は、隋の滅亡である。前記の六一二年の高句麗征討軍の大敗につづく翌年の煬帝の親征は、叛乱と農民戦争をひきおこし、六一八年、煬帝は国内大乱のなかで弑殺され、隋王朝は滅亡するが、国際的契機がこれほど純粋かつ劇的な形で内政に転化した例は中国王朝史のなかでもめずらしい例であろう。朝鮮の三国の王権にとっても、三国間および隋・唐・倭国にたいする戦争と外交は、それぞれの王権の存立の決定的モメントであり、そこでの内政と国制はそれと不可分の関係にあるが、そこでの国内矛盾も、はげしい叛乱や政変・クーデターとなってあらわれるのがこの時期の特徴である。六三〇年代の新羅における伊《い》湌《さん》柒宿《しっしゅく》、阿《あ》湌《さん》石品《せきひん》の謀叛、六四七年の同国の毗曇《ひどん》・廉宗《れんそう》の叛乱の具体的内容は明確ではないが、後者はもちろん前者も百済の侵攻によるこの時期の対外危機とむすびついていたとみられ、六四二年の高句麗における泉蓋蘇《せんがいそ》文《ぶん》の大規模な政変、および同時期の百済における内容不明のクーデターも、状況からみて、対外戦争と「軍国」の時代における権力集中の過程におこった事件とみられる。日本の場合には、中国・朝鮮三国ほど、右の対応関係は直接的でも明確でもないが、この時期は、崇峻天皇の暗殺にはじまり、舒明《じょめい》・皇極《こうぎょく》期における政情不安と山背大兄王《やましろのおおえ》の内戦を経て、大化改新《たいかのかいしん》の政変、さらに古代最大の内乱としての壬申《じんしん》の乱を経験した。日本の場合、これらの政変や内乱は、日本独自の内的条件によっておこったものである。しかし中国や朝鮮三国のそれが、国際的契機を媒介としなければ理解しがたいように、大化改新や壬申の乱も、東アジアの戦争と内乱の周期という広い視野のなかでとらえるべきではなかろうか。国家の成立の問題は、権力の問題である。それは古代王権の基礎にある生産関係の集約であり、総括であるとともに、個々の王権または支配階級がおかれた対外的諸関係もまた権力問題の一つの契機として、ことに古代においては不可欠の契機としてとらえる必要がある。私は日本における律令制国家成立の前史が、この戦争と内乱の時期にあたっている事実を、たんなる偶然とはみなしがたいのである。

第二の周期は七三〇年代、ほぼ天平期にあたる。それは第一の周期に比較して、はるかに小規模かつ短期である。それは渤海《ぼっかい》と唐との戦争、それへの新羅の参加を契機として開始された。中国では安禄山《あんろくざん》の乱、日本では藤原広嗣《ふじわらのひろつぐ》の乱、仲麻呂の乱等の時代であり、後者によって新羅侵攻が計画された時期である。私は、国際的契機が、従来考えられているよりも大きく、天平の国内政局に反作用しているものと考える。第四節は、律令制国家の最盛期である天平期の政治において、右の関係を考察したものである。そこでは、律令制国家の完成が、日本の支配層の対外政策と戦争計画の土台となっていること、すなわち内政の延長としての外政の性格を、より明確にとらえることができよう。七世紀と異なって、ここでは戦争さえ、東大寺建立と同じく、支配層によって計算された計画として存在したのである(第三章第四節)。

第二節　権力集中の諸類型　推古朝

推古朝は、東アジアにおける戦争と内乱の周期の始まった時代にあたっている。倭国が(「日本」の国号はまだない)、この時期に過去一世紀にわたって中断していた中国王朝との外交関係を再開したことは、対外関係の歴史において一つの画期をなすものである。この問題を内政の面からだけ、とくに王権と蘇我氏との対立面に視点をおいて理解しようとする方法は、第一節にのべたように、独立の契機としての国際関係がもつ意義を見うしない、六世紀において「外事」が「内乱」から区別される独立の領域であった事実を忘れるものであろう。推古朝も、所与の条件の一つとしての現実の国際関係の上に、その外交を展開したのであって、倭国のおかれた客観的条件がまず問題とされねばならない。そのさい書紀がその記事を逸している六〇〇(推古八)年の第一次遣隋使派遣の時期がまず問題をふくんでいることはいうまでもない。それが南北両王朝を統一し、活潑な対外政策と朝鮮にたいする侵略政策を遂行した隋帝国の成立と関連するであろうことは、まず共通の認識として前提してよい。しかし両者を無媒介にむすびつけること、過去一世紀にわたって倭国の唯一つの外交の対象であった朝鮮問題を媒介としないで、ただちに中国大陸の情勢の変化に対応したとみることは、現実的な見方ではない。むしろ朝鮮問題こそ、遣隋使派遣の現実の動機であったとみられるのである。第一に、第一次遣隋使が、同じ年および二年後の対新羅侵攻計画と並行しておこなわれたこと、第二に、同時に大伴連囓《おおとものむらじくい》を高句麗に、坂本臣糠手《さかもとのおみあらて》を百済に派遣して、急速な任那救援を要請している事実は(推古紀、九年三月条)、対新羅侵攻がもはや不可能となり、外交が新しい課題として登場してきたことをしめしていることである。少なくとも遣隋使が朝鮮問題と不可分であることをまず前提としなければならない。しかも朝鮮ではこの前後に重大な変化がおこりつつあった。

　五九八(隋・開皇十八)年、すなわち第一次遣隋使派遣の二年前におこった隋の文帝による高句麗征討の役は、朝鮮の三国が相互にはげしい戦争状態にはいる契機となった点でも画期的である。その出兵にさいして、百済王が、隋に遣使して、その軍の嚮導をすることを申し入れたことは、以後高句麗が百済に侵攻する直接の原因となった。また六〇二年の百済王による新羅の阿莫《あばく》山城攻撃と大規模な戦闘、翌年の高句麗軍の新羅北漢《ほっかん》山《さん》城への侵攻は、半島において、数十年にわたる三国間の相対的安定期(百済聖明王の時代を例外として)が終り(1)、約八十年にわたる戦争の周期にはいったことを意味した。この高句麗・百済による新羅侵攻が、前記六〇一年三月の倭国からの任那救援の要請と関係あるものとみられるから、これと前記の高句麗・百済間の戦争とあわせ考えれば、隋と倭国の存在と介入が、三国間の従来の均衡を破る契機となったことが知られる。倭国はぬきさしならなく朝鮮問題のなかに組みこまれており、そこでの問題を解決しようとすれば、他国(百済・高句麗)の力に依存し、それを自国の利益のために利用する外交という手段が、強力的手段にかわって決定的意義さえもってきた情勢であった。隋と国交をひらく直接の動因となったのは、おそらく新羅の真平《しんぺい》王が百済・高句麗より若干おくれて、五九四(文帝・開皇十四、推古二)年に隋に遣使貢献し、上開府《じょうかいふ》楽浪郡公新羅王に封ぜられたことであろう(『隋書』新羅伝)。それは新羅が、五年前に中国の統一を完成した強大な隋の権威の傘の下に入ったことをしめしている。中国王朝との約一世紀にわたる国交の中断による国際関係からの孤立と、地理的条件のために、倭国は朝鮮三国から、とくに敵対国たる新羅からさえ外交上完全に立ちおくれていたのである。それを回復することが遣隋使の第一の目的であり、その媒介となったのは、おそらく百済であったろう。「大業四年三月壬戌《ジンジュツ》。百済・倭・赤土《セキド》・迦邏舎《カラシャ》国、並ニ遣使、方物ヲ貢ス」とあるのは、六〇八（推古十六）年の第二次遣隋使が、百済の使節とともに朝貢したらしいことをしめし（『隋書』煬帝紀）、この問題についての百済の媒介的役割を示唆するし、また前記のように対高句麗問題で、百済がいち早く隋の権威に依存しようとしていた事実も想起さるべきであろう。遣隋使派遣は、任那あるいは対新羅問題を、百済・高句麗の援助に頼ろうとした倭国の外交と同じ系列のものであり、その発展ということになる。隋の周辺諸国が、その冊封を受け、あるいは朝貢する体制が確立しようとする条件にあって、なんらかの外交を展開しようとすれば、隋の世界帝国的秩序のなかにはいることが前提とならざるを得ない。

遣隋使派遣を隋との「対等」の国交を開くことを目的としたという説があった。今でもあるかもしれぬ。この説は、隋・唐時代を通じて、倭国あるいは日本が一貫して中国王朝にたいする朝貢国であった事実を見のがしている。中国の正史においては倭国からの使節は「来貢」または「朝貢」と記されるのが普通である。朝貢関係は冊封関係よりは、より緩和された形態ではあるが、それが王権間の一つの支配・服従の関係であることには変りはない。天平期になって唐の玄宗皇帝が聖武《しょうむ》天皇に与えた勅書の「日本国王主明楽美御徳(スメラミコト)ニ勅ス」は、「倭国王」が「日本国王天皇」として公式に承認されている点で変化はみとめられるが(2)(『文苑英華』(巻四七一))、しかしその文中に聖武天皇を「卿」と称していることは、おそらくこの勅の形式が「論事勅書」であったことをしめし(『大唐六典』巻九中書令条)、両者の関係は対等ではない。唐都長安における遣唐副使大伴古麻呂《おおとものこまろ》の有名な新羅使との席次争いの挿話も、日本が唐に朝貢する諸蕃の一つであったことをしめしている。したがって使節派遣にさいして倭国王は、その国書を、唐皇帝にたいする「表《ひょう》」＝「上書」、すなわち身分の下の者が君上に告げる文書の形で奉呈しなければならず、現に六四八(貞観二十二、大化四)年に、倭国王は新羅に付して「表」を唐帝におくっている(『旧唐書』倭国日本伝)。宋代になって、一〇二六(天聖四、万寿三)年、日本の大宰府の使節が方物を貢したさい、宋朝は「本国ノ表ヲ持タズ」という理由で、「詔シテ之ヲ卻《シリゾ》ク」と記されているように(『宋史』日本伝)、日本が新羅の使節にたいして国王の「表」の提出を要求したと同じ国際慣行が、日本と中国王朝の間に存在したとみなければならない。したがって『日本書紀』が、前記大化四年の唐帝にたいする「表」の記事を欠き、はるかに実録的な『続日本紀』が、新羅王と渤海王の天皇にたいする表文とそれにたいする天皇の璽書《じしょ》を収録しながら、遣唐使派遣の記事に天皇の「表」を収録していないのは、もともとこの時代の遣唐使が表を持参しなかったのか、または意図的に続紀《しょっき》から省いたかのいずれかであるが、おそらく後者であろう。「表」で結ばれた唐帝と天皇との関係は、両者の政治関係を規定する。後述するように(第三節)、六五四(永徽五、白雉五)年の遣唐使にたいして、高宗が璽書を賜い、新羅援助の出兵を指示している事実は、少なくともこの段階では、唐皇帝が、日本にたいして出兵を指示または命令する権利があると考えていたことをしめすもので、その根拠は日本が朝貢国であるという事実以外にはなかったはずである。日唐関係さえ右のようであったとすれば、推古朝の倭国と隋との関係もそれ以上ではあり得ず、事実来朝した隋使裴世清《はいせいせい》にたいし、倭国王は、「我レハ夷人」と称し、「我レ聞ク、海西ニ大隋《ダイズイ》礼義ノ国有リト。故ニ遣《ツカ》ワシテ朝貢セシム」と明確に朝貢関係を規定している(『隋書』倭国伝)。はじめから「対等」の国交はあり得なかったのである。

また推古朝の対隋外交は「自主外交」であるという考え方がある。その意味があきらかでないが、外交は、倭の五王の冊封関係のような臣従・服属の関係を結ぶときでも、それによって自己の王権の国際的地位を確定しようとする主体的な対応であるから、当然「自主外交」なのであり、したがって推古朝の場合をとくに「自主外交」とする理由は見あたらない。また推古朝の遣隋使を「伝統的華夷思想にたいする挑戦」と評価する考えもあるらしい。事実はむしろ逆のようである。推古朝の外交方針が国家の制度として確立される律令制国家は、日本に朝貢する諸蕃国に君臨する国家として、したがって日本は「中夏《ちゅうか》」であり、朝貢国は蛮夷とする体制である。推古朝の外交の目的は、「華夷思想にたいする挑戦」ではなく、反対に朝鮮諸国を諸蕃とし、自らを「中夏」とするための外交にほかならなかったとみるべきである。『隋書』倭国伝につぎの記事がある。

新羅・百済、皆倭《ワ》ヲ以テ大国ニシテ珍物多シト為シ、並ビニ之ヲ敬仰シ、恒《ツネ》ニ通使・往来ス。

ここにいう「大国」は、特定の歴史的内容をしめす語であった。隋帝から倭国王宛の国書を、倭国側で「大国之書」といい(推古紀、十六年六月条)、倭王が隋使にたいして「冀《ネガワ》クハ大国惟新《イシン》ノ化ヲ聞カンコトヲ」とのべたさいの「大国」である(『隋書』倭国伝)。隋は朝貢国としての倭国にとって「大国」なのである(令制において日本が唐をとくに「大唐」というのも、「大隋」の継承であろう)。したがって右の『隋書』倭国伝において、新羅・百済両国が倭国をもって「大国」と見なしているということは、両国が倭国にたいして朝貢関係にあるという事実を、隋王朝が公式に承認していることをしめすものである。「敬仰」または「通使・往来」という表現で幾分それを不明確にしてはいるが、この時代における「大国」の意味からみてそのように解すべきである。新羅・百済にたいして、倭国が「大国」＝被朝貢国としての地位を確立し、その地位を隋王朝に承認させること、これが推古朝の対隋外交の基本的目的であったとみられる。第一次遣隋使と並行しておこなわれた対新羅出兵計画も同一の目的をもつことはいうまでもない。軍事行動は、他の手段をもってする外交であり、またその逆でもあるからである。したがって対隋外交は、高句麗・百済・新羅にたいするこの時期の外交と同一の目的を追求しているにすぎない。かつて「倭の五王」の時代に、「使持《しじ》節都《せつと》督《とく》倭・百済・新羅・任那・秦韓《しんかん》・慕《ぼ》韓《かん》・六国諸軍事安東大将軍倭国王」(『宋書』倭国伝)の官職授与を中国王朝に要請した倭王の外交の基本的目的は、一世紀を経過した推古朝の対隋外交のなかにも、異なった内外の諸条件と異なった形態において、すなわち冊封関係ではなく、たんなる朝貢関係という一歩進んだ形で生きているのである。しかし百済・新羅にたいする「大国」としての地位を中国王朝に承認させるためには、二つの条件があった。一つは倭国自体が朝貢国として、「東夷」の一国として中国の世界帝国的秩序のなかに編成されることであり、一つは朝鮮の三国がすでに隋との冊封体制のなかに組みこまれているので、倭国は、事実上の朝貢関係という以上の体制を朝鮮諸国との間に設定し、国際的に承認させるということは不可能であった。したがってそれは隋・唐の世界帝国の海東に位置する東夷の王の不安定な「大国」にすぎなかった。

この「東夷の大国」は、基本的には法興王《ほうこう》・真興王《しんこう》以来の新羅の急速な発展によって、実体のない観念的な体制に解体しつつあり、ことに隋の征服戦争と三国間の戦争がその解体を促進することは必然であった。したがって対外関係は、一つの契機として内政に反作用せざるを得ない。それに対応する国制上の新しい体制が皇太子＝聖徳太子に、「万機ヲ以テ悉《コトゴトク》ニ委《ユダ》ヌ」るところの「摂政」の制度にほかならない。(3) この国制の変化の意義を評価するためには、つぎの二つの点が重要である。第一に日本の場合、皇太子の「万機総摂」の制は、推古朝の聖徳太子にはじまり、孝徳《こうとく》―斉明《さいめい》朝の中大兄《なかのおおえ》皇子をもって実質上終っており(天武十年の草壁《くさかべ》皇子の場合は、たんなる遺制にすぎない)、この事実は、それが七世紀前半期の時代の特別な性質と不可分の関係にあることをしめしている。第二にこの特殊な時代の性質を日本の国内的条件にだけもとめる方法は、朝鮮三国と日本をふくむこの時代の戦争と内乱の周期のもつ特質、そこから国内体制として要求されるところの支配階級の権力集中という四国に共通した現象を見のがす結果となる。国制の変化は、それぞれの国の歴史的事情の相違によって多様であるが、その多様性は、共通の諸条件の存在をあらかじめ前提としてはじめていい得ることであろう。事実七世紀の前半期、すなわち推古朝から大化改新のこの時代に限定してみても、四国はそれぞれ共通の国際的諸条件に対応する権力集中の異なった類型をしめしており、推古朝から天智《てんじ》朝にいたる日本の特徴的な国制もその一部としてとらえねばならない。

第一の型は、百済の義慈《ぎじ》王にみられるもので、国王自身に支配階級の権力が集中される型である。六四一(舒明十三)年に即位して以来、国の滅亡にいたるまで義慈王は専制的君主として軍政の大権を掌握するが、同年のクーデターによって確立された王の専制君主的性格は、この時期の百済における権力集中の必要から生れたものである。義慈王の権力をささえていたのは、百済の官司制であった。第二は高句麗の泉蓋蘇文にみられる型である。それは宰臣が国権を集中的に独占し、国王は名目的な地位にとどまる型である。この型の権力集中ははげしいクーデターまたは政変をともなう点で、第一の百済型と成立の仕方において区別される。六四二(皇極元)年、大臣泉蓋蘇文は国王を殺して宝蔵《ほうぞう》王を擁立し、諸大臣以下百名以上を惨殺して、自ら立って「莫離支《ばくりし》」となった。その権力は、中国の兵部尚書《へいぶしょうしょ》・中書令《ちゅうしょれい》を兼ねた広汎なものであるが、その特色は軍事的独裁にあった(『旧唐書』太宗本紀下、『旧唐書』高麗伝)。泉蓋蘇文の独裁の形における権力集中が、唐の侵攻軍にたいする高句麗のおどろくべき抵抗の支柱となり、同時にかれの死が同国の滅亡の一つの契機となった理由であった。百済に「内臣佐平《ないしんさへい》」という官職があり、高句麗の泉蓋蘇文もまた「内臣」であったが、両者の権力は基本的に異なったものである。百済の内臣佐平は、「内官」の一つの職能である「宣納ノ事」を掌る官職にすぎない(『旧唐書』百済伝)。すなわち官司の一つとして義慈王の専制的権力をささえるもので、宰臣がみずから「国政ヲ専ラニ」する高句麗型とは異なった性格のものであった。

第三の型は、新羅の王族金春秋《きんしゅんじゅう》(後の太宗武烈《ぶれつ》王)にみられる型である。それは前二者よりも複雑な形をとっている。その特徴の第一は、支配階級の権力が、王位に即《つ》く資格のある王族の一人(金春秋)に集中される点で、百済型や高句麗型と区別される。第二に王位には、善徳《ぜんとく》王・真徳《しんとく》王という新羅ではじめての女帝が即き、国権をもたない政治的首長の役割をはたす。第三に、百済型とちがって、国家の「大事」を貴族の首長の「評議」によって決定する機関としての「和白《わはく》」が、官司制とならんで、重要な役割をはたす(『隋書』新羅伝)。以上のうち第一・第二の特徴が、ほぼ同時代の日本における女帝斉明天皇と皇太子中大兄皇子との関係に類似していることはあきらかである。その上、新羅の場合、金春秋の権力には、軍事指揮官としての金庾信《きんゆしん》が結びついており、それが中大兄と内臣鎌足《うちつおみかまたり》との結びつきに似ているので、両者の人物論的比較は明治の史家の好んでおこなったところであった。新羅の場合、この時代の国権の決定的要素である外交と軍事の二つの領域が、金春秋と金庾信によって分掌されており、その点中大兄・鎌足の体制とは異なるが、いずれも支配階級の危機にさいしての権力集中の一形態をしめすことはいうまでもない。新羅においては、その型は前代の善徳女王の即位にさいしてすでに明瞭にあらわれていた。六三二年の女王即位の事情は前王真平王に男子がなかったという事情によって説明されるけれども、この時期における百済からのはげしい侵攻、即位の前年における伊湌柒宿・阿湌石品の謀叛による内外の危機と、即位の直後に「宗室ノ大臣」たる乙祭《おつさい》をして「国政ヲ総知」せしめ、ついで閼川《あせん》を大将軍に任命していることは、女王の即位が危機における権力の集中と結びついており、その体制が、後の金春秋型の先駆をなすことはあきらかである(『三国史記』新羅本紀、『旧唐書』新羅伝)。真徳女王の即位の場合にも、当然王位に即くべき金春秋がおり、かつ六四七(大化三)年の毗曇・廉宗の内乱があって(4)(『三国史記』新羅本紀)、内外ともに重大な危局に当面していたのであるから、その内乱の鎮圧から生れた真徳女王・金春秋・金庾信という体制は、乙祭・閼川の権力集中の国制をモデルとしてつくりだされたものであることはうたがいない。この場合、高句麗において太子を立てて「軍国ノ事」を委ね(『三国史記』高句麗本紀、瑠璃王三十三年条)、百済において同じく太子に「内外兵事ノ事」を委ねたという過去の朝鮮の慣行の存在が(『三国史記』百済本紀、温祚王二十八年条)、伝統として新羅の新しい国制のなかに生きていたかもしれぬ(5)。しかし右の高句麗・百済の慣行においても、「軍国」の時期における軍事指揮権の掌握という形において権力の集中が問題になっていることに注目しなければならぬ。

推古朝から天智朝にいたる日本の国制も、以上の三類型とならぶ権力集中の一形態としてとらえねばならない。聖徳太子の万機総摂の制は、前記のように王位継承の危機のなかで外交と軍事が支配階級にとって重要な契機として登場してきた時期において創設された点において、右の三類型と共通する特徴をもっている。このさい太子によるいわゆる改革が、六〇三(推古十一)年の冠位十二階の制定、六〇四(推古十二)年の十七条憲法の制定、六二〇(推古二十八)年の『天皇記《てんのうき》』『国記《こっき》』等の編輯など、すべて六〇〇(推古八)年の第一次遣隋使派遣以後に集中的におこなわれていることは、注目すべき点であろう。書紀の編者によれば、厩戸《うまやど》皇子が「皇太子」になったのは推古元年であり、それと同時に太子にたいする万機総摂の大権が付与されたように記載されているが(推古紀、元年四月条)、後者については私は疑問をもつ。推古紀の特徴の一つは推古八年対新羅出兵の記事までは重要な記事がほとんどないことである。太子の万機総摂が元年からとすれば、これは問題であろう。推古九年二月に太子は「初メテ」「宮室」を斑鳩《いかるが》に興したと書紀は記しているが、この時が太子の万機総摂の開始の時ではなかろうか。それまでの太子は、父の用明《ようめい》天皇の池辺雙槻《いけのべのなみつき》宮の一隅にある「上殿《うえつとの》」に住んでいたのであり(用明紀、元年条、『法王帝説』)、いわば部屋住みの身分にすぎない。斑鳩宮の建設が、辛《しん》酉《ゆう》の年におこなわれていることも、甲子《かっし》の年の憲法制定とならんで、それに重要な意義が付されていたことをしめすものであろう。斑鳩宮の建設が、太子の万機総摂の開始の時とすれば、それが対新羅出兵と第一次遣隋使派遣の翌年であることが重要な点である。「万機」の主要な内容がとくに軍事と外交にあることを示唆しているからである。

書紀は、推古八年の対新羅出兵が勝利し、成果をあげたように記している。しかし是《この》歳《とし》条の記事が信憑性のないことは、新羅王の「表」の捧呈が推古二十九年に始まったとされているのに(書紀)、ここに表文がかかげられていること、また翌年高句麗・百済に任那救援を要請する前記の使節を派遣していることからも知られ、事実は失敗であったのであろう。翌十年二月、十一年四月の対新羅出兵の計画は挫折したが、この場合特徴的なことは、太子の兄弟にあたる来目《くめ》皇子と当摩《たぎま》皇子をそれぞれ将軍としていることで、この前例のない「皇族将軍」の任命は、さきに推定した九年の太子の万機総摂の権の掌握と関連させなければ説明しがたいことであろう。皇族将軍の任命は、太子自身が軍事権を統率する体制の直接の結果としておこなわれたものとみるべきである。しかしこれは体制の形式的な面だけである。出兵計画さえ挫折する弱体が推古朝の特徴であるから、太子の軍事指揮権が背景に退き、それに代って外交が主要な課題として登場するのは当然である。したがって隋および朝鮮の三国にたいする外交において、太子が主導権をとったという説は、大いにあり得ることと考える。しかしこのことは、太子が蘇我氏に

「対抗」して外交を推進したという、従来くりかえされてきた説を支持することではない。むしろ逆に、大臣蘇我馬子をふくむ支配階級を代表して太子の外交は推進されたとみるべきであろう。この段階で太子と馬子の対立をしめす資料は何一つないにかかわらず、両者の対立、太子の独自性だけを強調するのは、その反対に馬子の主導権だけを強調する見解と同じように、階級の全体的運動として歴史をみないで、諸個人または諸氏族の部分的対立からだけ歴史を解釈する結果となる。

支配階級の結集の仕方、その権力の集中には、大づかみにいって、二つの段階がある。発達した段階では、天平期に典型的にみられるように、支配階級は個々の人格または氏族から相対的に独立した「国家」という体系的な機構を媒介として結集する(第四節)。それ以前の段階においては、支配階級内部の、あるいは対外的諸矛盾を解決する一形態としての権力集中は、特定の人格(複数であってもよい)を媒介としておこなわれる。制度がそうなるだけでなく、代表される支配階級全体の力量・資質および弱点さえも、特定の人格に集中的に表現されざるを得ない。したがってその特定の人格は、あるいは神的形態をとり、あるいはいわゆる「カリスマ的」性格をそなえ、あるいは「英雄」となる。新羅の「済世ノ英傑」としての金春秋、軍事的天才としての金庾信(『三国史記』列伝)、百済滅亡時の叛乱軍の指揮者佐平福信《さへいふくしん》は典型的であり、日本でも『家伝《かでん》』(藤氏家伝」に描かれた鎌足像にその面がみえ、さらに書紀で悪名高い独裁者蘇我入鹿《そがのいるか》でさえ、かれが虎を友とし、その術を学んで枯山を青山となす力量をもっていたという伝説がつくられるのであるから（『扶桑略記』皇極四年条）、聖徳太子の超人間的伝説が古くから豊富につくられたのは必然であった。推古朝の国家機構は、若干の官司制の萌芽はあるとはいえ、たとえば百済に比較してははるかに未成熟であったから、それだけ推古朝の支配階級の力量は太子個人の人格的力量に帰せられる傾向をもつのである。

推古天皇―聖徳太子―蘇我馬子という権力集中の方式は、形態上は、前記の新羅型、すなわち善徳女王―乙祭―閼川または真徳女王―金春秋―金庾信と類似している。このさい太子が「皇太子」であるということは、それほど重要でない。令制的な意味での「皇太子」はこの段階では問題にならないから、王位に即き得る資格または能力をもつ王族の一人が、国政または万機を統理するというのがこの型の特徴だからである。右の新羅の二つの場合に、乙祭は、「宗室ノ大臣」とあるから王族であるとみられ（『旧唐書』新羅伝）、金春秋については、『三国史記』新羅本紀は真知《しんち》王子伊湌龍春《いさんりゅうじゅん》の子とし、中国史料はすべて真徳女王の弟としているが（同上）、いずれにせよ王位継承の資格ある王族であることはあきらかである。この意味で、推古朝の太子万機総摂の形態は、新羅型と類似し、むしろその先駆をなすものであり、同時に後の斉明（または孝徳）―中大兄―鎌足の体制につながるものである。しかし、これは形態上の比較にすぎず、それぞれの体制の機能は、その権力形態が課せられているその段階での課題によって、異なってくるのは当然である。所伝による太子の事業が、外交をのぞけば主として制度的・文化的側面に限られているのは、一つは支配階級の危機の深さと性質が前二者と異なっていたからである。新羅の場合は、高句麗・百済とともに、三国相互間の、最後には中国王朝の侵略軍との生死を賭けた戦争をおこなわねばならないのにたいして、推古朝の場合の軍事は、「大国」の地位を維持するための朝鮮への干渉戦争にすぎず、それすらも手段としては実現不可能なものになっていた。したがって万機を総摂する太子の権力は、新羅型のように独立の、強力なものに発展することなく、したがって大臣馬子との矛盾も深刻になることはなかったとみられる。太子と馬子との関係についてだけいえば、両者が「共ニ天下ノ政《マツリゴト》ヲ輔《タス》クル也」といわれたように(『法王帝説』)、事実上はいわゆる共同執政であったと見るのが妥当である。しかしこのことから、太子の万機総摂権のもつ独自の機能とその歴史的意義を評価しないことになれば、それは誤りであろう。太子の死を契機として、山背大兄王の内戦を経て、蘇我氏が、前記の高句麗型の権力集中を志向してゆく転換を理解できなくなるからである。新羅型の権力集中をささえる新羅独自の基礎は前記の「和白」の制であり、しかもそれは「四霊地」における開催にみるように、強い宗教的伝統によって権威づけられていることが(『三国遺事』真徳王条)、新羅型のもつ矛盾を緩和しており、泉蓋蘇文の独裁が強力と恐怖にささえられ、それだけ孤立していたような弱さや(『旧唐書』高麗伝)、後半期の義慈王の権力が専制君主独得の頽廃をともなったような道義的基礎の薄弱さを避けることができた(『三国史記』百済本紀、義慈王十六年三月条)。ここに三国間における新羅の優越の一つの理由がある。高句麗・百済と同じく、推古朝の支配層にも「和白」の制のような土台が欠けており、したがって後述するように、大臣蘇我氏と、中央の権力を構成する諸氏族との矛盾もそれだけ自由に展開し、その状況のなかで、内外の客観的情勢によって権力集中が要請されるとすれば、太子の死後、のこされた道の一つは高句麗型の方向であったはずである。崇峻天皇の暗殺による王位継承の危機は、女帝推古の奉戴と太子の万機総摂によって一時的に解決はされても、特定の人格を媒介として代表される支配階級の権力集中の弱さは、その人格の死によってただちに曝露されざるを得ない。

前記のように、推古朝の改革は、この段階の危機の性格に制約されて、外交をのぞけば、制度的・文化的なものに限定された。ここではそれらの改革を、国際的契機がいかに内政に転化されるかという観点から、二、三言及するにとどめたい。考察の前提は、これらのすべての諸改革が、第一次遣隋使派遣につづく(おそらくその帰朝後の)時期におこなわれているという前記の注目すべき事実である。その第一は六〇三(推古十一)年の冠位十二階の制定である。その意義が、冠位の唯一の授与者であることによって、冠位の秩序に超越する王権の権威を確立することにあったことはいうまでもない。氏姓の秩序から区別され、律令制国家の位階制度の先駆となる冠位十二階の制定の必然性は、支配層の内部構成の変化、たとえば推古前後における「群卿《まえつきみ》」や「大夫《まえつきみ》」の階層の進出と官司制の発展にもとめねばならない。このさい冠位を与えられたものが主として畿内とその周辺諸国に限定されていたことは一つの重要な特徴である。(6) この時代の畿内・近国地方の群卿・大夫層の諸氏族の内部構造が、五世紀とは根本的に変化していることが分析されなければ、推古朝の改革の真の土台があきらかにならない。同時にまた一方で冠位制が、とくに推古朝で登場する具体的な問題になると、国際的契機をぬきにしては理解しがたい側面がみられるのである。第一に冠位は大王の身分秩序、すなわち「礼《れい》」の秩序の一部であることを想起する必要がある。古代の諸国家間の関係を規制する国際法的秩序は「礼」から分離していなかった。たとえば奈良時代末期に日本が新羅王に要求した国交上の四原則は「専対《センタイ》ノ人、忠信ノ礼、仍旧《ジョウキュウ》ノ調《チョウ》、明験《メイゲン》ノ言」であり、この四者を具備しなければ、それは「礼ヲ闕《カ》ク」ものとみなされ(続紀、天平宝字四年九月条)、「礼」を欠くことは国交の断絶と戦争の理由とさえなり得るのである。中国王朝の周辺諸蕃国家にたいする征服戦争も、「臣礼」を欠いたことが形式上の理由とされた。(7)中国王朝の影響下にある諸国の対外的・対内的諸関係を規制する「礼」の秩序は、同時に中夏と諸蕃を区別する標識でもあったから、倭国王が隋使裴世清にたいして、「我レハ夷人、海隅ニ僻在《ヘキザイ》シテ、礼義ヲ聞カズ」(『隋書』倭国伝)とのべた言葉には重大な意味があったのである。したがって倭国が、その国際的地位、すなわち前記の朝鮮にたいする「大国」の地位を確立する問題と、国内に「礼」の秩序を確立する問題とは不可分の関係にあって、冠位十二階もその一つであり、十七条憲法において「礼」が強調され(第四条)、朝礼の改革が企てられるのも、それと関連しよう。また書紀に詳記されている隋使裴世清の来朝にさいしての送迎の儀礼もその一部である。倭国王のこの努力が成功をおさめたらしいことは、『隋書』倭国伝にとくに「隋ニ至リ、其ノ王始メテ冠ヲ制ス」と記され、冠位十二階についての記事がみられることからも知られる。

第二に、冠位・位階の制が、国家間の交渉においてもついわば礼の技術的な機能である。新羅と日本との外交、とくに使節の派遣についてしばしばおこった外交上の紛争は、使節の身分の尊卑についてであった。これは諸王権間の国際関係が君臣その他の身分関係として表現されている秩序のなかでは、使節の身分の尊卑は、そのまま諸王権または諸国家間の尊卑を表現するものとされたからであり、前記の四原則の一つとしての「専対ノ人」もそれに関連する。しかしこの問題は、両国の身分の尊卑の体系が相互に比較し得るものとなっていることが前提である。ところが日本の伝統的な身分秩序であるカバネの制度は、王権にたいする諸氏族の身分的関係をしめすだけで、カバネ相互間における上下尊卑はそれによっては制度的に表現されないのが特徴である。百済滅亡後、多数の百済の「帰化人」が入国し、それに日本の冠位を授与するさいに、日本の冠位表と百済のそれとを対照して、一斉に冠位の授与をおこなっているが(天智紀、四年二月条)、このようなことが可能なのは、両者にカバネとはちがった体系的な冠位制度があったからである。冠位十二階制を生みだす契機の一つとして、朝鮮三国との外交における右の問題を解決する意図があったのではなかろうか。同時にそれは隋にたいしても、同じ理由から必要である。推古朝の冠位制は、中国の官品とは性質を異にし、朝鮮三国の官位制に原流をもつのであるが、その場合、もっとも観念的・体系的であり、したがってもっとも国際性をもち得る百済の十六等の官位制と特別の親近性をもっている事実は、以上の観点からすれば注目すべき事実である。(8) 日本が朝鮮三国と使節を交換するさい、「大国」としての地位を明瞭にするためには、冠位十二階制のような個々人の身分を標示する体系的制度を技術的にも必要としており、それが外交問題が大きな意義をもつにいたった推古朝でまず確立されたのであろうとおもわれる。大化の冠位制についても、従来の大徳《だいとく》の上に更に六階の新冠位をつけ加えたのは、唐との外交関係を前提としたものではないかという推測がなされていることも想起すべきであろう(9)。また冠位・位階は、朝鮮の使節の来朝のさい、禄とともに天皇から使節に授与される慣行があるが、これも天皇の権威を対外的にしめす冠位・位階の一つの機能である。

「天皇《てんのう》」号の成立が、通説にしたがって、推古朝であるとすれば、その歴史的意義も右の問題と密接な関係がある。対外的にも、対内的にも、日本国を代表し統治権を総攬する主権者の地位を「天皇」という称号でもって制度的に統一し確立したのは、おそらく浄御原令《きよみはらりょう》以後とみられるから(10)、推古朝以来の天皇号は制度的にはまだ不安定であったとみねばならぬ。その成立期としての推古朝を問題とする場合、従来の「大王《だいおう》」から「天皇」への転換が、いかなる場においてまずおこなわれたかが問題である。私はその場は対外関係であったろうとかんがえる。対朝鮮関係についていえば、五世紀の倭王が「大王」の号を称したのは、おそらく当時主要な対抗勢力たる高句麗の国王が「太王《だいおう》」を称していたことへの対抗であるが(好太王碑銘)、新羅王も、六世期中葉の真興王の時代には、「真興太王」または「新羅大王」と称するにいたったことは、倭王にとって重大なことであった(北漢山新羅真興王巡狩碑)。朝貢国と考えられていた新羅王が、自己と同格の称号をもつにいたったからである。倭国王にとってのこの不都合は、両者の交渉が文書の形式をとって表現されるとき明瞭となる。文書では両者の身分関係が、称号の形で明記されることが要求されるからである。たとえば大化改新初頭に高句麗と百済の使節に与えた詔にみえる「明神御宇日本天皇《あきつみかみとあめのしたしろしめすやまとがすめらみこと》」という称号は、養老公式令《ようろうくしきりょう》によって書紀編者が修正したものとみるべきであり（孝徳紀、大化元年七月条）、大宝《たいほう》公式令ではたんに「御宇日本天皇《あめのしたしろしめすやまとがすめらみこと》」とあったはずである（公式令詔書式条集解所引古記）。編者によって修正されたこの部分の本来の表現が何であったかが問題なのであるが、文書の形で外交がおこなわれる段階では、この形式上の問題がまず前面に出てくる。またそれを明確にさせたいがために、「表」という文書が要求されるのである。書紀に推古二十九年に新羅使が上表した記事をのせ、「凡《オヨ》ソ新羅ノ表上《タテマツ》ルコト、蓋《ケダ》シ始メテコノ時ニ起レルカ」と記しているが（この部分は本来分注であったろう）、このように文書の形で外交がおこなわれるようになれば、それにたいして倭国王の与える詔勅等の文書が必要となってくるので、両者が同格の称号であっては、倭国王にとって外交そのものの意味がなくなるという問題がでてくる。新羅より早く文書形式による国交がおこなわれた百済との場合についても同様である。書紀欽明九年四月条の分注に「西蕃《セイバン》皆、日本《ニホン》ノ天皇《スメラミコト》ヲ称シテ、可畏《カシコ》キ天皇ト為ス」とある記事も、右の観点から検討さるべきであろう。いずれにせよ倭国王にとって、対朝鮮問題の面だけでも従来の「大王」は不十分になってきた事情があったと推測される。

倭国王の称号が問題になるもう一つの場は、隋との国交である。百済・新羅の上表にたいしては必ずしもつねに文書の形式での対応は必要でないが、隋との国交は、諸蕃の王として朝貢関係にはいるのであるから、かつての倭王武の上表文のように、表をたずさえてゆくことが必要条件になってくるからである。前記のように、隋の皇帝にたいして、「大国」たるの地位を承認させ、それを新羅にたいする外交上の圧力にすることが国交の基本的目的とすれば、称号の問題もそれの重要な一環であったのは当然である。それは三回にわたる遣隋使派遣のなかで次第に具体化されてきた問題である。第一回の場合は、「倭王アリ、姓ハ阿毎(アメ)、字ハ多利思比孤(タリシヒコ)、阿輩雞弥(オオキミ)ト号ス」とあるから、倭王はこの時はまだ隋にたいして五世紀以来の「大王《オオキミ》」を称号としていたはずである〔『隋書』倭国伝〕。問題は、倭王が自己を「天」と関連させた独得の仕方にある。隋帝が「此レ大イニ義理ナシ」といったのは、「天」と関連させたそのことにたいしてではなくして、自己の「姓」をアメ＝天とし、あるいは天を「兄」とし、日を「弟」とするようなプリミティヴな、日本的な仕方にたいしてであったとみられる。中国では漢代以来、一種の自然哲学またはコスモロジーとしての「天」の観念が完成されていたから、その「天」と王を姓や血縁で結びつける倭王の素朴な仕方が、

「義理ナシ」と考えられるのは当然であった。このとき、隋帝が「是ニ於イテ訓エテ之ヲ改メシム」とあるのは興味ある事実であって、十七条憲法の第三条における「天」と王権との関連のさせ方は、純粋な中国の思想であって、右の日本的仕方の痕跡さえみえないのは、それが中国に通用しないことを隋帝によって知らされた結果であろう。

第二回の場合は、有名な「日出ズル処ノ天子、書ヲ日没スル処ノ天子ニ致ス。恙《ツツガ》無キヤ云々」の国書であって、隋帝をして「蛮夷ノ書、無礼ナル者有リ、復タ以テ聞《ブン》スル勿《ナカ》レ」といわしめたものである(『隋書』倭国伝)。煬帝を怒らせたのはいうまでもなく倭王が「天子」の称号を用いたからであって、おそらく中国の「天子」の称号が、諸蕃国や四夷の上に君臨する世界帝国の君主の独得の地位をしめすものであることを知らなかったことからくるミスであったか、または「大国」の王としての気負いからきた勇み足であろう。いずれにせよ、第一回の素朴さに比較すれば、倭王が従来の「大王」以外の、国際的に通用する新しい称号を設定しようと試みたことが、これによって知られる。同じ時代に中国北方の雄蕃たる突厥《とっけつ》の王が、「従天《テンヨリ》生《ウマルル》大突厥天下賢聖天子」(『隋書』突厥伝)という「天子」号を用いたことの結果として、ついに「大隋天子」の「奴」とさせられたのにたいして、倭王の国書問題が重大化しなかったのは、この段階における倭国の特殊な地位によるものである。(11) 突厥は隋に対立する強大な雄蕃であったのにたいして、煬帝はこの時期に海東諸国、たとえば「流求《りゅうきゅう》」(今の台湾)をも招撫しようとしており、倭国にたいしても同様であったとみられるからである。第三回は、裴世清に託した国書の「東ノ天皇、敬《ツツシ》ミテ西ノ皇帝ニ白《モウ》ス」であり、隋帝の国書「皇帝、倭皇(倭王)ヲ問ウ」に対応するものである(推古紀、十六年八月条)。この記事の信憑性については、推古三十年在銘中宮寺天寿国繡帳《てんじゅこくしゅうちょう》等に「天皇」号が使用されている事実があるから、それを疑う理由はないようである。「天皇」は古代中国において「天帝」＝北極星をさし、推古以前に中国で君主の称号として用いられたことがない(12)。しかし問題の鍵はその語義にあるのではない。むしろ「天皇」という称号が、一方において朝鮮の諸王の「大王」号と区別され、同時に他方において中国の君主の「天子」や「皇帝」等の称号からも区別されるところの第三の新しい称号であったところに重要な意味があったとみられる。それは対隋国交の従来の経過および前記の対朝鮮関係から必要とされた条件を充たすからである。いいかえれば、従来の「大王」号は、倭国内部の称号であったのにたいして、「天皇」号は「大国」または被朝貢国の王としての地位を示す称号として成立したのではなかろうか。ここに五世紀の「倭の五王」時代との相違がみとめられよう。倭の五王が南朝宋に遣使朝貢した形式は、中国王朝の官爵を請願し、そのことによって自己の国際的地位を確立しようと図ったのにたいし、推古朝の対隋外交には、官号を請求したり、あるいは冊封を受けてその藩臣となろうとした形跡がなく、そこに中国王朝の世界帝国的秩序の内部に、みずからの「大国」としての秩序を形成しようとした意図がみられるのであって、「天皇」号の成立はそのことを象徴するものであろう。

こまかい問題は多くのこるが、以上の考えは、推古朝で問題となる王権の正当性の問題が、対内的な面と対外的な面との二重の側面をもっていたということが根本である。十七条憲法は国内的な面、すなわち群卿・大夫層の上に立つ王権の正当性を理念化しようとしているのにたいして、外交の面では、その王権が同時に「大国」の、被朝貢国の王権であることを確立しようとしている。この両側面は令制国家において統一されたものとして確立されるが、それまではそれぞれの場において成立してきたとみられ、そのなかで対朝鮮および対隋外交の場は、逸することのできない意義をもっていたのである。これは『天皇記』『国記』の編纂についても同様である。百済・新羅両国では、推古朝以前に史書の編纂がおこなわれていたらしく、新羅は真興王の六年に「国史」編輯の記事がみえ(『三国史記』新羅本紀)、百済本紀は推古五年に百済王子阿佐《あさ》の来朝のさいもたらされたと推定されている。(13) 両国にたいして「大国」の地位を主張しようとする倭国がみずからの史書をつくろうとする努力をしなかったら、むしろ不自然であろう。『天皇記』の内容は、おそらく後の記紀の基礎となる帝紀《ていき》・旧辞《きゅうじ》のうちの前者の編纂であるが、それをとくに『天皇記』としたについては理由がなければならない。前記の「天皇」の称号の特殊な性格から考えて、私はそれが倭王と朝鮮との関係を一つの重要な要素としてふくむものと推定する。たとえば記紀における神功《じんぐう》皇后の「新羅服属」の物語の原型は、この時代に定着されたのではないか(この物語は奈良時代にいたるまで、新羅王に朝貢を強制する唯一の歴史的根拠とされたものである)。かかる『天皇記』が、前記の新羅の「国史」にたいする倭王の対応であったとおもう。同時に『天皇記』の主要な内容をなす帝紀の編纂さえも対外関係を意識したものではなかろうか。時代は降るが、僧奝然《ちょうねん》が宋に『王年代紀』一巻を持参したのは、神代以来の天皇の系譜をのべることが日本の王朝の正当性を認識させることになるからであって、太宗もそれによって日本の国王が「一姓継《イッセイケイ》ヲ伝エ」た事実を知って感嘆したのである(『宋史』日本伝)。天命とそれによる易姓革命の思想を欠く日本では、系譜の編纂によってのみ証明される王権の世襲制が、その正当性の唯一の根拠とされたのであるが、奝然がそれを記録した『王年代紀』をあらかじめ用意していったのは、日本の王室の系譜についての質問がなされることが古くからの慣行となっていたからである。中国の皇帝の質問には伝統的な型があって、白雉《はくち》五年の高向玄理《たかむくのくろまろ》等の渡唐のさいに、「悉《コトゴトク》ニ日本国《ヤマトノクニ》ノ地理及ビ国初ノ神ノ名」を問われ、それに答えなければならなかったのも、その一例である(孝徳紀、白雉五年二月条)。

遣唐使は琥珀《こはく》や瑪瑙《めのう》等の貢納物だけでは十分でなく、国初の神々についての知識をも用意してゆかねばならなかった事情は、遣隋使の場合もおそらく同様であって、記紀の神代史が作成されてくる一つの契機はここにあったと、私は推測している。記紀の原型の成立史における推古朝の意義は国際的契機なしには説明しがたいものであろう。

『国記』については、風土記の類とみる説と、『天皇記』から区別された意味での「国家」の歴史を記したものとする説に分れるが、(14)後者の意味する「国家」なるものがまだ成立していたとは考えられないので、前者が真実に近いと考える。問題はなぜ推古朝の段階でかかる『国記』が撰録されたかにあるが、これも隋との国交と関係があるのでなかろうか。日本の使節が中国を訪ねた場合、公式に質問される事項のなかに、右の「日本国ノ地理」または「風俗」または「風土」に関するものがあり(『隋書』倭国伝、『宋史』日本伝)、『魏志』倭人伝以下、日本の風土に関する中国の正史の記事は、それを基礎にして、蓄積されたものである。中国王朝にとっては、その知識は政治的にも重要な意味をもったからである。奝然の場合には、おそらく民部式等のなんらかの文献を用意していって、日本の地理を従来になく詳細にのべるようになっているが、『隋書』倭国伝にも気候や風土・風俗についての簡単な記事がみえる。おそらく推古朝の『国記』なるものも、かかる外からの刺激にこたえる倭国の概括的な風土・風俗を撰録したものではなかろうか。したがって後代の一国別の「風土記」とは性質を異にするものであったろう。『天皇記』『国記』以外の記録は、撰録されなかったとみられるので、ここでは問題にしない。

以上の簡単な素描によっても、推古朝の改革が、この段階での国際的諸関係を一つの重要な契機としていることが理解されよう。東洋的社会においては、外部との交通、外部からのインパクトは、歴史的に特別な意味をもった。第一節でのべたように、古代文明の発達の不均等性は、この交通の条件によってさらに拡大される。このような交通のもつ特殊な役割は、東洋的社会あるいはアジア的共同体の特殊な構造によって規定されていることはいうまでもない。そこでは、前記のように支配の制度化・機構化が自然発生的には困難であり、したがって首長制を媒介とする上からの制度化・機構化が必然となるが、そのさい外部との交通・交換を掌握しているのがまた首長層であるという関係によって、古代文明の発展の地域的不均等性は、一国内においては、外部の異質な高度の文明と交通する首長層における文明の急速な発展と、古い共同体に制約されている人民との不均等な発展の仕方としてあらわれる。推古朝において王権のまわりに結集した首長層は、日本の支配階級の歴史上はじめて自覚的・系統的に外国の文物・制度で武装しはじめるが、それは主として百済・新羅等のより発展した文物・制度に追いつくことを根本としていた。前記の冠位十二階制、史書の撰録はもとより、仏教統制機関さえ新羅は日本より一世紀も早く制度化されており、推古朝のそれは(おそらくそれとの対抗関係において)、北朝の制度をとりいれたものとされる。(15)十七条憲法も、北周の蘇綽《そしゃく》の六条詔書をモデルにしたものとされているが、(16)この場合でも新羅がすでに法興王時代に「律令ヲ頒示《ハンジ》」したという所伝のあることに注意する必要がある(『三国史記』新羅本紀、法興王七年正月条)。その年代と、この「律令」が法典的なものか、あるいは単行法の集成かは問題があるとしても、十七条憲法の制定はそれとの関連において理解される必要がある。古代における文物・制度の輸入をふくむ諸国間の交通は、諸国間の対立・矛盾・戦争を媒介としておこなわれることが特徴である。諸国の内部体制が階級対立にもとづいているかぎり、その国際関係が、「対等」または平等であり得ないからである。推古朝の文化において決定的役割をはたした「帰化人」の渡来そのものが、倭国の「大国」としての支配関係(とくに百済にたいする)によって保証されており、人間の交流自体が支配服属関係によって規制されているのが特徴である。この諸国間の対立と矛盾が、集中的に表現されたのが七世紀初頭から約八十年にわたる戦争と内乱の周期であり、それに対応する太子の万機総摂の形における支配層の第一次の権力集中は、推古朝の諸改革の担い手であったのである。したがってこの体制の解体は、皇極《こうぎょく》期における大臣《おおおみ》入鹿による第二次の権力集中となり、その打倒による大化改新の第三次権力集中によって、推古朝には存在しなかった新しい、異質の「国家」機構の建設が、はじめて支配階級の課題として提起される。しかしそのさいにも、推古朝と基本的には同じ国際的諸関係が、改革の欠くことのできない契機として存在したのである。

第三節　二つの方式　大化改新

大化改新において、国際的契機が具体的にどのような役割をはたしたかは、慎重な検討に価する問題である。しかし外交問題が改新の課題と不可分であったことは、つぎの事実が端的にしめしている。改新政権成立直後の六四五(大化元)年七月、高句麗・百済にたいする重要な詔が下され、同年十二月には対外関係をぬきにしては考えられない難波《なにわ》への遷都がおこなわれ、翌二年九月には、改新期において鎌足につぐ重要人物である国博士《くにはかせ》高向玄理が新羅に使節として派遣されていることなどである(書紀)。ことに改新の前年末から開始された唐の太宗による大規模な高句麗征討が、日本の政変の背景にあるという認識は、後代よりも広い国際的視野のもとに天下国家を論ずることを好んだ明治の史家の方が、鋭くもっていたようである。しかし推古朝の場合と同じように、唐と高句麗との戦争を無媒介に日本の国内改革に結びつける方法は、国際的契機を国内問題に転化する主体的条件の分析をおろそかにする結果をともなう。その点は第二章でとりあつかい、この節では、右のことを念頭において、大化改新における国際的契機について要点だけをのべておきたい。

宮廷で暗殺され、蓆《むしろ》で包まれた鞍作《くらつくり》(蘇我入鹿)の屍が運び去られるのを見定めてから、自邸に帰った古人大兄皇子《ふるひとのおおえ》は、「韓人《カラヒト》、鞍作臣ヲ殺シツ」という謎めいた言葉をのこした(皇極紀、四年六月条)。この言葉の意味は、書紀編纂のころにはもはや不明だったようで、編者はとくに分注を付して、「韓《カラヒト》ノ政《マツリゴト》ニ因リテ誅《ツミ》セラルルヲ謂ウ」と解釈している。後代の書紀注釈家たちのとりとめもない謎解きに比較すれば、分注の解釈は、正面からこの言葉に取組んでいるといえよう。入鹿の誅殺、すなわち大化の政変が、「韓ノ政」と関連しているらしいという編者の解釈は、古人大兄の言葉の解釈として正しいかどうかは別問題としても、それなりに検討に価するであろう。それはいうまでもなく、大化前代の対朝鮮関係の事実の分析からひきだしてこなければならない。

書紀の伝える六二三(推古三十一)年の対朝鮮政策の記事は、対外政策についての支配層内部の意見の分裂を示す古代の唯一の史料として貴重である(天平期にも政策の分裂があったらしいが、内容が不明確である)。しかもその内容は珍しく具体的である。新羅の支配下にあって、実体のない「任那」の調《ちょう》、しかし倭国が「大国」として朝鮮にのぞむための重要な象徴と考えられていた任那の調をめぐる群卿・大夫たちの合議が、この記事の前半部の内容をなしている。そこでの意見の対立はつぎのように要約できる。㈠の中臣連国《なかとみのむらじくに》に代表された意見は、新羅にたいする出兵または軍事的強圧の政策であり、それによる任那の百済への還付である。㈡の田中臣《たなかのおみ》によって代表された意見は、新羅との外交交渉による事態の解決であり、「反覆多キ」国としての百済にたいする不信が特徴的である。合議の結果、㈡の政策が決定され、吉士磐金《きしのいわかね》を新羅に、吉士倉下《くらじ》を任那に、それぞれ使節として派遣し、交渉の結果、新羅は、自国と任那両国との二つの調を貢ぐことに妥結した。ところが、この使節が帰国する以前に、国内に急変があり、㈠の政策を主張した大夫、境部臣雄摩侶《さかいべのおみおまろ》・中臣連国を大将軍とする諸氏族の軍隊による新羅出兵が決定し、その沿岸まで到達したために、新羅・任那の貢調使《こうちょうし》は日本にくることを中止し、調物のみを貢することとなってしまった。以上の事件において注意すべき点は、つぎの三点であろう。

第一に、対朝鮮政策と行動における支配層の不統一と対立が、ここで明確になっており、その結果、群卿・大夫層の合議の主宰者であり首席である大臣《おおおみ》蘇我馬子は、同時にその決定を破って新羅出兵を命じた本人でもある。大臣の権威と指導力は、いわれるほど強力でなかったことがこれによって知られる。右の事件が、聖徳太子の死の翌年であることも注意すべきであろう。女帝と、太子による万機総摂、太子・馬子の共同執政という型の権力集中による安定は、一時的・相対的なものにすぎないことがこれによって知られるからである。支配層内部の対立・矛盾が、外交と王位継承の問題を契機としてもっとも鋭くあらわれるのは、古代日本のみではない。この事件の六年後におこった推古天皇の死と舒明即位のさいの紛争は、支配層内部の対立が典型的にあらわれた点で、右の対外政策の不統一と密接に関連しているとみねばならぬ。そのさい大臣蘇我蝦夷《えみし》は、自己の推す田村《たむら》皇子の嗣位決定を簡単に強行することはできず、「群臣ノ従ワザランコトヲ顧ミ畏レ」て大夫等の統一をはからねばならなかった。事実として阿倍麻呂《あべのまろ》以下五人の大夫は田村皇子擁立に賛成し、許勢大麻呂《こせのおおまろ》以下三人は山背大兄を推し、蝦夷の叔父とみられる境部摩理勢《さかいべのまりせ》はこの事件で蝦夷に攻め殺されている(1)〔舒明紀、即位前紀〕。蘇我一族の内部さえ分裂しており、大臣の統率力は低下しているのである。前記の対朝鮮政策の分裂もその一部として理解しなければならない。

第二に、前記の合議における政策の対立は、この時だけの偶然のものではなくて、前後の時期にそれぞれ一つの方式として存在したものである。たとえば㈠は大化改新後、対新羅関係が緊張したさい、左大臣巨勢徳陀古臣《こせのとくだこのおみ》が、新羅征討を主張し、「難波津《ナニワツ》ヨリ筑紫海ノ裏《ウチ》ニ至ルマデ」船師を集結して、新羅を問責すべしと上奏したさいにもあらわれてくる(孝徳紀、白雉二年是歳条)。(二)もその点では同様であった。それが大夫の合議において一旦正式に決定されたのは、それがこの時期までに一つの方式または慣行としてすでに存在していたからである。右の合議の決定にしたがって、吉士磐金が新羅と交渉し、妥結した結果は、新羅が自国の調の外に、任那の調をも同時に貢上すること、そのさい任那独自の貢調使、貢調船をも用意することであって、これは実体のない任那を独立の「国」とみなし、「天皇ノ附庸」国とみなすための擬制であり、形式であった。それは十三年前にすでに一つの儀式として太子によって確立されていたものである(推古紀、十八年十月条)。それは推古朝以後の新羅と日本との力関係を反映する一つの妥協であり、新羅の任那にたいする事実上の支配を承認した上で両国の関係を維持するための一つの方式として存在した。

第三に、前記の合議において、対立した二つの意見が、百済にたいする異なった評価とむすびついている点に注意すべきであろう。(一)は任那を百済に付与すべしという点で、親百済的であり、(二)は百済に道義的非難を加え、従来の方式を維持することによって新羅との交渉を維持しようとする点で、親新羅的、あるいは反百済的である。この事実は、(二)の方式が太子の万機総摂の時代に確立されたこと、しかも圧倒的な百済文化の支配したこの時代において、例外的な現象として、太子―秦造河勝《はたのみやつこかわかつ》―広隆寺《こうりゅうじ》建立という新羅文化の存在が確認されることなどを想起すれば(2)、これを仮に太子方式といってよいだろう。これにたいして、蘇我氏の百済文化、百済系「帰化人」との密接な関係、その一貫した親百済的傾向からみて、㈠の方式を蘇我方式といっておく。これは、特定個人または氏族の役割を過大評価するのでなく、支配層内部での二つの傾向を代表するものとしてである。また二つの方式は原理的に異なるものではなく、いずれも新羅・百済にたいする倭国の「大国」または被朝貢国としての地位を維持するための二つの方式にすぎず、したがって特定の氏族や閥族に固有の政策として存在したわけではない。

以上の三点を前提として、重要なことは、太子方式が、たんに新羅と結びついているばかりでなく、それを媒介として唐またはこの時期の朝鮮三国間の情勢と関連していたとみられることである。書紀には、右の合議のおこなわれた年の条に、新帰朝者薬師《くすし》恵《え》日《にち》、すなわちその出自と経歴においてこの時代の国際的な交渉と文化のあり方をもっとも典型的に代表する国際人としての恵日等のつぎの有名な奏聞をかかげている。「(前略)且《マタ》其ノ大唐国ハ法式備定ノ珍国《タカラノクニ》ナリ。常ニ達《カヨ》ウベシ」。これは恵日等の個人的な意見と考えられているが、私はこの献策の背後に、唐の高祖の意志と政策があったものと推定している。在留外国人を自己の政策のために利用することは、中国王朝の伝統的外交技術であった。この献策の時期は、推古三十一年条にかかげてあるが、恵日が第一次遣唐使として入唐した舒明期をふくめての時期としておくべきであろう。この時期の唐の対朝鮮政策は、おそらく隋にとって高句麗征討の役が滅亡の一因となった経験にもとづいて、主として朝鮮三国間の戦争と対立を、諸蕃の上に君臨する「天子」としての資格において、調停し、和解させることにあった。六二六(推古三十四)年、唐の高祖が散騎《さんき》侍郎朱子奢《じろうしゅしや》を遣して三国間の和解を図ったのは、この時期における高句麗、とくに百済による新羅攻撃が激しく、三国間で孤立し、守勢に立っている新羅を救うためである。この努力は、六四三(皇極二)年すなわち高句麗征討の直前までつづけられた唐の一貫した方針であった(『旧唐書』高麗伝、新羅伝)。新羅と結び、その関係を強化することは、唐が高句麗を背後から牽制するために必要であり、新羅も三国間の孤立と守勢から脱するために唐との同盟が必要であるという形勢のなかで、隋の時代においてすでに海東の「大国」として認められていた倭国の地位が、唐と新羅によって重要な意義をもってきたのは自然である。唐と通交すべしという恵日等の前記の献策は、おそらく同時に唐と新羅の倭国にたいする要請でもあったから、それは一つの重要な意義をもち、六三〇(舒明二)年、恵日が犬上三田耜《いぬかみのみたすき》とともに、遣唐使として派遣されたのは、それにたいする倭国の肯定的な対応であった。この第一次遣唐使にたいして、唐がただちに高表仁《こうひょうじん》を使節として倭国に遣わし、「之ヲ撫セシム」とあるのも、その目的は右の事情から推察されるところであり（書紀、『旧唐書』倭国日本伝）、この時期の日唐通交が、すべて新羅を通路としていることもこれと関連する重要な事実である。遣隋使派遣が、はじめ百済を媒介としたらしい前記のことと対比すべきであろう。したがって、親新羅的な太子方式は、新羅を媒介として、唐の朝鮮政策と結びつくことであった。高句麗征討を前にして、朝鮮にたいする唐の介入が強まる形勢のなかで、太子方式を発展させて唐と結合するか、または蘇我方式に固執するかは、内政の問題としても重要な分岐点となる問題であったのである。

皇極期にはじまる蘇我入鹿の専制的体制は、従来の馬子・蝦夷時代の大臣体制とは、性格を異にするものである。それはこの時期におこった日本と朝鮮三国における権力集中のための政変の一つであった。それはまず、新羅における六三二（舒明四）年の前記の政変（第二節）、善徳女王の擁立と宗室の大臣乙祭による国政掌握としてあらわれたが、蘇我氏専制の直接の契機となったのは、六四二（皇極元）年、百済と高句麗の政変の報が、両国からの使節によってもたらされたことであった。この報告の直後に、高句麗・百済・新羅・任那にそれぞれ使節が派遣されたのは、その衝撃の大きさを物語っている（皇極紀）。この時代の支配層にとっては、たとえば自国の東国におこった事件よりも、百済や高句麗の宮廷の事件の方が、はるかに身近かであり、切実であって、その対応の仕方もより敏速なのを特徴とした。右の高句麗の政変は、前記の宰臣泉蓋蘇文による軍事的専制支配の成立である。書紀が記している蘇我氏の専制が、この高句麗型の権力集中を直接のモデルとしたかどうかはあきらかではない。しかし馬子・蝦夷の時代にみられる前記のような群卿・大夫層の不統一と対立、王位継承や対外政策等の重大な問題についてあらわれてくる危機的な混乱と大臣蘇我氏の権威の低下を考慮するならば、唐の朝鮮半島への介入と戦争の危険が増大した情勢にたいする国内的対応として、朝鮮の三国の支配層がそれぞれの形において権力集中の動向を示しているとき、蘇我氏がその専制的支配を確立することによって、この情勢に対応したことはきわめて自然であったといわねばならない。群卿・大夫層の「合議体」がこの時代に存在したとしても、それは新羅の「和白」の制のような伝統的・宗教的権威に基礎づけられてはおらず、またそれは個々の大夫または氏族の特殊利害を超越する非人格的な機関として制度化されていたのではないから、支配階級の権力集中は、特定個人または氏族による単一支配、多かれ少なかれ専制的支配として展開しなければならなかったのである。「国家」という新しい機構をつくりだし、それに群卿・大夫層を編成することによって権力の基盤を拡大し、また諸氏族の矛盾を調整するという道をとるか、または大臣個人によるむきだしの専制支配の道をとるかの選択において、蘇我氏には前者の道は、その性格上ふさがれていたとみられる。したがって蘇我本宗の専制支配という形における権力集中は、同時に群卿・大夫層からの孤立を意味した。泉蓋蘇文の権力集中を生みだし、かつ国家の滅亡直前まで維持させた力は、唐との戦争という危機の連続であったが、この条件は蘇我氏には完全にないとはいえないが、稀薄であった。六四三(皇極二)年、入鹿が山背大兄王を斑鳩に追いこんで殺したとき、当時の群卿・大夫層にとって、それは王を殺し、大臣以下百名以上を惨殺した高句麗型専制の到来を予告したものと受取られ、暗鬱な皇極紀の記事に反映している一般的恐怖状態をもたらしたものとみられる。名目的な宝蔵王と泉蓋蘇文にたいする名目的な古人大兄王の即位と蘇我入鹿の対比である。かかる専制からの活路として、大化改新における権力核となる勢力が形成されてきたのであるが、この勢力がもたらした一つの新しい性格は、推古朝から蘇我氏専制にいたる権力集中がもたなかった新しいタイプの国家機構をつくりだすことにあった。「国家」、すなわち支配層がその内部矛盾によって解体しないために、階級としての共同利害を貫徹するために必要な機構としての国家が、この段階において一つの歴史的必要として登場してきたのである(第二章)。

しかし専制的支配そのものは、その没落の原因とはならない。それが政策の破綻と結合したとき、はじめて没落は必然である。蘇我氏の対外政策、前記の蘇我方式が現実にどのような結果をもたらしたかが重要である。この方式の特徴である親百済的傾向、具体的には任那を新羅から取り上げて百済に返付する方策は、皇極期前後には実現したものとみられる。改新直後の、百済王宛の詔書において、「中間《ナカゴロ》、任那国ヲ以テ、百済ニ属《ツ》ケ賜ウ」とあるのがそれである（孝徳紀、大化元年七月条）。しかし一見蘇我方式の成功のようにみえるこの経過は、倭国の力または援助によってもたらされたものでなく、百済の義慈王即位後とくに強化された対新羅侵攻の結果であることが特徴である。六四二（皇極元）年、新羅の四十余城を攻め、大耶《たいや》城をも抜いたことは、洛東江《らくとうこう》中流域の西岸にせまったこと、任那の地を百済が自力で回復したことを意味する（『三国史記』新羅本紀、善徳王十一年条）。これが、前記の「中間、任那国ヲ以テ、百済ニ属ケ賜ウ」の実体だとすれば、それは蘇我方式の成功ではなく、逆に倭国にたいする百済の地位の強化、両国間の関係の不調となって結果したのは当然であった。この時期に百済からの調に欠けるところあり、これを返却した事実のあることはそのことをしめしている（皇極紀、二年七月、孝徳紀、大化元年七月条）。前記六四二（皇極元）年の百済の政変、すなわち王子翹岐《ぎょうき》等四十余人の追放は、倭国にとって不利な政変であったらしく、本国を追放された翹岐を蘇我氏が保護し、百済の「大使」として待遇しているのは、おそらく本国の義慈王にたいする対抗としてであろう（皇極紀）。皇極期には、蘇我方式は、そのもっとも重要な対百済政策自体において、すでに行き詰まっていたといわざるを得ない。この方式の特徴である新羅にたいする軍事的な威圧は、もはや問題にさえならなくなっていた。

百済・新羅のみならず、唐にたいしても蘇我氏の政策は同じ行き詰まりをしめしている。六三一(舒明三)年の前記の唐使高表仁の来朝は、偶発的な事件によって、唐と倭国との不調をもたらしたようである。「表仁綏遠《スイエン》ノ才無ク、王子ト礼ヲ争イ、朝命ヲ宣《ノ》ベズシテ還ル」とあるのがそれである(『旧唐書』倭国日本伝)。この場合の「王子」を山背大兄王あるいは古人大兄王とする説もあるが、あるいは入鹿ではなかろうか。唐使が国政を掌握する大臣蝦夷の子を「王子」と誤認することはあり得ることだからである。そうとすれば、この事件は偶発事以上の意味をもつこととなる。この事件以後、大化改新によって唐との通交の努力が再開されるにいたるまで、遣唐使が一度も派遣されていないのは、おそらく蘇我方式においては、かかる試み自体が不要であったからであろう。以上によって蘇我氏専制という形における支配階級の権力集中が、唐および朝鮮にたいする外交の行き詰まり、離反、停滞をもたらしたことはあきらかであり、少なくとも唐帝国の出現と朝鮮三国間の戦争という新しい局面にたいして、外交上の展望をひらくものではなかった。それが蘇我方式自体のせまさ、閉鎖性に由来しているかぎり、その打倒なくしては、東アジアの新しい段階に対応し得ないことは、当時の群卿・大夫層においても広く認識されていたであろう。唐の太宗が、親ら六軍を統率して高句麗に向けて洛陽を出発したのは六四五(大化元)年の二月である(『旧唐書』太宗本紀)。この事件が、大化改新の政変の前提として重要な意義をもったとすれば、それは蘇我氏専制における前記の内的矛盾を基礎にもっていたからであろう。隋以来の何回かの高句麗征討は、つねに朝鮮三国と倭国に反作用するが、その反作用の形と特徴を決定するものは、それぞれの国の内的状況である。

大化改新の政策の一つは、新しい国際関係に対応するための国内の体制を固めることにあった。孝徳・斉明天皇の下において、皇太子中大兄・鎌足という新しい権力の核の成立は、その形においては、推古朝方式の復活であり、同時期の新羅型と同一であるが、その特徴は、かかる形で集中された権力を、大化前代の国制の基本的秩序である王民制から、公民制を基礎とする新しい型の国家組織の樹立のための軸とするところにあった(第二章第二節)。したがってその施策の重点は、あきらかに国内政治にある。しかしそれが同時に、蘇我氏専制のもとでの対外関係における前記の不統一、行き詰まり、停滞を打開する任務をともなったこと、そのさい蘇我方式を捨てて、新羅を媒介として唐と結ぶ太子方式を発展させる課題をともなったことを見のがしてはなるまい。前記の大化元年七月の百済王宛の詔書は、まだ蘇我方式の確認にすぎないが、翌二年の高向玄理の新羅派遣と、その結果としての「質《ムカワリ》ヲ貢セシメ、遂ニ任那《ミマナ》ノ調《チョウ》ヲ罷《ヤ》ム」という決定は（書紀）、第一に推古朝以来の争点であった「任那ノ調」の問題を最後的に清算し、新羅との新しい関係をうち立てることであり、第二にそれは、この時点で任那を領有していた百済の権利を否定することでもあり、蘇我方式の終末でもあった。(3) たしかに任那の調を罷めて「質」にかえることは、「質」の性質からみて新羅との服属関係を強化する形式をとっている。しかし実質からみれば、この時「質」として日本にきた新羅の相金春秋は、滞在期間は一年にみたず、翌年には唐廷に入見して重要な外交をおこなっていることをみれば、この「質」はむしろ服属の象徴であるよりは、新羅と日本と唐を連結する外交官であったらしい。六四八（大化四、貞観二十二）年に、日本が唐帝にたいし、「新羅ニ附シテ表ヲ奉リ、以テ起居《キキョ》ヲ通ズ」という記事の意義は、この点で重要である（『旧唐書』倭国日本伝。書紀にはこの記事は欠けている）。この唐の太宗にたいする天皇の上表文の捧呈は、六三一年以来の唐との断絶状態を打開する最初の試みであり打診であったが、それを媒介したのが外ならぬ新羅の「質」であるはずの金春秋であったらしいことは興味がある。それは、舒明期の第一次遣唐使派遣の、新しい情勢のもとでの復活であった。新しい情勢というのは、この時期の新羅の状況、唐の対朝鮮政策が、日本と新羅の連合を要求していたという事情である。日本と新羅と唐をむすぶ路線をつくったのは、この時期の新羅と日本の支配層を代表する二人のすぐれた外交家である金春秋と高向玄理であり、後者は推古朝の恵日の前記の献策の実行者としてあらわれる。

高向玄理を押使《おうし》(大使より上で、身分が高い場合)とし、副使として右の恵日をふくむ六五四(永徽五、白雉《はくち》五)年の第三次遣唐使が、その使節の構成からみて、政治的に重要であることは後述しよう。この遣唐使にたいして高宗が、新羅がこの時百済・高句麗に侵略されているという理由で「兵ヲ出シ新羅ヲ援《タス》ケシム」るの璽書《じしょ》を賜ったという『新唐書』日本伝の記事は注目すべきである。従来この記事が注目されなかったのは、『日本書紀』はもちろん『旧唐書』倭国日本伝にも欠けており、後者に比べて新味なしとされる『新唐書』にのせられているためもあろう。『善隣国宝記《ぜんりんこくほうき》』所収の唐録《とうろく》にもそれに関連する記事がみられ、高宗の言として「王国ハ、新羅・高麗・百済ト接近ス。若シ危急有ラバ、宜シク遣使、之ヲ救ウベシ」とあるが、これでは救援の対象、出兵のことおよび指示の形式が明確でない。『新唐書』の簡潔明瞭な記事をとるべきである。しかし、同盟国百済・高句麗に敵対して、新羅を援助するための半島出兵を日本天皇に指示したこの予想外の璽書は、高宗の朝鮮三国にたいする新しい政策の継続であり、発展であることをみれば、少しも唐突のものではないのである。高宗は六五一(永徽二)年、金春秋の子、新羅使金法敏《きんほうびん》の奏書を根拠として、百済王と高句麗王に璽書を与え、前者にはつぎの二項目の実施を命令した。その内容は㈠百済が新羅から奪い兼併したところの新羅の諸城を、その本国に返還すべきこと、㈡新羅が百済から獲たところの俘虜は、本国に還すべきことであり、もし百済王がこの「進止《しんし》」に従わなければ、金法敏の請《こい》のままに、新羅王が汝と「決戦」するに委《まか》せんという苛酷なものである（『旧唐書』百済伝）。右の璽書の内容については異伝があり、それによれば、百済王に新羅・高句麗との交戦を禁じ、「然《シカ》ラズンバ、吾レ将《マサ》ニ兵ヲ発シテ汝ヲ討タントス」という唐自身が百済にたいして戦争の手段に訴えるべきことを予告したとされている（『資治通鑑』唐紀、高宗上之上、永徽二年是歳条）。百済と同時に高句麗王に与えられた璽書にさえ、皇帝の命を承けなければ、「契丹《きったん》諸蕃」をしてその国を抄掠せしめんとあったとみえるから（『旧唐書』百済伝）、この異伝も簡単にはすてきれない。この璽書が百済にとって重大な衝撃であったことは、翌六五二年にここ六年間中断していた唐への朝貢を再開し（『資治通鑑』同上、永徽三年正月条、『三国史記』百済本紀）、またその翌六五三年の『三国史記』の記事に、「王、倭国ト通好ス」と特筆されていることからも推察することができよう（『三国史記』百済本紀）。璽書は、諸蕃王にたいして皇帝の命令を下す文書であるから、百済・高句麗二王へのこれらの璽書は、もはや三国間の和解や調停ではなくして、戦争による威嚇を伴う強制であり、命令であった。それは後年の百済・高句麗征討の伏線でもある。また璽書の形における日本にたいする新羅援助のための出兵の指示も、高宗にとって日本の天皇が百済王・高句麗王と同列の諸蕃の王であると考えられたことをしめし、その意味するところは百済の犠牲においての新羅救援であり、任那の新羅への還付である。親百済的な蘇我方式は、改新政府の政策が新羅を媒介とする唐との結合、朝貢国として唐に臣従することを目的とする以上、ここで最終的に放棄しなければならないことになったのである。

しかし天皇にたいする高宗の璽書には、おそらく武力による威嚇は欠けていたであろうし、出兵の指示に日本が従おうとした形跡はない。しかし、そこには改新政府が選択した太子方式が、必然的に組みこまれなければならなかった国際的諸関係の表現があるのであって、日本のおかれたかかる客観的な地位は容易に動かすことのできない性質のものであった。いうまでもなく、それにたいする反動は、当然存在したであろう。新羅の金春秋が請うて自国の章服《しょうふく》を中国の制に改め（『新唐書』新羅伝）、六五一（白雉二）年、新羅使が唐服を着て筑紫にあらわれたとき、日本がそれを理由に使節を追い返し、左大臣巨勢徳陀古臣が、新羅討伐の奏言をしたということは、蘇我方式が反動としてつねに国内に台頭し得ることをしめしているからである（書紀）。しかしそれは、日本がすでに唐から孤立して存在することができない以上、重大な決断なしには、国家の公式の政策となることは困難であったのである。

以上が、唐の半島政策の転換、すなわち百済を滅ぼして高句麗を孤立させ、ついで後者を討滅する作戦への転換がおこなわれるまでの日本の国際的関係の特徴である。第一次遣唐使が派遣された唐初の時期に比較して、唐の態度ははるかに威圧的であり、国際的諸関係がそれだけきびしくなったことはあきらかで、大化改新の国内政治がそのもとで、あるいはそれを契機としてふくんで進行したという事実を捨象するならば、それは国家権力の成立の生きた歴史を、制度や法令の系譜のなかに解消せしめる結果となるであろう。戦争と内乱の周期にあっては、そこにまきこまれるすべての諸国家の支配階級の内部において権力の配分の変動をもたらし、権力の集中の新しい形式を模索させ、その一手段としての国家機構をつくりださせる。その過程は、支配階級の内部において、大化改新もその一つであるところの政変、クーデター、謀叛、内乱等をともなうばかりでなく、人民の犠牲と収奪の強化を必至とする。そのような多様な形において、国際的契機は内政に転化してゆくのであるが、前記の高宗による百済・高句麗および日本への璽書、すなわち明確に百済をふくむ朝鮮にたいする戦争の警告の時期から、六六〇(斉明六)年の百済征討の役の開始までにいたる国内の諸事件について、簡単に言及しておきたい。国際的関係からきりはなして、この時期の内政を説明しようとする従来の考え方に納得のゆかないものが多いからである。

まず第一に、六五三(白雉四)年の難波から大和への還都である(書紀)。この突然で異常な転換については、天皇と皇太子との葛藤、前者の悲劇、大和への望郷の念等、多くのことが説かれてきた。改新直後の難波遷都に対外関係の緊張を正当に読みとった史家は、この還都にこの時期における対外関心の稀薄化をみようとする。(4) そうであろうか。私は反対にこの還都は朝鮮における新しい緊張にたいする対応とみるものである。この問題は、六五四(永徽五、白雉五)年の前記の異例な第三次遣唐使派遣と関連している。この遣唐使は、前(白雉四)年五月の第二次遣唐使、すなわち大規模ではあるが、主として学問僧・学生から構成され、したがって特別の政治的使命をもたない遣唐使とは性格を異にする。押使が高向玄理であることは、大化二年の遣新羅使と同様の外交上の重要な問題をかかえていたこと、しかも前回から一年も経過しないうちに派遣されたことは前後に例をみない異常さである。前記の唐の高宗の百済・高句麗にたいする璽書は白雉二年にあたるから、半島の緊迫した情勢は、白雉四年六月に来朝した百済・新羅の貢調使等によっても日本の朝廷に報告されたにちがいない(書紀)。高向玄理等の異例の第三次遣唐使は、おそらくそれに対処しようとしたものであり、事実、唐都においてかれらは前記の対新羅援助の出兵を指示する高宗の璽書を与えられたのである。難波から大和への還都が、月はあきらかでないが、新しい情勢について百済王が「倭国ト通好ス」と特筆されている年、すなわち六五三年におこなわれていることに注目すべきであろう。首都、すなわち天皇の所在地であり、政治と行政の中心である首都を、難波から大和へ遷した理由については、この時代において、海岸から行政の中心を内陸に移動させるという戦略的な観点があったことと無関係ではないだろう。博多の那津《なのつ》と大宰府との関係、斉明朝における筑前磐瀬行宮《いわせのかりみや》と朝倉宮《あさくらのみや》との関係にそれがあらわれている(斉明紀、七年条)。難波から大和への還都もその一例であるが、これには朝鮮の三国における首都の例が参考となったものと推定する。高句麗の平壌《へいじょう》、新羅の慶州《けいしゅう》は海岸線からはるか内陸に位置し、河によって海に連絡するという特徴をもっており、ことに百済の首都となった熊津《ゆうしん》・泗沘《しび》が錦江《きんこう》(白江《はっこう》)によって海と結ばれる内陸に所在したことが、戦略的に重要な意味をもったことは、後の唐・新羅との戦争で実証されたところである(『三国史記』)。六六七(天智六)年の近江大津宮への遷都も、基本的にはこの観点に立つもので、淀川によって瀬戸内海と結ばれる内陸の地近江国大津を選んだのは、この前後における対馬の金田城《かなた》、筑紫の大野《おおの》・椽《き》二城、讃岐の山田《やまだ》城、大和の高安《たかやす》城の築城にみられる戦略配置との関連でみなければならず(天智紀、六・七年条)、とくにこの前後の時期は、百済からの「帰化人」のなかに多くの兵学の専門家がふくまれていたことが注目される(同上、十年正月是月条)。難波から大和への還都もこの系列に属するものと考えるべきで、第三次遺唐使の派遣と連結する対応の一形態である。後述するように、大和国自体を軍事的に防衛する手段がとられたこととつながる措置であろう。

つぎに六五五（斉明元）年の女帝斉明天皇の即位と、皇太子中大兄皇子の執政である。「皇祖母尊《すめみおやのみこと》」の重祚《ちょうそ》は、前例のない異常な形式であるが、権力集中の一類型とすれば、前節でのべたように、推古朝の伝統に従うものであり、ことに六四六（大化二）年には、新羅の真徳女王―金春秋の先例もあることに注意せねばならぬ。しかもこの重祚は、諸家の見解によれば「大化改新」の終ったとされる白雉年間のことであることを考えれば、内政からだけでは説明できないことはあきらかで、前記の大和還都、第三次遣唐使と関連させて、その意義を解し得る。「大化改新」は終ったかもしれないが、改新の一契機としての国際関係自体は、新たな緊迫をみせており、したがってそれにたいする内政の対応も必然であった。

第三に、斉明朝初年の内政上の重要問題として、天皇の「興事《こうじ》」すなわち大土木工事がある。これは専制君主斉明の恣意的政治の典型とされているが、大和の田身嶺《たむのみね》（奈良県多武峰《とうのみね》）の工事が、「冠《コウブ》ラシムルニ周垣《メグレルカキ》ヲ以テス」とあるように、軍事的施設であることは明瞭で（斉明紀、二年是歳条）、天智朝の大和国の高安城、すなわち奈良県と大阪府の境の山城型の城塞の先駆である（天智紀、六年十一月是月条）。「石ノ山丘ヲ作ル。作ルママニ自ズカラニ破レナン」と時人に非難された斉明二年の一連の土木工事の意義を理解するためには、前年八月に、前記の第三次遣唐使河辺臣麻呂《かわべのおみまろ》等が(高向玄理は唐で客死)、唐から帰朝している事実を想起する必要がある(書紀)。かれは新羅援助の出兵を指示した前記の高宗の璽書をもたらしたことはうたがいなく、この前例のない重大な問題について、かれらが日本を代表してなんらかの回答をなし得るはずもないから、当然それは前年八月以後に朝廷において評議の対象になったものとみねばならぬ。斉明元年の右の軍事施設の工事は、それにたいする対応の一つであろう。朝鮮出兵の意志はなくても、唐が「大国」としての日本にとって欠くことのできない同盟国百済を攻撃するかもしれぬという危険、朝鮮における戦争にまきこまれる可能性を、高宗の璽書はしめしているからである。対応策としての大和国における築城をあまりに過敏であり、奇異とする考えは、天智朝の高安城の築城をも理解できなくなるばかりでなく、後代の史家の評価を古代の政治にもちこむ結果となろう。中大兄・鎌足等にとっては、問題は予見しがたい将来にかかっており、その不可測性は、自己の権力の範囲外にある国際的諸関係によって規制されているという事情によって倍加され、かつそこでは唐の朝鮮政策を決定する上で高宗個人の意志が重要な役割をするという専制国家独自の偶然的要素が、これに加わる。この時点以後の歴史の現実の進行を考慮にいれておこなう後代の史家の判断が、古代の政治に内在することが困難なのは右の事情を配慮しないからであろう。現実の政治は、中大兄や鎌足等に代表されるこの時代の支配層の認識、評価、観念等を通してのみおこなわれるのであって、それはその後の歴史の経過を知り、史料を客観的に観察し得る後代史家による事態の評価とはおのずから異なったものがあるのは自然であろう。一連の土木工事は、時人によって「狂心《タブレココロ》ノ渠《ミゾ》」と非難された。この「狂心」という言葉に、この時期の混乱した支配層の一側面が端的に表現されている。いずれにせよ、大和還都からここにいたる国内の主要事件には一貫したものが貫いているといわねばならぬ。

しかし国際的「契機」が演ずる役割はここまでである。それがどのような形態で内政に反作用するかを決定するものは、国内の階級＝政治関係であって国際的契機自体ではない。斉明朝の土木工事は、専制的な仕方で強行された。それを決定したものは、改新政府の専制的性格であり、そのさい天皇・皇太子等の恣意や性格が一定の役割を演ずるのも、この国家形態の特徴である。ことに、それが人民にどのような形態の収奪の強化となってあらわれるかは、この段階における剰余労働収取の形態、生産関係によって規定される。六五八(斉明四)年の有間《ありま》皇子の変において、留《る》守官《すのつかさ》蘇《そ》我臣赤兄《がのおみあかえ》が、挙兵の条件としてあげた有名な言葉、「天皇ノ治《シ》ラス政事《マツリゴト》、三失アリ。大イニ倉庫《クラ》ヲ起《タ》テテ、民財ヲ積聚スルコト、一ツ。長ク渠水《ミゾ》ヲ穿《ホ》リテ公粮ヲ損費スルコト、二ツ。舟ニ石ヲ載《ツ》ミテ、運積シテ丘ト為スコト、三ツ」にみえる言葉は、この時代の剰余労働の収取形態、とくに徭役《ようえき》労働のあり方を、明瞭に語っている（書紀）。その分析を基礎にしなければ、国際的諸関係にたいするこの時代独自の対応の仕方も、またそれと関連する叛乱の形態もあきらかにならない。国際的契機が、独立の契機としてあきらかにされればされるほど、国内の諸条件の分析の規定的意義があきらかになるという相互関係はここにもあらわれてくるのである。

六六〇（斉明六）年九月、百済の使節によって、唐の高宗が、新羅と連合して、百済にたいする攻撃を七月に開始したという報告がもたらされてから以後（書紀）、天智朝にいたる時期は、日本をふくむ国際関係の重大な転換であり、この時期においては、とくに国際的契機を析出する必要がないほど、国内政治との関連は明瞭である。したがってここでは二、三の点について補足的に言及しておくにとどめたい。

第一は唐との関係である。唐が高句麗を直接攻撃する従来の作戦から、内部的に脆弱な百済をまず討滅し、ついで孤立した高句麗を攻撃するという迂回作戦に転換したのはいつかという問題がある。さきの六五一年の璽書は、その可能性をしめすだけで、具体的な作戦として現実化していなかったことは、朝鮮の三国間の戦争のその後の経過からみてあきらかである。したがって、その翌年に、日本の留学生等を新羅船に付して唐に送ろうとしたのを、新羅が謝絶した事実をもって、唐・新羅による百済征討の計略の漏洩を懸念したとする説はあたらない(5)。百済征討の作戦が決定されたのは、開戦の一、二年前と考えられるからである。開戦の報が百済からもたらされるまで、日本は(おそらく百済も)それについて情報をもっていなかったらしい。したがってそれは日本にとって不意打ちの戦争であった。しかしこのことは、当時の交通形態と国家の専制的性格からみて、むしろ通常の形であったといってよい。伊吉連博徳書《いきのむらじはかとこのしょ》によれば、六五九(斉明五)年に渡唐した第四次遣唐使にたいして高宗は「国家、来ラン年ニ、必ズ海東ノ政有ラン。汝等倭ノ客、東ニ帰ルコト得ザレ」と宣告したが、これによって翌年の朝鮮における作戦を予告すると同時に、日本の遣唐使を監禁して、情報のもれることを防いだのである(斉明紀、五年七月条)。百済を攻撃すれば、高句麗の場合とちがって、日本は必ず救援に赴くであろうことを想定するのは自然である。宣戦と講和、作戦の決定と転換が君主大権の一部をなしている専制国家の性格の上に、このような警戒心をも兼ねそなえている事情のもとでは、この戦争が百済と日本にとって不意打ちであったのは当然であり、したがって唐の完全な準備体制にたいして両国の軍事的対応がいちじるしく立ち後れたのはやむを得なかったのである。

第二に、日本と高句麗・百済との関係である。高句麗と日本との関係は朝貢関係ではなく、対等の連合または同盟関係に近く、高句麗と隋または唐との緊張の度合によって、両者の関係の親密さに変動があったことは、推古朝以来の経過から推測される。高句麗が唐との最後の戦争にさいして、日本に救援を要請したかどうかは不明であるが(天智紀元年三月条の「高麗」が「百済」の誤りとすれば)(6)、改新直後の高句麗王宛の天皇の詔のなかで、両王朝が将来長く往来すべきことを誓約したことを想起すれば、最後の危機にさいして日本の援助を要請しても不思議でない親密な関係にあったことはたしかである。しかるに『新唐書』日本伝には、「咸亨《かんきょう》元年、使ヲ遣シテ、高麗ヲ平グルヲ賀ス」の記事がある(『旧唐書』倭国日本伝にはこの記事はみえない)。これは前年の六六九(天智八)年の第六次遣唐使河内直鯨《かわちのあたいくじら》等の入唐にさいしての記事である(書紀)。仮に高句麗からの救援要請があったとしても、日本がそれに応じられない事情にあったことは、力関係からみて当然であろう。しかしわざわざ国家の公的使節を派遣して、盟邦高句麗の滅亡を祝賀した事実のなかには、唐の皇帝にたいする阿諛《あゆ》と追従、自己の大化の詔にたいする道義的背反以外のなにものもみとめられない。右の事実のなかには、白村《はくそん》江《こう》の戦で敗北した日本が唐との親善関係を回復するためには、かかる隷属的形式をとる以外に方法がなかったところの日本の客観的な地位があらわになっていることが、むしろ重要である。その四年前の六六五（天智四）年の守君大石《もりのきみおおいわ》等の第五次遣唐使の派遣も、翌年の泰山《たいざん》における高宗の封禅《ほうぜん》の儀と関係がある。当時百済にあった唐将劉仁軌《りゅうじんき》が、新羅・百済・耽羅《たむら》・倭人等の使を領してこの儀式に参加した場合の「倭人」（『冊府元亀』巻九八二）は、白村江の戦の捕虜であったろうことは時間的関係から推定されるとしても、(7)このことは第五次遣唐使の目的が封禅の儀への参加にあったとする推定を否定するものではない。(8)高宗の封禅の儀は、白村江の勝利の翌年に天下に予告された事実がしめすように、かれの朝鮮侵略の成功を国内と海外諸蕃王に示威するための儀式であり、日本の天皇もまた敗北した諸蕃王の一人として唐使劉徳高《りゅうとくこう》の招請を拒否し得なかったのであろう。ここにもまた唐にたいする日本の地位があらわれている。

第三に日本の百済救援の性格について。日本の百済救援の出兵は、同盟国としての百済の唐にたいする「独立」のためではない。義慈王が捕虜となった後、佐平福信《さへいふくしん》等が、当時「質」として日本にいた百済の王子豊璋《ほうしょう》を「国主」として迎えることを要請したのにたいして、書紀所引の或本は、「天皇、豊璋ヲ立テテ王トシ云々」とのべ、天皇が豊璋を百済王の地位につけたと記している（斉明紀、六年十月条）。これは大将軍阿曇比邏夫《あづみのひらぶ》が豊璋等を百済に送りとどけたさいの、いわば即位式について、「宣勅《ミコトノリ》シテ、豊璋等ヲ以テ其ノ位ヲ継ガシム。又金策《キンサク》ヲ福信ニ予《タマ》イテ、（中略）爵禄ヲ賜ウ」とある記事に対応する(天智紀、元年五月条)。豊璋は天皇の勅によって王位に即き、佐平福信は日本の位階を与えられたことになっている。日本が百済救援によって、従来の朝貢・被朝貢の関係以上の地位すなわち唐に代る地位を百済に設定しようとする意図がここからうかがえるのである。これを前記の唐にたいする従属の精神と合せ考えるならば、推古朝以来の、「大国」意識にもとづく日本の支配層の政策の二つの側面をみることができるであろう。

第四に、戦争と内乱の周期は、それにまきこまれた諸国に特徴的な多様な人間類型を生みだした。しかし日本は「神武ノ権《ハカリゴト》ヲ起シテ、既ニ亡ブル国ヲ興ス」と百済国人によって讃嘆された佐平福信のような人間類型を生みだすことはできなかった(斉明紀、六年九月条)。福信のような人格は、侵入した唐軍が百済人を「老少ヲ問ウコトナク、一切之ヲ殺ス」という無残な状況のなかからのみ生れ得たのであり(『旧唐書』百済伝)、それに抵抗して柵を築けば、「旬日ニシテ、帰附スル者三万余人」といわれるような人民の闘争を基礎としてのみ形成されたからである(『旧唐書』巻一〇九、黒歯常之伝)。また高句麗の乙支《いっし》文徳《ぶんとく》のような半ば伝説的な、しかし朝鮮民族の精神のなかに現代にいたるまで生きているような人格も日本では生れることはできなかった(9)。それは隋の厖大な侵略軍にたいする高句麗人の不屈の闘争のなかからのみ英雄化され、典型化され得る人間類型だからである(『三国史記』列伝四)。またその地位と役割の類似からしばしば対比されてきた新羅の金春秋と日本の中大兄皇子の場合についても、高句麗に使して囚われ、日本に「質」として来朝し、さらに唐に使するという忍従の外交活動のなかからのみ国を興し、王位に即き得た前者が、後者とは類型を異にする人格として、朝鮮の支配階級の精神のなかに生きたことは、自然の結果であろう。朝鮮の三国と「大国」としての日本との異なった国際的役割、それによって規定される国家の性格が、そこから生みだされる人間類型をも制約するからである。

これらの問題は、一つの基本的問題に帰着する。唐の高宗だけについても四回にわたるところの大規模な朝鮮出兵、百済・高句麗の滅亡、占領軍による直接統治等をともなったこの戦争の性格をいかに規定するかの問題である。古代ローマ帝国の対外戦争と異民族支配との共通点と相違点を明確にすることである。それによって高句麗と百済が唐と戦い、日本もそれに介入した戦争の性格もあきらかにされるであろう。古代における「帝国主義」の問題、これがのこされた課題である。

第四節　第二の周期　天平期

東アジアにおける戦争と内乱のつぎの周期は、七世紀前半のそれに比較すれば、はるかに小規模で短期である。朝鮮の情勢が新羅の統一によって安定したことが、新しい重要な要因として作用したからである。この時期は、渤海と唐との戦争および唐における安禄山の内乱を契機として、唐・渤海・新羅・日本がまきこまれたところの国際関係の新しい段階である。それは内政にたいして潜在的要因として作用する場合が多かったので、独立の契機としての国際的契機は、過小評価されるか、または学芸や法や文物の交流・継受の領域におしやられてしまいがちである。主要な注意は、大宝律令の制定にはじまる律令制国家機構の確立、その基礎にある諸階級の運動、支配層内部の葛藤等にむけられ、国際的契機が明瞭な形をとってあらわれた場合にさえ、それと内政との連関が統一的にとらえられず、たんに偶然的要素にされてしまう傾向がある。したがって国際的契機は、外的要素であるばかりでなく、律令制国家自体の構造の内部の一契機としても存在しているという事実が、見うしなわれるのはやむを得ないのである。本節の課題は、国際的契機を論ずることが、なぜ古代「国家」論の一部とならざるを得ないかを考えることであるが、そのためには、問題を第二の周期に当る天平期の政治史の内部から引きだしてこなければならない。

第一節で、藤原仲麻呂が企て、かつかれの没落によって流産した新羅征討計画が、その専制的支配の確立または維持の手段であると考えるためには、その前提として、なぜそれが有効な手段たり得たのであるかという問題が提起されなければならないことをのべた。仲麻呂のこの計画は非現実的な思いつき、一時の駆けひきや謀略ではなく、実現すべき真剣な政策として準備されたものであり、かつそれは国家の公的な計画として、官僚制機構を動員して実現の一歩手前まですすめられたものである。それは、律令制国家において計画的戦争準備がいかにしておこなわれるかをしめす唯一つの事例である。この場合には、問題が対外戦争であるから、国際的関係が、計画の不可分の契機として存在することは当然であって、その基本は、新羅との外交上の対立・緊張にあったことはいうまでもない。しかしこれは天平期にはいって断続的につづいていたのであって、もっとも近い例では、七五三(天平勝宝五)年に小野田守《おののたもり》が新羅に使して「無礼」の処遇をうけた事件があるけれども、この事件は、七五九(天平宝字三)年の計画決定の契機となるほど特別の重要性をもつものではない。むしろその前年の末、遣渤海大使小野田守の帰朝によって、唐における安禄山の乱の報告がもたらされたことが、この戦争計画を国家の計画に発展させる直接の契機となったものとみねばならない(1)。これは対新羅戦争の特殊な性質、すなわちこの侵攻作戦が成功するためには、唐が新羅を支援しないということが絶対の条件であるという性質からきている。天平期にはいって、新羅との緊張や征討論は何度もあったが、それが国家の公的計画にならなかったのはそのためである。斉明・天智朝の「百済ノ役」の敗北の経験からしても、それは日本の支配層の共通の認識であったにちがいない。安史《あんし》の内乱は、その規模と深刻さにおいて、唐王朝の没落の可能性さえふくんでいたから、新羅を救援する余裕が、唐にあろうはずがないと判断したのは当然であり、当初は「狂胡狡堅《きょうここうけん》」な安禄山が日本にも侵攻するかもしれぬという恐怖をいだいたが、冷静になるにしたがって、この内乱によって計画のための国際的条件がととのったと判断したにちがいないのである。

安禄山・史思明《ししめい》の内乱はそれ自体いかに重大であっても、日本の支配層にとって、それは海の向う側からたまたまやってきた偶然の契機にすぎない。それを戦時体制の確立という国内政治の必然のなかに組みこみ得るためには、それだけの諸条件が必要であった。第一に、それは支配層内部における命令権、とくに最高軍事指揮権の確立である。七五七(天平宝字元)年、資格は大臣に准じ、「内外諸兵事」のことを掌るところの紫微《しび》内相《ないしょう》の官職が新設され、仲麻呂がそれに補任《ぶにん》されたことは、第一の条件がみたされていたことをしめしている。この最高軍事指揮権は、律令制国家においては天皇の大権事項に属し、その一部が分与される場合でも、皇親に限定されていたから(第三章第三節)、「内外諸兵事」を掌る権を仲麻呂が獲得したことは、国制上の重大な変動とみるべきである。第二の条件は、支配階級たる官人層内部における意志と行動の統一を確保するための、政治的反対派の弾圧である。同じ年の七月におこった橘《たちばなの》奈良麻呂《ならまろ》の変は、その規模と苛烈さにおいて注目され、強力的手段で自己の意志を強制し、実現するために仲麻呂がひきおこした事件であった。

第三の条件は、準備すべき戦争の特殊な性格からくるところの、より基本的なものである。仮に唐の支援をないものと前提しても、新羅は半島を統一した強力な国家であったし、作戦は難所である朝鮮海峡を渡らねばならない。兵員、装備、輸送手段、軍隊の質等が一定の水準に達していることが条件であり、それらはいずれも、政治または行政によってのみ確保し得るものであった。七五九(天平宝字三)年六月、新羅征討のために「行軍式《こうぐんしき》」を大宰府につくらしめ、同年八月三品《さんぼん》船親王《ふなしんのう》を香椎廟《かしいびょう》につかわし、「新羅ヲ伐ツベキノ状」を奏せしめたことをもって、国家の公的な計画として開始されたこの戦争準備の過程において、決定的なポイントは、戦争のための人的・物的諸手段をいかにして確保するかという問題であった。同年九月、船五百艘を北陸・山陰・山陽・南海の四道諸国にそれぞれ割り宛て、三年以内に建造せしめる命令を発し、二年後の七六一(天平宝字五)年に、節度使《せつどし》をしてその進行状況を「検定」せしめているのは、この作戦計画が三年後に実現されることをあらかじめ計算していたことをしめしている。この二年間に計画の変更があったらしく、後者の「検定」の内容は二年前の命令と若干相違しているけれども、しかし船、兵士、子弟、水手《かこ》のそれぞれについて、計画が具体化されてきていることをしめしている。この場合、注意すべき一つの点は、東海・南海・西海三道三十四カ国への兵士割宛数の決定は、諸国における常備軍としての軍団の制度およびその基礎にある公民の籍帳による個別的把握なしには不可能であったろうという点である。たしかにこの時代には軍団の制はくずれだしており、天平年間の広嗣《ひろつぐ》の乱においても軍団がいかに戦力とならないかを実証しており、(2) したがってこの計画でも郡司《ぐんじ》の子弟の徴用が問題になるのであるが、しかし作戦の要求する兵員数、この場合には約四万の兵士を、三十四の国衙《こくが》に具体的な数字として割り宛てるためには、軍団の数と公民の籍帳を基礎にしなければならず、その点で人的手段の調達計画は、国衙機構による公民の把握に依存しているのである。つぎに兵士と同じ程度に重要な船の建造が、基本的には国衙財政に依存していることはいうまでもない。天平四(七三二)年の節度使の軍事行政が、いかに在地の国衙の機能に依存していたかは、出雲国計会帳を一読すれば明瞭であるが(『寧楽遺文』上)、物的手段の調達がより大規模なこの計画においては、その依存度ははるかに大きかったとみねばならぬ。不動倉《ふどうそう》の存在によって象徴される田租の厖大な蓄積量は、天平期の国衙財政の充実をしめすものであるが、(3) 仲麻呂の戦争準備の三カ年計画が樹立される自信と根拠は、ここにあったのではないか。かつて斉明朝に、百済救援のための朝鮮出兵を決定して、天皇が急ぎ難波に幸し、駿河国に勅して造船を命じた段階とはまったく異なった段階がここにみられ、その相違は中央地方を通ずる国家機構とその財政の確立によってもたらされたものである。国家機構の確立は、対外戦争を、突発的な事件から、全官僚機構によって計算され、準備される系統的な行動に変えることを可能にしたのである。それは、かつて隋や唐の諸皇帝が、朝鮮にたいする戦争においてとった仕方であった。国家という装置が支配階級にもたらす意義と機能の一つがここにもあらわれている。

以上が、遣渤海使がもたらした唐の内乱の報を、対新羅侵攻作戦の契機に転化することを可能にした国内的諸条件であったとおもう。したがって戦争計画の終末もそれによって規定される。七六二(天平宝字六)年十一月、参議藤原巨勢麻呂《ふじわらのこせまろ》を香椎廟につかわして征討軍の調練のために奉幣した記事を最後として、この計画のことは続紀から姿を消すが、同じ年の六月に、高野《たかの》天皇(孝謙上皇)と淳仁《じゅんにん》天皇の対立が公然化し、前者が「国家ノ大事、賞罰二柄」を後者からとりあげた事実は、計画の挫折の端緒となったのではなかろうか。「国家ノ大事」の中核は最高軍事指揮権の行使であり、仲麻呂のそれが動揺することは、戦争計画の条件の少なくとも一つが消えることを意味するからである。

最後にのこる問題は、国家の公的な計画として三年間にわたって推進された戦争準備が、いかにして支配層の共通の政策となり得たかという問題である。それを仲麻呂個人の専制的権力に帰することは、個人の役割の過大評価であり、専制者は往々にして支配層の共通の利害や観念を土台とすることによってはじめて専制者たり得ることを忘れるものであろう。またそれを支配層内部の特定勢力、たとえば新羅にたいする報復の念を懐く百済や高句麗の王族系「帰化人」のこの時期における台頭と結びつける考えも、(4)正しくない。たしかに百済王南典《くだらのこにきしなんてん》、高麗朝臣福信《こまのあそんふくしん》の天平期における昇進、ことに百済王敬福《きょうふく》が検習西海道兵使《けんしゅうさいかいどうひょうし》に任ぜられ、この征討計画中に南海道節度使《なんかいどうせつどし》に任命されていることは注目すべきであるが、これらは天平勝宝《てんぴょうしょうほう》年間にはじまる「帰化人」への無制限な賜氏姓《ししせい》とともに、(5)仲麻呂政権の意識的な基盤の拡大をしめすものではあっても、これらの「帰化人」諸氏族の役割が、国家の政策を左右し得るほどの勢力であったとはおもわれない。仲麻呂の対新羅戦争計画が「政策」としての正当性をもち得た理由、いいかえればその計画が、かれの専制的支配確立の手段たり得た根拠は、天平期全体の支配階級の対外政策の分析にまたなければならない。

七三二(天平四)年の東海・東山・山陰・西海諸道の節度使補任が、この時期における対新羅外交の緊張にたいする一つの軍事的対応であったことはすでに証明されている。(6)問題はその前年にあたる天平三年十一月の畿内大惣管《きないだいそうかん》・副惣管職および諸道鎮撫使《しょどうちんぶし》の設置補任の性格と目的にある。これは規模と権限において、翌年の諸道節度使よりもはるかに重要な官職であった。惣管職の特徴は(イ)傔仗《けんじょう》あるいは騎兵《きへい》三十疋《ひき》を給せられているように武官であること、(ロ)判史《はんし》二人・主事《しゅじ》四人、「兵術・文筆」を解する官人が付属する一個の機関であること、(ハ)その権限は、「徒ヲ結ビ、衆ヲ集メル」者、あるいは「時政ヲ是非シ、人物ヲ臧否《ゾウヒ》スル」者を捜索逮捕し得ること、「盗賊妖言、自ラ衛府《エフ》ニ非ズシテ兵刃《ヘイジン》ヲ持スル類」を断罪し得ること、決杖《けつじょう》一百以下の犯罪人については奏聞以前に刑を執行し得ること、さらに管下の国郡司等の行政を監察することなどであって、司法・行政にわたる広汎な権限を国家から委任されていることが知られる。ことに重要なのは、惣管職が京および畿内諸国にたいする兵馬差発権を与えられていることであるが、この権限だけは諸道鎮撫使には与えられていない。以上は、畿内惣管職と諸道鎮撫使が、司法・行政上の広汎な権限をふくむ軍事体制であったことをしめしている。

この惣管・鎮撫使体制が、律令制国家の収奪の強化、平城京奠都《てんと》以後とくに顕著になる公民層の動揺と不安、直接には前年九月の詔にのべられている情勢に対応する体制であったことは、この詔文と右の惣管職の権限内容とを対比すれば明瞭である。問題は、かかる国内的情況だけで、臨時の官職であるとはいえ、この国制上の重要な変化を説明する十分な理由となり得るかどうかにあろう。第一に注意すべきことは、この時の鎮撫使が山陽・山陰・南海三道に設置されていることである。その目的が惣管職をふくめて、畿内と西国の軍事体制を固めることにあることはあきらかである。このさいもっとも重要な地位を占めるべき西海道鎮撫使が欠けているのは、この二カ月前の天平三年九月の、大納言藤原武智麻呂《ふじわらのむちまろ》による大宰帥《だざいのそち》兼任によってその機能が補われているからである。この新しい軍事体制が、対外関係の緊張を一つの契機としてふくんでいたであろうことは容易に推察し得るであろう。『新抄格勅符抄《しんしょうきゃくちょくふしょう》』の大同《だいどう》元年牒によれば、右の惣管・鎮撫使職設置とほとんど時を同じくする天平三年十二月十日の符によって、越前の気比《けひ》神が従三位に叙せられ、神封《しんぷ》二百戸を与えられているが、(7)この事実は、この神が神功・応《おう》神《じん》の新羅征討伝説と不可分であることを想起すれば、対新羅関係を契機とする惣管・鎮撫使職設置と関連する一連の措置の一つであるとみねばならぬ。七四六(天平十八)年、ふたたび鎮撫使が、東海・東山・北陸・山陰・山陽・西海・南海の諸道におかれたが、これも対新羅関係を契機としていることは、二国間の外交関係の推移からもしられる。天平期の日・羅の関係の特徴は、新羅が日本にたいして対等の外交関係を設定し、朝貢国としての地位の廃棄を要求し、日本がこれを拒否することによって尖鋭化した点にある。それは天平勝宝四年の新羅使にたいする詔が非難しているように、前王承慶《しょうけい》(孝成王)と上大等思恭《じょうだいとうしきょう》の対日政策によるが、しかし景徳《けいとく》王―上大等貞宗《ていそう》の代になっても、その政策に変化がなかったことは、七四三(天平十五)年に新羅が従来の「調」を「土毛《どもう》」

と変えること、すなわち名目的にも朝貢関係を廃棄する態度に出ていることからも知られる。日本はその使者を追却したが、この事件以後、七五二(天平勝宝四)年、新羅王子金泰廉《きんたいれん》が使節として来朝するまでの九年間、両国の国交は断絶状態にあった。右の第二次諸道鎮撫使補任がこの断交の期間に当っていることからみれば、とくに天平十八年に補任された直接の契機は不明であるとしても(私は続紀同年是歳条の渤海人および鉄利《てつり》人一千百余人の来朝という異例の事件がこれに関係があると考えている)、国際関係の緊張と関係あることはまちがいないであろう。

対外関係を前提とした天平三年の畿内惣管職・諸道鎮撫使職が設置される直接の契機としては、後述する渤海との関係と、新羅との関係の二つが存在するが、後者については天平三年にあたる聖徳王《せいとく》三十年四月条にみえるつぎの記事が問題となる(『三国史記』新羅本紀)。「日本国ノ兵船三百艘、海ヲ越エテ我ガ東辺ヲ襲ウ。王、将ニ命ジテ出兵、大イニ之ヲ破ル」。この記事の語る事実をもって、日本の天平宝字《てんぴょうほうじ》頃の事実と考え、『三国史記』の編者が歳月を誤ったものとする説は、(8)なんら根拠なしにこの時期の『三国史記』の記事を否定するもので、文献批判の方法としてもとらないところである。(9)この事件の翌年十二月、対日強硬政策をとった前記の上大等思恭以下が「将軍」に任命されているのは、前年の事件にたいする新羅の軍事的対応として以外には理解できないからである（同上）。右の記事はおそらく多少の誇張をふくむこと、「日本国ノ兵船」なるものが、西国の豪族等の所為か、または大宰府のそれか、様々な形が想定されるが、それを考える手がかりはないようである。天智・天武朝頃に在位した新羅文武《ぶんぶ》王のいわゆる「大王岩《だいおういわ》」の伝説は、「倭兵」を撃退した新羅王の功績を讃えた後代の産物であるが（『三国遺事』東国輿地勝覧）、公的な出兵以外にも「倭兵」の侵入は、天平期にもあったと考えてよいであろう。しかしこの日・羅の兵船の衝突事件が国内に重要な反作用をした理由の一つは、この時期における渤海との関係である。

七三〇（天平二）年八月、遣渤海使引田朝臣虫麻呂《ひけたのあそんむしまろ》が帰国したことは重要な意味をもっていた。かれは、七二八（神亀五）年六月に渤海の使節を送って海を渡ったのであるが、この渤海国の使節高斉徳《こうせいとく》一行は、その前年の九月に、はじめて日本に来朝したものである。かれのもたらした渤海国王の国書には、つぎの重要な文言がふくまれていた。「親《シン》仁《ジン》、援ヲ結ビ、庶《ネガワ》クハ前経《センケイ》ニ叶《カナ》ワン」の句がそれである（続紀、神亀五年正月条）。これは、渤海が日本にたいし、「ある種の援助」または「武力の提携」を求めたものと解するのが正当である。(10) 七五三（天平勝宝五）年の渤海国使に与えた天皇の璽書は、「高麗《コマ》ノ旧記」なるものを挙げて、かつて高麗国（高句麗国）王が、日本にたいし「或ハ援兵ヲ乞イ、或ハ践祚《センソ》ヲ賀シ云々」とのべているから、事実は別として、日本側では過去において（おそらく高句麗滅亡のさい）武力による援助を要請された事実があったと考えていたのである（同、天平勝宝五年六月条）。高句麗の末裔と自称する渤海国王の右の「援ヲ結ビ云々」の文言を、武力による援助または提携の要請と読むことはむしろ当然であったといわねばならぬ。この時、天皇が渤海国使に与えた璽書が右の文言について一言もふれていないのは、事があまりに重大であったからであり、この使節の帰国にさいして、前記の引田虫麻呂をとくに遣渤海使として送らせたのは、同国の情勢を直接観察せしめるためであったとみられる。

その引田虫麻呂は、前記のように天平二年八月に帰国したが、かれがもたらした報告、すなわち援助要請の背後にある渤海国と唐および新羅との対立と戦争の危機の大要はつぎのようなものであったとみられる。渤海国王武藝《ぶげい》が唐の山東省の登州を攻めて刺史《しし》を殺して、両国が戦争状態にはいり、新羅が唐の要請により渤海国の南境への攻撃を計画するにいたったのは、七三三（天平五）年であるが（『三国史記』新羅本紀）、唐と渤海国との戦争の危機は、七二六（開元十四、神亀三）年にはすでに明確になっていた。唐との戦争に反対して唐に逃れた武藝の弟門藝《もんげい》を庇護する玄宗と、それを殺すことを要求する武藝との間は、すでに戦争の一歩手前にきていたのである（『旧唐書』渤海靺鞨伝）。遣渤海使引田虫麻呂が渤海国に渡って観察し、日本にもたらした報告の内容は、同国と唐および新羅との右のような戦争前夜の情勢であったはずである。渤海国王とすれば、少なくとも新羅の背後を牽制し得る武力をもつ「大国」日本と結び、その援助を要請することは、唐にたいする戦争に備える条件の一つと考えるのは自然であり、これがかつての日本の同盟国たる高句麗の継承者たる名目で、第一次の使節を七二七(神亀四)年に日本につかわした理由であった。日本とすれば、渤海国と結ぶことは、それを媒介として唐との交通がひらけることであり、それだけ日本にとっての新羅の相対的地位が低下すること、同時に新羅を孤立させ、背後から牽制し得る可能性が大きくなることであった。新羅の半島統一後約半世紀を経て、戦争と内乱の第二の周期がはじまる可能性、東アジアの国際関係に重要な転換がくる可能性を、引田虫麻呂の帰国は日本に告げたとみられる。それは新羅を攻撃し得る一つの機会が到来したと官人層の一部にとられるのは当然である。前記の日本の「兵船」と新羅軍との衝突がおこったのは、その翌年の天平三年四月であるが、この事件のもたらした国内への反作用の大きさは、渤海国を媒介とする右のような新しい国際関係のうえに、それが理解されたからにほかならない。

その反作用は、この事件の四カ月後の天平三年八月にまずおこった。参議がこのときはじめて正官となったのがそれである。[11] 式部卿藤原宇合《ふじわらのうまかい》、民部卿多治《たじ》比県守《ひのあがたもり》、兵部卿藤原麻呂《まろ》、大蔵卿鈴鹿《すずか》王、左大弁葛城《かずらき》王、右大弁大伴道足《おおとものみちたり》の六人の参議補任である。しかも異常なのは、この補任の方式である。一品舎人《とねり》親王が、諸司の主典《さかん》以上の官人を内裏に召し入れ、天皇のつぎの勅を宣べた。「執事《シツジ》ノ卿《マエツキミ》等、或ハ薨逝《コウセイ》シ、或ハ老病シテ理務ニ堪エズ。宜シク各《オノオノ》知ルトコロノ務《ツトメ》ヲ済《ナ》スニ堪ウベキ者ヲ挙グベシ」。主典以上三百九十六人の官人は推挙すべき人名を奏聞し、それによって補任された参議が右にあげた六名である。遷都その他危機的な場合に、広く官人層の意見を徴することはまれではないが、具体的な人事について官人全体の推挙によるという方式は前後に例のない異常さであろう。天平三年九月には、大納言藤原武智麻呂が大宰帥を兼任した。武智麻呂は長《なが》屋《や》王の死後、太政官《だいじょうかん》の首席の地位にある。この措置は、天平十八年の前記の諸道鎮撫使補任と同時に、太政官の首席である左大臣橘諸兄《たちばなのもろえ》の大宰帥兼任の発令の先駆をなすものであり、いずれも大宰帥が決定的と考えられた対外危機にたいする対応以外に理由を見出すことはできない。約二カ月後の天平三年十一月に、畿内惣管と諸道鎮撫使の補任となるが、これが対外的契機をぬきにしては考えられない理由は前記の通りである。畿内大惣管に舎人親王とならぶ皇親の重鎮である新田部《にいたべ》親王を補任したのは、この官職の重要性というよりは、兵馬差発権、すなわち天皇大権の一部を代行する権限は皇親でなければならないと考えられたからであろう。畿内副惣管は藤原宇合、山陽道鎮撫使は多治比県守、山陰道鎮撫使は藤原麻呂、南海道鎮撫使は大伴道足である。この四名がいずれも三カ月前に参議の正官に補せられた人々であることは注目すべきであって、国家の最高機関たる太政官の構成メンバー、いわゆる議政官が諸道鎮撫使に補任されることは、天平十八年の鎮撫使補任にも共通した点である。太政官組織と副惣管・諸道鎮撫使という性質の異なる二系列の官職を兼任という形で人的に結合するこの権力集中の方式は、推古朝以来の特定人格によって代表される権力集中とは異質の型であり、機構によって支配層の共同の利害をまもり、政策と行動の統一を保持しようとする新しい方式であることはいうまでもない。

右にのべた過程のなかで、注目すべき点は、いわゆる藤原四卿の進出である。不比等《ふひと》の長子武智麻呂は太政官の首席の地位にあって大宰帥を兼任することになり、二男の房《ふさ》前《さき》は早くから参議であり、三男宇合はこの機会に参議に補されて畿内副惣管を兼任し、四男麻呂は同じく参議の地位を得て、山陰道鎮撫使を兼任することとなった。陰謀説を好む史家は、この結果をまた藤原氏の陰謀であるというであろう。たしかに長屋王の変、光明《こうみょう》立后の経過は、それに根拠を与えるし、前記の諸司の推挙による参議補任にしても、かかる形式をかりた藤原氏の陰謀であったかもしれぬ。しかし陰謀説は、通例、それに多少の根拠があるが故に、またそれによって歴史の進行が説明されたと錯覚する故に、なおさら危険なのである。この事例についていえば、四卿の死につづく橘諸兄政権下の天平十八年の前記の諸道鎮撫使補任は、藤原氏と関係なしにも、類似の条件があれば、支配層が同一の対応をしめすことを証明しており、この場合には仲麻呂が、近江守を兼任している結果として、東山道鎮撫使にようやく登場してきたにすぎない。前記の参議補任の方式についていえば、私は陰謀説よりは、舎人親王がつたえた勅が真相に近いとかんがえるものである。

しかし藤原氏が、対外関係、とくに対新羅問題について積極的であり、したがって渤海と新羅をふくむ国際関係の変動の新しい可能性にたいして主導的な対応をしめし、そのさい新興の氏族として制度化、官職化を媒介とする地歩の確立に藤原氏独得の能力を発揮したとみることは、誤りではあるまい。惣管職という新官職は、唐制のそれをモデルとしたものであろうが、新羅でも文武《ぶんぶ》王の時代に「軍主《ぐんしゅ》」を改めて「惣管《そうかん》」としたことを、この場合については想起しておく必要があろう(『三国史記』職官志下)。この畿内惣管職は、平氏政権が、最後の危機にさいして、モデルとして採用したものである。(12) 対内的・対外的危機にさいしての支配階級の強権的な対応を、純粋に、典型的に制度化した機構であり、かつ律令制的官職体系から自由な、いわゆる令外官《りょうげのかん》であったことが、時代と危機の性質の相違を越えて、蘇生し得た理由であろう。

七四〇(天平十二)年の藤原広嗣の乱は、西海の地でおこったとはいえ、壬申の乱以来の内乱であった(13)。諸兄政権、とくにその政治的側近としての玄昉《げんぼう》と〔吉備《きびの》〕真備《まきび》にたいする反感、藤原氏一族で諸兄政権に屈従している豊成《とよなり》・仲麻呂等にたいする怒りが、広嗣の叛乱の動機とされている。はたしてそれだけであろうか。叛乱の前に提出した広嗣の上表文は、続紀に、「時政ノ得失ヲ指シ、天地ノ災異ヲ陳《ノ》ベ」、玄昉・真備を除くことを内容としたと記されているだけで詳細は不明である。しかしはやくから偽書として有名な「松浦廟宮先祖次弟幷本縁起」は、再検討すべき内容をふくんでいる。本書の前半部と後半部が偽作であることは確実であるが、中間に採るべき部分があることもはやくから指摘され、細部の検討は、それが使用にたえる史料をふくむことをしめしている(14)。その二、三については内容の検討のさい言及することにし、本章の課題に関連する第四条の部分を抄出すればつぎのようである。

我ガ聖朝ノ国タルヤ、日本ニ光宅《コウタク》シ、長安ニ臨ンデ明《メイ》ヲ並べ、万邦ヲ包括シテ唐王ニ対シテ以テ雄ヲ争ウ。但シ唐王恒《ツネ》ニ云《イワ》ク、天ニ両日ナク地ニ二主ナシ、大唐ナキトキハ則チ日本、日本ナキトキハ則チ大唐、豈《アニ》、東帝・西帝ナル者アランヤト。遂ニ姦心ヲ挟《サシハサ》ミテ我ガ上国《ジョウコク》ヲ窺《ウカガ》ウモノ歳已《スデ》ニ長シ。蕞爾《サイジ》タル新羅ハ虎狼ノミ、心ニ会稽《カイケイ》ノ恥ヲ含ミ、勾践《コウセン》ノ怨ヲ畜《タクワ》エ、(ママ)群望ニ祈禱シテ禍《ワザワイ》ヲ国家ニ構ウルコト日モ亦久シ。(中略)頃者《コノゴロ》、賢臣已ニ没シ、良将多ク亡ビ、百姓《ヒャクセイ》零落シ、里社墟《キョ》ナルコト、四隣具《ツブサ》ニ聞キ八表共ニ識《シ》レリ。(中略)豈、武ヲ偃《ヤ》メ備ヲ棄テテ将士解体シ、徐偃《(ママ)》ノ仁義ヲ修メ、踏楚《トウソ》ノ詐謀ニ従ウベケンヤ。兵法ニ曰ク、天下安シト雖モ戦ヲ忘ルレバ必ズ危シ、彼ノ来ラザルヲ恃《タノ》ムコト勿《ナカ》レ、我ガ備エテ待ツアルヲ恃ムナリト。然ルトキハ則チ兵士《ヘイシ》ヲ解却シ、牧馬ヲ出シ売リ、射田《シャデン》ヲ抑止ス、斯《カク》ノ若《ゴト》キノ事条、未ダ其ノ可ナルヲ見ズ、臣、愚、四ナリ。

文末にみえる「兵士ヲ解却シ」が、天平十年五月の東海・東山・山陰・西海道諸国の健《こん》児《でい》の停止および翌十一年五月の三関・陸奥・出羽・越後・長門・大宰管内以外の諸国軍団の兵士の停止を指すことは、すでに指摘されており、[15]つぎの「牧馬ヲ出シ売リ」は、節度使任命にともなう天平四年八月の「兵器牛馬ハ並ニ他処ニ売リ与ウル事ヲ得ズ」の勅が、天平六年四月の節度使解任とともに解除されたままになっている事実を指すことは、ほぼまちがいあるまい。かんたんに偽書として捨てがたい理由の一つである。広嗣が「時政ノ得失」について指摘した右の点は、[16]諸兄政権の一つの特徴である軍備における消極的・後退的政策によく対応するものである。興味あることは、広嗣の右の非難が唐および新羅にたいする非難や警戒と結びついていること、軍備は「彼ノ来ラザルヲ恃ムコト勿レ、我ガ備エテ待ツアルヲ恃ムナリ」の見地から必要とされていることである。たしかに諸兄政権の対新羅政策は消極的であるのが特徴であって、七五六(天平勝宝八)

年、左大臣諸兄の致仕の年の六月に、ただちに怡土《いと》城を大宰大弐《だざいのだいに》吉備真備に命じて築かしめている事実は、その端的な表現である。以上のことは、広嗣の乱のなかには、対外関係と軍備問題における諸兄政権との政策の相違を一つの契機としてふくんでいたことを示唆するものであって、彼の立場は、その父宇合をふくむ藤原四卿時代、すなわち惣管・鎮撫使・節度使等の官職を新設して、国際関係の新局面に積極的に対応しようとした時代への復帰を要求することにあったとみられる。右の文のなかで、「賢臣已ニ没シ、良将多ク亡ビ云々」とあるのは、まさにそのことをいっているのであろう。七三七(天平九)年二月、即ち藤原四卿の死の直前、遣新羅使にたいして新羅が常礼を失し、使旨を受けなかった事件について、官人四十五人を内裏に召し、その意見を開陳せしめたところ、使を新羅に遣わしてその理由を問うべしと主張するものと、兵を発して征伐を加うべしとする者とに分れたという。後者の意見を開陳した官人の一人は広嗣ではなかったろうか。翌十年、彼は式部卿兼大和守から大宰少弐に左遷されるが、続紀はその理由として、彼が親族を讒《そし》ったことを挙げている。はたしてそれだけの理由であろうか。私は広嗣の乱の背後に、国際的契機の存在を想定したいのである。

広嗣が異常な人物でなく、その政策が支配官人層の有力な一部を代表し、藤原氏の正統につながるばかりでなく、その新羅にたいする観念が国家の公的イデオロギーを代表していることは、七五七(天平宝字元)年の秀才・進士採用試験における問題がしめしている(『経国集』巻二〇)。「頃《コノゴロ》、蕞爾《サイジ》タル新羅、漸《ヨウヤ》ク蕃礼《バンレイ》ヲ闕《カ》キ、先祖ノ要誓ヲ蔑《ナイガシロ》ニシ、後主ノ迷図ニ従ウ。多ク楼船ヲ発シテ、遠ク威武ヲ揚ゲ、奔鯨《ホンゲイ》ヲ鯷壑《テイガク》ニ斮《キ》リ、封豕《ホウシ》ヲ鶏《ケイ》林《リン》ニ戮《リク》セント思《オモ》欲ウ」。国家試験の問題は、つねに支配層の公認のイデオロギーの標準的・平均的表現である。前記の広嗣の見解はこれとそれほど異なるものではない。試験問題は蔑視と野蛮を、上奏文は報復にたいする恐怖を前面にだしているが、これは古代貴族の「大国」意識の二つの側面にすぎない。この対策試験は、仲麻呂の新羅侵攻計画が国家の正式の政策となる二年前のことであった。かれの計画が、専制的支配の確立または維持のための一手段であったとしても、手段が手段たり得た根拠は支配階級の観念自体のなかにあったことが、これによって明白である。試験問題はつづけて「但シ、良将ハ謀《ハカリゴト》ヲ伐《ウ》チ、神兵ハ戦ワズシテ、斯ノ道ニ至ラント欲ス、何《イカン》ガ施シテ獲ン」とのべ、武力による侵攻をためらっている。支配層のこの平均的な思考を打破しようとしたところに、専制者仲麻呂個人の役割があったのであろう。

　天平三年の内政の変動をひきおこす契機の一つとなった前記の遣渤海使引田虫麻呂は、帰朝にさいして渤海国王の信物を天皇にもたらしたが、それはただちに六カ所の山陵に献じられ、それとならんで故太政大臣藤原不比等の墓を祭ったという。不比等の墓がここに登場するには一つの意味があった。七二〇(養老四)年、不比等は渡島《わたりのしま》津軽の津司《つのつかさ》従七位上諸君鞍男《もろのきみくらお》等六人を「靺鞨国《まっかつ》」に遣わし、その「風俗」を観せしめたことがあるからである。この「靺鞨国」が建国後二十余年を経た渤海国であることはまちがいないにしても、この使者が八年後の渤海国使の来朝となんらかの関係があったかどうかは不明である。不比等の企図も明確でないが、しかしかれが渤海国の建国によっておこった新しい国際情勢についての情報を得ようとしていたことだけは確かであろう。律令にもとづく国内体制の整備が、かれの生涯の課題であったとしても、それを国際的連関からきりはなしてとらえない不比等の一側面を見るべきである。かれは七〇九(和銅二)年五月、新羅国使をとくに太政官の弁官庁において引見し、新羅は古来入朝しているが、国使が「執政ノ大臣」と談話するのは今度がはじめてであろうとのべている。朝鮮にたいしても、不比等は特別な関心をもっていたことが知られる。かかる海外にたいする強い関心は、不比等個人のものでなく、かれはこの時代の律令制官人層の意識を体現しているにすぎない。不比等が参加あるいは主宰したところの大宝・養老令が成文化した国家の基本構造は、それに対応するものであった。

天皇を統治権の総攬者とする律令制国家は、たんに日本の国内の公民を支配する国家にとどまらず、諸蕃と夷狄の上に立つ国家として令に規定された[17]。「蕃国」は令制定の時期には事実上新羅一国であり、後に渤海国がこれに加わるが、この「蕃国」の国使すなわち「蕃使」にたいして天皇が大事を宣する場合の文書は、「明神御宇日本《あらみかみとあめのしたしらすひのもとの》天皇詔旨《すべらがおおみこと》」の形式をとることが法によって規定され（公式令）、天皇が「華夷ニ称スル所」の称号として「皇帝」の称が規定されている（儀制令）。日本は「華夏《カカ》」すなわち「中国」であって「夷人雑類」の居住する土地から区別され（賦役令）、前者の「化内《ケナイ》」の人にたいして後者は「化外《ケガイ》ノ人」として区別される（戸令）。天皇の「教化」が及んでいるか、または「王民」であるかどうかがその区別の基準となり、したがって外国からの移住者は「帰化人」となる。さすがに日本が現実に朝貢している唐だけは「蕃国」にふくめるわけにはゆかなかったので、法文で必要な場合には「外蕃《ゲバン》」と区別して「唐国」と記し（賦役令）、新羅と区別して「隣国」とみなした（公式令集解）。官司もこれに対応していて、たとえば治部省《じぶしょう》の被管の玄蕃寮《げんばりょう》は、「蕃客ノ辞見讌饗《えんきょう》送迎及ビ在京夷狄」のことを掌り、大蔵省には諸蕃の貢献物を保管する官司がおかれていた（職員令）。「蕃国」の使節の迎接の方式は奈良時代末までには慣習法として確立されたらしく「蕃例」の語がみえ（続紀、宝亀九年十月条）、唐使の来日にさいしては、それを適用するわけにはゆかなかったとみえて、その「進退ノ礼、行列ノ次《ツギテ》」について詳細な「別式」をつくり、違失することなからしめた（同上、宝亀十年四月条）。

以上の諸点は、「大国」の地位を法的に確立し、制度化したもので、推古朝・大化改新以来の支配階級と国家の歴史の一側面の総括であり、その過程における国際的諸関係が、国家の構造の一契機として保存され、成文化されたものである。ここに日本の古代国家の構造的特質の一つがみられる。同時にそれは、律令制国家と、そこに組織された官人貴族層の対外活動の将来を拘束し、規制する原理となり、諸民族・諸外国と日本との関係を正しく見る眼をくもらせ、一方では阿諛と追従、他方では尊大と野蛮を古代貴族層の精神に刻印した。日本との朝貢関係を名目的にも廃棄しようとする新羅と、それを「蕃国」として強制しようと試みた日本の支配層との対立は、原理的な対立である。歴史的には長い時間を要し、外交上は曲折を経たが、対等と従属が両立し得ない二つの原理であるかぎり、大宝・養老令の原理に忠実であるためには、最終的には強力的手段に訴える以外にはないであろう。新羅侵攻作戦を計画し、それとともに自滅した藤原仲麻呂は、その父祖以来の政策の忠実な継承者であり、律令制国家の正統な嫡子であり、その原理に殉じたといってよい。律令が法文化した「大国」はまもなく新羅の離脱によって解体する。新羅は長期にわたったその外交的課題を解決したのであった。渤海国は朝貢関係をつづけるが、これはもはや重大な問題ではなくなっていた。

第二章　大化改新の史的意義

第一節　改新の課題　史料批判の問題

日本の古代国家は、浄御原令《きよみはらりょう》または大宝律令の制定による律令制国家という形において、七世紀末または八世紀初頭に完成される。しかしそれには半世紀にわたる前史時代が先行した。この前史はまたいくつかの諸段階に区別されるが、その起点をなすのが大《たい》化改新《かのかいしん》である。それは、大化前代の、たとえば推古《すいこ》朝の国制とは性質を異にする新しい類型の国家が成立するための出発点となり、転換期となった時期である。問題はいかなる意味での、またいかなる形態での転換期であったかということであろう。それが解かれなければ、国家成立史における改新の歴史的地位が明確にならず、また「国家」がいかなる歴史的状況のもとで、前記の国際的諸矛盾を一つの契機とするいかなる特殊的関係のもとで成立するかが明確にならない。

大化改新は、長い研究の歴史をもっている。そのなかで、改新の主要な課題は、私地・私民の停廃・収公とされ、あるいは唐の国制をモデルとする中央集権的国家の樹立とされ、あるいは天皇絶対性の確立とされ、あるいは律令制の起点とされ、その他さまざまの意義が改新に帰せられてきた。それらはいずれも無根拠に主張されてきたわけではない。ただ、問題は、どのような主張も、一つの史料、すなわち『日本書紀』の孝徳紀にもとづいているという点にある。この記事以外に改新について拠るべき史料は、ほとんど存在しないといってよいからである。ところが、この孝徳紀は、いうまでもなく奈良時代の初期に撰上された史書であり、編纂物である。われわれは、原史料によって改新を論ずるのではなく、一定の意図や理念によって編纂され、整理された第二次的な史料によって論議することを、はじめから余儀なくされているのである。したがって、孝徳紀を編纂した奈良時代の官人貴族層の思想や意図から解放されて、現実に進行したと推定される改新の事実そのものにせまるということは、思いのほか困難なのである。なぜならば、編者たちがまったく無根拠に孝徳紀を述作し、虚構の歴史をつくり上げたのならば、事態は簡単であるが、事実はかれらは原史料をもち、それを基礎にして述作したからである。したがって、そこでは珠と瓦をよりわけるような単純な操作ではなく、「史料批判」とよばれる慎重な学問的手続が必要とならざるを得ない。しかもこの「史料批判」なるものによって、明確に証明できる場合は、むしろまれであって、多くは不分明な霧のなかにのこされているのが普通である。大化改新論も古代史のこの宿命を回避できないばかりでなく、むしろその典型的な例証なのである。改新についてのどのような主張の正当性も、それが改新の史料の信憑性についてどのような立場をとるかという問題と不可分の関係にある。このことは、「史料批判」をしなければ、大化改新を論議できないということを意味しているのではない。改新を正面から論議するためには、その結論の正否は別として史料にたいする自分の立場をあらかじめ明確にしておくことが、最小限必要であるということである。それなしには議論は恣意的となり、自己の結論や主張が誤った場合にも、誤ったことの意義さえ後にのこらなくなるからである。史料批判はたんなる技術的問題ではない。それは改新の総体的認識と不可分であり、相互制約的な関係にある。改新においてこの問題が重要な意味をもつのは、改新の大綱をしめしたとされる大化二(六四六)年正月甲子《かっし》の詔《みことのり》、いわゆる「改新詔」とよばれるもの自体が、すでに問題をふくんでいるからである。ここでこの詔の史料批判的研究の長い歴史をのべたり(1)、それについての私見を加えることはしないが、前記の理由によって、本稿のとる立場だけはあらかじめあきらかにしておく必要があるとかんがえる。

いわゆる「改新詔」は、四条から構成されている(全文を、本書五一九頁以下に付録として収載)。第一条は改新の根本課題である私地・私民の収公または公地・公民制について、

第二条は京師《けいし》・畿内および郡司等々について、第三条は戸籍・計帳・班田収授法について、第四条は調・官馬・仕丁《しちょう》・采女《うねめ》等について、それぞれ規定されている。ここで問題とするのは、もっとも重要な第一条である。それはつぎのような三つの部分からなっている。

(イ) 昔在天皇《スメラミコト》等ノ立テタマエル子代《コシロ》ノ民、処々ノ屯倉《ミヤケ》、及ビ、別ニハ臣《オミ》・連《ムラジ》・伴造《トモノミヤツコ》・国造《クニノミヤツコ》・村首《ムラノオビト》ノ所有《タモテ》ル部曲《カキ》ノ民、処々ノ田荘《タドコロ》ヲ罷《ヤ》メヨ。

(ロ) 仍《ヨ》リテ、食封《ジキフ》ヲ大夫《マエツキミ》ヨリ以上ニ賜ウコト、各差《オノオノシナ》有ラン。降リテ布帛ヲ以テ官人・百姓ニ賜ウコト差有ラン。

(ハ) 又曰ク、大夫ハ民ヲ治メシムル所ナリ。能クソノ治《マツリゴト》ヲ尽ストキハ、則チ民頼《コウブ》ル。故ニ其ノ禄《ロク》ヲ重クスルコトハ、民ノタメニスル所以《ユエン》ナリ。

右の第一条の史料としての信憑性の問題、いいかえればそれを原詔、原史料を基礎としたものとみなすか、または編者の述作にかかるものとみなすかが、根本の問題である。いずれも確実な典拠によって証明することはできないのであるから、史料批判の問題としていずれの見解または立場をとるかという問題である。すなわち原詔の存在を前提として出発するか、または原詔の欠如または編者述作の可能性を前提として出発するかのいずれかであって、それは改新を論ずるものすべてがあらかじめ明確にしなければならない性質のものである。それは改新の基本を決定した条文だからである。二つの立場の正当性は、改新全体の認識との関連のなかで最終的には決定されねばならない性質のものである。本稿の立場は、この第一条を、原詔に拠る史料とみなす立場が、少なくとも自明のものではなく、証明もされておらず、したがってその信憑性を疑わるべき可能性をもつ史料とみなす立場である。いいかえれば、大化改新の他の史料をこの第一条を前提または媒介として考察すべきではなく、逆にこの第一条こそ、改新における第一次史料によって批判的に検討さるべき性質の史料とみる立場である。ここで第一次史料というのは、基本的には原史料に拠っているが、編者の潤色または修正をうけているという意味であって、それは原史料からも区別され、また編者の述作になる第二次史料からも区別される。右の第一条に関連したものについて限定していえば、私はつぎの史料を第一次史料とみなしている。(a)大化元年八月庚子《こうし》の詔、(b)大化二年三月甲子《かっし》および辛巳《しんし》の詔、(c)大化二年三月甲申《こうしん》の詔、とくにその第四段、(d)大化二年八月癸酉《きゆう》の詔、とくにその第四段、(e)大化二年三月壬午《じんご》の皇太子奏などがそれである〔(a)―(e)の史料は本書五二二頁以下に収載〕。

本稿では、したがって、改新詔の右の第一条は、カッコに包んで、しばらく改新論から疎外しておくことにしたい。このような取扱いをするについては、理由の要点だけでものべておくことが、第一条についてはとくに必要である。なぜならば、この改新詔の史料批判的検討をはじめて学問的におこなった津田左右吉氏をふくめて、その立場を継承し発展させてきた学者のほとんどが、第二条以下にたいしては厳格で仮借しない態度を持しながら、第一条の(イ)(ロ)については、これを原詔による第一次史料とみなし、改新論の出発点または原理をそこにもとめてきたからである。「改新詔」自体を否定または疑う立場をとる学者も、もっとも重要な第一条についての史料批判的検討は、まだおこなっていない。第一条の子代《こしろ》の民と部曲《かきべ》、屯倉《みやけ》と田荘《たどころ》の停廃・収公が改新の第一義的課題であり、政策であるという前提に立って、他の史実または史料を解釈する伝統が、現在もつらぬかれているからである。第二条および第三条の凡条(副文)の相当部分が、編者による令文の転載または潤色になることは確定的である(のこされている問題は、それが浄御原令か大宝令かの論議であり、近江令《おうみりょう》は問題になるまい)。しかし私は、改新詔の全体を第二次史料とする見解はとらない。令制と異質の規定および前記の第一次史料によって証明される規定、たとえば第二条の畿内制、第四条の田調《たのちょう》・戸調《こちょう》・調副物《ちょうのそわつもの》および官馬・兵器・仕丁・采女等の規定は、第一次史料としての可能性をもつものとしてとりあつかう(それらが、大化二年正月甲子のいわゆる「改新詔」として規定されたかどうかは別問題として)。

第一条が原詔に拠るとする考えが、自明でもなく、証明もされておらず、したがってそれが第二次史料たり得る可能性があることをたえず念頭におかねばならない理由は、それが全体として前記の問題のある「改新詔」の一部であるという形式的理由のほかに、第一条自体がすでに編者による述作の部分をふくんでいる事実である。第一条の三つの部分のうち、(ハ)は、『漢書』恵帝紀《けいていき》元年五月条の潤色であるから、津田氏以来この部分が、書紀編者による述作であり、したがって原詔には欠けていたとみなされてきたのは当然である。編者がかかる述作をした意図が官人の禄の意義と重要性を説くためであることは、(ロ)との関係で注意すべきことである。(ロ)は原詔によるものとされ、したがって食封《じきふ》制が改新によって成立したとされる唯一の根拠とされる史料であるが、しかしそれになんらかの根拠があって主張されてきたわけではない。したがって改新詔全体の前記の性質からみて、とくに編者の述作にかかること明瞭な(ハ)と内容上不可分の関係にあることからみて、一応疑いをもつのは当然であり、私は、編者が(ハ)とともに食封制・禄制の起源と意義を説くために述作したものではないかと疑い、ことに「食封ヲ大夫ヨリ以上ニ賜ウコト、各差有ラン」という文言は、たとえば小錦《しょうきん》以上の大夫にたいする食封給与をはじめて制度化した天武《てんむ》五(六七六)年八月の「親王ヨリ以下、小錦ヨリ以上ノ大夫ニ、(中略)食封ヲ賜ウコト各差有リ」の記事との親近性を指摘したい(書紀)。天武朝以後の食封制についての知識なしには、(ロ)は書かれないのではないか。改新詔の相当部分が令文の転載または潤色からなるのは、編者の述作の一貫した意図が、令制国家の諸制度の起源を大化改新に仮託することにあり、そのために約半世紀にわたる令制成立の前史を改新詔のなかに圧縮することにあったが、その意図は食封制の起源を説いた第一条の(ロ)(ハ)にもみとめられるのである。第一条全体が、改新の基本方針をしめし、第二条以下がその実現の諸施策をしめすという見解、すなわち第一条が改新詔の綱文的部分をなすという見解も、現詔を忠実に読めば疑わしい。(ロ)の「仍リテ」がしめすように、(イ)は(ロ)の食封の記事を引きだすための前文であり、したがって禄制にかんする(ハ)の叙述で全体を結んでいるのであって、第一条は第二条以下と並ぶ独立の項目として述作されたのであって、その重点は食封の起源を説くことにあるとかんがえるのは、むしろ自然な読みであろう。史料批判の第一の用意は、第一条を全体として読むことである。むしろ問題は食封制・禄制に関する事項がなぜ改新詔の冒頭におかれるほど重要視されたかにあろう。それは、後述するように、この問題こそ令制国家の根本として、官人貴族層の一貫した利害関心の対象を占めていたばかりではない。大宝令が浄御原令を修正して位封を三位以上に限定したが、慶雲《けいうん》三(七〇六)年さらに修正されて四位以上とするなど、書紀編纂過程において食封問題が特別の重要性をもっていた特殊事情も考慮すべき条件であろう。

以上が(ロ)にたいする私見であるが、その結論の当否は別として、少なくとも(ロ)を根拠として改新における食封制の成立を説くことは危険であり、格別の根拠が提示されないかぎり本稿ではそのような危険はおかさない。

しかし(ロ)の問題は当然(イ)と関連している。(イ)を原詔による第一次史料とみなす伝統的見解は、確実な論拠をもたない一つの推定にすぎない。論拠としてあげられるのはつぎの諸点であろう。第一に(イ)の文体が、原詔の文体と推定される宣命体《せんみょうたい》の面影をのこしているとされている点である。しかし、編者が原詔または第一次史料としてもっていた前記の皇太子奏(e)、品部《しなべ》停止の詔(d)等にみられる古体を保存している詔の文体に比較すれば、(イ)は原詔の存在を主張し得るほどの文体ではない。もっとも文体の問題は主観の問題だから、ここでは重要でない。第二は、これが重要な点であるが、(イ)の内容が他の第一次史料によって確認されるか、または第一次史料が、(イ)なしには解釈できないような内容をふくんでいるかどうかという問題である。そのさい(a)以下の主として東国の国司《こくし》宛の詔および(e)の皇太子奏との関連が問題になるが、前者は後に言及するから、ここでは有名かつ重要な皇太子奏についてだけのべておくこととする。

皇太子奏の記事は二つの部分からなっている。一つは天皇の諮問であり、「其レ群《モロモロ》ノ臣・連及ビ伴造・国造ノ所有《タモテ》ル、昔在《ムカシ》ノ天皇ノ日ニ置ケル子代入部《イリベ》、皇子《ミコ》等ノ私ニ有《タモ》テル御名入部《ミナノイリベ》、皇祖大兄《スメミオヤオオエ》ノ御名入部〈彦人大兄《ヒコヒトノオオエ》ヲ謂ウ〉及ビ其ノ屯倉、猶《ナホ》古代ノ如クニシテ、置カンヤ不《イナ》ヤ」の部分である。一つは、それにたいする皇太子の奏上であり、これもつぎの二つの部分からなっている。

㈠ 天《アメ》ニ双《フタ》ツノ日ナシ。国ニ二ノ王無シ。是ノ故ニ、天下ヲ兼ネ幷セテ、万民ヲ使ウベキハ、唯天皇ノミ。

㈡ 別《コト》ニ、入部及ビ所封《ヨサセル》民ヲ以テ、仕丁《ツカエノヨホロ》ニ簡《エラ》ビ充テンコト、前《サキ》ノ処分ニ従ワン。自余以外《コレヨリホカ》ハ、私ニ駈役センコトヲ恐ル。故ニ入部五百二十四口、屯倉一百八十一所ヲ献ル。

この皇太子奏は、改新詔の前記の(イ)の部民《べみん》および屯倉・田荘の停廃・収公の詔の一環とみとめられ、これによって後者の信憑性が支持されてきた史料であるばかりでなく、内容自体も改新の一側面をしめす重要な史料である。難解で、解釈も多様である天皇の諮問事項についての解釈はここでは問題にしない。一つだけ注意すれば、それを改新詔第一条と対比した場合、後者にみえる「部曲ノ民、処々ノ田荘」が前者にみえない不思議な事実は、第一条原詔説では解釈がつかないので、わざわざ右の文言を補って前者を解釈しようとする不自然な説がでてくることである。私にとっては欠けていることに意味があり、自然なことなのである(第三節)。

しかし重要なのは、皇太子奏の方であり、とくにその㈡の部分である。そこでは皇太子は、「入部」と「所封民」を「仕丁」に簡充しましょうといっているだけで、特別の拡大解釈をしないかぎり、それ以上のこと、それ以外のことは何一ついっていないことに注意すべきである。「入部」と「所封民」の具体的内容は、種々の見解があるがここでは問題ではない。重要なのは「仕丁」であって、それは大化前代から日本独自の徭役制の一つとして存在したものであり[2]、改新期に法制化された唯一の身役である。それは第一次史料(d)にもみえるから、改新詔第四条の仕丁の規定、すなわち五十戸ごとに二人(仕丁《しちょう》・廝丁《かしわで》)を徴発する規定も基本的には信憑性あるものとみなさなければならない。皇太子がこの仕丁の簡充について、「前ノ処分ニ従ワン」とのべた場合の「前ノ処分」は前記の(イ)すなわち部民・屯倉の収公令を指すように説かれ、それが後者の信憑性をしめす根拠とされるが、この史料の読みは正しくあるまい。ここの「前ノ処分」とは、改新詔第四条の、右の五十戸＝二人の仕丁徴発規定をさしていると解すべきで、自己の所有する「入部」と「所封民」から、五十戸＝二人の割合で仕丁を差出しましょうといっているのである。したがって、それにつづく「故ニ入部五百二十四口、屯倉一百八十一所ヲ献ル」も、仕丁のことをいっていると解さなければ、「故ニ」の意味が理解できないであろう。仕丁が「入部」となっているのは、大化前代に、屯倉等から徴発されて、天皇・王族等に駆使された丁は、原則として名代《なしろ》入部・子代入部等の部民という範疇でとらえられていたからとみるべきである。(3) また献上した「入部五百二十四口」は、皇太子の所有にかかる「入部」と「所封民」にしてはあまりに少数であり、かつ「口」で表現されていることは、それが仕丁の数であることをしめすものとみるべきである。したがって「五百二十四口」は、約一万三千一百戸の「入部」または「所封民」から献上すべき仕丁の数である(五十戸から二仕丁として)。右の戸数は、皇太子の私有する入部と所封の民の数として不自然でないという説もあり得るし、また不自然に多いという説もあり得るが、後者の考えをとる人は、後の一百八十一所の屯倉とともに、皇太子が何かを「代表」しているとみなし、(4) 個人の所有ではないとすればよいのであるが、ここではそれはどちらでもよい。

「入部五百二十四口」を仕丁数と解する上で唯一の難点は、改新詔で「入部」はすでに収公されたはずだということだけである。(5) しかし私は皇太子奏を第一次史料とみるかぎり、疑わるべきは改新詔の方だとおもうのである。それでは第一条原詔説にたてば合理的に解釈できるかといえば、それも実は困難なので、結局は「五百二十四」の数に誤りがあるか、または「口」に誤りがあるかのいずれかであるという説とならざるを得ない。史料批判の約束の一つは誤字また誤写説は最後の手段だということであろう。しかしここでは、前記の天皇の諮問事項を第一条によって補って解釈することといい、右の誤字説といい、第一条原詔説をとるために、いかに無理で不自然な解釈がかさねられてきたかをのべておけばよい。そこで史料として犠牲にされるのは、いつでも第一条以外の史料であった。第一条になぜそのような特別の権威をあたえねばならないのだろうか。瓦を大事にするあまり、珠を傷つけてはいないだろうか。つぎに「屯倉一百八十一所」と右の「入部五百二十四口」との関係であるが、それは二つの解釈が可能であろう。一つは両者を別個のものと考える仕方であるが、そのさい、前者は、公の駆使に委ねる「仕丁」を徴発すべき屯倉の数をあげたとみるべきであろう。第二は、両者を別個にかかげたのは、この時代においては、入部または名代・子代と大土地所有としての屯倉を別系列のものと考える慣習があったからで(6)(実体は同一でも)、五百二十四口の仕丁を徴発すべき一万三千一百戸が、同時に一百八十一所の屯倉として表現されていると解釈することである。いずれの解釈も可能であろう。「自余《コレヨリ》以外ハ、私ニ駈役センコトヲ恐ル」の意味は明瞭でないが、今後仕丁を国家の民とし、従来のように私に駆使することはしないという意味か、または自己の部民・屯倉からは仕丁以外の徭役は今後徴発しないようにするの意味かであるが、おそらく前者であろう。前記の改新詔第四条の仕丁の項目に、仕丁を以て「諸司ニ充テヨ」と規定されているのが、それに対応しているからである。(一)の「天ニ双ツノ日ナシ……万民ヲ使ウベキハ、唯天皇ノミ」という有名な言葉も、右の仕丁の駆使の新しい仕方と関連させて、すなわち(二)の前文と理解して、はじめて具体的・大化改新的意味内容をもってくるのであって、かかる史料を読む場合は、後から前に読むのが正しいのである。両者の連関をきりはなしたり、(一)によって(二)を拡大解釈したりするのでなく、(二)が(一)の意味内容を限定しているものとして理解すべきである(これは政治や法の史料としてであって、「思想史」は別なのかもしれないが)。(一)の理念自体は改新でなくても存在するからである。同時に天皇の問いの意味内容も、皇太子の答の内容によって理解すべきである。

仕丁が、なぜ皇太子奏で大きくとりあつかわれるほど重要な問題であったかについては、改新政府の力の問題と関連している。それは、仕丁が改新で規定された唯一の徭役であるからである。改新前後の国造層または在地首長層は、その支配領域内部の人民にたいして軍役をふくむ広汎な徭役労働賦課権をもっていた。改新政府は、首長層のこの剰余労働収取の体制を公的なものに編成替えしようとしたが(第四章第一節)、それにたいする法的規制または制度化は、浄御原令からはじまったのである。それは、改新政府が、首長層の裁判権に手を触れ得なかったと同じ事情からである。改新前の中央の部民や屯倉の所有者が、そこから仕丁を徴発しそれを私に駆使し得たのは、かかる首長層の支配に依存したからであった。その仕丁の駆使の主体を、右の皇太子奏にみるように、部民・屯倉の所有者から国家に改めること、また在地首長が差発すべき仕丁数の規準(五十戸＝二人)を定めることの二つが、傜役労働の分野において改新のなし得た法的規制のすべてである。それは改新政府の客観的におかれた力の限界をしめしているものである。同時に、徴発した仕丁の粮《かて》として、仕丁を出した共同体に庸《ちからしろのぬの》布・庸《ちからしろのこめ》米を負担せしめたのは(改新詔第四条)、当時の部民の一形態を制度化したにすぎず(7)、国家の手もとに、仕丁の功食に充てるべき独自の剰余生産物の蓄積がなかったことと対応している制度である。かかる力の限界を前提とすれば、国家が法的に支配し得る唯一の傜役労働としての仕丁の問題は、改新政府にとって重要で現実的な問題であったことが理解される、皇太子奏もその見地から解釈する必要があろう。

私は、皇太子奏を以上のように理解するのであるから、第一にそれは改新詔第一条(イ)の私地・私民の収公令と関連させなくても、またそれを前提としないでも、内容的に独立した史料としてとりあつかい得るし、またそうしなければならないとおもう。したがって前者が後者の実現過程におこった問題とみなし、それによって後者の史料としての信憑性を説く見解にはしたがうことができないのである。第二に、第一次史料としての皇太子奏によって、第二次史料の可能性のある改新詔第一条を批判的に検討するという本稿の立場からすれば、つぎの点がより重要である。すなわち皇太子奏における仕丁の記事は、伝統的に保有されてきた部民や屯倉等の停廃・収公を意味しないばかりか、逆にその保有の存続を前提しているといわねばならないことである。部民・屯倉の所有は、仕丁徴発以外にも、貸稲《いらしのいね》＝出挙《すいこ》をふくむ多様な収取の内容をもっていたからである。それをしいて改新詔に関連させて拡張解釈をしないかぎり、そこには部民・屯倉を廃棄しようとする皇太子の意志を私は読みとることができないのである。したがって私には改新後の諸史料に、皇太子・皇后等の王族の部民制的所有や屯倉の存在をしめす証跡があっても、それは少しも不思議にみえず、むしろ自然のこととさえおもわれるのである。たとえば屯倉の組織につながる「屯田司《みたのつかさ》舎人土師連馬手《のとねりはじのむらじうまて》」が改新後も存在し（天武紀、元年六月条）、また改新前の名代・子代、その制度化された形の部民としての壬生部《みぶべ》が、改新後においても大海人《おおあま》皇子の一つの軍事的基礎となった湯沐邑《ゆえ》として存続し、延喜式の東宮湯沐二千戸にその遺制がみられること、(8)また皇妃の名代・子代、その制度化された形としての私部《きさいべ》も、禄令の中宮湯沐二千戸として定着し、天平《てんぴょう》期になっても中宮職の「主稲《しゅとう》」または「捉稲使《そくとうし》」が諸国に派遣されて出挙や収納の実務を執っていること、(9)田荘については持統《じとう》朝にも飛鳥《あすか》皇女のそれがみられること（持統紀、六年八月条）、大宝令の施行に関連して「田領《たつかい》」が停止されていることは（続紀、大宝元年四月条）、それ以前に諸国の屯倉を管掌する「田領」なるものが公的な制度として承認されていたことをしめしている。もちろんそれらの王族の部民制や屯倉・田荘の所有が、天武十一（六八二）年三月の食封収公令を画期として制度化される令制的食封制の成立に影響されて、その性格と構造を変化させたことを想定しなければならないが、同時に令制下においても、それらが一般の食封と区別された特殊な所有として認識されている事実は（禄令、食封条所引古記）、それらが大化前代にさかのぼる皇太子または皇妃の特別の食封であったからである。改新詔第一条をカッコにつつむ本稿の立場からすれば、それは当然な事態であり、部民または「所封民」の存続を前提としている皇太子奏は、内容的にそれに対応しているとみられるのである。

しかし大化改新の第一義的課題が私地・私民の停廃・収公すなわち所有形態の根本的改変ではなかったと推定するためには、それに関連する他の第一次史料(a)—(d)を検討する必要がある。それは主として東国の国司宛の詔を中心とする史料である。[10]第一に問題になるのは、(b)の「官司《ツカサツカサ》ノ処々ノ屯田、及ビ吉《キ》備嶋皇祖母《ビノシマノスメミオヤ》ノ処々ノ貸稲《イラシノイネ》ヲ罷《ヤ》ムベシ。其ノ屯田《ミタ》ヲ以テ、群臣《マエツキミタチ》及ビ伴造等ニ班《アカ》チ賜《タマ》ワン」の記載である。この詔が東国にたいするものか、またはそれ以外の諸国をふくむかの問題、また大化前代に諸官司に付属する田地としての「官司ノ屯田」なるものが存在したかどうかについての論議は、ここでは不問に付してよい。重要なことは、ここで問題とされているのが「官司ノ屯田」という特定された田地に限定されていること、いいかえればここでは屯田または屯倉一般の停廃・収公については何ものべられていないということである。それは「貸稲《イラシノイネ》」の停廃が、吉備嶋皇祖母の所有したそれに特定されていることと対応している。したがってこの文言に関するかぎり、皇極《こうぎょく》二(六四三)年に死んだ吉備嶋皇祖母すなわち皇極天皇の母の所有したもの以外の貸稲一般は問題になっていないことをしめしている。この時代前後の屯倉においては、貸稲という出挙制、すなわち諸国の在地に稲を集積保有し、それを本稲《ほんとう》とする出挙によって増殖してゆく制度が、剰余生産物収取の重要な一形態をなしていたから、貸稲一般が停廃されないということは、屯倉の収取一般が停廃されないことと同義である。改新詔によって、屯倉一般の停廃・収公が規定されていたとしたなら、およそかかる特定の貸稲の停廃は無意味であろう。右の史料で問題になっているのは、特定の屯田と貸稲の個別的な停廃であって、それ以上はなにも語られていないのである。屯倉に関連する(a)の記事も同じである。すなわち国造・伴造・県稲置《こおりのいなぎ》でないところの在地首長が、祖先の時代から「此ノ官家《ミヤケ》ヲ領《アズカ》リ、是ノ郡県《コオリ》ヲ治ム」と詐って申告する場合に対処して、実状を詳細に調査報告することを、東国国司等に命じた記事である。ここで問題となっているのは、正当でない首長が、正当でない仕方で官家＝屯倉を管領することを正すことであり、それ以上のことは何も語られておらず、したがって屯倉一般の停廃・収公とは逆に、その維持と存続が前提となっており、この点で前記の貸稲の個別的停止と首尾一貫した原則に立っているのである。以上の第一次史料は、いずれも改新詔第一条の存在を前提としなくても、独立に解釈し得ること、したがってこれらの史料をもって、後者の信憑性の根拠とはなしがたいばかりか、むしろそれを疑わしめる根拠とさえなり得るのである。

私は、改新の土地政策の課題は、屯倉・田荘の停廃・収公ではなく、「田畝《デンポ》ヲ校」することで、すなわち校田にあったとかんがえる(a)。この校田の具体的内容は一切不明であるが、その画期的な特徴は、民有地のみならず、共同体の所有地、寺社の所有地から屯倉・田荘にいたるまで、すなわちその所有主体にかかわりなく一律におこなわれた点にある。寺院の僧尼・奴婢とともにその所有する田畝の実質を校したとみえ(大化元年八月癸卯詔)、「籍《セキ》ニ脱《モ》リタル寺ニシテ、田ト山ヲ入レヨ」とあるのも(b)、天武四(六七五)年二月条の停廃の記事と対応している。寺田は、公権力にたいしてもっとも独立的な所有をなしていたから、その校田の実施は、屯倉・田荘の校田をも当然前提とし、前記の屯倉の管領または伝領を正す政策も校田の実施とつながっていよう。かかる所有主体とかかわりなく一律的におこなわれる校田を仮に一般的校田とよんでおけば、それは大化前代の屯倉等においておこなわれたと推定される個別的校田とは、原理的に区別されねばならない。屯倉において校田がおこなわれ、条里制的地割がそこに起源をもつことは先進的屯倉において当然推定されるのであるが(11)(第四章第一節)、普通説かれるように、大代前代のかかる先駆形態が「一般化」されて大化の校田となるのではない。屯倉等の個別的校田は、いくら集積され、拡大されても、それ自体一般的校田とはなり得ない性質のものである。後述するように、前者は人民の族制的・身分制的把握と不可分に結びついており、後者は人民の族制や身分にかかわりない地域的・包括的把握すなわち公民制の原理と不可分な関係にあるからである。したがってたんに制度的系譜の表面だけに注目して、両者のあいだの原理的断絶または転換をみず、後者を前者の制度的「拡大」とみなす見解はとらない。

改新の一般的校田を、改新詔第三条主文に規定する「班田収授之法」および白雉《はくち》三(六五二)年正月条の「正月ヨリ是ノ月ニ至ルマデニ、班田スルコト既ニ訖《オワ》リヌ」の記事に関連させて、その目的を改新における班田収授法《はんでんしゅうじゅほう》の実施のためとする見解は、これらの記事を無批判に採用している点で、したがいがたい。ここにいう班田制は、令制のそれにみるような、受田資格、受田額および死後における口分田《くぶんでん》の収公等について法的に規定された制度をさすのであって、かかる意味の班田制は、改新期における大規模な実施を想定できないばかりでなく、右の白雉三年の記事は、令制の六年一班制の知識を前提とした書紀編者の述作とする見解にしたがうべきであり、[12]改新詔第三条の主文は、それにつづく凡条の性格からみて、同じく編者の述作とみるべく、少なくともそれらの記事によって、改新の一般的校田を解釈することは危険であろう。第一次史料だけによって改新の課題を考える本稿の立場から重要なのは、むしろ(d)の「去年、朝集《チョウシュウ》ニ付ケシ政ハ、前《サキ》ノ処分ノ随《ママ》ニセン。収メ数ウル田ヲ以テハ、均《ヒト》シク民ニ給エ。彼ト我ト生《ナ》スコト勿《ナカ》レ。凡ソ田給《タマ》ワンコトハ、其ノ百姓ノ家、近ク田ニ接《ツ》ケタラントキニハ、必ズ近キヲ先トセヨ」の詔である。右のうち「凡ソ」以下の部分は、類似の規定が養老田令の従便《じゅうべん》近条《きんじょう》にみえるので、令文による述作の可能性もあるが、本稿では述作説はとらない[13]（第四章第一節）。養老・大宝令および唐令の条文と同文ではない点に注意すべきである。問題は「収メ数ウル田」をもって民に「均給」するという文言であって、もし前者を屯倉・田荘一般の収公またはそれに関連する意味に解釈すれば、改新詔第一条は、第一次史料によって裏づけられたこととなる。しかしそれは唯一つの解釈の可能性ではない。「収メ数ウル田」は、右の引用文にみるように、「去年、朝集(使)ニ付ケシ政」および「前ノ処分」に関連していわれていることに注意しなければならぬ。ところが、それに該当する(a)と(b)には、一般的校田についてはのべられていても、屯倉・田荘の停廃・収公についてはなにものべられていないことは、前記の通りである。したがって民に「均給」すべき「収メ数ウル田」は、校田の結果として発生したものとみなければならぬ。

問題はこの「校田」にある。校田は、たんに屯倉・田荘・社寺田および一般民戸や共同体の旧来の所有地をそのまま確認することではない。封建時代の検地がそうであるように、校田はつねに切取地または校出田をともなうものである。とくに改新の場合には、前記のように、「国造・伴造・県稲置」等の正当な地位をもたない在地首長層が、その所領を、祖先の時代以来保有し、管領する屯倉・郡県であると詐り称していること、その「実状」を詳細に報告すべきことを指示している事実を想起する必要がある(a)。大化元年九月の詔が語るように(この詔は潤色の跡が多く、第一次史料としてはとらない)、六世紀後半は、「己ガ民」を駆使して、山海・林野・池田を割取し、私財とする在地首長層が広汎に台頭したのを特徴とするから、かれらがその所領の正当性を主張するために、屯倉等々と詐り称したことは大いにあり得ることである。改新の「校田」はかかる性質をもつ各種の正当性のない土地保有を整理することを、一つの課題としたとみなければならないから、そこから切取地が割取されるのは当然であり、これが「収メ数ウル田」の意味であろうし、「前ノ処分」との関連もそこにもとめられねばならない。それは、屯倉・田荘一般の収公とは内容的にも、文脈の上でも関係のないものである。前記の籍にもれた寺院にたいする山林・田地の施入《せにゅう》や、(c)の「市司《イチノツカサ》・要路ノ津済《ツワタリ》ノ渡子《ワタリモリ》」にたいする田地の給与等は、かかる校田の結果発生する切取地によって可能となったのであり、後者がまた民に「均給」すべき田地ともされたのである。したがってそれは、仮に実現された場合でも、制度としての班田収授法とは関係なく、持統紀にみえる「賦田」と同じく(元年四月条)、一回的な分与または班給とみなければならない。収公規定のない班給は、班田収授制とは関係がないからである。それは、収公規定のない前記の「官司ノ屯田」の群臣・伴造等への「班賜」が、令制の位・職田《しきでん》と関係がないのと同じである。収公規定をもつ班田収授制や位・職田は、浄御原令の段階ではじめて可能となったのであって、大化改新の一般的校田は、原理的にはそこにつながるとはいえ、その内容は明瞭に区別さるべきである。以上は、この問題についての第一次史料は、改新詔第一条の私地・私民の収公を前提としなくても、それだけで独立に、かつ一貫して解釈し得るということ、またそうすべきことをしめしているとおもう。

改新の一般的校田の目的が、屯倉・田荘の停廃・収公および班田収授制と関係がないとすれば、つぎに問題になるのは、大化の税制との関係である。「国家」の基本的属性の一つは、税制の成立にある。(14)慣行にもとづく個別的で不統一な剰余労働の収取の諸形態を、公権力の維持のための統一的な租税に転化することが、国家の成立の重要な一側面であるとすれば、改新はこの点で画期的な一歩をふみだした転換期であり、前記の仕丁制もその一つである。しかし改新詔第三条の田租についての規定は、大宝令の条文の転載による編者の述作にかかるものであるから、ここでは問題としない。しかしこのことは、大化改新後、浄御原令にいたる時期に、田租は存在しなかったとすることではない。この問題はまた後に言及する(第四章第一節)。ここで問題になるのは、第四条の田調・戸調および調副物であるが(15)、前二者については、(d)すなわち大化二年八月の詔に、田調や戸調と性格を異にする「男身之調《だんしんのみつぎ》」が規定されていること、第一次史料を基礎とする本稿の立場からすれば、この事実は無視することができないのであって、改新期の調の制度は、人身賦課に統一される浄御原令の施行にいたるまで、いちじるしく不安定であり、動揺的であったとしなければならぬ。なぜそうであったかは、この段階の税制一般のあり方と関係しているとみられる。

田調は、絹・絁《あしぎぬ》等の一定量を、特定面積の田地に、たとえば田一町に賦課するのであるから(町段歩《ちょうたんぶ》制が改新期に存在したかどうかはしばらく別として)、一町以下の零細な田地が散在する民戸の耕地の錯圃《さくほ》形態を前提とするとき、それは税制として成立することは技術的に困難であるとしなければならない(16)。しかし田調の制を、国造等の在地首長層が国家に納入すべき毎年の調の総額を決定するたんなる指数または基準にすぎないとみるならば、右のような技術的困難さは解消し、それに必要な条件は、各首長の領域内において調の賦課の対象となるべき田地の総面積が、あらかじめ査定されているということだけである。私は改新における前記の一般的校田の意義の一つはここにあったとおもう。前記のように、改新前後を通じて徭役賦課権が在地首長層にあり、国家が介入し規制し得たのは仕丁等の一部にすぎないとすれば、他の剰余生産物の収取についても同様であったとみなければならない。改新政府の新しい税制がなし得たことは、各首長層の手に収取され集積される剰余生産物の分配にあずかり、そこから国家の手に割取すべき基準をたんなる指数として決定することと以上にはできなかったとみるべきであろう。いいかえれば、かかる税制によって「国家対人民」の関係がただちに前面に出るのではなく、国家と首長層間の分配関係が規制されるだけであって、首長が国家に納入する租税は、田調・戸調・人身調の区別とかかわりなく、すべて人民の人身に転化されることはいうまでもない。この原則は田調だけでなく、他の税目の収取についても基本的につらぬかれるべき原則であって、それは律令制国家の収取形態と権力構造の基本性格と関連してくるものである。したがって大化の新税制を媒介とする一般的校田と賦課は、在地首長層と人民との間に存在する従来の剰余労働の収取関係すなわち生産関係を基本的に変改する性質のものではなく、またその賦課が旧来の屯倉・田荘等におよぼされた場合でも、そのこと自体は屯倉・田荘の存続と矛盾するものではないことに注意する必要がある。それは平安末から鎌倉時代の国衙《こくが》による「一国平均之課役」の賦課が、庄園領主と庄民との生産関係、庄園体制の存在と制度的に両立し得るのと同じ原則である。

改新における第二の課題は、一般的校田と不可分の関係にある編戸《へんこ》である。改新詔第一条の「子代ノ民」と「部曲」の停廃については、前者を名代・子代の部民をさした表現と解すれば、それは現実には屯倉と不可分の実体をなしているから、ここで再説する必要はない。問題は部民のなかでももっとも私有性と隷属性の濃い「部曲」である。注意すべきことは、この部曲の停廃に関連する記事が、「田荘」のそれとともに、改新詔の前後の第一次史料のなかに、何一つみえないという事実である。大化元年九月甲申詔における「己《オノ》ガ民」を部曲と仮定しても(これには若干問題があるが)、そこではそれの恣意的な駆使、たとえば宮殿・園陵の築造等に駆使されている実状が非難されてはいても、その停廃・収公についてはなんら示唆されていない。本稿の立場からすれば、それはまったく自然の結果であるが、改新詔第一条を原詔に拠るとする説にとっては説明を要する点であろう。大化改新の課題は、私民の収公ではなく、部曲等の私民をふくめてすべての民戸が調査・登録の対象となったということである。右の詔の地の文に「使者ヲ諸国ニ遣《ツカワ》シテ、民ノ元数《オオカズ》ヲ録ス」とあるのが、比較的正確にその内容を表現しているとみられる。しかし重要なのは、「民ノ元数」の内容であって、(a)のつぎの文言がそれについての史料となる。「凡ソ国家ノ所有《タモテ》ル公民、大小領《アズカ》レル人衆ヲ、汝等任《マケドコロ》ニ之《マカ》リテ、皆戸籍ヲ作リ、又田畝ヲ校《カンガ》エヨ。其レ薗池水陸ノ利ハ百姓ト倶《トモ》ニセヨ」。これは、雑令《ぞうりょう》国内条による潤色が示すように、原詔そのままではなく、「戸籍」も令制のそれとは異なったものであることはいうまでもない。しかし前半は原詔の趣旨を伝えているとみられるから、「国家ノ所有ル公民、大小領レル人衆」によって何が意味されているかが問題である。こまかい論議は別として、後者を部曲等をふくむすべての私民を意味するとすれば、この詔は、国司・国造等に、その管轄・支配する領域内部のすべての「民ノ元数」を登録すること、いいかえれば部民制的な統属関係にあるかないかとはかかわりなく、領域内に居住するかぎり、すべての民戸を調査・登録することを命令したと理解しなければならぬ。それは前記の一般的校田の実施と不可分の関係にある。ここでも部曲等の私民の収公ではなく、その存続が前提となっていることはいうまでもない。かかる民戸の調査・登録が国家の成立にとってもつ原理的問題は後述するから、ここでは天智《てんじ》朝以降または令制の制度との相違について、二、三の推定をおこなっておきたい。

　第一にそれは、領域内の民戸の総数を調査・登録することであった。前記の「戸調」の賦課があったとすれば、右のことは、各国造等にたいする賦課の数量を決定するための最小限の前提となる。第二に、それは令制の籍帳《せきちょう》と異なって、戸口の性別、年齢別等の調査・登録はおこなわれなかったと推定される(a)の分注にみえる「戸口ノ年紀云々」は、『後漢書』による編者の述作)。すなわちそれは戸口の全体的調査ではなかった。第三に、民戸の戸口のうち男丁《だんてい》の数だけは、調査・登録され、集計された可能性がある。それは、前記の「男身之調」が実施されたと仮定した場合、また仕丁の差点《さてん》(徴発)および在地首長層への夫役や軍役を維持するためにも必要だからである。すなわち白猪《しらい》の屯倉における田部《たべ》の「丁籍《ていせき》」にあたるものである(欽明紀、三十年正月条)。しかし賦課の台帳としての「丁籍」が恒久的意義をもつためには、戸口のうちすべての男子の年齢が登録されていなければならない。改新期において、大化前代の屯倉において個別的に制度化された「丁籍」が、全国的に施行されたとすることには問題があるので、奴婢をふくむ戸口総数の調査・登録にとどまったと推定しておきたい。第四に、国造等の租税輸納担当者の支配領域内に居住する民戸の総数が調査・登録・集計されたとしても、令制の意味における「編戸」はまだおこなわれなかったと推定される。私は、令制的「編戸」は、(イ)年齢・性別によるすべての戸口の造籍と不可分であり、(ロ)民戸を「五十戸ノ政《マツリゴト》タル民」または「調庸ノ民」とすることと同義であり、(ハ)一定基準戸数による行政単位としての村落編成すなわち里制の存在と不可分のものとかんがえるので、そのような

「編戸」は、天智朝以前にはみとめがたいからである。里制の成立過程については諸説あるが(17)、確実に里制の成立を推定できるのは、里別に編成されたとみられる庚午年籍《こうごねんじゃく》以降であり、この場合には右の(イ)(ロ)(ハ)の三要素を兼ねている点で、最初の「編戸」であったとみる。その基準戸数は、藤原宮跡出土の木簡によって、浄御原令下の里が五十戸から成っていたことから推定して、おそらく五十戸一里制であったとみられる。改新詔第四条の仕丁についての規定に、旧三十戸単位から五十戸単位への改正が記されているが、これを原詔によるものと仮定しても、それは各国造等が担当する仕丁差点の基準の変更にすぎず、里制とは無関係とみなしたい。したがって改新から天智朝にいたる時期においては、大化前代以来のいわゆる自然村落が、評《こおり》(郡)または国造領内部の唯一の村落秩序であったということとなる。(c)および改新詔第一条にみえる「村首」は、かかる「自然村落」の長とみなすべきであろう。改新以後の開墾による条里式村落の成立の問題については後述することとしたい(第四章第一節)。

改新詔第一条の信憑性に疑問をもち、それをしばらくカッコにつつんで、そこから大化改新の課題を説くことをしなかった理由の要点は以上の通りである。第一条をのぞき、他の第一次史料によるかぎり、改新の課題は、私地・私民すなわち名代・子代・部曲および屯倉・田荘等の停廃・収公にあったのではなく、それらの私地をもふくむ一般的校田と、一切の私民をもふくむ民戸全体の一律的な調査・登録にあり、それらは統一的な税制の問題と関連していた。これは後述するように、国家の成立史において、改新が画期的な転換であったことをしめしている。また天智朝の民部《かきべ》・家部《やかべ》の諸氏(氏上《うじのかみ》)への賜与も、改新における右の政策の実施を前提としてはじめて理解し得るのである(第三章第一節)。なお、改新詔第一条についての状況論的批判は意図的に捨象したが、それについて言及しておけば、改新程度の小規模な政変から生れた弱体な中央権力が、支配層の経済的土台をなしている私地・私民制を廃棄して、食封制に転換するという課題を設定することは、たとえそれがたんに理念や方針にすぎない場合でも、可能性としてひじょうに少ないことを念頭におかねばならぬ。前章でのべた国際的危機を背景とし、支配層内部の権力の集中と結集が一切の施策に優位する根本的課題となっている時期において、在地首長層の所有する田荘・部曲までをふくむ収公令を公布するということこそ、説明を要する問題であり、これについての従来の説明が説得的とはいえないことはたしかであろう。

　前記のように、改新詔第一条の中心内容は食封制の問題であるが、支配階級の経済的土台の改変に関連する食封制の成立が、いかに困難で、はげしい過程であったかは天武朝の政治が実証するところである。それはまず、天武四(六七四)年二月における天智朝に賜与された部曲の停廃、改新後、親王諸王以下の諸臣と諸寺に施与された山沢・島浦・林野・陂池の全面的停廃の詔によって開始され、同五年四月の、西国に賜与されていた「封戸《フコ》ノ税」の東国への転置の詔も、その意図は不明であるが、従来の部民制的食封に依存する伝統的所有の変更を意図したものであろう。さらに同九年四月の、三十年以上を経過した寺封の停廃令を経て、同十一年三月の「親王ヨリ以下、諸臣ニ至ルマデニ、給エリシ食封、皆止メテ、更ニ公《オオヤケ》ニ返セ」の収公令によって、食封制の初期形態の否定、浄御原令における官人給与体系の一環としての令制的食封制の前提条件が、はじめて確立されたのである(以上、天武紀)。それは、この時代においてはじめて現実的課題となった官僚制国家のための物的基礎を準備するという客観的な必要にせまられたからであり、他方において壬申《じんしん》の乱という内乱によって権力を奪取した天武朝の強力で専制的王権の成立という主体的条件が存在してはじめて、親王以下の諸臣の旧所有形態を強力的に再編成するという措置が可能になったのである。食封制を客観的に要請されるほど官僚制も成立しておらず、支配層の経済的土台を改変するという困難な課題にたえるだけの権力ももたない改新政府が、改新詔第一条を公布したとすることは、その公算はなはだ小なりといわねばならないだろう。令文を転載してまで改新詔の凡条を述作した書紀編者には、令制国家の起源を大化改新に設定しようとする意図が明白であるが、これと同じ意図が改新詔第一条の背後にあり、そのさい編者の念頭にあったのは、天武四年から同十一年にいたる食封制の前記の転換の歴史ではなかったろうか。しかし、仮に第一条が編者の述作になるとしても、それは架空の、または虚構の述作ではなかった。かかる述作を可能にする手がかりが、かれらのもっていた原史料のなかに、たとえば皇太子奏や東国国司への詔のなかに、前記のような形で存在したからであり、それについての編者たちの解釈が第一条であったかもしれぬ。

以上の推定は、いうまでもないことではあるが、改新詔第一条が原詔に拠るとする見方が成立する可能性を否定し得るものではない。令文の転載の場合のような単純で明確な史料批判が可能なのはむしろまれな事例であって、通常の場合には、史料批判には一定の限界があることを念頭におく必要がある。否定説の方が、肯定説よりも史料にたいしてより批判的であるとはかぎらない。またいずれの史料批判が正しいかは、技術的問題としてではなく、大化改新の総体的把握との関係でこれから決定されてゆかねばならぬ性質のものである。必要なことは、いずれの立場をとるにせよ、自己の立場をあらかじめ明確にすることと、その立場を一貫して、かつ整合的に、改新の解釈全体のなかにつらぬくことである。改新詔第一条の問題は、改新の第一義的課題がなんであったかにかかわることだからである。

第二節　人民の地域的編成　王民制から公民制へ

「国家を特徴づけるものは、第一に領域による人民の区分である。（中略）市民には、氏族や部族にかかわりなく、その居住するところで、かれらの公的な権利義務を果させた。このような所属場所による人民の組織は、すべての国家に共通である」[1]。人民をその居住地において把握し、それを地域性の原理によって編成し、したがって統治権力を領域にしたがって重層的に構築することは、古典古代の国家の分析から帰納された「国家」一般の基本的属性の一つである。それは近代国家において生活する人間にとっては、自明で当然のことにみえるが、実はそれ自体が歴史の所産であったのである。そのことは、日本の古代国家の歴史によっても証明されるし、またこの側面をあきらかにすることが、国家の成立史の基本的課題の一つである。完成された国家、たとえば律令制国家においては、国家の右の属性は、明確かつ典型的な形で存在する。人民の戸籍・計帳による把握がそれであり、それに対応する行政権力の構造は、里《り》（郷《ごう》）から郡《ぐん》、さらに国《くに》へと領域的区分を基礎として重層的に構築されているのが特徴である。この特徴は、律令制国家が、「領域」を一要素とする国家として完成された形態をしめすものである。この原理を確立していない政治権力、国家成立の前史におけるさまざまな権力は、漠然とした支配領域をもってはいるが、それは即自的な形においてであって、人民把握の仕方、権力の構築の仕方として制度的に確立されていない段階である。令制にみられる人民把握の形式を仮に地域的編戸(正確には地域性の原理にもとづく編戸)といっておけば、重要なことは、この形式が編戸の唯一の歴史的形態ではないということである。それと形態上対立する身分的・族制的編戸が存在し、両者には編戸という共通面はあっても、原理的には相反した人民把握の二つの形態であった。

この原理の相違を説明する例証として、比較的単純な史料をもつ令制の場合をとりあげると、雑戸籍《ざっこ》と公民籍との関係が、右の二つの原理に対応する。雑戸は、いうまでもなく大化前代のいわゆる職業的部民の遺制であり、手工業とくに軍事に関係する手工業者が、令制諸官司に隷属する一個の賤民的・カースト的身分として編成され、その技芸または職業の世襲を公権力によって強制されていた特殊な身分集団であるが、令制においては、この雑戸については神戸《かんべ》・陵戸《りょうこ》等とともに、公民の籍帳とは別個に雑戸籍が作製された。この雑戸籍の作成手続が明瞭でなく、雑戸をふくむ一般公民籍をまず作成して、そこから雑戸だけを抄出して雑戸籍を作成したとする説と、それはもともと公民籍とは別個に作成されたとする説との両説がある。(2) しかしここではその論議をするのではなく、両戸籍の性質の相違と相互関係をかんがえる例証としてあげるだけである。雑戸籍が公民籍とは別個に作成されたとしても、雑戸・陵戸は公民と同じく国郡に付貫《ふかん》されていること、したがってそれを作成するのは管轄領域内のすべての民戸を支配する国司の権限であって、雑戸籍の消滅した平安期になって、鍛治戸《かじべ》・飼戸《うまかいべ》等の計帳が国司によって勘造《かんぞう》され中央に送られている事実も、それと関連している(戸令、延喜式)。事実上は、飼丁《してい》の場合、本司《ほんし》たる左右馬寮《さゆうめりょう》から差遣される飼丁検括使《けんかつし》が、造籍を担当するにしても、付貫されている国衙の民戸一般にたいする造籍行政の一部としての機能をはたすだけであり、国衙の領域的支配がまず前提として存在するのであって、本司—検括使—雑戸という系列が地域的権力としての国衙から独立して別個に存在するのではない。この前提の上に、公民籍と雑戸籍を比較した場合、前者が領域内の民戸をその居住地において、地域的に編成するのにたいして、後者は領域内に散在分布する雑戸という身分に属する民戸だけを抄出して戸籍を作成するのであり(美濃国戸籍の「鍛」がそれにあたるかどうかは別として)、その編成の原理は身分的であり、雑戸の身分が世襲である点からいえば族制的である。したがって諸国衙からその一通を送進された雑戸籍を集成してでき上る本司の雑戸籍も、当然諸国にわたって散在分布する雑戸の集成にすぎず、地域的編成とはなんら関係はないのである。これが人民編成の二つの形態の原理的な相違であるが、このさい地縁的編成の原理による公民籍は、身分的・族制的原理にもとづく雑戸籍をそのなかに包摂することはできるが、その逆は不可能であるという関係がある。事実の問題は別として、公民籍のなかに雑戸をも記載し、そこから雑戸だけを抄出して雑戸籍を作成することは可能であるが、逆に雑戸・陵戸以下多様な諸身分のそれぞれの戸籍を、いかに集積しても、それは身分集団という限定がある以上、公民籍のように包括的な把握にまでは到達することは不可能または困難である。この相違は人民をその居住地において、その生活と労働の場所そのものにおいて把握することが、一切の民戸を把握し得るところの、考え得る唯一の包括的な編成の仕方であり、それ以外の形式は多かれ少なかれ制約されているということである。

右の令制における二形態において、令制における雑戸は、大化前代の部民のたんなる遺制として存在するにすぎず、平安時代までには雑戸籍そのものが消滅するのであるから、その歴史的意義は重要ではないが、大化前代においてはむしろこの原理による人民の編成が基本的な形態をなしていたのである。そのことは編戸の起源や初期形態とされる大化前代の諸事例から推測される。それは典型としては二つの場合が知られている。

(イ)吉備の白猪《しらい》屯倉に付属する田部の「丁籍」または「名籍《めいせき》」を作成した場合である（欽明紀、三十年正月条、敏達紀、三年十月条）。この場合には、明瞭に「田部」という特殊な身分集団についてだけの「名籍」または「丁籍」であって、雑戸籍と同じく、身分的・

族制的編戸である。屯倉またはその周辺の一般民戸の編戸とは関係がなく、そこから抄出された丁籍ではない。(ロ)は、六世紀頃に、河内国高安《たかやす》・安宿《あすかべ》両郡に集中的に定住させられた「帰化人」の集団を「戸」として編成した場合である。[3] これは秦人《はたひと》・漢人《あやひと》等の「帰化人」を国郡に安置して、「戸籍ニ編貫《ヘンカン》」したとする所伝に対応する(欽明紀、元年八月条)。これは田部のような部民、すなわち特殊な身分集団とは異なった事例ではあるが、しかしこれも特定の「帰化人」という限定を前提としてはじめて意味のある編戸であり、編成の原理自体は、(イ)と同一である。この型の編戸は、同一地域に同一身分集団が定住している場合には、結果的には地域的編戸と同一の編戸となり、広い地域を占めていたらしい白猪屯倉や(ロ)の場合も、そうであったかもしれぬ。しかし前記の「帰化人」の編戸の記事のなかに、「秦人ノ戸数、総《ス》ベテ七千五十三戸」とある場合の秦人の総戸数は諸国に分散していたのであって、それは前記の本司に集成された雑戸籍と同じく地域性とは関係がない。居住地の原理とは異なった個々の「帰化人」の身分的・族制的編戸の性格がそこでは明瞭にあらわれている。おそらく(イ)・(ロ)両形態とも大化前代において相当程度おこなわれたと推定してよいが、それらはいずれの型にせよ、身分的・族制的編戸であることに注意しなければならない。両形態のいずれが本来的であるかは明瞭でないが、私は(ロ)が本来的と考えている。それは(イ)の丁籍の記事に、白猪田部の丁籍を検閲し、籍を定めた結果、「果シテ田戸《タベ》ヲ成ス」といわれている場合の、田部↓編戸↓田「戸」の「戸」の用法が、(ロ)の飛鳥戸・春日戸の「戸」の用法を念頭におかないと理解しにくい点があり、また「戸」を単位とする集団の編成の仕方は、おそらく朝鮮の方式を学んだとみられることを考慮すると、(ロ)の方式による編戸がまず六世紀に「帰化人」集団について確立され、それが他の形態の部民集団におよぼされたとみるべきであろう。

従来、改新後の第一次編戸(仮に庚午年籍《こうごねんじゃく》と庚寅年籍《こういん》による編戸をそれぞれ第二次、第三次として区別すれば)を問題にする場合、それは大化前代の屯倉等において部分的に成立した編戸の「拡大」または「全国化」として理解されるのであるが、それはたんに制度的系譜関係によって両者をつなぐだけであって、両者の間に存在する編成原理の相違を無視することとなり、大化改新とそれ以前の時代とが、異なった統治様式または人民編成原理の上に立つこと、両者の間には明瞭な断絶が存在する事実をみのがしてしまう結果となる。人民の地域的な編成を確立した庚午年籍の端緒は、族制や身分、あるいは支配・統属関係にかかわりなく領域内のすべての民戸を、その居住地において把握した前記の大化改新の新制にあるのであって、それは右の(イ)・(ロ)にみられるような身分的・族制的編戸がいかにひろくおこなわれるようになっても、前者に転化することはなく、また自然生的にこの原理の転換がおこなわれることもなく、したがって後者の拡大または全国化によって令制的編戸が形成されるということはない。それはある時期に、編成原理の転換がおこなわれたのであって、日本の場合は、その転換は朝鮮・中国のモデルを媒介とすることなしにはおこり得なかったとおもうが(後述)、その時期は大化改新であったとおもうのである。人民の地域的編成が国家の欠くことのできない基本的属性の一つであるとするならば、大化改新が国家成立史上においてもつ画期的意義の一つはここにあったとしなければならない。かかる人民の新しい編成原理の上に、里・郡・国という地域的に構築された国家という権力構造が対応するのであって、それに対比すれば、推古朝の支配権力は、厳密には国家とはなしがたいという結論になる。右はもちろん両者の断絶の面を前面にだしたにすぎず、現実の歴史の進行は、両者を媒介する体制が大化前代に準備されていたことは後述するとおりであるが(第四章第二節)、しかしそれはあくまで条件にすぎない。このことをあきらかにするためには、前記の(イ)・(ロ)の型の編戸の基礎にある六世紀の人民編成の原理とその特徴をみておかねばならない。

六世紀から七世紀中葉の段階——一般に大化前代ともいわれ、あるいはそれを典型化した意味で推古朝をもって代表させる(4)——における支配体制の基礎にある一つの秩序は、「王民《おうみん》」制であるといってよい。他の一つの秩序は、国造または在地首長層の内部秩序であるが、ここでは省略しておくこととする。律令時代においても「公民」から区別された「王民」の概念がみられるが、この場合には儒家的な概念に変化しつつあるので、むしろ群卿・大夫・臣・連・伴造・氏々《うじうじ》の人について、書紀の一本に「名名《ナナ》ノ王民」とある用例が王民本来の意味をしめしている（孝徳紀、大化二年八月条）。ここにいう「名名」の「名」は、古代の用語でいえば、カバネナ（姓名）のことであり、氏とカバネが統合された意味での「名」である。「官官《ツカサツカサ》ニ仕エ奉ル韓人部《カラヒトドモ》一人二人ニ、其ノ負イテ仕エ奉ルベキ姓名《カバネナ》ヲ賜ウ」（続紀、神亀元年二月条）といわれる場合に、韓人部が「カバネナ」（姓名）である。それを賜与する権能をもつのは天皇であり、カバネナを「負ウ」ことによって王権にたいするなんらかの奉仕または従属関係にはいるのであって、「王民」として王権の秩序のなかに組織されることを意味する。いいかえればカバネナは「王民」たることの身分標識であった。王民制の起源は五世紀にあっても、それが「天下《アメノシタ》ノ氏氏名名《ナナ》ノ人等ノ氏姓《ウジカバネ》」（允恭記）として、すなわち一個の政治体制として確立されるのは六世紀以降とみるべきである。ヤマトの王権を中心に結集していた畿内・近国の臣連・伴造層または推古朝の群卿・大夫層は、一つの「統一体」[5]を形成していた。この統一体は、制度的には、内廷と外廷、それらを構成する諸官司の総体としての一個の「政府」として存在するが（それはまだ「国家」としては未熟である）、この統一体の内部秩序または編成原理となっているのが王民制である。この統一体は、その内部における分業の発展と階級分化によって発展し、それに従属するものとして、伴造および百八十部《ももあまりやそとものお》を内部に編成するようになる。そこに共通する特徴は、「負名氏《おいなのうじ》」に典型的にみられるように、カバネをもつことであり、カバネは勿論、「氏」も共通の祖先から分化した同族集団という社会組織自体ではなく、(6)「氏」の「名ヲ負ウ」ことによって、すなわち王権による賜与または公認されることによって「王民」として組織されるのである。したがって王民制は、組織された、政治的な、あるいは第二次的な集団であって、ヤマト王権＝国家の権力の拡大および階級分化はこの王民制の秩序を媒介としておこなわれる。王民制は同時に、統一体がその権力を拡大するための組織原理であった。王権のもとに結集した中央の首長層につづいて、地方諸国の自律的で独立的な首長層が国造・伴造等々として組織され、それを媒介としてその支配領域内の小共同体、またはそれを構成する戸が「部《べ》」等々として王民制のなかに編成される。「部」や「人《ひと》」等の隷属的な身分でさえもカバネナをもつ点では王民制の一部である。たとえば負名氏の一つ、車持君《くるまもちのきみ》は、伝統的に王室に奉仕する畿内の小首長であるが、この氏が筑紫国に車持部《くるまもちべ》という部民をもつ場合(履中紀、五年十月条)、それはかれの「私民」というよりは、それが「天下《アメノシタ》ノ百姓《オオミタカラ》」といわれているように、カバネナをもつ「王民」なのである。

従来法制史の影響のもとに一般に「有姓階級」と「白丁《はくてい》階級」とを対立させるが、「白丁」は官位をもたない身分であり、有位者集団に対立する身分であって、氏姓の秩序とは制度的にも歴史的にも次元を異にするものである。それはカバネナをもつことが、有勢者であるとする偏見と結びついており、前記の「韓人部」さえカバネナとされていることの特殊な意義を見うしなうものである。したがって王民に対立するものは、第一にカバネナの賜与の対象から除外されている奴婢的身分であり、第二は王権に組織されていない周辺の「夷狄」であり、第三には地方首長層の支配下にあってカバネナをもたない多数のいわゆる「無姓《ムセイ》ノ者」である。王民はこれらの外部に存在する非王民層に対立するところの、統一体によって政治的に形成された第二次的な集団＝擬制的「共同体」を構成する。それは律令制国家における「有位者」集団に対応するものである。王民制においては、「最高の統一体」としての王権は、カバネナの唯一の賜与者として、形式上、王民を代表し、その秩序の形成主体として機能する。階級分化と社会的分業の進展、それによる私的所有の発展も、この王民制を土台とし、それを媒介としておこなわれる。たとえば有名な忌部氏《いんべ》は、祭祀を司る伴造の氏として早くから分化し、紀伊、讃岐、阿波の忌部を部民として支配統属しており、王権または統一体にたいし、木綿《ゆう》・麻布・材木等の貢納、宮殿・社殿の造営等の労役に服していたが〔『古語拾遺』〕、このさい伴造としての忌部連《いんべのむらじ》等と、その配下の部民とは階級的に分化しているので、後者は一般に前者の所有する「私民」とされるが、これは正確ではない。忌部連氏は、伴造として、統一体の内部における王民としての特定の地位を占めるかぎりにおいてのみ、地方の忌部を部民として支配しているのであって、その意味ではかれの「私民」ではない。車持君が、罪によってその部民たる車持部を収公されたのも、部が、「私民」であるまえに王民であったからである。すなわち大伴《おおとも》・物部《もののべ》・忌部をはじめとする伴造制の発展は、統一体内部における分業の発展の結果、多数の伴造や「百八十部」といわれたほどの「伴部《はんぶ》」を分化させ、それぞれの伴造は、右の忌部氏・車持氏に類似した部民を地方に保有するようになるが、それによる分業と私有制の展開が王民制を土台とし、それによって制約されていた。天皇の名代・子代も例外ではない。天皇・皇子・皇妃等の名、あるいは天皇の居住する宮号を付することによって成立する名代・子代の部民も、カバネナによる王民と同一であり、したがってこれらの部民が、王族を構成する個々の家に、「私民」として伝領される場合でも、またそれが天皇・皇太子・皇妃等の特定の地位に付属する部民として伝領される場合にも、それは私有財産または家産制的「私民」として存在するのではなく、統一体に所属する王民の分割保有として存在するのである。この原則は、臣連・伴造と同一であった。だからこそ、大化改新の諸詔がしめすように、大化前代において、王民の「私民」化が進行し、統一体を解体させ、混乱させる現象がおこったとき、それが重要な政治問題として提起されたのである。王民でなく、たんなる「私民」であるならば、それは公的・政治的問題となり得たかさえ疑わしい。

王民制の特徴の要点が右のようなものとすれば(国造制については第四章第二節)、王権に代表される中央の統一体の国制は、それが王権内部の家産制的組織にせよ(内廷)、またはその外部の統一体全体に関係する組織にせよ(外廷)、カバネナを負うことによって王権に奉仕する個々の「氏」の集合体としてあらわれることとなり、したがってそれぞれの氏が、それをささえるトモまたは部を地方諸国に保有するとすれば、それは、統一体内部の王民制的秩序に制約されて、「氏」別の、いわゆる「タテ割リ」的体制として存在する以外にはない。前記の白猪屯倉の田部や河内国の「帰化人」の編戸にみられる身分的・族制的編戸は、かかる王民制の一部として、その進んだ編成の形態として存在したのである。王民制自体が身分的・族制的秩序にほかならなかったからである。前記のように公民制的編戸は、王民制とは原理的に異なったものである。「タテ割リ」とは逆に、人民を居住地において地域的・包括的に把握し、編戸し、それに対応して権力を地域的に重層的に構築する領域国家への道であるから、それは王民制的原理、たとえば伴造・トモ・部の原理からは自然生的に生れてくるものではない。大化改新における前者から後者への転換は、王民制自体の内部矛盾による解体と行きづまりという契機なしにはおこり得ない。

大化改新が当面した課題の一つは右の点にあった。それには二つの問題があった。第一は、カバネナによる王民の秩序が、それが発展し複雑化することによって、ことに氏姓の制による分化が深化した畿内・近国において、秩序としての意味をうしない、混乱してきたことである。前記の(d)詔の「而《シカ》ルニ王ノ名名《ミナミナ》ニ始メテ、臣・連・伴造・国造、其ノ品部《シナジナノトモノオ》ヲ分チテ(この品部はいわゆる品部《しなべ》・雑戸の「品部」ではない)、彼ノ名名《ナナ》ニ別《ワ》ク。復、其ノ民ト品部トヲ以テ、交雑《マジ》リテ国県《クニコオリ》ニ居《ハベ》ラシム。遂ニ父子姓ヲ易《カ》エ、兄弟宗異ニ、夫婦更互ニ名殊ナラシム云々」という有名な文言は、誇張をふくむとしても、王民制の機能の喪失と混乱を明示している。第二は王民制内部での私有制の発展である。別の詔(大化元年九月甲申)の「(前略)臣連等・伴造・国造、各己《オノ》ガ民ヲ置キテ情《ココロ》ノ恣《ホシキママ》ニ駈使ス。(中略)調賦《ミツキ》進《タテマツ》ル時ニ、其ノ臣連・伴造等、先ズ自ラ収斂シテ然ル後ニ分チ進ム」の文言のうち、前段の「己ガ民」は、大伴氏・蘇我氏にたいする大伴部・蘇我部等の部民の類と仮定し、後段の部分も王または統一体にたいして王民が負担する調賦(貢納と賦役)のことであるとすれば、それを管掌する臣連・伴造が、その王民の貢租を私有化し、私民として隷属させてゆく傾向を指摘されているとみるべきである。王民制、すなわち推古朝に定式化された表現にしたがえば、「臣連・伴造・国造・百八十部・公民《おおみたから》」の体制は、それ自体の発展にもとづく右の二つの矛盾によって解体に瀕していたのであって、大化改新は、この面だけでも、新しい公民制の原理に転換しなければならない課題に当面していたはずである(右の推古朝の「公民」は、百八十部＝伴部に統属される部民をふくむ王民の下層を指すと解する。令制の「公民」から推古朝の右の「公民」を類推するのは正しくないだろう)。この体制的矛盾を基本にすえないで、大化前代に個別的におこなわれた身分的・族制的編戸のたんなる拡大、全国化として、公民制的編戸を理解することは、矛盾に満ちた歴史の進行を一個の制度史的系譜関係に還元するものであろう。

大化改新の史的意義の一つが、王民制から公民制にもとづく国家への転換の画期をなすことにもとめる場合、注意すべき点は、雑戸籍と公民籍との関係でのべた原則、すなわち公民的・地域的編戸は、身分的・族制的編戸を包摂しその土台となり得るが、その逆は成立しないという原則である。したがって公民的編戸の発展は、王民制を排除しないばかりか、逆にそれを完成し、体制化さえするのである。はじめて全国的に地域的編戸を確立した天智朝の庚午年籍の「定姓《ていせい》」の機能は、大化前代にカバネナを賜与されなかった、すなわち直接には王民の秩序に組みこまれなかった「無姓」の民にたいして、旧来の統属関係等を基礎とし、新しく部・ヤカラ・人等々のカバネを付与することによって、むしろ王民制を完成したといえる。[7] 大化前代と異なるところは、公民制とそれにもとづく地域的権力＝国家を土台としていることであって、この体制が律令制として発展すればするほど、王民制は副次的な側面としてその重要性をうしなってゆく。しかし改賜姓が、奈良時代末にいたるまでその機能をはたしているように、天皇の地位は、国家機構の最高の機関、すなわち「百官ノ長」に単純に転化し得るものではなく、王民制にもとづく統一体の最高の首長としての天皇の地位と機能は、律令国家においても維持されるのである。国家内的権力としての天皇制と、国家外的権威としてのそれとは、一応区別してかんがえねばならない。天武朝の「八姓《やくさのかばね》」の場合にも、王民制は支配層内部の秩序として独得の役割をはたした。この事実は、日本の王権と中国その他の専制王権との差異を問題にする場合、また律令制におけるイデオロギー的権力としての天皇制を問題にする場合、とくに注目される点であって、王民制が日本に特徴的な体制だけに、初期律令制国家においてさえも、その意義を過小にみるべきではない。

第三節　改新と東国首長層

大化改新も一つの政治改革である以上、少なくとも二つの要素が考慮される必要がある。第一は政策の問題であり、第二は改革を執行する権力の問題である。第一については、基本政策の一つが王民制から公民制への転換であるとすれば、第二の権力の問題は、その内容が人民の把握の仕方に関連するだけに、どの階級がその政策を実現し得る事実上の権力を掌握しているかという問題が決定的な点となる。政策を決定した天皇や群卿・大夫層が、かかる権力をもっていないことはあきらかである。改新期に中央から「東方《アズマノカタ》ノ八道《ヤツノクニ》」といわれた「東国《アズマノクニ》」(すなわち信濃・三河または美濃・尾張以東の、後の東海、東山道諸国)に派遣された八人の「総領《そうりょう》」は(改新のさいの東国「国司」は、正確には『常陸《ひたち》国風土記』にしたがって「総領」とすべきであり、その方が令制の「国司」と区別するためにも便宜である)、中央の政策を在地に指示命令するだけで、それ自体は人民にたいする直接の支配権をもってはいない。前記の校田と民戸一般の調査・登録をおこない、新しい租税と賦役を人民に強制し得る事実上の権力を握っている階級は、国造・伴造として存在する在地首長層以外にはない。東国を再編成しようとする政策の実現は、この階級を把握することが可能かどうかにかかっていたといってよい。改新の経過のなかで特徴的な事実の一つは、国造《くにのみやつこ》が重要な意義をもって登場することである。それは、東国の国司(総領)等にたいして「国造・郡領《コオリノミヤツコ》(正しくは評造)ヲノミ従ワシムルコト得ン」(a)、また「今、朝集使《チョウシュウシ》及ビ諸《モロモロ》ノ国造等に問ウ」(b)、「其ノ四方《ヨモ》ノ諸国ノ国造等ニモ云々」(c)、「今発《タ》テ遣《ツカ》ワス国司《クニノミコトモチ》、并《ナラビ》ニ彼《ソ》ノ国造、以テ奉聞《ウケタマワ》ルベシ」(d)の事例にもみられるように、一方において「群卿・大夫(または臣連)・国造・伴造」という伝統的パターンがまだのこっているにかかわらず、他方では国造が在地における改新の主体として前面にでてきたことはあきらかである。「国造等」が伴造をふくむとしても、両者は今や国造によって代表されるところに、私は特別の意義をみるのである。王民制から公民制へ、また国制の身分的・族制的編成から領域的国家への転換の政策は、改新政府にとっては、その権力の基盤を、国造制におくか、または伴造制におくかという選択の問題として存在したとみるからである。このことは、大化前代の東国における在地首長制と王民制との関係、国造と伴造との関係から説明されなければならない。

東国において典型的にみられる特徴は、国造も伴造も、在地首長制が、王民制のなかに編成されるにさいしてとるところの二つの存在形式にすぎないこと、国造・伴造制の根柢にある実体は、自律的・独立的な在地首長制にほかならないという点である。東国は五世紀には王民制のなかに編成されてゆくが、その最初の形態は、刑部《おさかべ》・藤原部《ふじわらべ》等々の名代・子代の設定であった。それは、養老年間の戸籍に遺制がみられるように、特定地域に集中的に設定されるのが特徴である。かかる名代・子代の部民の設定、およびそこからの収取が可能であったのは、あらかじめそこに在地首長層の領域支配が存在したからである。「諸ノ国造等ニ科《オオ》セテ、衣通郎姫《ソトオシノイラツメ》ノ為ニ、藤原部ヲ定ム」とあるのは（允恭紀、十一年三月条）、その関係を明示している（允恭《いんぎょう》天皇の時代に「国造」があったかどうかは別として）。この場合、首長をふくむ領域自体が名代・子代という王民制のなかに編成されるか、またはその一部の民戸が集団的に部として設定されるのであって、いったんこの関係が成立すると、在地首長層は、中央にたいしては、藤原部直《ふじわらべのあたい》という部を管掌する在地の伴造としてあらわれ、中央の伴造たる藤原部造《ふじわらべのみやつこ》を媒介として、王民という統一体の一部に編成されることとなる[1]。したがって名代・子代―伴造という関係は、自律的な在地首長制の一側面として存在するにすぎない。ここで自律的というのは、第一に在地首長制は、それ独自の支配の体系、すなわちいかにそれが未分化で伝統的な支配にすぎないとはいえ、領域内の人民から剰余労働を収取するために、「強力」の面からイデオロギーの面にいたる独自の支配の体系をもっているということであり、したがって第二に、その支配の体系は、その内部における生産力の発展にもとづく生産関係・階級関係の変化なしには、その基本構造を変化させるものではないということである。在地首長制の王民制への編入自体は、この自律性を変更させるものではなく、それによる中央との交渉または交通が内部の生産関係を変化させるかぎりにおいてのみ、その支配構造を変化させるということである。

たしかに六世紀における在地首長制の王民制への編成は、部民制や屯倉制を通じて、在地の支配形態の変化に大きな影響をおよぼした。われわれはこの「交通」の面の重要性を見うしなってはならないが、逆に部・伴造および屯倉の成立と再生産そのものが自律的な在地首長層の生産関係と階級支配に依存し、後者によって保証されているという基本的関係を忘れてはならないだろう。このことは、この階級のヤマト王権にたいする「服属」の諸形態と、けっして矛盾するものではない。王民制への編成に先行して、またそれと並行して、首長層がヤマトの古墳形式をモデルとして築造した東国の古墳は、それ自体「服属」の一形態ではあるが、他方において、これらの古墳が、形式上、大王等の古墳との身分的格差を示していない事実も忘れてはならない（前方後円墳の前方部の多少の相違を別とすれば）。東国一の発達した古墳群をつくりあげた毛野《けぬ》の首長等が、同時にヤマトの勢力にたいして高度に独立した地方的支配圏をなしていた周知の事実も想起すべきである。古墳の築造は、「服属」の面と同時に、物的・精神的「交通」の面でとらえる必要があろう。首長層が、その領域内に割取された部を管掌する伴造としてあらわれ、地方首長の一族が舎人《とねり》や靫負《ゆげい》として中央に上番するという関係、さらに特定の首長を檜前《ひのくま》舎人・金刺《かなさし》舎人などの舎人をだす家（檜前舎人直・金刺舎人直）として指定し、その舎人に必要な物資を負担する部として檜前舎人部・金刺舎人部等を設定するという進んだ形態も、(2)在地首長制の前記の意義における自律性を否定するものではなく、むしろそれを前提とする体制である。

五・六世紀において顕著な事実の一つは、国造層の叛乱の事実であり、(3)この現象は西国において典型的である。これにたいして東国の首長はより「服属」的であるようにみえるが、このことは在地首長層の「自律」性とは直接関係はしない。自律性は基本的生産関係の問題であるから、叛乱の伝承の有無とは関係はなく、その意味では首長の支配体系全体が名代・子代とされるような東国型または辺境型の方が、より自律的でさえある。ヤマトの統一体と在地首長制との政治的・公的関係を媒介としてはじめて成立する名代・子代的部民および大伴部《おおともべ》・蘇我部《そがべ》等々の部民は、したがって天皇・王族・豪族等の「私民」であるまえに、まず王民なのである。部民に天皇・皇妃の「名」また豪族の「名」を付するのは、カバネナ以外に身分標識をもたないところの王民制と共通の原則であり、そのことから、それを単純に主家の所有する「私民」とするわけにはゆかない。令制下において征服されて「俘囚《ふしゅう》」とされたエミシは、「公民」として編戸される以前に、多くは君子部《きみこべ》というカバネナを付与されて「王民」に編成されるが、かれらが諸官司および参議以上の貴族に分割・班給されて、「賤」とされたのは(続紀、宝亀七年十一月条)、かかる「王民」がヤマトの統一体全体に帰属すべき共同の所有であったことの遺制であり、大化前代のそれも基本的には同一の基礎の上に立っている。王民制という土台の上にはじめて、王族・臣連等の「名」を付した部の分割保有と伝領、および「私民」化も進行するのである。「ヤマト朝廷」による地方首長の「服属」過程または「浸透」過程を、王権や個々の氏族をふくむヤマトの統一体全体の集団的な行動とみないこと、また服属した首長制内部の人民の分配を、右の「俘囚」の場合にみられるような統一体を媒介としないで、ただちに天皇または個々の諸氏族の「私民」化とみること、ここに大化前代の所有形態が正しく分析されない理由の一つがある。「私民」(「私地」も同じ)という超歴史的概念は、大化前代の私有制の独自の性格と存在形態を見うしなわせる結果となろう。

六世紀の東国における屯倉の設置は、在地首長の構造に基本的変化をもたらしたとみるべきであろうか。その典型である伊甚《いじみ》の屯倉および横渟《よこぬ》・橘花《たちばな》・多氷《たひ(?)》・倉樔《くらす(?)》の屯倉の特徴は、それらが令制の郡に相当する広い地域を占め、前者が伊甚国造によって、後者が武蔵国造によって献上されたということである(安閑紀)。これらの屯倉は「大和朝廷の直轄領」といわれ、それが東国に成立したことの意義が説かれる。たしかに屯倉の設置は、「服属」という形を媒介とする中央との新しい交通をもたらし、鉄製農耕具の移入等による構造変化をもたらしたことは、その性質上、大いにあり得ることである。[4] また橘花・多氷・倉樔屯倉にそれぞれ相当する令制の橘樹《たちばな》・多摩《たま》・久良岐《くらき》の三郡、すなわち多摩川・鶴見川の流域地帯の古墳群の形態変化も(5)(前方後円墳から円墳・帆立貝式前方後円墳へ)、屯倉設置と関係があるかもしれない。しかし「直轄領」がいかにして存在し得るかがまず問われねばならぬ。仮にこれらの屯倉にも、吉備の白猪屯倉の場合のように、中央から「田令《たつかい》」が派遣され、田部の丁籍が作成され、あるいは前記の中宮職の屯倉のように、「捉稲使」等の舎人が派遣され、出挙と収納、屯倉の倉庫の管理をおこなったと仮定しても、これらの数人の吏僚が、いかにして屯倉所属の民戸から剰余生産物の収奪をおこない、それを長期にわたって再生産し得たのであろうか。そこに制度があれば、収奪がおのずからおこなわれるとかんがえるのは、制度史家に共通の錯覚である。屯倉も所有の一形態である以上、直接生産者の労働にたいする命令権を前提とし、その権力こそが政治権力をふくむ一切の権力の根柢にあるものである。現在の千葉県夷《い》隅《すみ》郡に相当する前記の伊甚屯倉の場合に、それを献上した国造の直接生産者にたいする首長制的階級支配なしには、いかなる「直轄領」も、その収取を実現し得ないのであって、その国造が献上後に春日部直《かすがべのあたい》としてそれを管掌したとしても、それは形を変えた首長制の存続にすぎない(6)。南武蔵の前記の屯倉において、六世紀にはいっても、古墳自体の築造が継続している事実は、屯倉設置後も、首長の階級関係は存続していることをしめしている。「直接徴収」であろうと、「間接徴収」であろうと、また独自の家産制的徴収組織があろうとなかろうとにかかわりなく、屯倉における剰余生産物の収奪は、屯倉を管領する在地の首長制における階級関係、権力関係に基礎をおいているのである(第四章第一節)。壬申の乱において大海人皇子の軍事的拠点となった美濃国安八磨郡《あはちまのこおり》の「湯沐令《ゆのうながし》」多臣品治《おおのおみほんじ》が、「当郡ノ兵」を差発し得たのは、かれが湯沐令であったからではなく、同郡を支配する在地首長であったからこそ、郡内の湯沐邑を管領してきたのであり、「当郡ノ兵」を差発し得たのであるとかんがえるのである(天武紀、元年六月条)。屯倉を媒介として、ヤマトの権力と関係することは、基本的には、在地首長層の前記の自律性と独立性をうしなわせるものではなく、屯倉＝「直轄領」という側面だけ強調することは、権力関係、階級関係を制度史のなかに解消するものである。

階級関係、権力関係を端的にしめすのは、軍事と裁判である。前者については後述し、後者についていえば、裁判権のあるところ権力ありといってよいほど重要な問題であるにかかわらず、それが正当に評価されてこなかったことには理由がある。名代・子代にせよ、屯倉の田部にせよ一般民戸と同じく独立の経営体である以上、剰余生産物の収取はつねに経済外的強制を必要とし、この強制は、六・七世紀の段階では伝統と呪術的権威ではもはや十分でなく、裁判と刑罰による強制力が階級支配の手段として不可欠である。

其ノ俗、人ヲ殺シ、強盗及ビ姦《カン》スルハ、皆死シ、盗ム者ハ贓《ゾウ》ヲ計リテ物ヲ酬《ムク》イシメ、財無キ者ハ、身ヲ没シテ奴《ヌ》ト為ス。自余ハ軽重モテ、或ハ流シ、或ハ杖《ジョウ》ス。獄訟ヲ訊究《ジンキュウ》スル毎《ゴト》ニ、承引セザル者ハ、木ヲ以テ膝ヲ圧シ、或ハ強弓ヲ張リ、弦ヲ以テ其ノ項《ウナジ》ヲ鋸《キョ》ス。

記紀が伝えず、『隋書』倭国伝がわずかにのこした推古朝の日本の刑罰についてのこの記事は、「民間」のそれを記したものとされる。それが優雅な「大和朝廷」にふさわしくない少々野蛮な「訊究」の仕方だからではない。「大和朝廷」は一般人民の裁判には関与せず、地方首長層が裁判権をもっていたからである。これは来朝した隋使の見聞を基礎にしたものともいわれる。刑罰権が国家の統治にとってもつ意義をよく理解していた中国の官人たちは、『魏志』倭人伝以来、刑罰についての記事をのこすことを忘れなかった。しかし右の『隋書』倭国伝の記事には、耶馬台国についての「其ノ法ヲ犯スヤ、軽キ者ハ、其ノ妻子ヲ没シ、重キ者ハ其ノ門戸及ビ宗族《ソウゾク》ヲ滅ス」という記事のような中国的潤色はなく、即物的・具体的である。ここに記されているような裁判権・刑罰権をその手に把持することなしには、在地首長層は、階級として支配し得ず、長期にわたって剰余生産物を収取できず、それを大和朝廷と分配することも不可能であった。それは支配権力の根幹である。東国国司（総領）にたいし「国司等、国ニ在リテ罪ヲ判《コトワ》ルコトヲ得ズ」と指令し、その禁を犯した国司を罪したのは(a)(b)、改新政府が新しく権力の基盤としようとした在地首長層の伝統的権力の根幹に触れることを回避するためであった。この裁判権の所在について、「若シ憂エ訴ウル人、伴造有ラバ、其ノ伴造、先ズ勘当《カンガ》エテ奏《モウ》セ。尊長《ソンチョウ》有ラバ、其ノ尊長、先ズ勘当エテ奏セ」(a)とされ、伴造も裁判権をもっていたかのようにみえる。伴造が同時に一定領域を支配する在地首長である東国のような場合には、右のことは、当然である。しかしたとえば、美濃国春部《はるべ》里《り》のように、一村落内部に、春部・六人部《むとべ》・土師部《はじべ》等々の多くの部姓《べせい》戸が存在する場合に(7)、在地の裁判権がそれぞれの部民―伴造の系列で別個に構成されていたとは考えられず、在地首長が部の組織と関係なく、領域内の民戸にたいして一律に裁判権を行使したとみなければならない。出雲国大税賑給歴名帳《たいぜいしんごうれきめいちょう》から推定される出雲国の諸村落にみられるさらに複雑な部民の構成をとっている場合には、最高の裁判権を保有する出雲国造とそれに従属する小首長層の領域支配の系列が、裁判権の主体であって(8)、伴造―部民の系列のそれではなかったとみるべきである。伴造・部の体制を、在地首長層の領域的支配からきりはなして、それだけとりあげれば、それがいかに権力として弱体であったかが理解されよう。それは同時に伴造体制が、それだけでは自律的な権力の体系になりがたい理由をしめすものである。裁判権にみられた右の特徴は、軍事面でより明確にあらわれる。推古朝以降、「伴造・国造」と連称されても、伴造が王民制固有の身分的・族制的秩序の特徴的な所産であったのにたいして、国造が王民制に編成された側面は、その実体たる在地首長層の一部にすぎず、したがって伝統的な領域支配の上に立つ後者は王民制に矛盾する可能性をつねにふくんでいた。改新政府が、人民の地域的な編成たる公民制とその上に立つ地域的な政治権力を構築しようとするとき、国造はその権力の基盤たり得ても、在地伴造制はもはや新しい国家体制における副次的・従属的な要素としかなり得なかったのである。改新はこの選択をおこなったのであり、前記の諸詔において国造が前面にでてくる理由もここにあったとみられる。推古朝を最盛期とする伴造制は律令制国家の発展のなかで、王民制とともに没落する。その起点はすでに大化改新にあったとみるものである。

しかし改新は国造から「評《こおり》」制への転換によって、たんに権力の基盤を国造または在地首長層の上に拡大するということ以上のこと、国家の成立史においてもう一つの注目すべき前進をした。それは第一に、国造の領域支配が、制度化され、それによって純粋化されたことである。評制の評督《こおりのかみ》・助督《すけのかみ》の二等官制が天智朝からであり、改新期の評の官人が評造《こおりのみやつこ》のみであるとすれば(9)、評制の成立は国造の支配領域を評とし、国造を評造にかえるということだけであり、名称の変更以上の制度史上の意義はないようにみえる。しかし大化前代の国造または在地首長制のあり方をみれば、そこに重要な転換の一歩があったことが知られよう。典型的には火葦北《ひのあしきた》国造が同時に刑部靫部阿利斯登《おさかべのゆげいありしと》であった例がしめすように、国造は同時に伴造でもあり得たのであって(敏達紀、十二年是歳条)、在地首長層は、王民制の秩序に編成される場合、部民の管掌者としては伴造としてあらわれ、特定領域の支配者としては国造として存在するのである。首長のもつかかる多面的な性格は、国造が評造に転化することによって、人民の地域的編成、改新期の第一次編戸に対応する純粋な領域支配へ転化するのであって、大化前代の国造の実体であったものがここで明確に制度化され、伴造的側面は捨象されてゆく。この後、評の区画は変動することはあっても、それが大宝令による郡制の基礎となる純粋に行政的区画であることは、改新の時から明瞭な特徴であった。

第二に注目すべき点は、国造から評造への移行にともなって、国造の支配領域の分割・統合がおこなわれたことである。(10) すなわち旧国造の支配領域がそのまま評になったのではなく、『常陸国風土記』の所伝によれば、大化五(六四九)年と白雉四(六五三)年に、六つの国造の郡=クニから少なくとも四つの郡(評)が新しく分離創設されていることが知られ、播磨・伊勢においても同様の痕跡がみられる。(11) それは、たとえば常陸国行方郡《なめかた》の場合には、那珂《なか》・茨城《いばらき》両郡の七百戸を割いて新設されるという仕方でおこなわれた。まえに、個々の国造または在地首長の領域支配は、名代・子代の設定、屯倉の設置等の外的契機によっては、本来の自律的で独立的な構造を基本的に変化させるものではないことをのべた。しかるに改新の評制の成立にあたって、右のように、民戸が機械的に分割・統合されるということは、いかにして可能であったかという問題がおこる。これをヤマト国家の権力が地方にたいしてもっている権力の強さに帰することは、権力ですべてを説明する仕方であり、また改新期の実状からいっても事実ではない。それを説明するためには、首長制支配の内部に、その構造を変化させるだけの要因がなかったかどうかをかんがえねばならぬ。それには、六世紀前半から開始され、六世紀後半以後、「爆発的に」増大する群集墳の問題が、一つのかなめとなるが、この問題は、第四章で言及するので、ここではつぎの第三の特徴に関連させて、本稿の考え方だけをのべておきたい。

国造から評制への移行の第三の特徴は、新しい評の評造に、国造でないものも補任されている事実である。常陸国の場合、信太《しだ》郡の物部河内《もののべのかわち》・物部会津《あいづ》等、香島《かしま》郡の中臣《なかとみの》(鎌《かま》)子《こ》・中臣部兎子《なかとみべのうのこ》等、石城《いわき》郡の造部志許赤《みやことべのしこあか》等がそれである。このうち部姓の者は、いわゆる部民の系譜を引くものが上昇したのではなく、東国に多くみられる「部姓《べせい》郡司」

と同じく、本来在地の首長の階層に属するものである。(12) したがって右の事実は、国造とは異姓で、しかも評造になり得るだけの力量をもった首長層が、国造の領域内に台頭してきたことをしめしている。それは在地首長層内部での階層分化が進行した結果とみられ、前記の群集墳の増大と関連するものである。東国国司への詔(b)で、「集侍《ウゴナワリハベ》ル群卿《マエツキミ》・大夫《タチ》及ビ臣・連・国造・伴造、幷テ諸《モロモロ》ノ百姓等《オオミタカラドモ》」とある「諸ノ百姓」は、かかる非国造的首長層の台頭を念頭においているのではないか。これは首長層の歴史のなかで重大な変化である。また常陸とちがって、武蔵《むさし》や相模《さがみ》のように、令制の国に対応する広い地域に一つの国造しかない場合、常陸と同じく後の郡に対応する規模の評がおかれたとすれば、新しい評造のほとんどは従来の国造とは別個のものが補任されたことになる。この場合には、常陸と比較にならないほど多数の非国造的首長が新しく評造として誕生し、国家の体制内に編成されたこととなろう(この型の国造が全国的に、意外に数が多く、(13) 武蔵でみられることは出雲でも播磨でもおこったであろう)(第四章第二節3)。

私は右の二つの事実のなかに、なぜ改新政府の政策が、在地に貫徹し得たかの理由の一つをみるのである。在地首長層内にそれを受けいれるだけの客観的条件が存在したのである。首長層は相互に孤立して支配するのではなく、ことに武蔵の場合のように、令制の国に対応する領域に一国造がおかれている場合には、それを首班とする群小首長層の同族関係を一つの紐帯とする結合体が成立しており、武蔵国造の地位を争った笠原《かさはらの》直《あたい》一族の所伝がしめすように（安閑紀、元年閏十二月是月条）、結合体内部の紛争や戦争による勢力の交替とともに、前記の異姓の首長層の台頭による歴史的変動を過去にもっていたと推測される。なんらかの統属関係と内部矛盾をもつ首長層のかかる結合体の存在こそ、毛野の独立性の背後にあるものであり、それは在地首長層のなかからたえず再生産される構造であったはずである。改新政府による評制にもとづく首長層の支配領域の分割・統合の政策は、旧国造一般を権力の基盤にしたのではない。国別におかれた武蔵のような国造の場合には、それを解体して多数の評に分割し、旧国造の統属下にあった群小首長層を評造とし、それと異なる形態の常陸の場合には、旧国造の領域を分割・統合して評を新設し、そこに新しく台頭してきた首長層を補任するという手段をとったのであって、それは東国の首長層の形成している旧秩序を解体にみちびく積極的な対策であったとしなければならない。それは東国における権力の基盤を、旧国造層・伴造層よりもはるかに広い群小首長層の上に拡大することであった。改新政府は、王民制においで在地首長層がしめていた国造・伴造等々の多様な伝統的・名目的な地位とはかかわりなく、直接生産者を支配し、そこから剰余労働を収取し得る現実の権力を掌握している階級に、新しい権力の拠点を拡大しようとしているのである。

さきに引用した(a)は、「国造・伴造・県稲置ニ非ズシテ」、しかも自分の祖先の時代から、「此ノ官家《ミヤケ》ヲ領リ、是ノ郡県《コオリ》ヲ治ム」と「詐《イツワ》リ」主張している分子が東国にいることを語っている。この「国造・伴造・県稲置」という旧王民制のなかの正当な地位を占めず、しかもその支配領域を主張する階層こそ、前記の新しく登場してきた群小首長層ではないか。しかもその詔は、「審《ツブサ》ニ実状」を報告することをもとめている。王民制から公民制への原理的な転換は、同時にそれを担うところの新しい階層の登場を前提としている。私は旧国造から評造への移行というさいに、この新しい側面こそ注意さるべきであるとおもう。かかる改新政府の政策にたいする在地の反響は、ほぼ期待された通りであったとみてよい。常陸国の香島・信太・行方等の諸郡の新設が、国造のみならず、非国造の首長等の総領にたいする「請申《こいもうし》」によっておこなわれたという在地側の積極性は、改新政府の政策にたいする首長層の反応として興味深い。またそれは政策的におこなわれた形跡がみられる。一つは、派遣した総領たちの治績にたいする国造の批判や非難を積極的にとりあげていることであり(b)、一つは、前記の堤防・溝渠《こうきょ》の築造、開墾と営田を促進する勧農の詔にみられるように、六世紀以降の急速に発展しつつある在地首長層の生産力を、国家が援助する政策をとっていることである。このような条件においてのみ、校田や民戸の調査・登録という新しい施策が、東国だけでなく、全国の在地首長層自身の階級的利害とむすびつく事業となり得たとしなければならぬ。これを「ヤマト朝廷」の権力の地方への「浸透」過程という側面からのみとらえる伝統的思考方法は、改新を(または政治過程一般を)、諸階級の総体的運動としてとらえないことからくる弱点をあらわにし、「国家」の成立の問題を、階級間の諸矛盾のなかからではなく、中央権力による個々の制度の創設の問題に転化することとなる。

大化改新における東国首長層との関係を、ほぼ以上のように考えているので、私には「国造・村首ノ所有《タモテ》ル部曲ノ民、処々ノ田荘」の停廃・収公の規定をふくむ改新詔第一条が、その点からも疑われるのである。一般的校田と編戸、新税制の施行という一切の改新の施策は、自律的な首長層の在地における権力に依存してはじめて可能だったのであり、そのことが明瞭に認識されていたからこそ、改新政府は、首長層の権力の中核をなす裁判権または刑罰権に介入することを禁止するという慎重な配慮をしめし、首長の人格的支配の典型的形態である徭役労働賦課権についても、旧来の仕丁制の制度的変更以外に手をふれることをしなかったのである。それらはいずれも在地首長層の基本的な階級利害にふれる問題である。新しい類型の国家の樹立を意図した改新政策の第一義的課題が、中央の臣・連層のみでなく、地方の首長層をも新権力の周囲に結集し、そこに権力の基盤を拡大することによってのみはたされ得ることを認識していた改新政府は、政変前にあらかじめ決定してあった計画にもとづいて、右のような周到な政策をとったのである。しかも他方において、同じ政権が、在地首長層の経済的土台をなすところの部曲や田荘を、一片の法令によって停廃・収公しようとする施策、すなわち裁判権の収公よりもはるかに困難な施策を、あえて敢行しようとしたと考え得るであろうか。史料批判の問題は否応なしに改新の総体的評価とむすびつかざるを得ないのである。このさい、第一節でのべた皇太子奏の記事のなかで、天皇の諮問事項のなかには、改新詔第一条原詔説からいえば当然ふくまるべき「部曲ノ民、処々ノ田荘」が欠けていることは、私にとっては意味深く自然にみえるのである。

第四節　改新政権の軍事的性格

東国で開始され、やがて全国におよぼされた改新の右の政策の根本にある動因は何かという問題が、つぎに提起される。一般に唐制にもとづくところの王権を軸とした中央集権的国家の樹立が改新の設定した課題であり理念であって、大化改新、天智朝、天武・持統朝と浄御原令の施行および大宝律令の制定・施行という律令制国家の前史をなす諸段階は、その課題が解決され、理念が現実に転化されてゆく諸段階とされる。しかしいうまでもなく理念と課題自体が歴史の所産である。この前史の時期においては内乱・謀叛および対外戦争があり、したがって律令制国家の樹立は曲折と迂路をともなう約半世紀の時間を必要としたにかかわらず、一貫して同一の理念と課題が追求された事実は、そうしなければならない基本の動因が基礎にあったとしなければならない。理念が現実に転化されてゆくのではなく、現実と歴史が、この時代の支配階級に固有なアクチュアルな矛盾が、理念を生みだし、再生産し、それを堅持せしめたのである。国家という機構は、つねにそれ自体が目的となることはなく、何かを解決するための手段であり、媒介であったからである。そのことをあきらかにするためには、律令制国家の前史を形成する前記の諸段階のそれぞれについての歴史的分析が必要となろう。ここでは、さしあたり大化改新が問題である。

改新政府の政策の特徴の一つとして注目される事実は、その軍事的関心の強さである。前記のように、改新詔の第二条以下の諸規定、とくにいわゆる凡条については、書紀編者による令文の転載またはそれによる潤色が指摘されるが、そのなかでそれに該当しない若干の規定は少なくとも改新期の原詔にもとづいた可能性のある史料であり、そのうち第一次史料によって確認される事項は原詔(「改新詔」の原詔という意味ではない)によるものとしなければならない。前者に属するものに、第二条の畿内の規定、第四条の官馬・調・仕丁の規定等があり、後者すなわち第一次史料によって確認されるものに第四条の兵器の規定がある。しかし「凡ソ兵《ツワモノ》ハ、人身ゴトニ、刀《タチ》・甲《ヨロイ》・弓《ユミ》・矢《ヤ》・幡《ハタ》・鼓《ツヅミ》ヲ輸《イタ》セ」という改新詔の規定は、この条自身に原詔があったのではなく、(a)の「又、閑曠《イタズラ》ナル所ニ、兵庫ヲ起造シテ、国郡ノ刀・甲・弓・矢ヲ収メ聚《アツ》メ、辺国ノ近ク蝦夷《エミシ》ト境接スル処ニハ、尽《コトゴトク》ニ其ノ兵ヲ数エ集メテ、猶本主《モトノアルジ》ニ仮授《カジュ》スベシ」を基礎にした編者の取意文ではなかろうかと推定される。前者の「輸セ」は兵器を国家に輸すの意としても、その意味は後者の詔によってはじめて具体的に知り得ること、また前者の「人身ゴトニ」輸すべき兵器のなかに、「刀・甲・弓・矢」のほかに「幡・鼓」までふくめられているのは、疑問とすべきだからである。(a)の方に幡と鼓が欠けているのは、理由があるのであって、それらが軍隊の指揮に関係ある特殊な道具であり、一般の百姓がすべてもち得るものではなく、したがって「人身ゴトニ」輸すべき兵器ではないのである。後に軍防令が、兵士の「自備」すべき兵器にそれらをふくませていないのもそのためである(備戎具条)。したがって(a)の規定が正確であって、改新詔の方は、おそらく天武十四(六八五)年十一月の詔および軍防令私家《しけ》鼓鉦《こしょう》条にみられる「鼓」と「幡」を私家に置くべきでないという規定を念頭において潤色したものとみられる。右の理由から、改新詔は除外し、(a)と大化二年正月是月条の関連記事を基礎にして考えた場合、諸国郡に「兵庫」を設置して、一般人民から収公した刀・甲・弓・矢等の兵器をそこに収納した事実は、注目すべき施策としなければならぬ。それは東国国司派遣と同時に実施され、(b)のかれらの行状をあげた詔にもそれに関連した記事があるから、兵器収公・兵庫設置は、改新政府がその権力奪取の当初から重要な課題の一つとみなしたものであった。しかも大化元年九月条の分注所引の或本によれば、使者を諸国に派して兵器を集めしめたのは、同年の六月、すなわち改新の政変があった月から開始されたのであって、これも、この施策が政変前からの諸計画の一つであったことをしめしている。これが改新政府の軍事的関心の強さをしめす第一の事実である。

第二は第四条の「官馬」の規定、すなわち中馬を一百戸毎に一匹、細馬を二百戸に一匹、馬を買う直《あたい》は戸別に布一丈二尺という規定である。この官馬が軍事と関係することは、古墳時代における馬の軍事的用途からも、またこの規定のモデルとなったと推定されている北魏や隋の制度からも推測されることで、ことに後者の制が隋の煬帝《ようだい》の高句麗征討の役にさいしての施策であることは注目しなければならない(1)。官私馬牛の盗についての養老賊盗律《ぞくとうりつ》の規定において、馬牛が「軍国」の必要とするところであって、余畜と異なるとされていることも想起すべきである(盗官私馬牛条疏)。改新の官馬の規定も軍事と関係し、なんらかの形での戦争の可能性を予想してのことだともみられるのである。(b)の史料は、官馬に関連するとみられる馬匹の徴発が、東国に派遣された総領たちによって強行的におこなわれたことをしめしている。そこでは、東国の在地首長層やその支配下にある田部や湯部《ゆべ》から、弓や布とともに、馬を徴発した記事が多くみられ、「草代《クサシロ》ノ物」が牧草だとすれば、その徴発も官馬と関係しよう。私は、兵器の収公、兵庫の設置、官馬徴発の規定は、不可分のものとして、改新政府の軍事的施策の一つをなしているものとかんがえる。

　第三は、改新の史料とは関係がないが、いわゆる国造軍《こくぞうぐん》の問題がある[2]。令制下の防人《さきもり》の制度に遺制がみられる国造軍の特徴の一つは、その内部編成が制度化されていること、すなわち国造丁《こくぞうのちょう》（国造）—助丁《じょちょう》—主帳丁《しゅちょうのちょう》—火長《かちょう》—上丁《じょうちょう》（防人すなわち一般兵士）という序列が国造軍の編成として制度化されていることである。細部の問題を別として、かかる軍隊編成の制度化の方向が、いつの時期に確立したかが問題である。一般的情況から推して大化前代の国造軍にそれをもとめることが困難だとすれば、それは大化改新かまたは天武朝のいずれかでなければならないが、後者についてはつぎの難点がある。第一に天智朝末期に国造の評制への編成替えが完了しており、かつ天武朝初期にいわゆる「新国造」または「令制国造」への転換があって、国造は一国の神祇だけを司る地方官になったとすれば、この時期に国造を主体とした軍隊の制度化を考えることは困難であり、第二に、天武朝から持統初年の軍制は、浄御原令によって確立される令制の軍団組織への傾斜をしめしているので、国造軍の内部編成の制度化をここにもとめることはむずかしいからである。そうとすればのこるのは、大化改新か天智朝であるが、前者におくことの難点は、前記のように評制が二等官制さえとっていないこの時期に、国造軍だけがかかる編成を制度化することがあり得たかどうかという疑問がのこることである。しかし指揮権と序列編成が軍隊の生命であることを想起すれば、国造軍のそれが官僚制に先行することもあり得る点を考慮しておかねばならず(近代の絶対主義国家の成立において、官僚制的秩序がまず軍隊内部で形成されることも想起される)、したがって私は国造軍の前記の内部編成の基本的方向は、大化改新においてすえられたとみるのである。

このように考えれば、大化改新は、国造軍の歴史または古代の軍制史一般において一つの画期をなしたのであって、その特徴は第一に国造軍を国家体制の一部として編成したことである。このさい伴造ではなく、国造であることが注意される必要がある。国造軍は六世紀から成立するが、伴造軍《ばんぞうぐん》というものがほとんどみえないのは、裁判権についてのべたように、伴造・トモ・部という系列の身分的・族制的な統属関係は、それが一個の強力装置となりがたい特徴をもっていたからであり、それは軍役すなわち徭役賦課権をもつ領域支配の上に立っていなかった事実と関連している。在地の伴造が軍隊を編成し得るのは、かれが伴造であるからではなくして、領域的支配に立つ在地首長層が伴造を兼ねている場合であろう。最大の伴造の一つであり、全国的に部民をもっていたとされる物部氏の滅亡の経過は、伴造制が軍事的にいかに弱体であるかをしめし、同じく最大の軍事的伴造の一つである大伴氏の軍事力は、天皇の内廷に属するいわゆる親衛軍としてのそれであって、名門ではあっても、国家の軍隊の編成原理とはなりがたい性格のものであった。大化改新の国造軍再編の意義は、かかる弱体な伴造軍と訣別して、国造軍の強化、体制化に転換したことである。第二は、前記のような国造軍の内部編成の制度化が、第四章で言及する大化前代の国造軍を、軍隊として質的に改めたであろうこと、とくに慣行による雑多な編成をもっていたとみられる大化前代の国造軍が、制度化によって、比較的均質な軍隊となり、多くの国造軍をより上級の軍編成の一部となし得る可能性が生れたことである。かかる国造軍の再編成は、前記の第一・第二と密接に関連するものであり、緊急ではあるが、大化の政変以後の一時的措置とみられやすい第一・第二の施策が、実は軍制上の改革と結びついた恒久的な施策の一部であったことが知られよう。事実、それらは天武朝にひきつがれているのである(第三章第二節)。

第四に、改新期の東国では、令制の「国」はまだ成立しておらず、(3) したがって統治体系は、総領のもとに国造と評が並存していたとみなすべきであるから、国造が軍事的に編成されることは、総領《そうりょう》―国造の体制が、軍事的な性格を一側面としてもつことを意味する。あらためて「総領」なる官職名のもつ意味が問題となるのである。天武・持統朝の総領は大宰《だざい》とほぼ同一の官職であるが(4)、それはたんなる地方行政官ではなく、朝鮮駐在の唐の将軍が、筑紫大宰を「都督府《ととくふ》」と称したように、一個の軍政官であり、その支配領域内の兵馬差発権をもち、総領の所在地は同時に兵庫をもつ軍事基地であった(第三章第二節)。それは令制の若干の「国」を管領する官職であるが、改新にさいして「東方ノ八道」に派遣された八人の総領も、それぞれ「八道」のうちの一つ、つまり後の令制の若干の「国」から成る地域ブロックを管領した点で、右の総領または大宰と同一の型に属する。したがって、推古朝には成立していた筑紫大宰と天武・持統朝の総領または大宰との中間に、改新の東国総領が位置づけられるのであるが、推古朝の筑紫大宰が、たんに外交事務をとりあつかう行政官なのでなく、伝統的に海外出兵または防衛のための基地としての筑紫を管領する軍政官であったことはいうまでもない。したがって、改新のさいの東国の総領に軍事指揮官的性格を想定するのは、その前後の総領制の系譜からかんがえてむしろ当然のことであって、このことはまた前記の新しく改編された統属下の国造軍と対応するのである。したがって総領―国造の体系には、行政的側面と軍事的側面が未分化の形で統合されているとみなければならない。このことは、日本の令制下の軍制を特徴づける二つの事実と関係している。第一は、令制の国司が軍政または軍事に関係する仕方が唐の場合と異なることである。(5) 兵士二十人以上を差発するために奏聞を経て契勅《けいちょく》を下す場合の兵部省《ひょうぶしょう》—太政官—国司の系列の関与は(職員令、兵部省条義解)、日本の太政官組織の特殊性と関係するが(第三章第三節)、それと対応して、国司が衛《え》士《じ》・防人の編成を管掌し、そこに軍制と地方行政機構との間に、唐制のような厳格な分離が存在しないのが特徴である。唐の折衝府《せっしょうふ》が州刺史《しし》または県令の統轄下になく、中央衛府《えふ》の指揮下にあったのにたいし、日本の軍団の場合は、それとは異なって国司の命令系統に属するという独自性は、令制の国司の前身が、総領—国造軍の体制のなかで総領の軍事的権能を継承しながら成立したことと関連する(壬申の乱において「国司」のはたした軍事的機能を想起せよ)。その総領が筑紫大宰—大宰府をのぞき、大宝令によって確立された国司制のなかに最終的に解消したとき、かつての総領の軍事指揮権も後者のなかに継承されたものとみられるのである。第二は、令制軍団の大毅《だいき》・少毅《しょうき》と在地首長層との制度上および事実上の密接な関係である。これは令制軍団の成立が、国造軍と関連しておこなわれたことと無関係ではない。郡制と軍団組織において在地首長層のもつ特別の意義は、律令制の日本的在り方と深くつながっており、中央の国家機構が類型としては中国型の専制的国家の構造をしめしながら、いちじるしく貴族制的・門閥的性格をもっている特徴と対応するものである。

第五に、総領―国造軍とならぶ総領―評制の系列である。大化にはじまる「評」が朝鮮の制度に起源をもつこと、それが新羅の「喙評《たくひょう》」(6)、高句麗の「内評《ないひょう》・外評《がいひょう》」(7)、百済の「評《ひょう》」の存在ときりはなしては考えられないことはあきらかである。(8)朝鮮の「評」の特徴は、三国の国制全体と同じく、軍事と行政との不可分の統一体であるところにあり、この軍事的側面も、大化の「評」に継承された特徴であったとみなければならない。(9)そこから、改新にさいして、すべての国造が評制に移行したのではなく、なぜそれが特定の国造に限定されたかという問題、すなわち「評」のもつ独自の意義は何かという問題が提起されることとなり、これを「評」自体の軍事的性質からみて、たとえば多珂《たか》国造と石城《いわき》評造の並存を、後者が蝦夷により接近しているという観点からとらえることも可能である。(10)私は「評」が辺境に限定されていないことからみて、前記の収公した武器を収納する「兵庫」の設置との関係を想定したい。いいかえれば、大宰と兵庫との関係と同じく、「評」とは改新にさいして諸国に設置された「兵庫」を中心とする軍事的拠点として出発したのではなかろうか。しかし「評」自体は一つの行政的区画であるから、そこに国造軍と異質の兵団が組織されたとは考えられず、国造の特定のものが、それに指定されただけであろう。基本は国造軍なのである。独自の軍団的体制として分化していない若干の国造軍が、かかる軍事拠点＝評を中心として結合し、総領の管轄下にあるという体制を想定するのであり、かかる軍事体制が、新羅や百済のそれと、基本において類似していることも注意されなければならない。したがって総領—国造軍および総領—評の体制は、前記の兵器・官馬の問題と不可分の関係にあったとみるのである。

最後に畿内の制である。第一に、改新詔第二条に規定された畿内制、すなわち王都を中心として東は名墾《なばり》の横河、南は紀伊の兄山《せのやま》、西は赤石《あかし》の櫛淵《くしぶち》、北は近江の合坂《おうさか》山以内を範囲とする領域を畿内とする制度は、原史料にもとづく規定とみなすべきである。これを天武朝以降の制にもとづく述作とみなす見解はとらない。天武朝に畿内が特別の政治的・軍事的重要性をもったことは事実であるが、そのことは改新詔の畿内制が大化改新のさいに設定されたことを疑う理由とはならず、改新もまたそれ独自の事情にもとづいて畿内を設定すべき理由があったとかんがえるからである。第二に、改新の畿内制は、中国の畿内制ではなく、朝鮮のそれをモデルとしたものとかんがえる。評制が端的にしめしているように、この時期の領域の区分は、唐制との関連を考えるまえに、まず朝鮮の制度との関連を問題にすべきで、その関連がないと判断された場合に、中国との関係を問題にすべきであろう。三国のうち、改新のモデルとなった可能性が多いとみられるのは百済の制である。泗沘《しひ》遷都後(五三八年以降)の、いわゆる「五方五部《ごほうごぶ》」の制度は、つぎの三分割方式をとっている。(イ)王都周辺の地域は、『隋書』において「畿内」とよばれ、『周書』において「都下」とよばれた区域であって、いわゆる五部によって構成され、政治的・軍事的に特別の体制をもつ区域として区別される。(ロ)畿外の地方は「方《ほう》」に分割され、五方があって、それぞれ方領《ほうりょう》・方佐《ほうさ》がおかれる。(ハ)五方にはそれぞれの統属下に、郡《ぐん》がおかれ、一方に十郡が属する(『隋書』百済伝)。以上のうちまず、全国を「畿内」と「方」に分割する方式が、改新のモデルとなったとみられる。(c)の史料にみられる「畿内」と「四方諸国」との対比、または「畿内」と「四方諸国ノ国造等」という対比のさせ方が、百済の(イ)と(ロ)の方式と基本的に同じである。この「四方諸国」も、(ロ)の「五方」をモデルとして修正したものではあるまいか。百済の五方五部の制が五行思想の反映とみられるのにたいし、大化の四方は、前記の改新詔の畿内制がしめすように、王都から東・西・南・北の交通路による「四方」であるが、畿外地方を大きく「方」に分割する方式は同一である。この場合の「方」は、地方の「方」であり、領域的区画の意味である。[11]「四方」の一つが、(c)の「東方ノ八道」にみられるが、これに対応する西・南・北の「方」の制度があったかどうかは、史料上は不明である。

かかる畿内の制は、高句麗と新羅にも共通であり、前者の内評と外評、後者の六啄評のおかれた王都周辺地域と五十二の邑勒《ゆうろく》のおかれた地域との区別がそれに当る。三国に共通する特徴は、中国の制の模倣というよりは、軍事的にかかる区別が必要だったからであり、百済の場合に畿内と五方の組織は、軍事的編成そのものといってよい。私は大化の畿内制の成立も、かかる軍事的側面をぬきにしてはかんがえられない制度であるとかんがえる。畿内の特別の軍事的重要性が認識されてその武装化が企てられ、それ自身軍事と切りはなせない「道」制の成立と対応した新しい領域観念としての畿内が確立されるのは、天武朝であるけれども(第三章第二節)、しかしその基本的性格は大化においてもすでに存在していたとみるべきである。異なる点は、後者が、「国」を単位とする「道」制にまでには到達しない「四方国《よものくに》」に対応する「畿内」であること、したがって改新詔にみられる畿内の四地点にみられるように、大化の畿内は、「四方諸国」から王都に通ずる基幹交通路上の境界点によって限られる方法をとっていることである。(12) 四地点が交通上の要衝にあたることは、畿内の軍事的性格に対応することはいうまでもない。したがって畿内を設定することは、それに対応する「四方諸国」の軍事体制と結びつかざるを得ないのであって、大化の総領制はそれにあたるとみるのである。五方のそれぞれに「方領」をおいた百済の制と規模や構成その他は異なるが、畿外地方を「方」に分割して、それぞれに方領または総領を配置する構想は共通している。(ハ)の郡または県には、それぞれ「城主《じょうしゅ》」がおかれ、方領に統轄される方式が百済の制であるが、この(ハ)の段階に対応するのが、総領に統轄される大化の国造と評、とくに後者であろう。いうまでもなく、個々の制度は、一々比較するまでもなく、共通点より相違点をあげることが容易なほど異なっているけれども、右の三分割という基本構想には両者共通するものがみられ、もし百済の制をモデルとしたとすれば、右の基本的な点であろう。したがって、大化の畿内制は、それだけとりだし論議することはそれほど重要ではなく、むしろそれは国造・評制をふくむ全体制の一部としてのみ理解し得るものとかんがえる。そのさい以上の六項目の検討がしめすように、改新の諸制度の軍事的側面が正当に評価さるべきであって、この側面こそ改新の歴史的動因の問題とつながり、また成立期において、国家のもっとも基本的属性たる「強力」と軍事のはたす役割ともつながるのである。

大化改新の段階の特徴は、国家の軍事的側面がまだ機構的にも独立の体制として分化せず、政策としても軍事と行政は不可分の関係にあった点にある。改新において発足する前記の第一次編戸という行政面での政策も、新しい軍事的体制をつくり上げようとする以上の政策と不可分の関係にあったとみるべきである。この場合も唐制よりは、朝鮮の国制がまず注目すべきであろう。人民の地域的編成の原理にもとづく領域的国家体制は、改新前すでに朝鮮の三国において制度的に確立されていたからである。高句麗討滅後の措置として、唐がとった直接統治の方式と諸機関が、旧高句麗の国制の原理的な変更をともなうことなくおこなわれたのはそのためである。唐は、五部に分れ、百七十六城・六十九万七千戸から成っていた高句麗の旧国制を変更して、九都督府・四十二州・一百県に再編成し、安東都護府《あんとうとごふ》を置いてそれを統轄せしめたが（『旧唐書』高麗伝）、これは表面は重要な変更のようにみえながら、高句麗はすでに「戸六十九万七千」、すなわち同国の全戸数を地域的に把握し編成していたのであるから、原理的な変更はそこにはなく、ただ上部機関だけを中国式に変更すればよかったのである。百済の滅亡後、唐は、五部が三十七郡・二百城・七十六万戸を統轄していた旧国制を再編して、五都督府を置き、州県を統轄する体制に変更したが（『旧唐書』百済伝）、この場合も、旧制における「戸七十六万」の把握とその地域的編成が前提となっていたことはいうまでもない。したがって唐は「戸口ヲ修録シ、（中略）村落ヲ整理」するなどのより進んだ方式をとれば、唐制にもとづく直接統治はただちに可能となったのである（『旧唐書』劉仁軌伝）。高句麗・百済の両国制に共通にみられるこの特徴は、三国間の、また隋・唐にたいする不断の戦争状態によって必要とされたもので、日本の場合には、前記のような身分的・族制的編戸は若干の発展をみせても、領域内の民戸を、身分や族制とかかわりなく、居住地において把握する体制は、局部的にしか存在しなかったのである。それはこの戦争と内乱の周期にたいする日本のかかわりあい方の、地理的条件をふくむ特殊性にもとづくだけではなく、六世紀以降の日本の国制とその政策が、主として「タテ割リ」的な王民制に依存して展開されたこと、それだけにかえってその体制の内的矛盾が、前記のように十分に展開するまでは、政策としての原理的転換が困難であったという事情が推定される。大化改新はかかる転換期の所産であった。それは王民制という迂路を経て、右の高句麗・百済の水準に到達しようという転換であり、「民ノ元数ヲ録ス」ための第一次編戸がそれであった。それは、公民制という理念を確立するための一施策としてとられたものではなく、それを実現しなければ、日本の支配階級が、軍事的にも政治的にも、中国は勿論、高句麗・新羅・百済の国制の国際的水準に立ちおくれてしまうというきわめてアクチュアルな課題とむすびついていたとおもう。端的には、六世紀以降における海外出兵の完全な行き詰まりにそれがあらわれており、それはこの時代の国制に固有な矛盾によって規定される構造的な弱体さの帰結であり、日本の支配階級が、「組織された強力」としての国家を完成された形でまだもっていないことの表現であった。大化改新を理念のための改革とし、その指導者たちを理想家めいた政治家に仕上げたのは、後代の史家のなせるわざである。

第五節　権力構造について

蘇我本宗の討滅によって成立した改新政権は、一見矛盾する二つの課題を解決しなければならなかった。第一はこの段階での支配層すなわち群卿・大夫層が、国際的・国内的におかれていた情況から要請されるところの支配権力の集中の問題であり、第二は支配層全体を結集する新しい方式または体制をつくりだすことであった。第一の課題は、皇太子中大兄《なかのおおえ》皇子を中心とする権力の中核をつくり、そこに事実上の一切の権力を集中することによって解決された。名目的な権威としての孝徳《こうとく》(または斉明《さいめい》)天皇のもとに、皇太子が集中的権力を掌握する体制は、型とすれば基本的には推古朝型であり、改新と同時期におこなわれた新羅型と同じである(第一章第二節)。しかし推古朝の皇太子による万機総摂は、形式を別とすれば、皇太子と蘇我馬子《そがのうまこ》との共同執政であり、大臣馬子は過去の大臣《おおおみ》・大連《おおむらじ》制の遺制として、形式的にも実質的にも群卿・大夫層内の首席の地位にあった。したがって太子への権力集中は不十分であったが、他方において太子の万機総摂は名目的で馬子の独裁かといえば、外交問題その他で太子独自のものがあって、いずれにしても権力集中の形は妥協的であり、単一ではなかった。それにたいして改新後、皇太子中大兄に集中された権力は、単一で、専制的である。大化元(六四五)年の古人大兄《ふるひとのおおえ》皇子の叛、大化五年の蘇我石川麻呂《いしかわのまろ》の叛にたいする仮借のない弾圧は、後の有間《ありま》皇子の場合と同じように、その権力が強力的に維持された専制的権力であったことをしめしている。推古朝との第二の相違は、皇太子の一人格に代表され集中された権力核が、独自の組織をもつにいたったことである。政変の直後に、左・右大臣とともに任命された中臣鎌足《なかとみのかまたり》の「内臣《うちつおみ》」と、僧旻《みん》と高向玄理《たかむくのくろまろ》が任命された「国博士《くにはかせ》」とがそれである。内臣と国博士は、国家の公的官職であるにかかわらず、それぞれの独自の権能が明瞭でないのが特徴で、前者は帷幄《いあく》の臣であり、寵幸《ちょうこう》の臣であろうと推定され、後者は国政の諮問機関または政策立案機関であろうと推定されているだけである。この不明確な性格は、令制の公的官職の観念からすれば、両者とも皇太子の私的な組織にすぎないことをしめすものであるが、しかし改新の特徴は、性格上私的な両者が公的に任命されたこと、専制的権力の中核が公法上の存在として登場し、承認されたところにあるのである。また国博士が、諮問機関であるにせよ、ないにせよ、それをなんらかの「機関」というのは正しくないだろう。むしろ内臣も国博士も皇太子と人格的臣従関係によってむすびついているところに特色があるのであって、実質的にも形式的にも「機関」ではない。それは皇太子という人格に集中された権力の構成要素にすぎない。

この専制的権力核は、律令制国家を樹立した天武・持統両天皇の権力の先駆形態をなすものであり、したがって国家権力のもっとも基本的な属性たる軍事指揮権と外交権を最小限の内容としていたと推定される。前者については、後に皇太子が長津宮《ながつのみや》において

「水表《すいひょう》〔海外〕ノ軍政ヲ聴」いた事実に明確に表現されており(天智即位前紀)、後者については国博士の一人高向玄理が遣新羅使および遣唐使として、新羅の金春秋に対抗し得る外交上の活動をしている事実をみのがすべきではない。玄理は、この場合、皇太子の権力核に固有な外交権を行使しているにすぎない。かかる機能をもつ権力形態をつくりあげることが、大化の政変をひきおこした目的の一つであった。したがって、それは客観的には高句麗型の専制、すなわち宰臣による独裁を志向した皇極朝における蘇我氏の権力の継承であった。ただ蘇我氏の方式では、群卿・大夫層から孤立し、権力の集中が不可能であったからこそ、新しい形がとられただけであって、権力の集中自体が否定されたのではない。この時代の支配層がおかれた国際的・国内的条件そのものがかかる権力形態を要求したからである。

第二に、改新後の新しい局面の特色は、右の権力核と別個に、より公的な体制として左・右大臣をおいたことである。これはこの段階での支配層全体を核の周囲に結集する体制として、阿倍内麻呂《あべのうちまろ》と蘇我石川麻呂が任命された。このうち前者が、舒明《じょめい》朝前後に大夫の筆頭の地位にあったことがしめすように(1)、左・右大臣任命は、改新が旧勢力の排除を目的とせず、反対にそれを権力核の周囲に結集しようとしたことをしめしている。(2)いうまでもなく、蘇我氏の専制のかつての孤立から教訓を得たにちがいない。左・右大臣制は、唐制の「左《さ》右僕射《ゆうぼくや》」をモデルとしたものとみられるが、[3]実質は唐制および後の令制の大臣と性格を異にするところの、身分としての大臣であったと推定され、したがって、大化前代の「大臣・大連」のオオオミに相当するとする説も一概には否定しがたい。[4]同時にこの左・右大臣制は、後の太政官におけるそれのように、一つの機関を構成する官職ではなかったから、それは国家の政策決定および政務の執行にどの程度関与し得たかも不明であり、皇太子に集中された専制的権力の存在をかんがえれば、実質上は旧群卿・大夫層を代表する機能をはたしたにすぎないとみられる。しかしかかる権力核とは系列を異にする公的官職をつくりだした点は、推古朝の体制と区別される特徴の一つである。それは、政変にさいして、討滅の対象を、蘇我氏本宗だけに限定した事実と関連して、支配層を全体として周囲に結集しようとした計画であろう。大化改新の特徴の一つは、中央官制の規定や改革についての関心が、いちじるしく弱いことであり、[5]それに対比して冠位制が重要な意義をあたえられていることである。大化三(六四七)年の七色十三階冠、同五年の十九階冠と、二度にわたって冠位の改訂がおこなわれていることは、その重要性をしめしている。この事実は、国家の機関という非人格的なメカニズムを媒介として支配層が結合する体制よりも、天皇にたいする「尽忠積功」による人格的臣従関係という秩序の設定がより重要なものと考えられたことをしめしている。官位相当制が制度的に確立されるのは浄御原令からであり、したがって大化の冠位制はそのまま官職にたいする特権とはならず、また第一節でのべたように食封制はまだ存在しなかったとすれば、冠位の主な機能は支配層の秩序の形成という点に意義があったとしなければならない。「負イテ仕エ奉ル」べきカバネナによって結合している王民制という統一体に比較すれば、有位者集団は、はるかに制度化された、かつ緊密な統一体であり、支配階級は被支配階級を組織し編成する以前に、まず自己を階級として組織しなければならないのであるから、改新における有位者集団の形成は、推古朝につぐ画期をなすものといえよう。それは臣連・伴造という形での王民制の機能の解体のなかから形成された点で、諸国における公民制の成立過程と対応するものである。この意味で、大化の冠位制は、権力核の周囲に支配層を結集する手段として注目されるのである。

右のことと関連して重要なのは、改新における天皇制の役割であり、この問題は支配層の結集にとって新たな意義をもつこととなった。(6) しかし政変直後の樹下の盟のなかに、改新の基本的政策がすでにふくまれているとする説はとらない。「天ハ覆《オオ》イ地ハ載《ノ》ス。帝道唯一ナリ云々」の文言(孝徳紀、即位前紀)が、主として天皇のイデオロギー的側面に関連していることは、(a)の「天神《アマツカミ》ノ奉《ウ》ケ寄サセタマイシ随《ママ》ニ云々」、大化三年四月詔の「惟神《カンナガラ》モ我ガ子《ミコ》治ラサント故《コト》寄サセキ。云々」と同一である。これらの史料、とくに最後の詔は、神代史の神話を前提としているので、原史料に拠るものかどうか問題があるが、(a)は本稿の立場として信憑性ありとすれば、天皇の統治権の正当性を「天神」の寄託にもとめるところの、奈良時代の詔にまで一貫する思想がすでに明確であり、推古朝の十七条憲法の思想とは異質のものである。それは天皇統治の歴史的・神話的正当性の強調であって、「君主権」そのものの絶対化ではない。逆に改新後の前記の体制のもとでは、天皇自身は「不執政」であり、現実の「君主権」をもたない名目的地位であったからこそ、そのイデオロギー的側面が強化されたのである。権力核の専制的性格による支配層全体からの乖離は、天皇の超越的・神話的性格によって補われる必要があったからである。

しかし同時に右のことが、改新政権の権力基盤の拡大と結びついていることが注目されなければならない。推古朝前後の国制においては、天皇の命令は名目的には臣連・伴造・国造を対象とし、実質的には、十七条憲法がしめすように、中央の群卿・大夫層を対象とした。(7) しかし改新後は、前記のように、総領を媒介として、諸国の在地首長層のうち国造層ばかりでなく、非国造＝「百姓」層をも、実質的な意味で、その権力のなかに包摂した。群卿・大夫層を代表する天皇は、推古朝とは比較にならない広汎な在地首長層の上に君臨することとなったのである。この変化は、天皇の命令が、詔という文書の形式でだされる改新後の新しい現象と関連している（対内関係に限定すれば、これは令制国家の文書主義の起源である）。(c)の勧農の詔において、「其ノ四方《ヨモ》ノ諸国ノ国造等ニモ、善キ使ヲ択ビテ、詔ノ依《ママ》ニ催シ勧メシムベシ」とみえるのは、詔、いいかえれば文書の形に対象化された天皇の意志が、使者によって、在地首長層に伝達されたことを意味する（「国造等」の「等」が、他の詔における「諸ノ百姓」に対応することは前記した）。王都に結集したせまい群卿・大夫層の範囲ならば、奉宣《ほうせん》の大夫を媒介とする口頭の伝達で十分であったろうが、今では文書という新しい形式が必要となったのである。権力の基盤の拡大、命令示達の形式の変化は、天皇の権威のあり方、その統治の正当性の内容をも質的に転換させる契機となったであろう。その詔に服従する在地首長層も、天皇によって代表される群卿・大夫層も、ともにその臣従によって「天皇」なるものをイデオロギー的に再生産するのである。東洋の専制国家の歴史をとりあつかう場合の危険の一つは、「専制君主」が自己運動する自律体であるような錯覚におちいりやすいことであろう。「ある人は、他の人々が、彼にたいし臣民たる態度をとるが故にのみ王である。ところが彼等は、彼が王であるが故に、自分たちは臣民であると信ずるのである」(8)。運動し、つくりだすのは諸階級であって専制君主ではないこと、臣従することによって自己の階級的利害を貫徹してゆくのが専制国家の方式であること、このことは天武天皇の場合でさえ、忘れてはならない原則であろう。専制君主は、かれの属する階級全体の権力、それを構成する個別の権力の集中された尖鋭な形態にすぎない。改新の国際的・国内的危機において、しかも支配階級の共同利害を代表する国家機関がまだ端緒の段階にある時期において、皇太子を専制的な権力核とする改新政府の、天皇・左右大臣をふくむ権力構造の総体は、推古朝以来の群卿・大夫層の矛盾と運動の所産であり帰結であった。改新における天皇制のイデオロギー面における絶対化もその一つの側面にすぎない。

改新によって成立した支配権力の骨格的部分を形成していたのは、つぎの三つである。(イ)皇太子の専制的権力を中核とする天皇・左右大臣の体制、(ロ)総領・国司制、(ハ)評および国造制である。(ハ)はいくつかの段階を経て、大宝令の郡司制として完結し、(ロ)は、これまたいくつかの段階を経て、大宝令の国司制または国衙権力のなかに吸収される。(イ)は、三つに分化する。(1)天皇制の権力、(2)太政官制、(3)八省がそれである。このうち(2)は天智朝に端緒がおかれ、大宝令で完成し、(3)の八省の最終的な成立も浄御原令から大宝令の制定をまたねばならない。しかし(3)の萌芽が改新の時期にまったくなかったわけではない。「刑部《ぎょうぶ》」「衛部《えいぶ》」等のあきらかに唐制をモデルとした官司が改新後に存在した可能性があるからである。(9) 天智朝の六官が唐制の尚書省六部《しょうしょしょうりくぶ》をモデルとして設置されたことは明瞭だから、その先駆として、改新時代に以上のような官司が存在した可能性はないとはいえないにしても、大化五年二月の「八省・百官」設置の記事とともに、それを過大に評価することはできない。前記のように、中央官制にたいする関心の弱さが改新の特徴であり、したがって左・右大臣制のもとに群卿・大夫層による大化前代以来の政務執行がそのまま存続したとみるべきであろう(10)。しかし重要なことは、少なくとも唐制による官僚制への志向がこの時期に存在したことが、右の刑部・衛部の存在から知られること、それが推古朝によって代表される大化前代の官司制とは原理としても、類型としても別個の体制であることであり、また後述する品部制にたいする改新の政策もそれと関連しているとみられることである。

大化前代の官司制の成長が、令制的官僚制の前提であり、この側面からも推古朝は大化改新の先駆をなすというふうに説かれるけれども、私は両者の間に原理上・類型上の相違があるとみるので、連続性よりはむしろ断絶の面を強調しなければならず、その上に立っていかなる意味で両者が連関しているかをかんがえる必要があるとおもう。大化前代の官司制が成立してくる土台となったのは、推古朝のいわゆる「百八十部」であり、そこには二つの類型があった(11)。すなわち、(イ)殿部《とのもり》・水部《もひとり》の系列に属するもの、(ロ)錦部《にしこり》・馬飼部・金作部等の系列に属するものがそれである。(イ)の殿部は、葛野県主《かどののあがたぬし》がしめすように、その実体は宮廷に奉仕する畿内首長層にすぎず、それが「殿部」という多少でも制度的なものに編成されたのは百済の内官十二部制（穀部・肉部・馬部等）（『周書』百済伝）の影響によるものとみられるが、車持君—車持部がしめすように、それらは部民制の上に組織されていた。(ロ)の特徴は手工業技術を専門とする「帰化人」を主体とすること、および上番することであるが、ここには「馬官《うまのつかさ》」といわれる官司が成立していたらしく、令制で馬飼造戸から馬部が出て左右馬寮に上番する制度は、すでに大化前代に存在したらしい(12)。かかる形の官司制は(ロ)の系統に広汎に存在したと想定してよいが、この場合も各地の馬飼造がその村の馬飼部をひきいて分番的に「馬官」に勤務する体制で、いうまでもなく部民制を基礎としている。(イ)と(ロ)の両者は、いわゆる「内廷」または宮廷に奉仕する制度とされるが、私は(イ)はそうであっても、(ロ)は内廷という天皇または王室の家産制的組織に属するものではなく、王室をふくむ前記の「統一体」の全体（仮に「政府」といってもよい）に属するものとして(イ)から区別すべきものとおもう（(イ)は後の宮内省に、(ロ)の系統は宮内省をふくむ多くの諸官司に分割される）。

このことは、後述する改新における品部の停廃の問題と関連してくる。以上の形の官司制の特徴は、(ロ)に典型的にみられるように、一世紀以上の長い時期にわたって「帰化人」集団を王民制のなかに個別的に編成する過程のなかで集積されてきたものであり、その官司制は伴部・部民制のなかから分化発展したものであることであって、いわば自然成長的に成立した官司制であることである。それにたいして改新の刑部・衛部等々にその萌芽のみえる官僚制は、まずさきに官職体系についての一定のプランがあり、そのなかでの個々の官司間の権能の分割がそれに次ぎ、上から目的意識的に計画的に構成されるのであって、大化前代の官司制のように、既存の雑多で不統一な諸制度を整理統合してゆく仕方とは組織原理が異なるのである。したがって前者は、プランをたて、上からそれを強行する強力な王権の存在を前提とするのであって、単一で包括的な君主権がまず存在し、それの分化として官僚制の分掌の体系が成立してくる東洋的専制国家の特徴の一つがここにもあらわれてくる。大化前代にも中国の官制についての知識がないわけではなかったにかかわらず、せいぜい百済の国制による制度化にとどまらざるを得なかったこと、改新になってはじめて唐制への志向があらわれてくることは、後者の前提となる強力な権力核の存否にかかっていたとかんがえる。したがって推古朝的官司制がいかに発展または成熟しても、それは令制的官制にはつながらないのであって、前者から後者への移行には原理的な転換が必要である。その転換の画期が大化改新であったとみるのである。したがって改新では、大化前代の官司制の母体であった品部制自体を解体して、新しい原理にしたがってそれを再編成することが必要となり、大化二年八月癸酉の詔(d)「今ノ御寓《アメノシタシラス》天皇ヨリ始メテ、臣・連等ニ及《イタ》ルマデニ、所有《タモテ》ル品部ハ、悉ニ皆罷メテ国家《オオヤケ》ノ民トスベシ」はそれにあたる。ここにいう「品部」は、前記の(ロ)を主体とするいわゆる職業的部民の系列と解する。また改新詔第一条を原詔によるものとする立場からは、それとの関連およびこの詔がおくれてだされたことの意味等について、さまざまな解釈があるが、本稿ではその必要はない。

またこの品部から「国家ノ民」への転換は、それほど根本的な変革ではない。前記のように、それは天皇の家産制的所有または支配に属する「私民」ではなく、本来は統一体全体に帰属すべき部民であり、もともと部民のなかでももっとも「国家ノ民」たるべき性格をつよくもっていたからであり、それは安閑紀にみえる筑紫・火《ひ》・豊《とよ》の三国の八屯倉、吉備《きび》の五屯倉のような政治・軍事上の要地におかれた屯倉が、天皇の家産制的私領(御田《みた》)と区別されて、統一体全体に帰属していたのと同じ意味においてである。前者のなかから発生した「馬官」、後者に属する「田令」等は天皇の家産制的臣僚から区別すべき統一体の「政府」の制度である。大化前代のそれらの官人を統轄する「大蔵《おおくら》」にみるように、六世紀は、群卿・大夫層の共同組織、すなわち統一体の「政府」を発達させたのであって、天皇の家産制的な「内蔵《うちくら》」は、後にそこから分化したものにすぎない。(13)

十七条憲法における「公」または「公務」は、かかる統一体の政府の成立に対応する観念であるとみなすべきである。品部停廃の詔は、かかる「政府」組織に属する品部を臣・連等々が所有する状態、すなわち私民化する状態が存在したので、それを新しい機構に従属するところの本来の官司制に再編成する意図をしめしているにすぎない。そのさい大化前代において部民制のなかに発生した「馬官」的官司制の存在が前提となり、契機ともなっているので、改新は、その意味では推古朝と密接に連続しているというべきであろう。推古朝的官司制が成熟したから改新に移行したのではなく、「私民化」もその一つである王民制一般の固有の矛盾によって、その官司制自体が解体しつつあったから、この面での改革が必要であったのである。かかる改革をひきおこした推進力は、前記の刑部・衛部的な官僚制の樹立が少なくとも展望されていたことであり、品部・伴造制の解体と再編成は、それに従属した第二次的課題としてのみ問題とされたとみるべきであろう。令制の四等官に組織された八省の諸官司に従属した形で再編成された品部・雑戸の制度は、すでに改新において展望されていたとみなければならぬ。

大化前代における官司制の起源を問題にする場合、前記の形態とはまったく系列と性質を異にする官職が、「大和朝廷」の外辺部に発生していることに注目しなければならない。推古朝には確実に存在したとみられる前記の「筑紫大宰」がそれであって（推古紀、十七年四月条）、それは外交と軍事に関連する性質上、(イ)不時の事態にそなえるために大宰は常駐することを原則としたとみられること、(ロ)その機能からみて大宰以下若干の官人が存在し、(ハ)大宰独自の官衙がそれに付属していたとみられることである。(ハ)については、同じく対外関係の施設があった難波の大郡《おおこおり》には「三韓ノ館《ムロツミ》」があり(舒明紀、二年是歳条)、客人饗応のためにおかれた摂津国の二十五戸の「酒戸《さけこ》」もかつてはそれに付属した品部とみられるから(職員令集解所引別記)、筑紫大宰にも同様の施設があったとみるのが当然であろう。以上の(イ)(ロ)(ハ)の三要素を兼ねていることは、完成した形での国家の「機関」に必要な条件であるが、中央でなく、対外関係の場に、すなわち邪馬台国の「一大率《いちだいそつ》」の系列に、まず発生したことは、すでにのべた特徴からみて注意すべきであって(第一章第一節)、伴造・品部制を母体とする前記の官司制は、このような純粋な形で成立することは、困難な条件にあった。国家の機関の初期形態が対外的関係の場において、より純粋な形で発生するという特徴は、異なった形においてではあるが、中央の「大蔵」についてもいわれる。「大蔵」は、「諸国貢調《しょこくのみつきもの》」を収納するためにおかれた外廷的官司であり(『古語拾遺』)、大化前代の官司のなかで、もっとも発達した組織であるが、この場合も、「大和朝廷」と「諸国」(これは令制においても「外国《げこく》」とよばれた)との接触の場に成立したことに特徴があり、また「諸国貢調」を徴集するために諸国の国造のところに派遣された大化前代のクニノミコトモチ＝「国司」は、いかに令制のそれと重要な相違があっても、その先駆として重要視されねばならない。すなわち官司・官職のいずれにせよ、大化前代にはその成立の場を異にする二つの系列が存在すること、伝統主義の支配する家産制的・内廷的な領域および諸国首長制の内部においては、その成立はもっとも困難であって、かえって外国または国内の「諸国」と、「大和朝廷」とが接触する場、伝統的支配体制からもっとも解放されている場が、新しい型の官司制が成立しやすいのである。前記のように、筑紫大宰は総領制に、大化前代の「国司」は改新後および令制の国司に移行するのであるから、大化前代の官司制を単純に伴造・品部制的なものにもとめてはならない。

推古朝の国制は、以上のように、内部に異質の諸要素を多くふくみ、大づかみには(イ)天皇の家産制的組織すなわち内廷系列のもの、(ロ)群卿・大夫層の統一体の共同の組織すなわち外廷系列のものからなるが、後者はまた第一に大宰およびクニノミコトモチ(国司)と国造系列のもの、第二に大蔵等の中央諸官司系列のものに分けることができる。したがって五世紀末から六世紀において発達した諸制度の総括としての推古朝の国制は、複雑な統合体として存在するのであって、朝鮮三国とくに百済の国制の影響が強いとはいえ、全体としては日本独自の発展にもとづく独得の国制である。それは大化改新の先駆という面からだけ評価され、後者の萌芽となる諸要素だけがそこから抽出されやすいが、かかる評価や方法によっては、多くの矛盾と異質のものをふくみながら、それ自体一個の自己完結的な全体をなしている推古朝の国制の独自な意義が見うしなわれる結果となる。推古朝の支配層は、一個の統一体を形成し、推古朝的、六世紀的な形態において、群卿・大夫層以下の諸階層の共同利害をまもる一個の政府または国制をつくりあげたのであって、それと改新以降の新しい国家類型との間の継承と断絶、連続と非連続の関係を正しく設定する必要があろう。令制国家においては、一方では宮内省・大蔵省または品部雑戸制にみられるように、推古朝的な組織が保存されるとともに、他方ではまったく新しい機構が出現する(第三章第四節)。しかし問題は、右のような意味での相互関係ではなくして、二つの国制の根柢にある組織原理の相違を明確にすることにあり、また異なった原理を必然ならしめた歴史的諸事情の相違と発展をあきらかにすることにある。それによってのみ、何が保存継承され、何が廃棄否定されたかの理由が今後、説明されてゆくであろうし、一つの契機としての百済や唐などの諸外国の制度や法の継受の意味も説明されるであろう。

　大化改新はたんなるクーデターでも、政変でもない。書紀や『家《か》伝《でん》』の伝える記事の信憑性は別として、改新のプランとプログラムが、政変以前に周到に準備されていたことは、改新の経過そのものが明瞭にしめしており、このことが改新を他の政変から区別している重要な特徴である。政治改革一般がそうであるように、改新もまたその主要努力の方向が明瞭に認識されていなければならない。国制のすべての側面を同じ次元で改革しようとするのは、何も改革しようとしていないことと同じだからである。「私地・私民の停廃・収公」という所有制の変革がその目標でなかったこと、また専制的な権力核の組織をつくることは一切の前提として決定的ではあったが、中央官制は第二次的な問題にすぎず、品部制の再編の問題も、この段階でどこまで強行する意志があったか疑われることは、前記の通りである。権力の問題としてのこるところは、中央の権力核から総領制を媒介として、国造・評造にいたる権力の体系である。この三段階から成る権力機構を樹立することが、改新の主要努力の方向であり、それは、人民の地縁的編成、国家権力の領域的な原理にもとづく構築という改新の政治課題によって規定されている。なぜかかる課題が設定されたかという問題については、右の三段階に共通する一つの性格、すなわち皇太子を中心とする権力核に固有な、最小限の権能が軍事と外交であり、総領―国造・評造の体制も、行政と軍事が不可分に統合されていた事実、改新政権の権力の骨格にあたる部分が軍事的性格をもっていた事実が、それについての示唆をあたえるものであろう。

私は、いずれも鎌足についての記事において、『家伝』が「軍国ノ機要」といい、書紀が「軍国ノ務」といった場合の「軍国」という言葉が、大化改新にはじまる中大兄―鎌足の治世の全体を明確かつ端的に特徴づけているとおもう。「軍国」とは戦時状態にある国家のことであり（賊盗律盗官私馬牛条疏）、軍事が政治における主導的契機として存在した時期である。唐の高句麗侵略戦争の開始、改新の政変、百済救援の海外出兵、高句麗・百済の滅亡、これらの朝鮮を中心とする戦争と内乱の周期にたいする日本の支配層の政治的・軍事的対応が「軍国」という表現のなかに集約されているとおもうのである。大化前代から日本の国制を特徴づけていた基本的構造、すなわち日本の支配層が、「大国」として自国を位置づけ、その根幹をなす百済との関係を抛棄しないかぎり、意図すると否とにかかわらず、新羅・高句麗・隋・唐との国際関係のなかに編みこまれざるを得ず、その領域でおこる多少とも重要な事件とくに戦争は、独立の国際的契機として内政のなかに転化してこざるを得ない。第一章で改新時代前後の国際関係と日本の外交についてのべた右のことが、それとは独立に大化改新自体の分析から得られたさきの結論と一致することをかんがえるならば、内政と外交の不可分の統一と相互転化を、改新のなかに見出すことができるはずである。

東国が改新の起点として登場してくることの意義も、私は右の観点からとらえるべきであるとおもう。東国は五世紀以来伝統的に天皇の軍事的拠点であること、天皇のみならず蘇我氏、大伴氏等々の支配層にとってもそうであったことはあきらかであるが、そ(14)の事実から改新における東国のもつ特殊具体的な意義は説明しがたい。大化前代におけ る右の顕著な事実は、東国に設定された名代・子代等の部民制または伴造制的な体制を基礎とした軍事力であるが、それとは性格を異にした軍事体制をつくり上げることが改新の課題であったとすれば、過去の伝統はこのさいそれほど重要な意義をもったはずはないからである。国際情勢にたいする軍事的対応とすれば、主正面はいうまでもなく筑紫を終点とする畿内から西国にいたる領域であったはずであるが、そうであればこそ畿内とともに東国の軍事的意義が新しい角度から前面に浮び出たのではなかろうか。六世紀における西国を基盤とした海外出兵またはその企図が完全に行きづまっていた事実もこのさい想起すべきであろう。もちろん改新政府が海外出兵までも予定して施策をおこなったというようなことをいっているのではない。おこり得べきすべての可能性にそなえて、それに耐え得る恒久的体制をつくることが政治の性格であるとすれば、改新政府にとって海外出兵が一つの可能性として考えられていたと推定しても、おそらく誤りではあるまい。ことにこの時代の国際間の戦争は、隋の煬帝、唐の太宗《たいそう》に典型的にみられるような専制君主の恣意さえふくむところの偶然的諸要素が無視できない役割をはたすのである。対外戦争の問題は、改新政府にとって抽象的な、観念内のみの可能性としてではなく、現実的可能性として存在したこと、ここに「軍国」の時代の特徴があったとおもわれる。改新の前年の十一月に開始された、唐の太宗による大規模な高句麗征討の役が、大化改新と密接な内的連関をもつことを否定するものはあるまい。それは政変を準備した勢力の計画と実行を促進した重要な要素の一つとみられるが、しかしたまたまおこったこの戦争だけが問題なのではない。それは推古朝以来つづいている朝鮮内外の戦争の連鎖の一つの環にすぎなかったからである。国家のもっとも基本的な属性が、「組織された強力」である点にあり、いいかえれば支配階級が、究極的には戦争と内乱にたえ得るだけの権力を、機構または装置として所有することであるかぎり、推古朝から改新を経て、唐軍による朝鮮半島の占領とその撤退をもって終結する全時代を特徴づける国際関係の激動、国家または王朝の興亡と内戦の歴史ときりはなして、「国家の成立」を論ずることは、生きた権力の歴史を、国家の諸制度の歴史に転化することにならざるを得ない。

改新を特殊な歴史的事件としてみるとき、推古朝に中国に派遣された留学生、その典型である高向玄理・南淵請安《みなぶちのしょうあん》のように三十年以上も中国に学んだ留学生たちが、改新において独自な役割をはたした事実は、みのがしてはならない特徴である。しかしこの事実を、改新が、唐制による中央集権国家の樹立を目標としたこととむすびつけることは正しくないだろう。改新においては、まだ唐制の継受は第一義的な課題ではなかった。たしかに前記の刑部・衛部はあきらかに唐制によるものであり、左・右大臣制も唐の尚書左右僕射の影響がみられ、大化の冠位制も唐の官品制との接触を特徴としている。(15)しかし他方、大化の内臣は、高句麗の「内臣」泉蓋蘇文《せんがいそぶん》(斉明紀、六年七月条)または百済の「内臣佐平」と結びつく可能性の方が強く、また「評」制はいうまでもなく朝鮮系の制度であり、前記のように、大化の畿内制と百済のそれとの親近性も否定しがたい。改新は特定の国の国制の継受を第一義的課題としたのではなく、前記の政治的課題に必要とみられる諸制度を、唐・朝鮮の区別なくとりいれたにすぎない。したがって唐から帰国した留学生の役割を、とくに唐制の継受と結びつけるべきではなく、それを結びつければ、かれらの役割をかえって皮相なものにする結果となる。私はより深い面でのかれらの役割を評価するのが正当であろうとかんがえる。かれらが中国で経験したものは、隋から唐への王朝交替の歴史であり、隋の煬帝の征服戦争がひきおこした民衆の叛乱であって、後に天武天皇等が史書とくに『漢書』を媒介としてのみ知り得た「易姓革命《えきせい》」をかれらは身をもって経験したのである。平時においては、たんに諸制度や法典の体系としか映らない「国家」の本質がなんであるかを、危機と内乱の時期は、外国人留学生の目にもはっきり認識させたにちがいない。さらにかれらは、隋・唐の皇帝の周辺諸民族にたいする外交政策、戦争準備等々についても観察し得たはずである。このような経験・観察・知識をもって帰国した留学生たちが、中国と朝鮮諸国の国際的水準の上に立って、外側から日本の国家を観察した場合、国内的視野しかもたない群卿・大夫層の目には容易にみえなかった日本の国家の構造的な欠陥が、すなわち「タテ割リ」的な伴造—部民制の集積であるために、集中的な権力体系となり得ない王民制的秩序の欠陥が、根本にあることを認識し得たのではなかろうか。内からだけでは見えにくいことが、外からははっきり見えることがあるからである。改新政府にとって、基本が把握されれば、どの国の制度を採用するかは、第二義的な問題であったにちがいないのである。

留学生の役割をふくむ国際的契機が、大化改新においていかに重要な意義をもっても、契機はつねに契機でしかない。国際的契機を契機として生かすのは、国内の諸関係だからである。同じ国際的契機が、推古朝では王民制の最盛期とその制度化として帰結し、改新を一つの転機としてそれに対立する公民制に転化するのは、王民制が推古朝以後、それ自身の矛盾によって解体しつつあるという国内的諸条件の変化を基礎にしなければ説明しがたい。また前者から後者への転換は、その遂行の主体としての王権のみならず、東国においてみられたような首長層内の階級分化を前提としており、六世紀以来進行しつつあった全国的な階級関係の変動との関連なしには、改新の基本的解明は完結し得ないのである。このことは第四章においてふたたびとりあげることとしたい。そのまえに、改新においては、端緒がおかれたにすぎない国家の上部機構と古代官僚制が、いかなる過程を経て形成されるかを第三章で考察しておく必要がある。

第三章　国家機構と古代官僚制の成立

大化改新《たいかのかいしん》以後における国家の成立史、いいかえれば律令制国家の前史の段階は、二つの系列に分けて考察しなければならない。第一は、支配階級が、その「共同利害」をまもるための共同の「機関」としての国家機構を統治の手段としてつくり上げ、みずからをそのなかに編成する過程であり、第二は、その国家機構が全体として人民を統治し、そこから剰余生産物を収取する機構の成立過程である。前者は主として中央の国家機構、すなわち令制の二官八省の成立を基本とし、後者は国・郡司制、租庸調制、班田収授制等の統治と収取の問題を基本とする。両者が総括されてはじめて、律令制国家が全体としてもつ歴史的意義が問題となる。本章では第一の問題を考察し、第二の問題は一括して第四章でとりあつかうこととする。

第一節　過渡期としての天智朝

六六三(天智二)年、百済《くだら》救援のための海外出兵が、朝鮮半島の白村江《はくそんこう》において完全に敗北した後をうけた天智《てんじ》朝の治世は、二つの特徴をもっている。第一は、この時期が、百済・高句麗の滅亡、唐軍による占領と直轄統治という半島の情勢によって、国際関係に対する軍事的な対応としての「軍国」の体制は依然として継続している点である。唐からの外交的圧力もまたこの時期の特徴の一つである。西国から畿内にわたる要衝における築城が、それをしめし、六六七(天智六)年の近江国大津への遷都も、その一部とみるべきことはすでにのべた(第一章第三節)。第二は、おそらく白村江の敗戦を一つの重要な契機として、その翌年から天智末年にいたっておこなわれるところの国家機構の整備と、中央の支配層全体を王権のもとに組織化しようとする努力である。天智朝が全体として大化改新の延長であるにかかわらず、とくに第二の点で改新よりも重要な発展をしめしており、国家の成立史におけるその特殊な意義もその点にあったといってよい。

天智朝の国制の考察は、その出発点から一つの難問につきあたる。すなわち六六四(天智三)年の改革の内容と意義が明確でなく、古代史家の所説も多岐に分れていることである。(1) それはつぎの三項目から成っている。(イ)冠位二十六階制、(ロ)大氏・小氏・伴造《とものみやつこ》等の区別と氏上《うじのかみ》の決定、それぞれにたいする大刀《たち》・小刀《かたな》・干楯《たて》(または弓矢)の賜与、(ハ)民部《かきべ》・家部《やかべ》の設定がそれである。若干の法令が同時にだされているからといって、それらがつねに内容的に不可分の関係にあるとは決定しがたいが、この場合は、書紀の記事の文脈からみて、また後述する理由から推測して、右の三項目は内容上密接に関連しているとみなすものである。天智朝の国制改革の一つの意義は、この三項目の解釈にかかっているといってよいが、その関連をかんがえるためには、天智朝における中央の国家機構の整備と官僚制の成立の問題を媒介とする必要があり、私はこれこそ三項目のそれぞれが、またそれらの全体が、なぜ天智朝において問題となるかの基礎をしめすものとかんがえるので、まずその点から出発したい。

天智朝における国制の変化の第一は、太政官《だいじょうかん》の成立である。大友《おおとも》皇子を太政大臣に、蘇《そ》我赤兄《がのあかえ》を左大臣に、中臣金《なかとみのかね》を右大臣に、蘇《そ》我果安《がのはたやす》・巨《こ》勢人《せのひと》・紀大人《きのうし》を御史大夫《ぎょしたいふ》に任命したのが、律令制国家機構の根幹をなし、かつ日本独自の機構である太政官制の最初の形態である(天智紀、十年正月条)。それは、まず改新期における二元的な権力構造の克服の第一歩であった。前記のように、大化改新の中央官制の特色は、皇太子―内臣《うちつおみ》―国博《くにはか》士《せ》という専制的な権力核をなす系列と、天皇―左・右大臣という名目的ではあるが、群卿《まえつきみ》・大夫層を代表する系列とに分裂しており、両者は制度的にはなんら結合されていないのが特徴であった。その場合の左・右大臣制は、機関の構成要素として位置づけられておらず、したがって令制的な意義における官職とは性質を異にするものであったが、天智朝において、はじめて太政大臣―左・右大臣―御史大夫によって構成される機関の一員として位置づけられたのである。他方、皇太子＝太政大臣制が、「総百揆《ヒャッキヲスブ》」「親万機《バンキヲシラス》」と性格づけられているように（『懐風藻』大友皇子伝）、あきらかに改新以後における皇太子の万機総摂の権能を太政大臣のそれに転化したものである。したがって天智朝における太政官の成立は、本来二系列に分裂していた大化の二つの官制を太政官という一個の機関のなかに統合した点に重要な意義がみとめられる。それとともに皇太子の権力核の一部をなしていた国博士・内臣のうち、前者は大化以後姿を消し、後者は鎌足の死をもって断絶するのも、太政官が国家の最高かつ唯一の公的機関でなければならないことをしめしたものであろう。御史大夫は秦漢《しんかん》の御史大夫にならった官職であり、(2)後の納言《なごん》、浄御原令《きよみはらりょう》の大・中納言に相当するが、実質は、大化前代以来大臣《おおおみ》・大連《おおむらじ》とともに国政の議政にあずかった大夫層を、太政官制のなかに制度化したものとみるべきである。(3)したがって太政官の成立は、改新期に権力核の専制的支配のもとにあって、名目的な存在と化していた群卿・大夫層が、国家最高の合議体のなかにその地位を制度的に確立したことをしめし、天皇大権を代行して「百揆」を総理し、「万機」を親裁する皇太子を首長とする機関のなかに、この段階の中央支配層全体の権力が集中されたとみてよい。かかる形態の国家機関が必要となった原因の一つには、白村江の敗戦と、有間皇子《ありま》の変にみられる改新政権にたいする諸階層の反抗の機運を契機として、従来の専制的・二元的形態では事態をのりきれず、全支配層を国制としても結集しなければならない事情を想定してよいであろう。ここで残された問題は太政大臣(オオマエツギミは本来マエツギミ(大夫)の首席の意)・左右大臣・御史大夫という臣下を代表すべき太政官のなかに、天皇大権を代行する皇太子がはいっている事実であり、それはやがて令制の太政官制が解決すべき問題であった(第二節)。

天智朝の国制の第二の発展は、太政官のもとに六官が置かれたことである(4)。天智朝に設けられた、あるいは設けられたと推定される六官は、法官《ほうかん》・理官《りかん》・兵政官《へいせいかん》・民官《みんかん》・刑《けい》官《かん》・大蔵《おおくら》であり、それぞれ令制の式部省・治部省・兵部省・民部省・刑部省・大蔵省に対応し、同時にそれぞれ唐の尚書省《しょうしょしょう》六部《りくぶ》を構成する吏部《りぶ》・礼部《れいぶ》・兵部・民部・刑部・工部に対応する(5)。いいかえれば、六官は令制の八省のうち、宮内・中務両省をのぞく六省の前身であり、それが唐制をモデルとして設けられた点において、日本的・固有法的機構としての太政官と区別される。その萌芽は、前記のように大化改新においてみとめられるが、六官という国家行政の体系として設置されたのは天智朝からとみるべきであろう。六官の設置は、大化前代の官司制が、伴造—品部《しなべ》制を母体として個別的に、自然生的に生れた個々の官司の集合体であり、既成のものの統合にすぎなかったのにたいし、国家行政の諸分野に即した権能の分割がまず先行し、上から一定の原理にもとづいて六官という官制体系が設置されるという点で、前者と構成原理がまったく逆になっているのである。したがってそれが大化前代の官司制を顧慮することがなかったのは当然であり（大蔵をのぞけば）、太政官とちがって唐制のほぼ純粋な継受として成立し得た理由もそこにあった。ここに大化前代の国制との断絶があることは前記した。この六官の下部機関として、令制の八省にみられるような被管諸官司が、この段階において、どの程度成立していたか、すなわち六官の一つ一つがどの程度に官職体系として整備されたかについては疑問とすべきであるが、しかし改新における前記の伴造—品部制の解体と再編と関連させてかんがえれば、六官の下部機関の編成の問題が天智朝において少なくとも議事日程にのぼっていたことは確実であろう。

第三の特徴は、右の六官と太政官を連結する弁官《べんかん》が、この時期に成立したことである。(6) 大宝《たいほう》・養老《ようろう》令の太政官は三つの構成要素、すなわち(1)大臣・大納言からなる国政の最高合議機関であり政策決定の場である狭義の太政官、(2)少納言局、(3)左・右弁官局から成っているが、このうち(3)は、(1)と八省および諸国衙《こくが》とを連結し媒介する事務局を構成する。この弁官局の前身とみるべき「大弁官《だいべんかん》」が、天武《てんむ》朝以前にすでに存在した痕跡があることは、(7)太政官と六官とが機構として有機的に結合されはじめたことをしめすものである。このことは同時に、天智朝の太政官が、改新期の中央官制の統合であるばかりでなく、六官をふくむ全国家機構または官僚体制の一機関として存在したことを意味する。

以上の三点は、太政官―大弁官―六官という統属関係が、令制の国家機構の原型としてすでに天智朝に成立したことをしめすもので、改新期の中央官制にみられる前記の傾向と対比すれば、天智朝は、一つの転換をしたことはあきらかである。天智朝の支配層は、その個々の構成員を超えた共同の国家機関をもち、慣行によって運営されてきた群卿・大夫層の政治を、体統的に組織された機構による政治に転換しつつあったといってよい。従来の日本の支配層がもち得なかった「国家」という組織された政治権力を、支配層は統治の手段として形成しつつあったのである。これ以後の歴史は、支配層がこの統治の武器を完成することであり、他の一切の諸問題はこれとの関連なしにはその意義をあきらかにすることはできない。まず第一に前記の天智三年の改革の(イ)の冠位二十六階制は、前記の大化五年二月の冠位の修正にすぎないが、そのもつ意義は、官職体系を欠く天智朝以前と異なったものとなってきたことを想定する必要がある。すなわち冠位による上下の序列が、右の体系的に組織された官職の体系にいかに対応するかという問題が、支配層内部における官職の専有権の配分の制度化の問題として、当然提起されるからである。令制の官位相当制が体系的・制度的に確立されるのは浄御原令の制定をまたねばならないが(8)、問題自体は、前記の官制を準備した天智朝において、大づかみには提起されていたとかんがえる。冠位二十六階制と大化の冠位制との相違が、下級の冠位の増加であることは、臣連の下に位する伴造層の官司制への包摂と関連するものであろう。王民制にかわる新しい秩序としての冠位制は、それが政治的・経済的特権と結合することによってのみ、支配階級の基本的利害関心の対象となるが、天智朝はその第一歩といってよい。しかしこのさい重要なことは、冠位が族姓と結びつくという日本的特殊性である。強力な王権を確立した天武・持統《じとう》朝においてさえ、「族姓《ウカラカバネ》」や「氏姓《ウジカバネ》ノ大小」が、官人の考選、冠位の授与の不可欠な一条件として規定されたことをかんがえれば、(9)天智朝においてその条件がより重要であったことはいうまでもなく、前記の(ロ)の大氏・小氏・伴造等の区別は、冠位授与の基準として要請された制度であり、持統四(六九〇)年四月の考選詔における「氏姓ノ大小」と同一原則にほかならない。事実上は、大氏には臣姓の特定の氏を、小氏には連姓の特定の氏という形で、カバネとの関連はあったにせよ、とくにこの場合「氏」という集団が「族姓」の公法上の基準単位とされた理由は、個人を対象として授与される冠位および官職が、カバネの制度とは直接結びつかず、「氏上《うじのかみ》」という特定個人によって代表され得る氏という集団を媒介とする以外に、方法がなかったからであろう。天武朝の考選基準の詔の前後に、再度にわたって諸氏に氏上の理官への申請を要求した事情は、天智朝においても同一であって、ただ異なるのは、大氏・小氏・伴造等の氏上を上から一方的に決定したことと、それぞれの氏上を大刀・小刀・干楯(弓矢)等の物的な標識によって区別した古い形態をとっていることである。このように天智朝における官僚制の発展は、冠位制と氏族制の従来にみられなかった制度的連関を必然ならしめたのであって、(イ)と(ロ)はその点で関連しているとみるべきである。

(ハ)の民部・家部の問題と(イ)(ロ)との関係をかんがえるまえに、民部と家部が何を意味するかをあきらかにしておかねばならない。(ハ)の「民部・家部ヲ定ム」に対応する六七五(天武四)年二月の詔《みことのり》の「甲子《カッシ》ノ年ニ諸氏《モロモロノウジ》ニ給エル部曲《カキベ》ハ、今ヨリ以後、皆除《ヤ》メヨ」によって、前者の「定ム」は賜与の義をふくむものと解さねばならず、また後者の「部曲」は、民部と家部のいずれかに相当しなければならないが、私は民部が部曲にあたるものとみなしている。したがって右の天武四年の詔によって、天智朝に賜与された民部と家部のうち、前者は停廃または収公され、後者は変更がなかったと解するのである。右存続した家部は、養老戸令応分条に規定された「氏賤《うじのせん》」にほかならないと推定する。右の天武四年の詔がしめすように、民部・家部の特徴は、それが「諸氏」を対象として、「氏《うじ》」という集団を単位として賜与された点にあるが、「氏」という古代家族の結合体自体は、その性質上、共同所有の主体たり得ず、したがって賜与の対象となり得ない集団であるから、「諸氏」にたいする賜与は、現実には諸氏を代表する「氏上」または「氏《し》宗《そう》」にたいする賜与とみなければならない。他方、「氏賤」の特徴は、家人《けにん》・奴婢《ぬひ》と異なって分割相続の客体とならず、戸令応分条集解所引の諸説が一致して指摘しているように、歴代の氏上(氏宗)によって一括相続される点にあった。家部についての従来の諸説の難点は、氏または氏上への賜与という契機が生かされないことにあったが、氏賤にはその難点がない。また宗像《むなかた》社の氏賤がその年輸《ねんゆ》物を同社の修理料にあてる慣行が、高《たけ》市《ち》皇子の定めた「永例」によるとされていることも、氏賤が令前の古い制度の遺制であることをしめしている(『類聚三代格』寛平五年十月官符)。またそれによれば、氏賤が、独立の家族をなして主家に力役または現物の形で奉仕するところの賤民で、公法上の「戸《こ》」ではないとしても、家人・奴婢的な賤民でもなかったらしいことも注意しておく必要がある。(ロ)と(ハ)は、不可分の関係にあることは、以上によってあきらかである。

民部・家部の賜与の制度史上の意義は、それが令制の食封《じきふ》(封戸《ふこ》)、とくに位封《いふ》の原初形態であった点にあるとかんがえる。書紀および寺院の資財帳等にみえる賜封関係の記事は、いずれも史料的に疑わしい性質のものである。[10] 令制において完成される官人の俸禄制の多様な形態のうち、歴史的にもっとも重要かつ本来的なものは食封制である。位《い》田《でん》・職田《しきでん》等の系列は、体系的な俸禄《ほうろく》制度としては、班田収授制の全国的施行がおこなわれた浄御原令施行以後に確立されたものとみられ、季禄の制も調庸制の確立後としなければならないのにたいして、食封制はその部民《べみん》制的な収取形態からみてそれ以前にさかのぼることは確実である。食封制の基本的形態は位封であり、職封《しきふ》は第二次的形態である。神封《しんぷ》・寺封《じふ》はここでは別問題とし、食封一般、とくに位封についていえば、それは五つの要素から成り、それを民部・家部の給与と対比すれば、つぎのようになる。

(一)　食封の給与の主体は、天皇または国家であるが、位封が天皇の恣意の働き得るところの別勅による賜封《しふう》や功封《こうふ》と区別されるのは、それが公民層から収取する剰余労働または剰余生産物を官人貴族層の間に分配する方式として、令に明確に規定された制度であること、いいかえればそれが官人貴族層の共同の特権を維持する制度であることである。民部・家部の給与も、(ロ)に規定された諸階層全体を対象としている点でそれと共通する。

(二)　令制の食封制における給与の客体は公民の「戸」自体であり、一里＝五十戸制との関連で、五十戸を単位として支給されるのが通例であるが、民部・家部の賜与が、前記のように「戸」を単位としたと推定される点だけは、両者共通している。また前者は、国家があらかじめ「戸」を把握していることが前提となるが、前章でのべたように、改新の第一次編戸によって部曲をふくむすべての民戸が公権力によって把握されていたのであるから、両者は基本的には共通している。

(三) 給与の対象は、位階の性質上、一定の基準以上の有位者個人であって集団ではないから、この点では氏を単位として賜与される民部・家部と相違するが、他方氏上個人に賜与される点では両者共通する。

(四) 給与の基準は、位階制によって与えられており、基準自体は浄御原令(五位相当以上)、大宝令(三位以上)、慶雲《けいうん》三(七〇六)年以後(四位以上)と変化したが、位封はそれぞれの位階に付属する経済的特権とみなされていた。この点、冠位と直接には結びつかない民部・家部の場合とは相違するが、後者も間接的に結合していることは前記の通りである。

(五) 給与の内容と手続について。令制の封主は、封民から調庸の全部と田租の半分(後に全給に改訂)を収取し、食封から一定の基準で徴発される仕丁《しちょう》を使役する権利を与えられ、その収取の内容は法によって確定され、制約されているので、部民制的慣行によったと推定される民部・家部の収取とは異なっている。同時に収取の手続も、令制の場合は、国衙等の公権力を媒介とし、したがって封主と封民とのあいだに個別的・人格的隷属関係は、制度上は成立しないのが原則であるのにたいし、民部・家部の場合は、いわゆる「直接徴収」であり、人格的隷属関係を基本としている。

以上のように、両者のあいだに共通点と同時に相違点も多いにもかかわらず、民部・家部を令制の食封の先駆形態とみなすのは、一つは、民部＝部曲の収公を規定した前記の天武四年の詔を契機として食封制の改革が進行している事実によって、民部・家部と食封制の制度的連関が想定されることと、一つは右の相違点が、天武朝以前の特殊性によって説明できるからである。㈤は国衙機構と租庸調制の確立する浄御原令または大宝令によって令制の食封制の内容と手続が完成されたにかかわらず、封戸からの仕丁の使役権に部民制との関連がしめされており、㈢と㈣は食封の天智朝的性格をしめしている。すなわち冠位が官職の専有と結びつくまえに、あらかじめ「族姓」または「氏姓ノ大小」によって規定されたように、冠位は位封のように食封給与と直結せず、大氏・小氏・伴造という族制上の区別を媒介として民部・家部の給与と結びついている点である。食封と冠位との結合は、天武五年八月、親王より以下、小錦《しょうきん》以上の大夫《まえつきみ》および皇女・姫王・内命婦《ないみょうぶ》等への食封の給与規定によって(それは前記の民部＝部曲の収公の結果として施行されたとみられる)、はじめて端緒をおかれたものである(書紀)。しかし大氏・小氏・伴造等の区別もすでに右の天武五年の詔の規定を内包していたのではなかろうか。大氏・小氏が錦位以上に到達し得る氏族を決定したものとかんがえ、右の天武の詔の小錦以上の大夫と関連させるならば、大氏・小氏と伴造等との区別は、民部・家部の賜与にあずかり得る氏族と、そうでない氏族を明確にしたものとみられ、また大・小氏の区別は賜与さるべき民部・家部の戸数と関係したのではあるまいか。(イ)(ロ)(ハ)三項目の内容上の相互関連を以上のように推定すれば、民部・家部の給与は、間接には令制の食封制の原初形態をなし、直接には天武五年の新しい食封制の前段階をなすといえよう。その特徴は、第一に氏を単位または対象とし、それを代表する氏上(氏宗)の不分割かつ世襲的財産として賜与されたこと、第二に給与の客体が部民制的性格をもち、天武朝において部曲の収公という形で一部が否定されたのもその性格のためであろう。しかし同時にそれが官人貴族上層部の物的特権についての法的な規定であり、公権力による制度的保証である点において、令制的食封に発展する萌芽をふくんでいることをみのがすべきではないであろう。

民部・家部の問題は、食封制の創始をふくむ改新詔第一条を原詔によるものとみなす立場からは、一般に大化改新の「挫折」であり、大化前代への「復古」であり、あるいは「反動」であるとされる。しかし天智朝においてなぜかかる反動がおこったかについて、さまざまな苦心の解釈がおこなわれるけれども、人を納得せしめる理由をあげ得ないのが特徴である。本稿の立場からすれば、それは、挫折でなく発展であり、復古ではなくて一歩前進であり、天智朝が必然的に当面せざるを得なかった課題にたいする解答である。(ハ)の「其ノ民部・家部ヲ定ム」の「定ム」が、賜与の義をふくむことは前記したが、賜与が「定ム」ともいわれるのは、それが限定をも意味するからであろう。改新において部曲をふくむ部民も調査・登録の対象とはされたが、その所有には変更はなかったことを想起するならば、国家による民部・家部の賜与は同時に部曲等の所有を限定することでもある。むしろ問題は、天智朝においてはじめて食封制が課題として登場する根拠であるが、私はこの場合も根本は、前記の太政官—大弁官—六官の成立にあると推測するのである。かかる官制は、それを専有し、運転し、公的職務の執行を担当する特殊な階層としての行政幹部の成立を前提とする。それは支配層内部における社会的分業の発展の歴史的帰結であるとともに、国家が社会から「独立」した公権力となるための条件である。それは大化前代からの伝統的な諸氏族、群卿・大夫層が、官人貴族層に転化することによって達成された。しかしこの転化は、同時に俸禄制の問題を提起するのであって、かかる物的条件なしには、官人貴族層は成立しがたいのである。天智朝においてはこの問題が提起される客観的条件の存在がみとめられるのにたいして、たれしもが一致してみとめる改新における中央官制の未熟、それへの関心の稀薄という前記の条件のなかで、いかにして食封制が議事日程にのぼり得たかさえ説明することは困難であろう。唯一の説明は、ただちに実施する意図はなかったが、理念としてかかげることはあり得るという説明であろうが、このことは改新の理念を高めるようで、実はその逆であることをかんがえるべきであろう。大化改新は、前記のように、切実な課題をもち、それにたいしてアクチュアルな対応をしめした政権であり、理念のための権力ではなかったからである。また「氏」という集団が公法上の組織としてあらわれるのは、天智朝が最初であり、その条件が族姓的秩序の強固な日本的特殊性にあるとすれば、改新詔における食封制が、「氏」の秩序と関連なしに制定されたということも、およそかんがえがたいことであろう。

一方では唐制をモデルとした新しい型の国家機関である六官が設けられ、他方では民部・家部の給与という大化前代的遺制が存在するという対比は、前者には空閑地に建物を建てると同じ容易さがあるのにたいして、俸禄制につながる物的給与は、多かれ少なかれ旧所有関係に制約されざるを得ないからであり、それを改革するためには強力な王権の存在を前提とするからである。前章でのべた天武朝における食封制の数次にわたるドラスティックな改革は、壬申《じんしん》の乱で政権を奪取した天武天皇の専制的権力があって可能だったのであって、その条件を欠いた天智朝には民部・家部の給与が、限度であったとみてよい。この天智朝の限界の問題は、近江令《おうみりょう》の制定の問題と関連してくる。本稿でこの問題に言及するのは、それが「律令制定史」上の重要な問題だからではなく、近江令の存否の問題は、国家成立史における天智朝をどのように位置づけるかに関連しており、国家が体系的法典をもつかどうかは、専制国家の諸段階を画する重要な指標となるからである。私は、「武断的」で、「少数説」とされる「近江令否定説」が正しいとおもう(11)。

「肯定説」をささえてきた基本史料が、書紀の天智十年正月条の分注の「法度・冠位ノ名ハ、具《ツブサ》ニ新律令ニ載ス」という記事と、平安初期に撰上された弘仁格式《こうにんきゃくしき》序の「降テ天智天皇元年ニ至リ、令二十二巻ヲ制ス。世人ノ所謂《イワユル》近江朝庭ノ令ナリ」の二つであり、前者はその内容から、後者はその時期からみて、肯定説を不動のものにする根拠としては薄弱であることはあきらかである。むしろ右の記事をはなれて、天智朝の施政の事実自体から令の存在を推定する方法が正しい解決の仕方であり、それには二つの根拠が存在する。第一は、後述する庚午年籍《こうごねんじゃく》が、その性質上、「戸令《こりょう》」の存在を前提とするとみるべきこと、第二に前記の太政官―六官の官制は、「職員令《しきいんりょう》」に相当する篇目の存在を推定させることである。これ以外に、令の存在を推定させる事実は、天智朝には存在しない。このさい注意すべきことは、「戸令」または「職員令」は（篇目の名称は変化するから、正確にいえばそれに相当する篇目は）、それだけ独立して制定されることはなく、かならず他の関連篇目の存在を前提とすることである。「律令制」という場合の令は単行法の集成ではなく、一つの構成原理をもって組織的に編纂された体系的法典であるところに特質があるからである。たとえば、養老戸令における作物の不熟の場合の賑給《しんごう》の規定は、賦役令《ぶやくりょう》における同じ場合の課役免除の規定と関連対応し(水旱条)、前者の奴婢の規定は、田令《でんりょう》における奴婢の口分田《くぶんでん》班給の規定と(官戸奴婢条)、同じく前者の「帰化人」についての規定は、賦役令の規定と(没落外蕃条)、関連対応している。いいかえれば、はじめに篇目がまず設定され、つぎに特定のケースまたは事項にかんする個々の条項が、各篇目に配置されるのであって、あらかじめ篇目構成が決定していなければ、少なくとも法典としての令は成立しないのが特徴である。したがって庚午年籍から「戸令」の存在を推論することは、田令・賦役令の存在を推論することとなり、「職員令」も「官位令」なしには存在し得ないであろうから、結局それは、大宝・養老令のような体系的法典が、「近江令」という形で天智朝に制定されたこととなり、前記の弘仁格式序のいう「令二十二巻」の成立の伝承とつながることとなる。

しかし問題は、天智朝においてたとえば田令・賦役令に相当する篇目が、いかにして、またいかなる形で編纂・制定され得たかということにある。このことは真剣な論議の対象にならずにきたけれども、田制や徭役《ようえき》労働制の歴史をかんがえれば、私は天智朝において田令・賦役令の制定はまず不可能とかんがえる。浄御原令の時代とちがって、法典化すなわち一般化するための前提条件が、天智朝にほとんど存在しなかったからである。氏上に民部・家部を賜与する段階において、いかにして「禄令《ろくりょう》」が、国造軍《こくぞうぐん》を主体とする時期においていかにして「軍防令《ぐんぼうりょう》」が、また律の編纂さえなかった段階で、いかにして「獄令《ごくりょう》」が編纂され得たろうか。以下任意の篇目についても同様である。もちろん、大宝・養老令とはまったく異なった内容をもつ、したがって唐令とも異質の内容をもつところの「令二十二巻」が、天智朝に成立したということはあり得る。しかしこの想定は、それがかんがえられないほど困難であったことを念頭におく必要があろう。天智朝の一切の施策の特徴は、令制への過渡期というよりはむしろ大化改新の延長の性格をもっていること、固有法が大きな比重を占める過渡期であればこそ、その法典編纂は浄御原令・大宝令の編纂と比較にならないほど立法技術的に困難であることを忘れてはなるまい。浄御原令以下の令の制定は、唐令の継受という契機をぬきにしてはかんがえられないが、壬申の乱と専制権力の成立という内的条件が天武・持統朝に成熟したからこそ、外国法の全面的継受がはじめて可能となったのであり、またその継受によってのみ日本令は立法技術的にも可能となったのである。天智朝の「政治的革新的権力関心」を近江令制定の一つの根拠とする説は[12]、「権力関心」の主体的・客体的諸条件の問題を過小に評価することとなろう。

問題はしたがって、天智朝の太政官―六官が「職員令」を、庚午年籍が「戸令」を前提とするかということにかえらざるを得ない。後者についていえば、庚午年籍は、後述のように、全国的に画一的に施行されたとみるべきだから、なんらかの法令なくしては施行しがたいことは、行政技術的にみてもあきらかである。しかしそのことは「戸令」を前提とするということにはならず、養老戸令の一部をなす造籍関係諸規定は、その分量からみても、単行法(篇章別的構成をもつ「法典」にたいする単行法であって、したがって複数の条項をもち得ることに注意)で制定される可能性が十分あることを注意しなければならない。改新の各種の「詔」が相当長文であった事実も念頭におくべきであろう。単行法であれば、他の篇目の存在を前提としないから、前記の困難さから解放されるので、私はこの方向での追究が今後必要となるとかんがえる。太政官―六官制の場合も、職員令的な篇目の存在を想定するよりは、単行法を想定する方がより天智朝の官制の事実に忠実であろう。職員令の特徴は、各級官職の権限および相互間の体統的統属関係が明確に規定されることにある。令制の宮内省と中務省の前身となる「宮内官《くないかん》」が、後述するように六官の外部に存在したと推定される天智朝の状況において、もし職員令が編纂されるとすれば、宮内官と太政官および六官との統属関係およびそれぞれの権限が明瞭に規定されなければならない。六官・宮内官そのものは唐制の模倣であるから立法は技術的にはより容易であろうが、私は天智朝における六官の制を、令制の八省のような官職体系として整ったものとはかんがえないので、職員令的法文化は想定できないのである。前記のように改新における伴造―品部制の改編は難渋したが、おそらくそれは天智朝の六官の成立にともなってその下部組織としての再編成は進行したにちがいないが、しかしそれが令制の四等官制に従属する品部雑戸《ざっこ》制に制度的に定着するまでにはまだ距離があったとみるのが至当であろう。この場合、下部組織が明確にならなければ、六官は官職体系とはならず、したがって職員令的法文化は困難であることを念頭におかねばならぬ。

令制の官制の成立には二つの類型がある。一つは権限と統属関係を規定した令文がまず存在して、個々の官職が成立する正統的な類型であり、一つはいわゆる令外官《りょうげのかん》方式によるそれである。後者は藤原房前《ふささき》の「内臣」の場合、あるいは「太政官ノ事ヲ知ラシム」という職能を規定した詔による補任が「知太政官事《ちだじょうかんじ》」に転化してゆき、「朝政ニ参議セシム」の詔による補任から参議制が発生する類型である。令制以前は後者が官制成立の正統的方法であるとすれば、天智朝の太政官制の成立においても、大友皇子にたいしてたとえば「百揆ヲ総べ、万機ヲ親《シ》ラシム云々」のような詔を与えることによって太政大臣に補任する形式がとられ、また左右大臣・御史大夫も同様の形式がとられたことを想定し得る。唐制の三師《さんし》三公《さんこう》をモデルとした大宝・養老令の太政大臣に対応して、「近江職員令」に固有法にもとづくなんらかの太政大臣の職権規定がまず存在し、それによって大友皇子の太政大臣補任がおこなわれたと想定するよりは、より自然であろう。大化改新の左右大臣・内臣・国博士の官職は右の令外官的方法よりも単純な方法で成立したとみられるのにたいし、太政官―大弁官―六官は、改新の官制と異なって一つの体系的国家機関であるから、なんらかの成文法の存在を前提することが自然であるとすれば、それはおそらく単行法であって、職員令的なものではあるまい。私は『家伝《かでん》』のいう「旧章《キュウショウ》ヲ損益シ、略《ホボ》、条例ヲ為ス」はそれに該当する表現として、案外真実を伝えているとおもう。ここにいう「旧章」は、改新期の各種の詔として存在する単行法以外には考えられないとすれば、それを「損益」する程度では体系的法典としての「令」の制定は可能でないことは、前記の令の特質から理解されよう。「条例」の用語も、法典よりは単行法の集成としてより素直に理解し得る。形式面からいえば、おそらく改新の諸詔の宣命体を漢文に改めた可能性もあり、また複数の条項から成る単行法の形において制定されたことが、「条例」の新しい意味ではなかろうか。いわゆる「改新詔」は、内容は勿論、形式も、どこまで原詔を基礎にしているかは疑問であるが、それを度外視していえば、複数の項目をふくむ四条の単行法から成る改新詔のような形式こそが、

『家伝』のいう「条例」の表現にふさわしいものであろう。法の形式面においても、天智朝は改新の継承であり、一歩前進であったとみなされる。

「旧章」を損益して制定された単行法にすぎない「条例」が、平安初期において近江令二十二巻という伝承に固定するまでの過渡的段階として、書紀の編纂期が一つの時期を画している。前記の天智十年正月条の分注にいう「新律令」が、書紀編纂期の現行法たる大宝律令を指すものと解すれば、分注全体は、大宝律令の淵源が、天智朝に施行された「冠位・法度ノ事」にあるという意味と解釈されるから、書紀編纂期においてすでに「条例」を、「令」または「令」の起源としてみる観念が存在したことはあきらかである。理由なしにかかる観念が発生するはずはない。この場合、天智紀に特徴的な、いわゆる記事の重出の問題が、それに関連してくる。[13] すなわち「冠位・法度ノ事ヲ施行シ、天下ニ大ニ赦ス」という十年の本文の記事と、冠位制定のことを記した天智三年二月の記事との関係であって、そのいずれかが重出記事であることはほぼ確実であろう。両者の相互関係については、私は十年の記事が三年のそれの重出であるという説にしたがいたい。[14] 冠位の具体的内容を記すのが、冠位制定に関する書紀の記事の例外のない特徴であるのに十年正月紀にはそれがないこと、十年正月以降の記事にみえる冠位は、それ以前と変っていることをしめす資料は一つもないこと、また前記のように冠位制と氏上の決定および民部・家部の賜与が、不可分の関係にあるとみるべきことなどがその理由である。したがって「旧章」を損益して制定された「条例」または「冠位・法度ノ事」といわれた法の実体は前記の(イ)冠位二十六階制と(ロ)氏上の決定および(ハ)民部・家部の支給にほかならぬということになる。このほかにも庚午年籍の作成の事実が、書紀編纂期の人たちに、大宝令の起源を天智朝にもとめる契機となったかもしれぬ。浄御原令施行にともなう画期的な庚寅年籍《こういんねんじゃく》の作成が、国司等にたいする「凡ソ戸籍《コセキ》ヲ造ルコトハ、戸令ニ依レ」という詔によっておこなわれたように(持統紀、四年九月条)、造籍には戸令または令という法典の存在が前提になっているという事実が、書紀編纂期の官人の通念の基礎になっていたから、庚午年籍の作成に戸令または令の存在を想定することは自然のことであり、令制のもとづくところが天智朝にあるとする観念の成立する一つの契機にはなったとみられる。

しかし私は前記の天智三年の(イ)(ロ)(ハ)が、「冠位・法度ノ事」または「近江令」の実体であるとかんがえる方が正しいとおもう。問題は、むしろ(イ)(ロ)(ハ)がなぜ令またはその起源とかんがえられたかにあろう。それには冠位制が律令制官人貴族層の意識においても特別の重要性を想起しなければならない。推古朝以降の書紀のなかで、冠位についての記事だけが、内容を正確かつ具体的に記載しているのは、原史料が保存されてきたためであり、(15) それは冠位制が、官人化しつつある支配層の秩序の根本であったからにほかならぬ。さらに令の諸篇目のなかで、官位令が冒頭におかれるのは、それが令という法典の、もっとも基本的な篇目であるとかんがえられたからであり、また冠位または位階が官職にたいする請求権または専有権をもつ以上、職員令に先行するのは、論理的にも至当なのである。しかし天智朝以前に、推古朝、改新期に冠位の制定があったにかかわらず、冠位二十六階制がとくに令制の起源とみられるためには別の意味がなければならない。第一に前記のように、官位相当制の制度的・体系的確立は浄御原令の制定をまたねばならないとしても、天智朝における太政官—六官制という官職体系の成立は、必然的に冠位と官職との大づかみな対応関係の設定を必要とするから、おそらく冠位二十六階制は、この点で従前の冠位制とは異なった意義をもちはじめたとみられることである。第二に冠位(位階)制は、食封等々の封禄にたいする請求権をともなうという独得の特徴をもっている。それは国家によって保証された経済的特権の基準である点で、官人貴族層の利害関心にとって決定的に重要であった。前記のように民部・家部の賜与が、直接に冠位と結合せず、「氏」相互間のランクの設定と氏上の決定を媒介とする間接的な結合であるにせよ、それが食封制の原初形態であるとすれば、後代の官人貴族層がそこに令制の起源の一つをみとめることはきわめて自然であろう。食封制の起源をのべた条文を、改新詔の冒頭においたと同じ動機がここにもみとめられよう。第三に、「氏」の三段階の設定と、氏上の決定が、官人層にとっていかに重要な意義をもったかは、天武・持統朝の歴史から明瞭である。したがって書紀編纂期の官人層の観念のなかで、前記の(イ)(ロ)(ハ)についての単行法＝「条例」が、令制の起源または成立とかんがえられるのは、法意識の面からも、政治的・経済的利害関心の面からみても、きわめて自然な観念の転化であったとみられる。最後に、天智三年は白村江の敗戦の翌年である。この年に「近江令」の制定ということは時期的に不自然であるが、右の「条例」ならばその不自然さはなく、(イ)(ロ)(ハ)の三条はそれぞれおそらくいくつかの項目から成る単行法であったとしても、立法技術上の困難さはなかったとみてよいであろう。「近江令」をふくむ律令制定史についての長期かつ精密な研究史における諸説の検討をしばらく捨象して、私見の要点だけをのべればほぼ以上のようである。私には、「令二十二巻」はもとより、篇目をもつ法典としての令の制定を天智朝に認めあるいは主張する「近江令肯定説」の方が、天智朝の現実にたいして少なからず「武断的」のようにみえるのである。

天智朝に律の編纂・制定がなかったことには異説はないが、浄御原律の編纂と施行の問題についても、多くの疑問が提起されている。ここで問題なのは、日本の支配層は、浄御原律または大宝律にいたるまで、固有法の慣行以外に自己の「律」または刑法をもたなかったという重要な事実である。中国古代の律令制定史がしめすように、令の制定は支配階級の統治において国家機構の整備および行政の分化が特定の段階に到達してははじめて現実化するが、律は、それなしには専制王権の秩序が存在し得ないという意味で、歴史的にも論理的にも令に先行する法形態であった。したがって改新以後、浄御原令にいたるまで、日本の支配層が令をもたなかったことは、むしろ自然であるが、律なしにその統治が可能であったとすれば、それは一つの問題であろう。注目すべきことは、大宝律施行前の持統紀、文武《もんむ》紀の大赦の記事において、例外規定のなかに「十悪《じゅうあく》」が数えられていることである。隋唐律の十悪は、いうまでもなく大宝・養老律の「八虐《はちぎゃく》」のモデルとなった規定であり、王権と国家の基本的身分秩序を擾《みだ》す重罪の規定である。この十悪の語を、唐の赦文が直写された結果生じたものにすぎないと解釈することは、浄御原律編纂の事実を主張するためとはいえ、史料のとりあつかい方としては正統的ではないであろう。私はむしろ改新以後、唐律の継受が積極的におこなわれ、律の編纂されなかった時期においては、唐律をそのまま適用したのではないかという想定の方が、一系列の関連史料の整合的な理解のためにも、また専制王権は、令はなくても成文法としての統一的な刑法をもたずには支配しがたいという前記の理由からも、問題の正しい解決の方向をしめしているとかんがえる(16)。唐律令と、それを継受した日本律令との相互関係について奈良時代の官人貴族層または法家がもっていた特殊な超民族的国際意識を念頭におけば、右の想定はけっして不自然でないことがしられよう。前記のように、人民にたいする刑罰権は、天智朝においても、改新期と同じく在地首長層が掌握し、そこでは伝統的な固有法が支配していたはずである。かかる段階において、専制王権の領域においては外国法がそのまま適用されたとすれば、ここにみられる法の発展のいちじるしい不均等性、異質の法系の共存関係は、そのまま専制王権の時代における国際的交通の特殊性を反映しているといってよいであろう。

第二節　「政ノ要ハ軍事ナリ」　天武・持統朝

天武天皇が十三(六八四)年閏四月の詔で「政《マツリゴト》ノ要ハ軍事《グンジ》ナリ」とのべたとき、かれは国家について一つの真実を語ったのである(書紀)。本来の意味の政治権力または国家権力は、一つの階級が他の階級を支配し抑圧するための「組織された強力」にほかならず、(1)「軍事」は「強力」の純粋で典型的な表現だからである。「国家」は、このほかにも、多様な制度的、社会的、経済的、イデオロギー的機能をその属性としてもつのが通例であるが、それらは、支配一般の特徴であって、かならずしも国家固有の属性ではない。それにたいして「組織された強力」または「公的強力」という属性は、それを欠くときもはや「国家」ではなくなるという意味において、国家の本質的な、固有な属性である。天武天皇の右の詔は、「国家」の問題を「制度」の問題に転化し、新しい型の国家としての律令制国家が、唐の制度や法典を「輸入」し「継受」さえすればでき上るとかんがえている人々にたいする批判であり、国家という機構が何を基軸としてつくられるかを教えているものである。それは軍事と不可分の関係において展開されてきた大化改新以後の政治を自覚的に定式化した言葉にほかならないが、同時にかれが経てきた経験をも基礎にしていた。その経験は三つの要素からなっていたとみられる。

第一に六七二年の壬申の乱である。文献で知られているかぎりでは、この乱は古代におけるもっとも大規模な内乱であり、国家の中枢である畿内とその周辺で戦われたという点でも、律令制国家成立史上画期的な事件であった(2)。この内乱における勝利者として政治権力を奪取した天武天皇は、自己の政権の樹立が、戦場における軍事力の優越によってのみ可能であった事実を、誰よりも明瞭に経験したはずである。

第二に、天武天皇は、朝鮮半島における六六三年の敗戦、弁解の余地のない日本軍の壊滅を経験している。また同盟または連合関係にある百済・高句麗の二国家が滅亡する事実を経験している。国家とは一定の歴史的条件のもとでは、滅亡し得るものであるという認識、日本の支配層にとってはとくに重要なこの認識は、天武自身の経験によって裏づけられたものとして、かれの政治と深く結びついているものである。ことに百済の滅亡の経験は深刻であったらしい。百済は圧倒的な唐・新羅連合軍によって踏みつぶされるようにして滅びたが、書紀の編者は、高句麗の「帰化」僧道顕《どうけん》の『日本世記《にほんせいき》』を分注に引用して、百済は外部の力によってではなく、内部の頽廃によって自滅したのであり、義慈《ぎじ》王の大夫人＝「妖女《タワメノコ》」が国柄《こくへい》を奪い、賢良《けんりょう》を誅殺したことをその理由としてあげている(斉明紀、六年七月条)。この記事は、百済滅亡の日本における受取り方をしめしている。支配層が、国家という機構を媒介として結集されず、専制君主の恣意的支配のもとにあって危機に遭遇した場合におこる致命的な弱点を、天武も観察し得たはずであり、このことは、かれがその権力をいかなる方向に行使すべきかについての教訓となったにちがいないのである。

第三に、右の同時代人としての直接の経験の上に、天武が書物によって得た間接的な知識を、この時代の経験としてつけ加えておく必要がある。天武の叛乱軍が「赤色《アカイロ》ヲ以テ衣《コロモ》ノ上ニ着」け(天武紀、元年七月条)、また軍旗にも赤色を用いたのは(『古事記』序)、赤帝《せきてい》の子と自負した漢の高祖のひそみにならったものであり、暗にみずからを高祖に擬し、天智を秦の始皇帝に、大友皇子を二世皇帝にみたてたのではないかとさえいわれている(3)。これは、天武が自己の個人的経験を、中国古代の易姓《えきせい》革命を媒介として解釈していること、『漢書』という史書を通して、かれの特殊的・一回的経験は、中国の王朝交替の歴史と観念的に結合されていることを示すものである。したがって壬申の乱の経験は、かれの観念のなかでは国際的広がりをもち、中国の史書の輸入は、その経験の質的変化とその内容の飛躍的拡大を可能にしたのであった。それは物質文化や諸制度の輸入とは異なった質の関連であって、他民族の経験と歴史が、自己の行動を正当化する手段として、あるいはその特殊的経験を一般化する媒介として役立てられるという従来にない観念上の交通が成立しつつあったことをしめしている。『史記』『漢書』等の史書の教える教訓の一つは、どのような重大な政治的変動も、内乱や強力によらないものは一つもないという法則であるから、「政ノ要ハ軍事ナリ」の原則には、天武の個人的経験を越えた古代の国際的経験が集約されているとみるべきであろう。

天武・持統朝の政治は、第一に浄御原令によって確立される律令制的国家機構の樹立であり、第二にその基礎をなす班田収授制および租庸調制の全国的な規模での確立であり、第三に国家の公的な、組織された武装力の建設である。ここではまず第三の問題からはいることとする。これが第一、第二の問題の前提となるからである。第三の軍事政策は、直接には壬申の乱の経験を基礎にしているが、それだけによっては説明しがたいものがのこる。大化改新から天智朝の時代にみられた前述の国際的諸関係は、依然としてつづいていたからである。朝鮮半島の戦争状態は、百済・高句麗の滅亡、日本軍の半島からの撤退によって終結したのではなく、唐軍と新羅との新しい対立と戦争をよびおこし、前者の朝鮮からの撤退、後者による半島の統一による安定は、天武四年になってはじめて確実なものとなったからである。壬申の乱は、六七二(唐・咸亨三、新羅・文武王十二)年および六七四・六七五(唐・上元一・二)年の唐軍と新羅軍との戦争の時期におこったのであって、近江側の使者が、筑紫《つくし》大《だ》宰《ざい》栗隈《くるくま》王に動員を命じたさい、王が筑紫国の守備は、「内賊」にそなえるためではないといって拒否したのは、半島の情勢からみて当然のことであった。これは乱の結果に一定の影響をあたえたのである(4)。唐が半島を最終的に放棄した時期は、高句麗滅亡にさいして平壌《へいじょう》に置かれた安東都《あんとうと》護府《ごふ》が遼東《りょうとう》に、また百済滅亡後に置かれた熊津都《ゆうしんと》督府《とくふ》が、同じく遼東の建安《けんあん》城に移転された六七六年、すなわち天武四年を待たねばならぬ(5)。内乱を終ったばかりの天武政権にとって、朝鮮の情勢はとくに重大な外圧であったにちがいない。日本が百済救援のため相当数の軍隊を半島に輸送できたことは(新羅も日本も奈良時代には一艘百名以上の収容力ある船の造船技術をもっていた)(6)、逆に日本も軍事的に孤立して存在することはできないことをしめしており、それにたいする外交上、軍事上の対応は、天武朝初期の特徴的な事実である。天智朝から何回かにわたって筑紫につかわされた唐の百済鎮将《くだらちんしょう》の使者郭務《かくむ》悰《そう》との外交折衝は、天武期にもつづけられたが、六七三(天武元)年に来朝した同人にたいし、甲冑・弓矢のほかに大量の絁《あしぎぬ》・布・綿を与えているのは、唐軍と新羅との前記の戦争を想起すれば、両国の対立を利用して唐との和親を求める政策であり、唐側もまたそれを希望したことはあきらかである。しかし唐との関係が緩和され、唐軍の半島からの撤退がおこなわれた天武四年から、軍事体制の強化が開始されている事実は、右によって事態が完了したものとはみなされず、新しい形での軍事的対応の必要が考えられていたことをしめすものであろう。

それは第一に畿内の武装の強化である。それは天武四年の兵政官《へいせいかん》(令制の兵部省)の長と大輔《たいふ》の補任にはじまり、諸王から初位以上の全有位者の武装の強化、兵器とくに馬の装備、歩卒と騎兵の分化、戦闘の訓練と技術の習得等々による質的に高い武装力をもって畿内を固めることであった(天武紀〔四年十月、八年二月、十三年閏四月条〕)。それは壬申の乱の経験によって権力の基盤を固める必要が認識されたためであろうが、大化改新における前記の畿内の軍事的意義をかんがえれば、右の措置はその延長であることも注意しておく必要がある。大化の畿内制が、朝鮮三国のそれと関連するとすれば、畿内を特別に武装することは後者の特色であり、たとえば百済の畿内が五部に分けられ、各部には兵五百人が属していたこと(『周書』百済伝)、天武初期にはまだ百済の兵学の影響下にあったらしいことも念頭におくべきであろう。

第二に、畿内の武装は、全国的な軍事体制との対応のなかで、はじめてその意義を理解し得る。天武・持統朝の「大宰《だざい》」または「総領《そうりょう》」とよばれた地方機関は、その一つである。これは一般に行政機関のように説かれているが、その軍事的機能を見のがしてはならないだろう。筑紫・周防《すおう》・伊予《いよ》・吉備《きび》等の大宰は、畿内と北九州を結び、大陸への動脈をなす瀬戸内海沿岸諸国に配置されており、天智朝において半島の戦争に対処する緊急の措置として実施された大和・長門・讃岐・筑紫の築城を継承したものである。吉備大宰が隣国播磨国を管掌し(『播磨国風土記』)、伊予総領(大宰)が讃岐国を管掌したように(持統紀、三年八月条)、大宰は、それがおかれた国の国司が若干の隣接諸国を管領する機関であるが、それが一般行政とともに、軍事基地であり、武器の集積地としての機能をもっていたことが注目される。周防総領(大宰)に儲用の鉄一万斤を、筑紫大宰に絁一百匹・糸一百斤・布三百端・庸布《ちからしろのぬの》四百常・鉄《くろがね》一万斤・箭竹《やのしの》二千連を送付していることは(天武紀、十四年十一月条)、かつて高安城《たかやす》に軍需物資《きだ》が集積されたのと同じことである。また壬申の乱にさいして、筑紫大宰と吉備国司(大宰を兼任)にたいして勅符を下した場合にみられるように、大宰はその管領する諸国の軍兵にたいする差発権と指揮権をもっていたとみられる。瀬戸内を動脈とするかかる軍事体制のなかで特別な位置を占めたのは難波《なにわ》であった。天武十二年に難波を陪都としたのは、中国の複都制の模倣であるとしても、難波が外交上の要所であるのみならず、軍事基地であり、「軍港」であり、三関につぐ重要な関所であったことも忘れてはならないだろう。(7)三関が後述するように内乱を想定した関であるのにたいして、難波は瀬戸内航路と大陸にたいする軍事基地の機能をもっていたのである。大宝令において、筑紫大宰にいたる山陽道が「大路《だいろ》」、東海・東山両道が「中路《ちゅうろ》」、それ以外は「小路《しょうろ》」とされていた一つの理由は、軍事上の主正面との関連からであろう（廐牧令、置駅馬条集解）。

第三に「道《どう》」制の成立がある。天武十四年の巡察使の派遣によって、東海・東山・山陽・山陰・南海・筑紫（西海）の諸道が、天武朝に成立したことが知られ、大化の「四方《よもの》国《くに》」は道制として編成されることとなった。いうまでもなく唐初の「十道」の制にならったものであり、軍事面における百済の制から唐制への転換が明瞭にあらわれるのは、この時期であろう。唐の「道」制が軍事と本来不可分の関係にあったことは、江南道、淮南《わいなん》道に大都督府がおかれたことからも知られ、唐の中期以後、六州を管領して「大都督府」が置かれた揚州の大都督長史が淮南節度使《せつどし》を兼ねたように、行政・財政以外に軍政をも掌握するにいたったのも本来の性格からきている（『唐会要』巻六八、都督府）。したがってたとえば「遼東道行軍大総管兼安撫《あんぶ》大使」といわれるように、「道」は軍事編成と不可分の関係にあり、これは日本の場合も同じであった。仲麻呂の新羅侵攻計画にさいしての東海道節度使に上野《かみつけの》・下野《しもつけの》二国が属し、南海道節度使に播磨・備前等の諸国も属しているように、「道」の範囲は軍事編成に従属しており(続紀、天平宝字五年十一月条)、鎮撫使《ちんぶし》・節度使は「道」を単位として設置される。天武朝における畿内の軍事的意義は、かかる道制や前記の総領制の一環として存在するところにあった。やがて行政区域となる畿内や諸道は、その成立期においては軍事と不可分の関係をもっていたといってよい。

かかる全国的な軍事体制や国土の分割編成は、対外関係を前提としなければ成立するものではなく、五世紀以降ヤマト国家の軍事的拠点となった東国も、ここでは全国的視点から位置づけられ、天智朝にはじまる防人にみられるように、東国は主正面である筑紫の軍備を補強する基地として画定され、東国は西国にたいして第二次的なヒンターラントとしての地位をあたえられる(エミシ問題が軍事上の重要問題となるのは後のことである)。律令制国家が確立すると、本来の軍事的側面は表面から消えてしまい、前記の大宰も大宝令の制定とともに消滅するので(大宰府をのぞき)、国家は法と制度からなる「文化的」構造物にみえるのであるが、その成立期の歴史は、国家の本質を事実によってしめしているのである。

天武・持統朝における軍政上の最大の改革は、いうまでもなく、浄御原令の施行とともにおこなわれた「軍団《ぐんだん》」の創設であり、それは公権力がはじめて独立の常備軍をもつことを意味した。「強力装置」としての国家の制度的完成である。それは造籍によって壮丁数を確認し、国ごとにその四分の一を徴発して兵役につかせるという徴兵制の原則にもとづいている（持統紀、三年閏八月条）。この軍団の成立過程のなかで、天武十四年は一つの画期をなしているとおもう。同年十一月の詔、すなわち大角《はら》・小角《くだ》・鼓《つづみ》・吹《ふえ》・幡《は》旗《た》および弩《おおゆみ》・抛《いしはじき》の類を私家に置くことを禁止し、これを収公して「郡家《ぐうけ》」に（すなわち「評《こおり》」に）納めることを命じた詔は、従来の地方軍制の実体をなしていた国造軍における国造の指揮権を吸収しようとする措置であり、それが軍団制のための準備であることは、右の詔と同一の原則を規定した軍防令の私家鼓鉦《しけこしょう》条と比較すれば、明瞭である。また右の詔において、弓・矢・大刀・甲冑等の一般的な兵器を除外しているのは、この種の兵器は一般兵士の自備とする令制軍団の原則と対応するものであろう（軍防令、備戎具条）。また同年九月の畿内と北陸道をのぞく諸道に派遣された前記の巡察使の任務について、書紀編者は、「国司・郡司及ビ百姓ノ消息ヲ巡察」するという一般的なものとしているが、ほぼ同時に京および畿内諸国に派遣された諸王の任務が「人夫ノ兵ヲ校」することにあったことから考えれば、この時の諸国巡察使の任務の一つが、徴兵制にもとづく軍団制への移行の準備にあり、前記の十一月の詔と対応するものとかんがえられる。以上のことは、府《ふ》兵《へい》制度を基礎とする唐軍制への転換を意味する。これ以前の日本の軍事思想は前記のように朝鮮とくに百済のそれの影響が強かったと推定されるが、天武朝末期に唐軍制へ全面的に転換したとみられ、それはおそらく天武十年二月の浄御原令編纂の詔にはじまる唐制にもとづく国家機構の樹立の一部をなすものであって、前記の唐制による「道」制への移行も、軍団の制と結びついた措置とみられる。軍団は内戦または治安のためばかりでなく、本来はより以上に対外戦争の可能性にそなえての組織であり、したがって軍団の国別および道別の編成、すなわち武装力の領域的編成が当初からの計画であったとみられるからである。

軍団は常備軍であっても、兵士に点定された国内壮丁の四分の一がつねに軍団に上番したのではなく、兵役にあるもののうちおよそ十分の一ずつが交替で軍団を構成したにすぎない。(8) それ以外は家にあって家業を営む農民である。兵と農との未分離が特徴であり、実体は国造軍といくらもちがわないのである。また兵役は徭役労働の転化した形にほかならなかった。浄御原令の成立までは、歳役《さいえき》や雑徭《ぞうよう》等の徭役から分離していなかった兵役が、(9) 軍団制の成立によって分化したにすぎない。日常の兵士の勤務日数が六十日であるのは、雑徭六十日の日数に対応するのもそのためである。(10) 後年に「兵士《ヘイシ》ノ賤《セン》、奴《ヌ》僕《ボク》ト異ル無シ」(『類聚三代格』天長三年十一月官符)といわれた兵士から構成される軍団は、古典古代および古ゲルマンの軍制と比較すれば、東洋的専制国家の特徴を端的にしめすものである。自己の所属する共同体を防衛するための名誉ある兵士の仕事は、ここでは公民の苦役に転化され、「奴僕」に等しい賤業としてはずかしめられる。かかる形において強力的に創出される軍団は、その徴兵制をつらぬくためには、一般公民のいわゆる「個別人身的」な把握を前提とし、前記の持統三年の詔が、兵士役とともに造籍を命じているのはそのためである。国造軍という首長層の権力に依存する軍制から分離した国家独自の強力装置をつくりだす事業は、結局は、行政に依存し、かつそれによって制約されるという軍事と行政の相互制約の関係がこの段階で明瞭にあらわれる。強力と軍事の問題は、孤立した問題としては存在することができず、公権力に組織された階級の人民にたいする全体的な把握によって規定されている。この後者の面で、浄御原令の制定は、大化改新、天智朝以来の国家成立史における重要な画期であり、律令制国家はこの時期においてはじめて全面的に確立されるのである。軍団制をふくむ天武・持統朝の軍制の発展が、壬申の乱だけでなく、対外的契機を捨象しては説明しがたいにもかかわらず、それがなぜ浄御原令の制定をまって完成されたかという問題は、国際的契機によっては説明することはできない。国内における国家権力の特定の発展が基本条件であって、それによってはじめて国際的契機は内政の一環に転化してくるのである。

浄御原令によって確立された諸制度のうち、右の兵役がそこから分化してきた徭役労働についていえば、「雑徭」の制が同令によってはじめて確立されたことは、一つの画期といわねばならない(11)。同令の制定以前までは、在地首長層が領域内の人民に課していた徭役労働は、法制上は国家の規制外にあり、伝統的慣行または首長の恣意によって課されていたことをしめすからである。徭役賦課権こそは、人格的支配にもとづく旧首長制における剰余労働収取の決定的な要素である。雑徭制の成立は、それを地方公共事業のための労役として公権力のなかに組織したことをしめす。また改新においてはなんら規定されなかった歳役およびその代納物の庸《よう》の制度も(それは仕丁・廝《かしわで》丁の資養物としての大化の庸布《ちからしろのぬの》・庸米《ちからしろのこめ》とは異なる)、浄御原令によって確立されたとみられる(12)。第二に、調は、前記のように、大化に田調《たのちょう》、戸調《こちょう》、男身の調についての規定がみえ、その後の経過は不明であるが、唐制と同じ人頭税としての調は浄御原令によって一般的になったと推定されている。第三に田租制の制度的確立も、浄御原令の施行と関連しているとすれば(13)、令制の税制の基本をなす租庸調制および雑徭制が制度として確立した時期は、浄御原令の施行のときとしなければならない。独立した公権力を維持するための統一的税制が、国家の基本的属性の一つであるとすれば、この側面からみるかぎり、国家の成立は大化改新・天智朝にはじまって、浄御原令によって全面的に完成したといってよい。これらの税制は公民の編戸および造籍と不可分の関係にある。それは三つの段階を経て完成された。第一は改新における前記の意義の第一次編戸であり、第二は六七〇(天智九)年の庚午年籍であり、第三は浄御原令の施行による六九〇(持統四)年の庚寅年籍による第三次編戸である。庚午年籍による第二次編戸の特徴は、(イ)全国的に施行されたこと、(ロ)戸籍が一里一巻の形でまとめられたらしいことから推測して、里制を基礎として編戸がおこなわれたこと、(ハ)戸主および戸口の続柄も記載されたとみられたこと、(ニ)良賤の区別のほかに、部《べ》・ヤカラ・人《ひと》等をふくむ氏姓の確定が戸籍の重要な機能とされたこと等である。[14] 庚寅年籍は、基本的には庚午年籍を継承するものである。重要な相違は、(一)それが浄御原令の「戸令」によって実施されたことであって(持統紀、四年九月条)、このことは令制の六年一造制による造籍がここから出発したことを意味する。計帳の起源は不明であるが、それが浄御原令以前にさかのぼるとは想定できないから、おそらく同令によって、戸籍・計帳の関連も法定されたのではなかろうか。(二)庚寅年籍が、庚午年籍と異なって、班田収授制の実施と関連していることである。[15] 班田制の前提となる田積《でんせき》法、すなわち町段歩《ちょうたんぶ》制は浄御原令によって決定したのであって(改新詔の規定はとらない)、班田制の実施は、制度上、各戸の奴婢をふくむ戸口の一人一人についての調査・

登録を必要とする。また班田制は必然的に公民の耕地の交換分合、場合によっては条里制地割にもとづく新しい集落の造成をともなうから、編戸の意味が、班田制をともなわない庚午年籍の場合とちがってくるのは当然である。旧自然村落を一定戸数から成る里に編成する行政上の措置が厳密に施行されたのは、浄御原令からとみなければならない。大化改新における一般的編戸と校田との対応関係は、ここではじめて制度的に完成される。この税制と班田制の意義については次章で言及するから、ここでは浄御原令制定が、律令制国家の起点であり、大化改新以降の前史の終末であることをのべておけばよいのである。

浄御原令に制定された公地公民制が、強力で体系的な国家機構の存在を前提とすることはあきらかである。それは国衙機構と中央の官僚機構との二つの系列において問題となるが、ここでは次章との関連で後者についてだけのべることとする。浄御原令による天智朝の官制の改正点は、太政官の統属下にある前記の六官が八官または八省に変った点にある。すなわち六官が名称を変えて六省になるとともに、新しく宮内省と中務省とが加えられて八省が成立し、(16)これによって律令制国家の最高機関が最終的に確定したのである。この場合注目すべき二つの事実がある。第一に、中務省《なかつかさ》は、唐の三省のうちの中書省《ちゅうしょ》をモデルとしたものであることは、両者の長官である中務卿と中書令の職掌の比較から明瞭であるから、浄御原令は尚書省と対等の機関として存在した中書省を、下級機関たる八省の一つとして編成したのであって、唐官制の重要な変更としなければならない。第二に、宮内《くない》省は、中務省とちがって、その前身としての宮内官がすでに天智朝において存在した。その特徴は、天皇の家産制的組織すなわち内廷を管掌する機関として、六官の外部に別個の機関としておかれた点にある。[17]それは宮内官(宮内省)に相当する唐の殿中《でんちゅう》省が、六部の外におかれている官制をそのまま継承したといってよい。浄御原令は、これを修正して、宮内省を八省の一つに編成したのであるから、これまた重要な修正であるといわねばならぬ。問題は中務・宮内両省の成立についての右の事実の評価にかかっているが、それは「天皇即国家」または「朕即国家」[18]の体制の確立であり、壬申の乱後の強力な王権の確立がその基礎にあるとみられている。私はこれにたいして、右の事実をその反対の方向に評価したい。その相違の基本は、太政官と八省が古代国家史上においてもつ意義についての評価と関連している。次節で考察するように、太政官が唐制の門下《もんか》省を吸収し、同じく八省が中書省を吸収した事実をもって、私は、君主の統治権が、支配階級の共同機関としての国家機構、貴族階級の城塞としての太政官・八省によってそれだけ制約されたというようにかんがえ、天皇制が国家を包摂したのではなく、逆に国家が天皇制の一部を機構内に編成したとみなすのであり、したがって日本の天皇の独自的権力は、中国の皇帝のそれに対比して相対的に弱いとかんがえているからである。中務・宮内両省の成立が「天皇即国家」の表現とすると、太政官・八省という国制は、基本的には平安時代まで継承されるのであるから、いわゆる摂関時代も「天皇即国家」でなければならず、この間におこった天皇制の権力の重要な変化の説明が困難になろう。その規定は概念として不明確であるばかりでなく、君主独自の大権と、臣下として国家機構に組織された支配層とのあいだに存在する対立的モメントを解消する危険をもっている。この「天皇即国家」という規定は、天武天皇の強力な王権と関連しているので、問題はその評価と関連するのである。

内乱を指導して権力を奪取した天武・持統の王権が、それ以前の王権と質的に異なる性質をそなえ、専制的かつ強力であったこと、絶対的・神的権威さえ付与されたことはいうまでもない。天武十三年の「八色《ヤクサ》ノ姓《カバネ》」の制定の目的が、親王さえ臣下の列に加えることによって「天皇絶対制」を確立し、かつその親王を臣下と懸絶せしめることによって皇親の優位を確保しようとしたこと、改新のさいの「天覆地載《アメハオオイチハノス》、帝道唯一」(孝徳紀、即位前紀)の理念を、一個の生きた人格のなかに体現しようとしたことにある。(19) しかしこれによって天皇は「絶対」となったろうか、あるいはなり得たであろうか。支配するものと服従するものとの相関関係においてのみ成立する権力の領域において、「絶対」

が志向されるのは、いかなる条件のもとにおいてであろうか。たしかに持統の初年にいたるまで一人の大臣も任命されず、天皇と皇后と草壁《くさかべ》以下の諸皇子によって国政の基本が決定された事実は、権力の専制的性格を明瞭にしめしている。しかし天武がその専制的権力をいかなる方向に、どのような目的をもって行使したかによって、その権力の質が決定されるのである。かれは天智朝の太政官・六官制を廃して、専制的権力を確立するためではなく、持統四年に復活される太政官制を浄御原令という法典によって恒久的国家機構とする条件をつくるために、その強力な王権を行使したのである。一切はそのための準備であった。官人貴族層にたいする令制的食封制を確立するために、天智朝の部民制的食封制を否定するために、いかに前記の強力的な措置をとったかを一例として想起する必要がある。しかし令制の食封制を大化前代以来の私民支配が否定されたという側面だけを強調するのは正しくない。官人貴族層に属する個々の家産制的支配が、大化直前に、それを管領する在地首長層の進出によって危機におちいっている状態から、国家と法によって恒久的に剰余生産物を収取する特権を保証される体制に移行すること、すなわち官人貴族層全体の、すなわち階級としての「共同利害」をまもる機構としての国家をつくることが、天武の課題であった。すなわち天武は臣下たる官人貴族層に権力を配分し分有する恒久的体制をつくるためにその専制的権力を必要としたのである。問題はその方式がいかなる形をとったかにある。壬申の乱の「功臣」の登用は、王権独自の権力をしめす一つの標識となろう。

天武朝の納言《なごん》・大弁官《だいべんかん》・六官の長のなかに、多くの功臣を見出すことは、天皇の専制的権力をしめす特徴的事実の一つである。しかしそれは日本の古代の歴史においてという限定を必要とする。天武が自己をそれに比定した漢の高祖と比較するならば、功臣の性質、登用の仕方およびその規模等において根本的に異なることが理解されよう。高祖は百四十三人の功臣を諸侯に封じたが、そのなかの七〇パーセントをしめる中涓《ちゅうけん》・舎《しゃ》人《じん》・卒《そつ》・客《きゃく》の出身のものが、創業後に、相国《しょうこく》・丞相《じょうしょう》・大尉《たいい》・御史《ぎょし》大夫《たいふ》のような三公またはそれに匹敵する国家枢要の官職を歴任している。(20)しかも中涓は主人に洒掃《さいそう》雑役を奉仕する家内隷属民であり、舎人はそれ以下の賤民奴婢的存在であり、一般戦闘員たる卒は舎人以下に位置し、客は寄食の徒とされている。これを壬申の功臣の登用と比較することが困難なほど両者のあいだには量質ともに決定的な相違がある。天武が制度上のモデルとした唐王朝についてみても、九人の宰相を出した創業のいわゆる「二十四功臣」のうち、九人(21)は寒賤または卑賤の身分に属する官人であり、その一人秦叔宝《しんしゅくほう》はもと隋将の帳内《ちょうない》であって、漢の高祖ほどではないが、天武朝の功臣登用とはこれまた量質ともに異なる。後者の場合、注目されるのは、むしろ納言・大弁官・六官の長のなかに、石上《いそのかみ》

（物部）・藤原・阿倍・紀等の大化前代以来の閥族が名前をつらねていることである。この相違の理由は、一介の布衣《ふい》、泗水《しすい》の亭長《ていちょう》の蜂起と皇太弟の謀叛という出自にもとめるべきではなく、むしろ布衣にして天下をとり得るような内乱の規模と質と深さが、壬申の乱に欠けていたことが問題であろう。天武は「赤色」のシンボルを模倣することができ、功臣登用のさいも高祖を念頭においたかもしれぬが、所与の客観的諸条件、すなわち所有関係、生産関係に基礎をおく階級間の諸関係が、中国と日本とで相違する事実をいかんともすることはできなかった。「天皇絶対性」を確立したかにみえた天武といえども、与えられた歴史的条件のもとでのみ、歴史に参加し得たにすぎない。

すべての危機と同じように、壬申の乱の経験は、制度や秩序と関係なく、事実上の権力がどこにあるかをしめした。国家がまだ社会から独立した独自の強力装置をもたない段階にあっては、直接生産者から剰余労働を直接収取するその場に権力がある。まだ兵士役を分化せしめていない徭役を賦課する権力をもっている在地首長層の向背《こうはい》が、天武のようにそれを積極的な形で動員し得た場合も、近江朝廷のように否定的に作用した場合も、内乱の帰趨を決定したのであって、この事実を前にして不破を動かなかった天武は従来の諸天皇の経験したことのない孤立を味わったはずである。しかもかれに与えられた課題は、そのような階級を臣下として、国家の官僚として組織すること、いいかえればかれらを服従させ、組織することによって、権力をそれに配分し、それだけ自己の権力を制約すること以外になかったのであるから、政変は経験しても内乱を知らなかった天智天皇以上に、客観的な制約のもとにあった。天智朝においては氏上は一方的に上から決定されたのにたいして、天武は氏上未定の者は理官に申告させ、氏の分立さえ認めている。氏姓や族姓が、新しい国家における政治的・経済的特権と不可分の関係におかれたこの時期において、氏上の決定権を握っていることは、支配層全体にたいする天皇権力の重要なポイントであるが、その行使の仕方において、天武がより慎重であるところに、内乱による変化がみとめられる。「族姓」や「氏姓ノ大小」を官人の考選の条件とすることは、君主権がそれだけ旧秩序によって制約されることであり、賤民奴婢的身分の者でさえ、君主の功臣または寵臣であるという理由で、国家の顕官、王侯の地位を与え得る高祖の自由で専制的な権力を放棄することであり、旧支配層にとって、その権力が君主にたいして保証されることである。このことは右の制約から解放されたかにみえる大宝令においても変らなかったことは、第五節でのべよう〔第五節は草稿にはあったがのちに削除された。「あとがき」参照〕。この点において日本の古代国家は、中国に比較してはるかに族姓的・貴族制的であったといわねばならぬ。

官人貴族層のかかる秩序にたいして、君主も、中国のように君主一人の人格に権力が集中されるのではなく、天皇を中心とする身内的・族制的集団が、「皇親」という形で、一個の政治勢力とされるという日本的形態が対応するのである。中国の古代国家は、古代オリエントの専制国家の体制に比較すれば、国制における貴族身分の地位が強く、唐の門下省の存在にもそれがあらわれているが、その中国に比較しても、日本の政治体制はより貴族制的であり、伝統主義的族姓の秩序が強固であった。また天武天皇の神的権威も新しい特徴的な事実であるが、「大君は神にしませば赤駒のはらばふ田井《たい》をみやことなしつ」(『万葉集』四二六〇)は、たんに壬申の乱に勝利した天武の強力で専制的な王権の「反映」ではない。天皇の人格が、田井を都にかえ得る特殊な霊威の所有者すなわち「神」としてあらわれ、それが美意識の対象となっているところに、この歌謡のもつ特別の意味がある。古代首長層一般が特殊な霊威＝タマ(mana がこれに相当しよう)を保有し、自らも「神」であるとかんがえられていた時代の観念が、天武の人格に集約されたところに、この歌謡の歴史的特質がある。天皇＝「神」の観念は、臣下のこの意識が壬申の乱を契機として生みだした所産である。支配層の意識がみずからつくりだした神的権威が、独立の力に転化し、天皇の権力としてかれらの上に君臨し、それに臣従することによってはじめて自己の存在が確認されるという「疎外」の関係は、古代の国家観念に多かれ少なかれ共通しているが、内乱による族制的・首長的階級の歴史への進出が、この時代の天皇についての意識形態を規定している点に一つの特徴がみられるのである。「天皇即国家」は、国家体制についての規定ではなく、「王土王民」と同じように、一つのイデオロギーである。前近代においては、権力の組織体としての国家自体が抽象的観念として分離することは、一般に困難であり、律令制国家の場合でさえも、国家の観念は天皇制の家産制的支配と分離していなかった。[22] しかしこのことは、権力の実体がそうであったことをしめすものではなく、また天皇制から区別された公権力の観念がなかったことを意味するものでもない。イデオロギーから権力の実体を説明するのではなく、その逆でなければならないことはいうまでもない。天皇制は、法およびイデオロギーの面では、臣下＝官人貴族層の共同の機関としての太政官—八省—国衙を包摂する関係にありながら、両者のあいだに存在する対立的モメントを無視すべきでないことは前記した。大宝令の太政官制の成立は、右の対立的モメントの展開の歴史のなかにすえて理解すべきであるとかんがえるのである。出発点をなす天智朝の太政官制は、令制のそれと性格を異にして、一つの重要な矛盾をふくんでいた。「太政大臣」の「大臣」は、本来「臣」を代表して最高の国政を担当する性格をもつにかかわらず、大友皇子がそれに補任されていること、また太政官は国政に関する最高の合議体の性格をもつにかかわらず、大友皇子は「総百揆」「親万機」という天皇大権を代行する存在として太政官の内部に君臨していることがそれである。これは天智朝の国際的軍事的危機による権力集中の必要と、左・右大臣に代表される群卿・大夫層を統合した結果として生れた矛盾であって、それはつぎの段階において解決さるべき課題であった。

大津皇子の太政大臣就任がなかったとすれば[23]、天武朝においては太政大臣の任命はなかったこととなり、持統四年の高市皇子の任命によって、太政官制は復活したことになる。これは浄御原令の施行にともなうものである。近江令の制定を肯定する立場に立てば、天智朝の太政官制と持統朝のそれとの間には重要な相違はなくなるが、本稿のように前者を単行法によるものとする立場に立てば、後者ははじめて令という体系的法典によって確立された太政官として、国制のなかに不動の地位をしめることとなり、一つの重要な画期をなすものである（天武朝における太政官制の中断も、天武の専制によるだけでなく、天智朝のそれが法典によって確立されていなかったことと関係があるのではないか）。しかし持統朝においても、皇子の太政大臣任命という形で、天智朝の遺制はつづいているのであって、それに根本的な改革が加えられたのは大宝令の制定によってである。令制において親王が太政大臣の地位についたことが一度もないという注目すべき事実は、法によってそれが規定された結果ではなく（むしろ官位令は一品《いっぽん》親王は太政大臣と規定している）、不文の慣行として確立されていたからとみるほかない。この事実を「天皇不執政」の伝統的原則の皇親への拡大と解することは、一つの理念による解釈ではなかろうか。私はむしろ天皇権力または皇親勢力を太政官制から制度的に疎外することが、大宝令における立法の基本的精神であって、右の慣習法もその結果にほかならないとかんがえる。

大宝令の制定後にあらわれる「知太政官事《ちだじょうかんじ》」は、その点で、注目すべき制度であろう。(24) それは七〇三(大宝三)年から七四五(天平十七)年にいたる期間に存在し、刑部《おさかべ》親王以下四人の天武系の皇孫子が任命されたのが特徴である。本来官名でも職名でもなく、たんに「太政官ノ事ヲ知」らしめたのが職名に転化したものである。注目すべきことは、それが太政官の外部にある職であることであって、天皇と太政官を連結し、媒介する役割ははたせても、後者の合議体の内部にはいってこないところに、親王が太政大臣に任命されないという前記の慣習法と表裏の関係があるようにみえる。この時期における皇親は、天武・持統の専制的統治のあとをうけて、まだ強力な勢力であり、(25) 皇子を太政大臣に任命する伝統を容易に断ちきることができない結果として「知太政官事」という過渡的な制度がおかれたものとおもうのである。それさえも、藤原不比等《ふひと》が太政官を総裁している間は中断し、その死の翌日復活している事実がしめすように、令制の太政官の精神からいえば消滅すべきものであり、事実前記のように天平期には消滅したのである。

これによって、太政官は、天皇の家産制的支配から区別された国家最高の公的機関として、また官人貴族層の階級的共同利害をまもる機関として確立されたのであり、天智朝以来の伝統を断ちきったのである。大宝令において、太政大臣が、いわゆる「則闕《そっけつ》ノ官」とされたのも、皇太子太政大臣制の伝統を一旦断つところに、制定者の意図があったのではなかろうか。

その転換点をなす大宝令の制定・施行は、同時に太政官―八省―国衙等々の官僚機構が、令という非人格的な規範にしたがって自律的な回転を開始した時期でもあった。それは一度回転しはじめれば、それ自身の法則にしたがって自己運動するのであって、それを掌握しそのなかに地位を占めなければ、どのような権力も権力として作用しない時代の始まりである。大宝令は日本における国家の最終的な完成をしめす法典であるといってよい。しかしそれはつぎの面を忘れるならば一面的となろう。この時期の太政官には特徴的な構成原理がある。奈良時代初期には、旧閥族は一氏族から一人を議政官におくり、その者が死んだ場合、他氏に優先して後継者を議政官に送るという慣行である。したがって参議以上の議政官は、多治比《たじひ》・阿倍・大伴・石上(物部)・藤原・紀・粟田・小野・下毛野《しもつけの》等々の諸氏が一人ずつ朝政に参与する形をしめしている。(26) 壬申の乱にもかかわらず、旧閥族は、依然健在なのである。国家機構の成立、法典の制定は、右の事実と矛盾するところなく、むしろそれらの諸氏族の共同の機関、共同の規範として運営されるところに、古代国家の日本的、貴族制的、族姓的特徴がみられるのである。同時にこの時期までに壬申の功臣がほとんど世を去っていることは、(27)天武天皇の専制的支配の時代との結びつきが絶えて、新しい時代が到来しつつあることを象徴しているだけでなく、推古朝から天武朝にかけて日本の支配階級の権力の集中を必然ならしめた東アジアの戦争と内乱の周期がすでに過去のものとなったこと、国家成立の歴史に強力に作用した国際的契機が、別の形で作用しはじめたことをしめしている。天智八年以来三十二年にわたる長い中断の後に、大宝令の編纂者の一人である粟田真人《あわたのまひと》を遣唐執節使《しっせつし》とする遣唐使の再開は、日唐関係の新しい時代を画する事件である。浄御原令・大宝令の制定にみられる専制国家の新しい段階の成立という国内的条件が遣唐使再開を規定する基礎となっており、外交は内政の延長であって、後者が前者に転化してゆくのである。

第三節　東洋的専制国家　天皇制と太政官

律令制国家を、大化前代の支配形態から区別する基本的な標識は、㈠支配階級が、「機構」、すなわち整序された国家の諸機関または官職の体系という機構によって、人民＝公民を支配し統治すること、㈡この国家機構を専有する支配層が、官僚制という特殊な職務体統制によって編成されていること、㈢国家の構成と統治は、大宝令・養老令等の基本法およびそれに従属する格式等の「法」を通じておこなわれたという点であろう。これらの特徴をもつ国家は、かつての支配階級、とくに王権を中心に結集した「臣連」または群卿・大夫層、すなわち畿内・近国の首長層が、大化前代においてもつことのできなかった新しい型の支配の手段であった。それは、いうまでもなく唐制をモデルとした国家であって、日本に自生的につくりだされたものではないが、同時にそれは、推古朝以来の支配階級の内部的編成の変化の過程の総括であり、大化改新から大宝律令の制定にいたる約半世紀の激動のなかで形成されてきた支配体制である。それは、大化改新以来の国家体制の成立過程によって、その国家としての性格を規定されている。しかしこの律令制国家が、全体としていかなる類型の国家であるかという基本的問題について、一致した意見または共通の立場さえ存在していないのである(1)。私は、律令制国家を、中国や朝鮮のこの時代における諸国家とともに、いわゆる「東洋的専制国家」の類型に属する国家であるとかんがえる。しかし日本をふくむこれらの諸国家の間に、重大な相違があり、その結果として、同一の類型に属しながら、形態上多様な変異をもたらしている事実は否定できない。それはそれぞれの国の支配階級が、対内的ならびに対外的な諸関係において独自の歴史をもったことの結果である。したがってここでは、律令制国家が「東洋的専制国家」の一つの型としてとらえることが正しいかどうか、またいかなる意味で、それが正しいかをまず支配階級内部の問題として考えることに限定する。前記のように、この国家が、対人民の関係で、いかなる型の支配形態とみなすべきかは、次章の課題だからである。

律令制国家の中央の機構をなす二官・八省・一台のうち、基本をなす国家機関は、太政官と八省であり、日本独自の国家機関である太政官が、法的にも歴史的にももっとも重要であることはいうまでもない。太政官において議政官の地位を専有する身分は、大化前代の群卿・大夫層の系譜をひく世襲的閥族としての官人貴族層であり、太政官という国家機関は、歴史的にもこれらの官人貴族層の城塞の役割をはたした。したがって、天皇制と太政官の相互関係は、律令制国家が「専制国家」であるかどうかを検討する一つの重要な問題となり、それを「専制国家」またはデスポティズムと規定することにたいする批判は、一つはこの問題についての見解の相違に由来している。

太政官は、八省諸司および諸国を統轄し、大政を統理する機関であり、「社稷《シャショク》ノ鎮守、国家ノ管轄」といわれ、「天下ノ事、悉《コトゴト》クコノ官ニ決ス」といわれたのは(『職原抄』)、それが国家の最高機関であったからである。それは機能において明確に区別される二つの部分から構成されていた。一つは太政大臣・左右大臣・大納言(後に中納言と参議がこれに加わる）等のいわゆる議政官によって構成される本来の意義の太政官であり、一つはそれに付属して事務局的な機能、すなわち八省と諸国衙とを管轄し、それを右の太政官に媒介する機能をはたすところの弁官局である。それに侍従の役割をする少納言局が、ふくまれていた。以下問題にするのは、主として第一の上部機関としての、狭義の太政官についてである。この太政官は「国家ノ大事」すなわち国家の政策を決定し執行する機関であり、構成員は分掌の職ではなく、したがって厳密な意味の官僚制の秩序にはいらず、むしろその上に立って国家の諸官司を統理する機関である。それは太政官の首席によって主宰される一個の合議体であるところに基本的な特徴があった。太政官という機関は日本独自の制度である。その官制は、唐の三省すなわち中書省・門下省・尚書省の官制を統一したものであるが[2]、唐の場合、これらの三省が並立していて、法上の意味においては、三省を統轄するところの最高機関である独自の合議体が官制としては欠けている。この相違は、両者における君主と官人貴族層との歴史的な相互関係のちがいを反映するもので、唐の国制は、日本のそれよりも、独自で強力な君主権が制度的に表現されているのである。

　唐の場合、中書省は詔勅を起草し、表章にたいする天子の批答《ひとう》の文案を草する等、天子の意志を表示・宣下することを掌る機関であり、門下省は中書省より下された詔勅を審査して覆奏《ふくそう》し、異議あればこれを修正上還する外、諸司より申奏する奏抄《そうしょう》等を審査して違失を駁正《ばくせい》する機関であって、天子の意志にたいして同意を与える機関である。尚書省は吏部・戸部・礼部・兵部・刑部・工部の六部の行政機関を統括して、詔勅奏抄等を執行する機関である。国家の重要事項は、以上の三機関を経由するのを通例としたことは、国家統治の意志が天子一人によって決定されるものでないこと、ことに事実上貴族の意志を代表する機関である門下省という同意機関の存在は、唐の政治が「君主独裁政治」でなく、「天子と貴族との合意によっておこなわれる貴族政治」であったことをしめすとされる。(3) 右のような異なった権能が三省に分割され、分立している体制と、日本の太政官のように、政策の審議・決定の権能とその執行の権能とが一つの機関に集中され統合されている体制とを比較した場合、後者の方が君主権にたいする官人貴族層の相対的地位がより強いとみなければならない。審議・決定権と執行権の統一が、その分離よりも、より強い国権の掌握であることは、原理的にも推定されるからである。それは、日本よりややおくれて唐の三省を模倣した渤海《ぼっかい》の国制、すなわち尚書省に当る政堂《せいどう》省、門下省に当る宣詔《せんしょう》省、中書省に当る中台《ちゅうだい》省の三省分立体制における渤海国王の君主権の独自性をみても推測されよう(『新唐書』渤海伝)。一般に専制王権のもとにおける国務分掌の体制は、臣下の権力を弱めるものである。それは、唐の尚書省被管の六部をモデルとしたと推定される百済の内臣《ないしん》・内頭《ないとう》・内法《ないほう》・衛士《えいし》・朝廷・兵官の六佐平《ろくさへい》による国務の分掌体制における義慈王の専制君主的地位から類推しても理解されるところである(『旧唐書』百済伝)。

君主権にたいする太政官の、したがってそれによって代表される官人貴族層の地位が、唐・渤海・百済等に比較して相対的により高いという事実は、つぎの点にもあらわれている。令制においては、太政官が上奏して勅裁を仰ぐべき重要な国事としてつぎの九項目が規定されている(公式令、論奏式条)。(イ)大祭祀、(ロ)国用の支度《したく》、(ハ)官員の増減、(ニ)流罪以上および除名の断、(ホ)国郡の廃置、(ヘ)兵馬一百匹以上の差発、(ト)蔵物五百端以上の価格に相当する物資の使用、(チ)勅授の外に五位以上の位階を授与すべきとき、(リ)律令に正文なくして議奏すべき事項の九項目である。これらの事項は、唐制の奏抄、すなわち諸司より上奏して勅裁を仰ぐべき事項の上に(『大唐六典』侍中条)、天子から命令する形式であるいわゆる「王言《オウゲン》ノ制」に属するところの発日勅《はつじつちょく》に規定されている事項を加え(同上、中書令条)、若干の修正をもって論奏《ろんそう》式の規定に統合したものであって、それだけ太政官の奏上によるべき事項は広汎となっており、したがって君主権にたいする制約も、形式上、より強化される結果となっている。

日本をふくむ中国・朝鮮の古代国家において、統治権の総攬者が君主であることはいうまでもないが、そのことは統治権の発動の仕方に多様性があることを否定するものではなく、かえってこの多様性のなかにそれぞれの支配階級内部の、あるいは被支配階級にたいする諸関係の特殊性があらわれてくるのである。国家の基本的特徴の一つは、それが「支配階級の諸個人が、かれらの共同利害を主張する形態」であることにみられる。(4)律令制国家の上級諸機関を専有する官人貴族層と王権から成る支配階級は、即自的にはなんら階級として「共同利害」の主張のために結集しているのではなく、反対に、諸氏族または諸個人間の個別的・私的利害のために、融和しがたい対立と矛盾によって分裂していることは、大化前代からの歴史自体が実証している。支配階級が、個別的・私的利害を越えた階級としての意志を定立するためには、「法」または「国家意志」(5)という一般的な形をとらねばならず、王権をふくむ支配階級の個々の構成分子が、客観的な規範としてそれに服従することによってのみ、かれらは外部および内部の敵対的勢力に対抗して、階級として結合し得るのである。この意義は天皇をふくむこの時代の支配層によって明瞭に認識されていた。中納言石川年足《いしかわのとしたり》の上奏文に「臣聞ク、官ヲ治ムルノ本ハ、要《カナラズ》、律令ニ拠ル。政ヲ為スノ宗《ムネ》ハ、則チ格式ニ須《マ》ツ」とみえ(続紀、天平宝字三年六月条)、孝謙天皇の宣命に「此ノ如《カク》ク宣《ノ》リ給ウ大命《オオミコト》ニ従ワズアラン人ハ、朕《ワレ》一人極メテ慈《ウツク》ミ賜ウトモ、国法《クニノノリヤ》已ムヲ得ズ成リナン」とあり(同上、天平宝字元年七月条)、ことに貞観格序《じょうがんきゃくじょ》に

「然レバ則チ、格ハ律令ノ条流、政教ノ輗軏《ゲイゲツ》ナリ。君、百姓ト之ヲ共ニスル者ナリ。君、之ヲ上ニ失ウベカラズ、臣、之ヲ下ニ違ウベカラズ」とあるのは、君主が臣下とともに法によって拘束さるべきことを明確にしている。階級としての「共同利害」を表現する法または「国家意志」を媒介とする支配階級の結集の仕方は、律令制国家以前には存在しなかった新しい特徴であり、したがって、法の定立過程の分析は、統治権の発動の具体的な形態、王権対官人貴族層の相互関係の特殊性を知るための手がかりとなるのである。

ここで問題になるのは、法の形式的側面であって、内容ではない。律令制においては、支配階級の意志は、圧倒的に法の形で示されるが、そのうちの任意の法令、たとえば七〇六(慶雲三)年の、王公諸臣の山野囲い込みを禁止した詔において、この法の内容的側面は、この時期前後の生産関係とくに土地所有関係に実在的な土台をもっており、その分析のみが、個々の王公諸臣の山野囲い込みという個別的・特殊的利害と、それを越えたところの、階級の「共同利害」としてのその禁制との対立の具体的・歴史的意義をあきらかにし得ることはいうまでもない。それにたいして法の形式的側面の分析は、格として強制力をもつこの詔が、どのような過程を経て、「国家意志」として定立されかつ執行されるかという側面を問題にするのである。いいかえれば、支配階級の意志が、

「国家意志」に転化され、高められる過程である。その典型として詔の起草からその定立と執行にいたる過程は、その要点だけのべても、つぎのような煩瑣な手続を必要としたが、この煩瑣な点に重要な意味があったのである(6)(公式令義解)。

詔は、(1)作成手続として、(イ)中務省の内記《ないき》がこれを起草し、天皇がいわゆる「御画《ぎょかく》日《にち》」を自筆でしたため、中務卿に与える。(ロ)中務省は、これを案文として留め、さらに一通を写して、これに卿《きょう》・大輔《だいふ》・少輔《しょうふ》が官位姓名を加え、内印(天皇御璽の印)を捺して、太政官に送致する。(ハ)太政官においては、太政大臣・左右大臣・大納言が、一定の方式によって副署し、詔書を奉《うけたまわ》って、外に向って施行することを奏上する。(ニ)これにたいし、天皇はいわゆる「御画」とよばれる「可《か》」の一字を自筆で加える。(2)執行の手続としては、太政官において右の文書を案として留め、つぎの二つの形式のいずれかによって、下級機関に伝達され、その施行が命令された。(イ)在京諸司には、別に詔書を写し、太政官符に詔書を頒下《はんか》する旨を書いて、これに副えて下す。(ロ)大宰府と諸国衙にたいしては、詔書の文章を太政官符のなかに記載して五畿七道に下した(いわゆる謄詔符《とうしょうふ》)。以上の手続によって知られることは、第一に、天皇の人格の個別的意志が、そのまま「国家意志」または法になるのではなく、前者から後者への転化は、中務省・太政官等の非人格的な機関の媒介が必要であること、第二に、そこでは太政官の構成員の副署が必要であること、第三に、法の執行過程において、詔書がそのまま下級国家機関にたいする命令となるのではなく、太政官符が副えられ、またはそのなかに記載されることによってのみ、はじめて命令として執行され得るということである。それまでは天皇の詔書といえども、法としての効力はない。煩瑣な手続は、法の定立過程、すなわち支配階級の意志がいかにして形成され、「国家意志」に転化するかの具体的なメカニズムをあきらかにしているのである。

天皇をふくむ支配階級の個々人が、拘束され、かつ準拠すべきものとみなした客観的な、非人格的な規範としての「法」とは、前記のように、天皇の人格の個別的・特殊的な意志から区別されたものとしての「国家意志」にほかならない。「臨時ノ大事」についての詔または宣命《せんみょう》の作成・公布の過程にみられる太政官の独自の機能と地位は、前記の論奏式にみられる九項目の規定において、顕在化した形をとって、より明確に表現されていることはいうまでもない。これが日本令における統治権の発動の仕方を規定している基本原則であって、分立する三省を経由する形をとる唐の国制に比較すれば、太政官という一個の機関に集中され、統合された形をとる日本の国制の方が、はるかに君主権にたいする官人貴族層の相対的な独自性を強める結果となったことはあきらかであろう。分立した唐の三省間の均衡が、臣下と皇帝との親近性その他の偶然的事情によって変動を重ね、そのことがまた皇帝の貴族層にたいする独自の権力を強める結果ともなったのにたいし、統合された機関としての日本の太政官は、形態上の変化はとげても、平安時代にも国制上の根幹として存続し、太政官符は、それだけで、下級機関にたいする法または命令としての意義をもつにいたり(7)、最終的には後期摂関政治にみられるように、天皇が独自の政治権力をうしない、貴族層を代表する摂関家の従属物に転化してゆくための制度的拠点となったのである(8)。摂関は、「一ノ人」として全廷臣の首長の地位にあり、天皇と外戚関係にあり、かつ藤原氏の「氏長者《うじのちょうじゃ》」の地位にあったという理由だけで国政を掌握し得たのではない。摂関は公卿の国政審議の外部にありながら、その上卿《しょうけい》を任命し、議題を指示し、裁断を下す地位にあったこと(9)、いいかえれば太政官という機構を媒介として宮廷貴族層を指揮統率したからこそ、国権を掌握し、天皇制の政治権力を無力にさせることができたのである。太政官は歴史的に一貫して官人貴族層の城塞の役割をはたした。ここに一つの日本的特殊性がみられるのである。

しかし右のことから律令制国家を、「君主制的形態をとった貴族制的支配がおこなわれた国家」とみなすべきか、すなわち隋・唐または渤海国の国家とは異質の類型に属するものとみるべきかというと、私はそのようにみるべきではないとかんがえる。律令制国家における天皇は、それ自身の独自の政治権力を保有していたとみなすべきだからである。このさいつぎの二点を、あらかじめ注意しておく必要があろう。第一に、天皇は支配階級全体のあるいは「王民」全体の政治的首長としての地位と、律令制国家の統治権の総攬者としての地位との二重の側面をもっており、ここで考察するのは後者に限定されるということ、第二に、ここでは国家の機構上の問題を論じているのであって、事実問題は捨象しなければならないということである。特定の天皇が、事実問題として、専制的であったか、なかったかという問題は、支配階級がおかれた対外的・対内的な諸関係から、天皇個人の個性までをふくむさまざまな偶然的要素にいたるところの具体的な歴史的条件に依存している。天平《てんぴょう》期に、天皇の専制君主的な面が前面にでるのもそのためである。それは、国家としての類型を考察するここでの問題ではない。ただ制度上の問題としてとりあげる場合、令自体には天皇の地位と権限についてなんら明確な規定がないから(超越的・神的存在について「規定」または「限定」することは、それを「否定」することにほかならないという矛盾があるから)、制度史上の事実からそれを帰納する以外に方法はないという困難がともなうのである。

太政官と天皇の権力との相互関係について、第一の特徴は、太政官に自己の機関の構成を決定する権限がないこと、したがってそれは「自律的な」機関ではなく、天皇の大権に依存する「他律的」な合議体であるという点である。(10) それは、太政官の構成と権限自体が、「天皇朝庭《スメラガミカド》ノ敷キタマイ、行イタマエル国法《クニノノリ》」(続紀、文武元年八月条)としての「令」、すなわち天皇の勅としての「令」によってあらかじめ決定されていたという事実だけをさしているのではない。太政官の制度が確立され、その相対的に独自な活動が開始された大宝令以後の時期になっても、七〇五(慶雲二)年の中納言の設置にみられる太政官の構成の変化にさいして、太政官の関与し得る権限はきわめて限定されたものであった。中納言は浄御原令においては存在したはずで、大宝令によって廃止されたのであるから、右の場合はその復活となるわけであるが、太政官の構成員として令の規定にない中納言という官職を新しく置くことは、太政官の構成に重要な変化をもたらす官制上の改革である。この場合、天皇は、勅の形式で、㈠大納言の定員四名を二名に減員し、中納言三人を置いてその不足を補うべきこと、㈡中納言の職掌は敷奏宣旨《ふそうせんじ》、待問参議《たいもんさんぎ》であることの二条を太政官に指示し、㈢その官位と料禄は令に準じて「商量施行」することを命令している(続紀)。この命令にしたがって、太政官は第三の項目についてだけ審議した結果、中納言は正四位の官とし、封戸《ふこ》二百戸、資人《しじん》三十人を給与することが妥当であるとして、その旨を議奏し、天皇の裁可によって、中納言の設置が決定した。いいかえれば、㈠と㈡の定員と権限という新官職の基本的問題は、太政官は関与するところではなく、天皇固有の大権に属し、㈢のいわば技術的問題の解決にのみ太政官は関与し得たのである。前記のように、論奏式の(ハ)項に、官員の増減は太政官の上奏による規定がみえるが、それは「省職寮司及ビ主典以上ノ員数」の増減、すなわち八省以下の官司または官職の統合・増減に限定されているのであるから(公式令義解)、太政官のような八省の上に立つ最高機関の構成の変化は、本来太政官の関与し得る事項でなかったことを、右の事例はしめしている。このことは七〇二(大宝二)年に勅によって「朝政参議」の職としてはじめて置かれ、七三一(天平三)年に正官となった参議についても同様であったとみられる。これらは天皇固有の大権事項として官制大権が存在したこと、それに制約されて、太政官自身は、中納言・参議のような、その機関としての構成に重大な変更をもたらす変化にたいして、技術的な諮問に応ずる以上の関与は許されなかったことをしめしている。一個の機関が、自己の構成またはその変化について、他の権力に依存しているとすれば、それは他律的な団体というほかはなく、太政官の場合、それを規定している他の権力は、天皇の保持する官制大権であったといわねばならぬ。

太政官の場合とちがって前記のように、八省の諸寮司の統合や廃止、その官員の増減は、太政官の上奏を経る規定であり、事実平安初期になっても、それが論奏式の規定に準拠していたことは、八〇八(大同三)年七月の七衛府《えふ》の官制改革の文書に「聞《ぶん》」すなわち「御画」がみとめられることからも知られるが(『類聚三代格』巻四)、この場合も、あらかじめ詔書によって、七衛府の雑任《ぞうにん》以下の定員を減定すべきこと、それを具体化するために「卿等、詳議シテ数ヲ定メ、奏聞セヨ」という命令が太政官にたいしてなされていることは、さきの中納言の場合と同様に、太政官の官制変更にたいする関与の仕方が、論奏式に拠る場合でさえ、天皇の官制大権の前には、きわめて限定されたものであることを物語っている。しかし天皇固有の、したがって太政官の権限を越えるところの官制大権が重要な意義をもつのは、それが太政官の内部構成を変更し得るばかりでなく、太政官の外部に、しかも太政官の「大政統理」の権限自体を制約し、あるいはそれに抵触さえするところの新しい官職を、太政官の審議を経ることなく、設け得るというところにあった。いわゆる「令外ノ官」の設置がそれである。律令制下の政治史の特徴の一つはこの「令外ノ官」をめぐって展開されるところにあったといってよい。

　七二一(養老五)年、藤原房前が補任された「内臣《ウチツオミ》」の「内外ヲ計会シ、勅ニ准ジテ施《シ》行《コウ》」する権限が、太政官のそれとどのような関係に立つかは明瞭ではない(続紀)。しかし後者と抵触する可能性があることは、右の表現からも察しられる。光明《こうみょう》立后後、その専属の官司として皇后宮職《こうごうぐうしき》が、従来の中宮職とは別個に設けられ、後者が令制では中務省の被管であるのにたいして、前者は中務省と対等の地位に置かれたということ[11]、七四九(天平勝宝元)年、この皇后宮職に系譜をひく官司として設置された紫微中台《しびちゅうだい》が、八省の上に立ち、太政官に次ぐ地位にあり、(12)しかもその職掌が「中ニ居リテ勅ヲ奉《ウケタマワ》リ、諸司ニ頒行《ハンコウ》」することにあり、かつそのモデルとなった則天武后の中台、すなわち中書省の職掌が「天子ヲ佐《タス》ケテ大政《タイセイ》ヲ執ル」(『大唐六典』中書令条)ことにあったとすれば、(13)この新官職の地位と権限が、太政官―中務省という令本来の官職体系に抵触するものであることはあきらかであろう。これらの「令外ノ官」の設置は、内臣と房前との関係、右の紫微中台と光明皇太后および藤原仲麻呂との関係を考えれば、藤原氏の策謀によることは明瞭であるが、しかし問題はかかる「策謀」を可能にせしめる国制上の根拠にあるのであって、それは太政官の権限を越えた天皇固有の官制大権以外のところにもとめることはできない。たしかに藤原氏は大化前代からの名門譜第の氏族に比較すれば、新興諸氏族の一つであるが、しかし専制国家に特徴的な君主の「寵臣」や家産制的隷属者ではない。しかし、藤原氏が一貫して令外官を太政官・八省の体系の外部に設置するという手段を駆使することによって、その地歩を固めたこと、この手段が、天皇の保有する独自の官制大権に依存することによってはじめて可能になったという点では、専制君主制の右の場合と同一の原理に立っていることをみとめなければならぬ。この連関をはずせば、律令制下の支配階級の歴史は、またしても藤原氏の陰謀や策謀の歴史に転化するのであろう。藤原氏または天皇は、律令制の基本原理に違反して、令外官を設置したのではなく、天皇大権の当然の行使としてそれを合法的におこなっただけである。

天皇固有の大権事項の第二は、天皇による官吏任命権である。これについては、多くをのべる必要がない。天皇が「不執政」の原則に立ちながら(これが正しいかどうか別として)、なおかつ統治権の主体たり得たのは、執政者を執政者たらしめる任命権を天皇が保持した点にあることはすでに指摘されている。(14)太政官以下、八省クラスの最高官僚、すなわち大納言以上、左右大弁、八省卿、五衛府督《えふのかみ》、弾正尹《だんじょういん》、大宰帥《だざいのそち》等の国家権力の中枢部を構成している官職は、いわゆる「勅任」の官であって、この任命権を保有する天皇は、国家中枢部の死命を制していることにほかならない。太政官が、その外部に存在する権力=天皇によって、その構成員の任命権を掌握されていることは、それが団体として「自主的」でなく「他主的」であることを意味する。(15)

天皇固有の大権事項の第三は、軍事大権である。組織された強力、その集約された形態である武装力と軍隊が、国家権力の本来的、かつ本質的な要素であることは前記した(第二節)。それは律令制国家においては、中央の禁衛軍としての五衛府(衛門府・左右衛士府・左右兵衛府)と、地方の軍団の二つに大別できる。前者の五衛府の軍隊が、奈良時代の支配階級の政治史においていかに決定的な強力手段として行使されたかは、この時代の多くの変乱がしめす通りである。たとえば、七二九(天平元)年の長屋王《ながや》の変において、その私邸を襲ったのは、式部卿藤原宇合《ふじわらのうまかい》、衛門佐《えもんのすけ》佐味虫麻呂《さみのむしまろ》、左衛士佐《さえじのすけ》津島家道《つしまのいえみち》、右衛士佐紀佐比物《きのさひもち》等にひきいられる六衛府《ろくえふ》の兵であった。この場合、宇合と六衛府にたいして出動を命令しその任務を与えたもの、またはその命令権を制度的にもっていたものについては続紀は明記していないが、それが、式部卿宇合や六衛府の長官であり得ないことはいうまでもなく、また左大臣長屋王を首席といただく太政官がそれに関与していないこともあきらかだとすれば、それは天皇独自の勅命によるものとしなければならぬ。七五七(天平宝字元)年の〔橘《たちばなの》〕奈良麻呂《ならまろ》の変にさいして、右大臣藤原豊成《とよなり》の子乙縄《おとただ》を逮捕拘禁するために、中納言藤原永手《ながて》、左衛士督坂上犬養《さかのうえのいぬかい》が、その私邸を襲ったときに、「勅《ミコトノリ》ヲ宣」し、「勅使」によせてそれがおこなわれたことは、その指揮命令権が形式的には天皇にあったことをしめしている(続紀)。

　本来令制において五衛府の組織は、太政官—八省の官職体系とは別個の系列に属するものであった。七二〇(養老四)年に舎人《とねり》親王を知太政官事に任じ、新田部《にいたべ》親王を「知五《ちご》衛《え》及授刀舎人《じゅとうとねり》事」に補任しているのは、いうまでもなく不比等の死による政情不安にそなえる措置であるが(続紀)、このさいとくに皇親をもって五衛府および授刀舎人を管掌せしめていることの意味は、それらの中央の軍事諸機関にたいする指揮命令権が、天皇独自の大権に属するために、とくに皇親にそれを委任代行せしめたものとみなければならない。後に、臣下である左大臣と右大臣にそれぞれ近衛・外衛《げえ》・左右《さう》兵衛と中衛《ちゅうえ》・左右衛士の事とを管掌せしめた場合にも、それが「勅」によって「摂知《せっち》」せしめられたとある点に注意しなければならないであろう(続紀、宝亀元年六月条)。七二八(神亀五)年の中衛府の新設は、それに併合された授刀舎人寮の長官が藤原房前であることからみれば、それが旧軍事氏族と密接な五衛府に対抗し、長屋王を首席とする太政官を制圧しようとする藤原氏の企図によることはあきらかであるが、(16)このさいにも、太政官とは別系列の軍事機関としての衛府に直結する天皇独自の指揮命令権の存在を前提としてのみ、中衛府の設置が政治的手段として有効になり得たことを念頭におく必要がある。藤原氏は天皇の軍事大権を一つの拠点としていたからこそ、その陰謀の前には太政官の首席も安全についての保証は得られなかったのである。長屋王にたいする中衛府をふくむ六衛府の出動命令が、天皇の個人的意志によるものか、あるいは藤原氏の陰謀によるものかは、ここではまったく第二義的問題であって、天皇独自の軍事大権の存在が、それらの陰謀的手段を可能にしている国制上の特徴こそが問題なのである。

ここでもう一度、浄御原令による前記の八省の成立の問題にかえる必要がある。天武天皇の死にさいしての(17)誄《しのびごと》の記事にみられる内廷関係の諸官を大宝令制の八省に対応させた場合に、前者の「宮内《みやのうち》」「左右大舎人」「内命婦《ひめまえつきみ》」は、それぞれ後者の宮内省、中務省左右大舎人寮、中務省縫殿寮《ぬいとのりょう》に対応し、八省の機関内に吸収されたことをしめしているのにたいして、左右兵衛のみは八省に編入されることなく、五衛府のなかの左右兵衛府として編成されたことがしられる。いいかえれば天皇の内廷すなわち家産制組織の大部分が八省の宮内・中務両省に編入されるさいに、そのなかの軍事組織のもっとも重要な部分である兵衛だけは、太政官―八省の系列から独立した五衛府のなかに編成されたのである。私はこの過程のなかに、二つの力のあいだにある緊張関係をみるのである。すなわち天皇の家産制組織を太政官―八省という国家機構のなかに吸収してしまおうとする力と、そのなかで天皇独自の家産制的軍事力を保留しようとする力との緊張関係である。後者の保留の側面は、公式令勅旨式条の「其ノ勅ニ五衛及ビ兵庫《ひょうご》ノ事ヲ処分セバ、本司覆奏セヨ」の条文として定式化されている。この条文の「処分」の意味を、五衛府および兵庫にたいする沙汰《さた》権（仮に中世的用語におきかえることがゆるされるならば）に近い意味と解すれば、その処分＝沙汰権の行使の仕方と手続は、同条集解所引の古記《こき》および朱説《しゅせつ》によれば、中務省および太政官を経由することなく、天皇と本司のあいだの手続だけで法的要件はみたされているところに特徴がある。太政官―中務省の関与し得ないこの領域の存在のなかに、天皇の軍事大権の一要素が存在し、それが令によって規定されているところに、前記の保留の意味が見出されよう。

このことは、五衛府と別系列の軍団差発権と対比した場合に、より明瞭になる。前記の論奏式の九項目の(ヘ)項において、兵馬一百匹以上の差発の規定があることは重要な意味をもっている。それは太政官―兵部省―国司の系列諸機関が、兵馬差発権の発動に関与することを令の明文によって規定しているからである。兵部卿《ひょうぶきょう》の権限のなかに、兵士差発の一項があり、義解《ぎげ》によれば、それは衛士・防人の差遣と征討との双方をふくむ(職員令、兵部省条)。前者の場合には、兵部省は太政官に申上せず、符《ふ》を直ちに諸国司に下して施行し得るが、後者については、差兵二十人以上の場合はすべて契勅を必要とするという軍防令の規定によって、兵部省は差発すべき国および兵士数を勘録して太政官に申告し、官は奏上して契勅を賜って諸国に下すのである。差兵が百名を越える場合には、前記の論奏式の(ヘ)項が適用されることとなる。天皇の軍事大権の中核をなす兵馬差発権が、手続的にみて、いかに重要な法的制約のもとにおかれたかがしられよう。天皇の左右兵衛等の家産制的軍隊が、八省の被管諸司のなかに編入されるということは、右のような太政官系列の強力な制約のもとにおかれることを意味すればこそ、それらは機構として後者から独立した系列の五衛府として組織され、かつ前記の勅旨式条にみられるような天皇独自の処分＝沙汰権が法文化される必要があったのであって、ここに二つの力の緊張関係がみられるのである。五衛府の太政官からの独立とそれにたいする差発権と指揮権は、家産制的君主としての天皇独自の軍事大権の存在と行使を保証しているとともに、他方では国家の軍団系統の軍隊の差発権は太政官―兵部省系統の法的な関与を必要とするという対立的モメントを見失うならば、律令制国家は、「家産制国家」という超歴史的概念のなかに解消されてしまうか、または専制国家を、単純に貴族制的国家に転化せしめることになろう。軍事にみられるこの権力構造の実体からでなく、「天皇即国家」または「朕即国家」というイデオロギーから国制を規定することの危険もまたあきらかであろう。また同時に、右の兵馬差発権の発動にみられる太政官―兵部省―国司の法的地位は、日本の律令制国家が類型としては東洋的専制国家に属しながらも、いちじるしく貴族制的性格をそなえていることの一つの徴証でもある。唐制との相違についてはすでに言及した(第二章第四節)。

軍制については、軍政と軍令または統帥権とを区別しておく必要がある。五衛府の軍隊も、その前身たる大化前代の天皇の家産制的軍隊と異なって、その維持・補充等は、中央・地方の国家行政機構なしには不可能であり、軍政上は太政官・八省・国衙等の諸機関に依存しているが、五衛府にたいする指揮命令権、統帥権は、それとは別個である。軍団の存在が、より大規模に国家の行政能力に直接依存したことはあきらかであり、武官の昇進等の管理も行政機関に属するけれども、一旦大将軍・副将軍等が補任され、節《せつ》刀《とう》の授与によって天皇の軍事大権が委任されれば、それは太政官以下の行政権から独立した統帥権の発動する領域となる。たとえば七二〇(養老四)年、大伴旅人《おおとものたびと》は征隼人《せいはやと》持節《じせつ》大将軍に、笠御室《かさのみむろ》・巨勢真人《こせのまひと》は副将軍に任命されたが、それ以後のかれらの作戦行動、たとえば旅人が入京し、副将軍以下はそのまま駐屯すべしという勅は、純粋な軍令に属するものであって、天皇の最高軍事指揮権の範囲内に属するものである。したがって、それを委任された軍司令官の権限も広汎であって、大将軍は、節刀奉還にいたるまでは、副将軍以下の死罪をも専決する権限を与えられ(軍防令(大将出征条))、同時に作戦に失敗した場合には、唐擅興律《せんこうりつ》に相当する日本律の規定によって、「常律」に拘束されない、適用範囲のより広い規定によって処断された[18]。

天皇の官制大権、官吏任命権、軍事大権は、相互に結びついて行使されるのが通例で、七五七(天平宝字元)年に紫微内相の職を新設し、それに「内外諸兵事」を掌る権限を付与し、寵臣藤原仲麻呂を補任したことは、その一例である。「内外諸兵事」の「内」が、前記の新田部親王が任ぜられた臨時の「知五衛及授刀舎人事」を恒常的な官職としたものとすれば、「外」は諸国の軍団以下の軍事機関にたいする指揮権を意味するものとしなければならないが、かかる広汎な軍事権は、飛駅《ひえき》の函鈴《かんれい》をその臥内《がない》に置き、兵馬の権を自ら掌中に収めていた光明皇太后の統帥権の一部を委任されたものとみねばならぬ[19]。

仲麻呂の専制的支配を説く場合、それが天皇に集中された大権の反映としてとらえることが必要である。そうでなければ、その「専制」はたんなる「異常」として説かれる結果となるからである。天平年間になって、天皇大権が前面に出てくるのは、この時期の対外的・対内的危機と関連しており、その典型的なものが、畿内惣管・諸道鎮撫使・節度使等の軍事的な官職の設置である（第一章第四節）。惣管職は畿内諸国にたいする兵馬差発権を与えられたが、これは、前記の論奏式における(ヘ)項の「差発兵馬一百匹」の規定が、太政官にあたえていた大権抑止的な権限を抹消して、これを惣管職の専行事項として付与したものとみるべきであり、仲麻呂がその乱の直前に獲得した都督四畿内三関・近江・丹波・播磨等国兵事使《ひょうじし》とともに、危機における天皇の非常大権の発動は、容易に太政官を制圧し得るのである。惣管および鎮撫使に付された権限は、検断権を中心とする戒厳司令官的な性質のものであり、ことに節度使が管下の諸国衙にたいしてもった行政上の指揮命令権は広汎なものであることをかんがえれば（出雲国計会帳）、少なくとも天皇の非常大権によってこれらの軍事的官職がおかれた領域においては、太政官・八省・国衙という日常的・行政的国家諸機関の権能は、一時的には第二次的・従属的な地位に転化させられるのである。

天皇大権に属する第四の事項は、臣下にたいする刑罰権である。(20)これは、その性質上、軍事大権につぐ重要性をもち、かつそれと不可分の関係にあるのを特徴とする。戦乱の場合、たとえば藤原広嗣《ひろつぐ》や藤原仲麻呂の乱の場合、あるいはハヤトやエミシにたいする征討においては、軍事大権とともに刑罰権が、天皇によって任命された将軍に委任されるのであって、将軍が部下にたいし死罪以下の刑罰を「専決」し得るという軍防令の規定は、天皇大権との関連においてはじめて理解することができる。国家の刑罰権における天皇の独自の地位の問題は、「勅断」と、一般に「罪刑法定主義」を特徴とするといわれる「律」との関係としてあらわれる。律の「罪刑法定主義」は、同じ概念を用いることが危険なほど近代法のそれとまったく異質のものであり、裁判官の断罪が律令の正文に依るべきこと（獄令）、あるいは判決文にその根拠とされた律令格式の正文を引用すべき規定をさすのである（断獄律）。この原則は、天皇の「勅断」権とは矛盾しないのが特徴である。いいかえれば、裁判官が律令等の法令に違反したり、あるいはそれらの典拠を明示しない場合は処罰されるが、勅断はこの原則に拘束されないばかりでなく、律の規定自体からも法的には自由である。なぜなら「非常ノ断」は「人主《じんしゅ》」＝天皇が専決するという原則があるからである（名例律、除名条疏）。仮に「非常」の場合についての限定が法によって明確に規定されていると仮定したとしても、天皇が律の正条に準拠しないで刑罰権を行使し得ることは右の条文から明瞭である。

かかる勅断権は、法によって承認された天皇の合法的権限に属するのであって、ここに律令の刑罰体系の基本的特徴がある。裁判官が、いわゆる不応得為律《ふおうとくい》〔雑律〕の適用によって、あるいは律文の比附《ひふ》（類推解釈）によって断罪するのが合法的であるように、天皇が律の正文から自由な勅断権を行使するのも非合法ではなく、したがって「理ハ法《ノリ》ノマニマニ治メ給ウベクアリ」という天皇自身の言葉とも矛盾しないのである〔続紀、天平神護元年八月条〕。律条が完全に無視された場合、たとえば仲麻呂暗殺事件における〔藤原〕良継《よしつぐ》等の犯罪は、律によれば徒一年の刑に該当するにかかわらず「大不敬《だいふきょう》」とされ、除姓、奪位に処せられたのは、いうまでもなく仲麻呂の専制によるものであるが、かかる恣意的断罪がおこり得るのは、勅断権の存在によるものであって、それを非合法ということはできないのである。刑の苛酷、濫用は、その時々の政治情勢によって左右されるが、その法的根拠は、律が合法性をあたえた勅断権が利用されたにすぎない。天皇は律条正文にある罪と別個に勅断し得るのであって、ただその断罪は「永格《えいきゃく》」としての効力をもたない一回限りの性質をもつという点で律と区別されるにすぎない〔断獄律〕。律に該当条文のない場合には、勅断は法的には無制限とみなければならないのである。称《しょう》徳《とく》天皇にたいして、先帝が「事トシ云ワバ、王《オオキミ》ヲ奴《ヤッコ》ト成ストモ、奴ヲ王ト云ウトモ、汝《イマシ》ガ為《セ》ンマニマニ」と勅したのもそれと関連している〔続紀、天平宝字八年十月条〕。また律の適用例から推測すれば、謀叛罪、不敬罪以外の犯罪は、一、二等を減刑されるのが普通であったが、この事実は、日本律が唐律に比較して刑罰を若干軽くしていることとならんで、専制君主的でない例とされるが、それは正しくない。デスポティズムにとって重要なのは法を超越した勅断権自体であって、減刑はそれと矛盾しないばかりか、かえってそれを保証さえする。刑罰の軽いことも同様である。もちろん律条に拘束されない勅断権の存在は、それがつねに恣意的断罪であるということではない。それは第一に、時代の道徳律、慣行、条理等によって客観的に制約されているからである。第二に注目すべき点は、論奏式(二)項に「流罪以上及ビ除名ノ断」の規定がみえることであって、これは君主の恣意的刑罰権を制約する作用をなしたとみなければならない。しかし太政官は勅断にたいする拒否権を本来もっていなかったこと、また人主専決による前記の「非常ノ断」の場合については、論奏式の右の規定は法的に有効とはされなかったとみられる。したがって以上の二つの制約は、勅断権が法的に無制限であることと少しも矛盾しないのである。また律の適用が謀叛罪、不敬罪においてもっともきびしかったことは、デスポティズムの当然の性格であることはいうまでもない。

天皇の大権事項として、最後に忘れてならない項目として、外交と王位継承に関する大権がある。天皇の行使する統治権の最高のものとしては、「臨時ノ大事」として「蕃国使」に宣する件があり、それにつぐ「朝廷ノ大事」として、皇后・皇太子の冊立《さくりつ》のことがあって、それらは「中事」たる左右大臣の任命や「小事」たる五位以上の叙位よりも上のランクの国務であった。外交大権が、前記のように(第一章第一節)、共同体を「代表」する首長以来、君主固有の権能であることを想起すれば、遣唐使が節刀を与えられ、天皇の軍事大権を委任された大将軍と同じ型の使節として渡航したのは当然である。律令制国家の歴史においては、宣戦または講和の締結に関する制度史上の事実をかんがえるべき機会が欠けているけれども、これも太政官の関与し得ない天皇の大権事項に属すべきであったろう。古代ローマにおいて、外国との条約締結と宣戦・講和の大権が、貴族《パトリキー》の城塞たる元老院の特別の権能として保持されていた事実が、その「共和政」をとくに「貴族」共和政たらしめる一つの重要な特徴であったとすれば、天皇の大権の一つとして外交権が存在することは、律令制国家の性格を規定する特徴であったとしなければならぬ。

最高軍事指揮権を中核とする以上の諸権力は、いうまでもなく統治権の総攬者としての天皇が保有する単一不可分の大権の諸側面にすぎない。元正《げんしょう》天皇が、その詔においてのべた天皇の「万機摂断」の権(続紀、養老五年十月条)、あるいは孝謙上皇が淳仁《じゅんにん》天皇にたいして「国家ノ大事、賞罰二柄ハ、朕《ワレ》行ワン」と宣して、その掌中に収めようとした権力は、この不可分の天皇大権にほかならない(続紀、天平宝字六年六月条)。それは五世紀の大王が保有した単一の命令権と同質のものであり、律令制国家の段階において、右のような多様な側面に分化したのは、基本的には、統治の対象である被支配階級との支配＝被支配関係が複雑になったのに対応して、支配の諸機能が分化した結果にすぎない。律令制国家の天皇制は、このように一個の独立した政治権力である。権力構造の具体的分析を経ないで、デスポティズムまたはデスポットの概念を濫用するのも正しくないが、律令制国家における天皇制を、「権力」をともなわないところのたんなる「権威」としたり、律令制国家を「君主制的形態をとった貴族制的支配」とみる見解が正しくないことが知られよう。また以上のように分化した命令権《インペリウム》の諸側面が、単一不可分の大権として集約される仕方の特徴は、それが天皇という一個の生ける人格の権力として存在すること、同じことだが、年齢、性別、賢愚等々によって制約された天皇という自然人をはなれては、単一不可分な大権というものは存在しないということである。それは西国に内乱がおこれば、首都をすてて諸国を放浪したり、寵愛する臣下に王位をうばわれそうになる生きた男性や女性の天皇の意志や個性を媒介としてのみ国政が進行するという意味ではない。それは君主制一般に共通する特徴にすぎない。天皇に独自の大権すなわち独立の政治権力が、国制上承認された権力として存在し、その権力の行使が一個の人格によって掌握され、体現されるところに専制国家の特徴があるのである。この場合、「天皇」というのは、天皇大権の人格化された地位をさすのであって、たとえば奈良時代にみるように、太上天皇が現実に天皇大権を掌握している諸例の場合には、後者が天皇大権を代表するのであって、かかる権力の具体的なあり方は歴史的に多様である。しかしその多様な形態を通じて一貫しているのは王権が独自の政治権力を把持するという専制国家の基本構造であって、その権力の具体的なあり方や表現形態は、それぞれの国家の慣行や伝統によって歴史的には多様であり得るのである。奈良時代初期のように、一見比較的安定していたとみられる時期においても、天皇大権の保持者の死や王位継承による大権の移動が、つねに支配層内部の政治危機をひきおこす理由も、天皇の専制的権力の存在と不可分の関係にある。たとえば、七二一(養老五)年の元明《げんめい》太上天皇の死を契機とした政治危機において、ただちに使をつかわして三関《さんげん》を固守せしめたのは(いわゆる「固関《こげん》」の制の初見)、「朝廷ノ護リ」としての三関が、首都に叛乱がおこったとき、その叛乱者の東国への逃入を防ぎ、それによって東国を拠点とし、あるいは東国の勢力を動員しておこなわれる反撃を未然に抑圧する役割をはたしたからである。[21] 同時にこの時期における上層支配層の家産制の発展が、個別的・私的な権力を強化し、それが軍事的問題に転化して、国家による強力の独占をおびやかすという特徴的な傾向がこの政治危機の基礎にあり、この太上天皇の死の直後に、授刀寮と五衛府にそれぞれ鉦《しょう》・鼓《つづみ》各一面ずつを置いて将軍の号令の兵士への伝達を便にし、その進退動静を節しようとした太政官の措置も、右の固関とならんで、専制国家固有の構造的特質からのみ理解し得る現象なのである。「不執政」を日本古代天皇制の原則または不動の政治的慣行とする見解の誤りは、一つは天皇が独自の政治権力をなしている事実を見のがし、制度の歴史的事実から国家機構を分析するのでなく、法典によって事実を解釈する点にあり、一つは専制的君主が出現すれば、それは例外的な「異常」「変態」として捨象され、個々の天皇の性格のような偶然的要素まで論議されるという無方法にある。律令制における天皇制が、一個の人格に集約された独自の政治権力であり、支配階級の権力が「代表」される特殊な形態としての専制国家またはデスポティズムであるとすれば、国家の類型としては、隋、唐、渤海、新羅等々の国家と同一のものであり、したがってそれを「東洋的専制国家」の類型に属する日本型とすることは学問的に正当であるといわねばならぬ。

しかし律令国家のデスポティズムは、個別的・特殊的な君主の意志または恣意が、そのまま支配階級の政治意志であるという意義におけるオートクラシーとは区別せねばならない。それは体制概念だからである。第一に天皇の大権の内部自体が、内臣、惣管、紫微内相等々の官職によって分担される組織的権力となりつつあるという事実に注目しなければならず、第二に前記の官人貴族層の共同の機関としての国家組織、すなわち支配層の政治的・経済的特権を維持するための太政官から八省・国衙にいたる国家機関が、君主権から相対的に独自な勢力として存在する事実を想起する必要がある。前述のように、天皇の意志はそのままでは「国家意志」とはならず、その転化のためには令に規定された所定の諸機関を媒介としなければならず、それが法として強制力をもち、現実に下級諸機関によって執行されるためには、太政官符がなければならない事実、いいかえれば「内印」と「外印(太政官印)」の双方が必要とされる事実は、律令制における国家権力の発動の仕方の具体的なあり方をしめしている。したがって仲麻呂は天皇大権に依存し、それを拠点として専制的権力をきずきながら、なおかつ七六二(天平宝字六)年に太政官を、その身内の一族によってほとんど独占しようとしたことは、国家機構全体における太政官の特別の意義が認識されていたからであり、また道鏡《どうきょう》の台頭による「異常」な事態が経過すると、意外に早く混乱が正常化されるのも、天皇大権とは区別された国家体制の存在があったからである。本来支配階級内部の諸矛盾を、天皇家をふくむ諸氏族・諸個人を越えた非人格的な共同の機関をつくりだすことによって解決することを直接の契機として成立した「国家」機構のもつ意義が、仲麻呂・道鏡の時代を経過することによって実証されたというべきであろう。

律令制国家が東洋的専制国家の型に属する国家でありながら、中国等の同じ型の諸国家に比較して貴族制的特徴をもつことは、以上の考察からあきらかである。かかる相違は、さきに天武朝をあつかった場合にのべたように、直接には壬申の乱と中国の易姓革命との相違に典型的にみられるところの支配階級のおかれた対外的・対内的危機の深さの相違にもとづいており、根本は両者の生産関係の相違に規定されている。叛乱による簒奪の不断の危機のほかに、対外戦争、異民族による侵略の危険と征服等々の諸事情は、中国の支配階級と王権をして極度の権力集中と専制を必然ならしめたのであって、その緊張と対立の深刻さは日本の支配階級と比較にならない性質のものであった。唐の武后《ぶこう》は日本の女帝にとっては一つの理想像であったらしいが、彼女が臣下を容赦なく罷免・貶謫《へんたく》し、下獄《げごく》と誅滅をおこなって貴族門閥とたたかった苛烈なまでのすさまじさは、日本の天皇には模倣しがたい性質のものであった。奈良時代末期は、寵臣の登用が特徴とされる。しかし同時代の玄宗皇帝のそれは、正規の官吏登用の道さえ破壊するほど深刻で大規模な登用であった(22)。それらの中国諸皇帝の目には、自分を模範として「皇帝」と称した東夷の天皇の「専制君主」ぶりなどは、一個の喜劇とみえ、戯画と映ったにちがいない。日本の天皇は貴族や門閥の権力と真剣にたたかったことは一度もなく、中国の皇帝に比較すれば、それ自体もともと顕貴な族長的・神話的な門閥貴族にすぎなかったからである。

第四節　古い型の省と新しい型の省

律令制国家の特徴は、独自の政治権力としての天皇制の存在にあるのではない。それは古くからの特徴である。天皇を頂点として、支配階級の「共同利害」を主張するための組織である国家機構の体系が、この国家を特徴づけているのである。太政官が天皇制にたいして相対的独自性をもち得たのも、それが国家の行政機関である「八省百官」の組織の上に立って、それを指揮命令する機関であったからにほかならない。国家の本質的な特徴をなすところの「強力装置」、その典型的形態である軍事組織も、中央の五衛府という禁衛軍であれ、地方の軍団であれ、すべて中央・地方の行政機関の機能に依存してはじめて組織として存立し得たし、支配階級の意志を内外にたいして実現する戦争という強力的な手段さえも、行政組織なしには不可能であった。これが新しい形態の国家の特徴である。この行政機関は、上は太政官から、下は末端の諸官司や国衙機構にいたるまで系統的に組織された体系であって、中央のそれは、太政官に統轄される八省の組織を主要な柱として成立していた。前記のように、太政官は議政官の合議による国務の審議決定の部分のほかに、弁官局という事務局がそれに付随して存在したが、この弁官局が本来の太政官組織と、諸国衙および八省とを結合する媒介の事務機関であった。すなわち左弁官局は、中務・式部・治部・民部の四省を、右弁官局は兵部・刑部・大蔵・宮内の四省を管轄したが、この区分の仕方そのものには別に重要な意味はないらしい。したがって八省の一つ一つについて、その内部構成と権限を説明することが必要となるが、それは養老職員令の条文を解説する結果になり、おそらく無意味であろう。ここでは、八省という行政機関の構成原理、それぞれの省の独自の権能や構造に表現される国家の歴史的性格が問題なのであるから、いくつかの典型的な省をえらんで分析することの方が、課題に接近しやすい。

八省の歴史について、なんら予備的な知識がなくても、官制表を一覧すれば、ただちに明瞭になる一つの事実がある。それは八省のなかには、複雑な構成をもつ省と単純な構成をもつ省があることである。前者の典型は、宮内省と中務省であり、後者の典型は式部省・民部省・刑部省等である。このうちから宮内省と民部省をとって対比すれば、前者が、一つの「職」、四つの「寮」、十三の「司」という多くの被管の官庁をもっているのにたいして、後者は二つの寮をもっているにすぎない。前者がなぜこのように複雑にならざるを得なかったか、後者がなぜこのように単純になり得たかをかんがえれば、前者が古い型の省を、後者が新しい型の省をそれぞれ代表している結果であることが知られよう。両者は、律令制国家における古い構造と機能にたいする新しい構造と機能を、それぞれ典型化したものである。このことは、被管の官庁の内部の構成の相違としてもあらわれてくる。たとえば、宮内省の主殿寮《とのもりょう》と民部省の主計寮《しゅけいりょう》を比較すれば、いずれも四等官を軸として構成されている点では共通しているが、前者には「殿部《とのもり》」という古い品部制の遺制が付属しているのにたいして、後者には「算師《さんし》」という新しい技術官人が付属している。この殿部と算師の二つのなかに、律令制国家組織における古いものと新しいものとの総体が集約的に表現されているといってよい。

宮内省は、いうまでもなくかつての天皇または王室の家産制的組織を、省という国家の一行政機関に編成したものである。この系列に属する省に中務省があり、大化前代の国制の一部をなした天皇の家産制的組織が宮内省と中務省という二つの行政官庁に分化したとかんがえてよい(前記の軍事力をのぞいて)。天皇の家産制的組織を二つの省に分割するさいに、行政事務の分担処理または権限の配分の仕方に一定の原則があって、宮内省には天皇または王室の私的・経済的領域が、中務省には天皇の公的・儀礼的領域が、それぞれ制度化され、両省にどのような被管の職・寮・司を配分するか、またどのような権限を付与するかは、その原則にしたがって決定されている。そのさいの前提は、両者とも非政治的な、官僚制的な行政官庁にすぎないという点である。中務省に配分された諸権限のうち、たとえば「侍従」は天皇の服装や過度の飲酒等々について落度のないようにするのが職掌であり、「献替《けんたい》」といっても、太政官の大納言のそれが「天下ノ大事」に関する政治的事項であるのにたいし、これは「御所尋常ノ事」、すなわち日常的・非政治的事項についてだけである。詔書の成立過程において、中務省の関与が不可欠の手続をなすことは、前記したが、これは形式面についてだけであって、作成さるべき詔の内容とは中務省は関係がない。その職権は、天皇と太政官以下の行政機関または臣下を媒介する形式的・手続的な面に限定されているのが特徴で、これは「受納上表」以下の職掌についても同様である(職員令集解)。国家の行政機関が独立の機構として分化する段階に対応して、天皇の家産制的支配に内包されていた公的・儀礼的側面が中務省という形で機構化されるとともに、その権限を媒介的・手続的な面に限定することによって、逆に太政官組織の独立の政治的権能を確保している体制がここにもみられよう。

天皇の家産制的支配から、右の中務省的領域を除いた面、すなわち私的・家産的・オイコス経済的な領域の管理を中心として組織されたのが宮内省である。したがって、宮内省の場合には、天皇のオイコス経済とは区別された中央の支配層全体の共同財産の保管所として、大化前代にその前身が成立していた大蔵省との職掌の配分が問題になる。大蔵省の被管に掃部司《かにもりのつかさ》があり、宮内省にも類似の内掃部司《うちのかにもりのつかさ》があるが、前者は官人全体のために、後者は天皇の供御《くご》のために、鋪設《ほせつ》の物資の生産を掌るという点で区別され、同様に宮内省の内染司《うちのそめもののつかさ》と、同じく雑染《ざっせん》のことをも掌る大蔵省被管の織部司《おりべのつかさ》との区別も、同じ原則によっている。大蔵省のかかる性格が、大化前代のそれを継承し、制度化したことはいうまでもないが、それを中務省、宮内省との連関において、意識的・計画的に権限の配分をおこなったところに新しい特徴がみられるのである。それは、これらの諸官に隷属する品部の配分についてもみられる。令制の新しい行政組織を官制化するにさいして、それを大化前代からの伴造―部民制とくに品部制と、どのように関連させるかは、重要な問題であった。そのさい貢納型の品部は多く廃止されたが、官司に配置された品部については、二つの形態がみられる[1]。一つは多くの品部・雑戸を一つの官司に統合する形態であり、一つは従来一個の品部・雑戸であったものを、諸司に分割配置する形態である。後者に属する百済部《くだらへ》の場合は、大蔵省と中務省の内蔵寮《くらりょう》に分割配置されているが、前者は天皇の供御のための物資の生産であるのにたいして、後者は臣下にたいする賞賜のための物資の生産として、その目的は区別されている。すなわち令制以前には一個の部民として存在した集団が、二省に分割配置されるにさいしても、両省の前記の権限の配分の原則にしたがって、それがおこなわれていることが知られる。

　宮内省、中務省、大蔵省のように、大化前代の伝統的国制に起源をもつ行政機関についても、以上のようにその権限の配分について、意識的・計画的な原則が存在したのであるから、式部、治部、民部、刑部、兵部等の伝統から自由な新しい省については、その原則が一層明瞭であることはいうまでもない。それは国家行政の諸分野・諸機能を分割し、それを、それぞれの省の任務または目的としてあらかじめ設定し、それにもとづいて、職務権限の配分、行政事務の分担管理、被管各官庁の配置、それに従属すべき品部・雑戸の統合、分割をおこなうという原則である。それは大化前代のように、主として伴造―部民制のなかからいわば自然生的に成長してきた断片的な諸官司の集合体として存在するのではなく、上から、統一的な原理にしたがって、下部機関へと系統的に組織化された官制の体系としてつくり出されたものである。既存の諸官司を下から上へと積み重ね集成したものではない。それは人工の構造物あるいは建造物に似ている。一つの建物をつくる労働には、完成された形での建物の表象を労働者があらかじめ観念としてもっていることが不可欠の条件であると同じように、八省百官という構造物を完成するためにも、一つの全体的プランがあらかじめ存在していなければならぬ。それは日本の場合、自然生的にはきわめて困難であったから、現実には唐の官制体系をモデルとすることによって充たされたことは、周知の通りである。しかしこれをたんに唐制の「模倣」と規定することは正しくない。建築においては、全体的プランだけでなく、それを実現するための技術が不可欠であると同じように、八省百官をつくる作業においても、それを構成してゆく技術または方法が、あらかじめ獲得されていることが前提となるからである。省という行政組織を構成している職・寮・司等の単位諸機関、さらにその最終単位をなす個々の官職は、必要に応じて統廃合し得る機械の部品のような性格のものであり、統廃合によって全体の機関体系の存在と機能は影響されないという認識が、その一つである。大同《だいどう》・弘仁《こうにん》期（八〇六—八二四）にさかんにおこなわれた諸官司の統廃合がそれであり、前記の掃部司と内掃部司も統合されて掃部寮《かにもりりょう》として宮内省の被管とされたが（職員令集解所引、弘仁十一年閏正月格）、これらの統廃合にさいして、太政官奏は、「以前、官ヲ設ケ、職ヲ分ツコト、令員《リョウイン》、限リ有リト雖モ」と、一応は基本法たる令の官制に敬意を表しながらも、「閑繁」と「時宜」によって、それを修正することも「善政」のためであるとのべて、令に拘束されない自由な統廃合や定員の改訂をおこなったのである（同上、延暦十八年四月官奏）。かかる認識がなければ、奈良時代において重大な役割を演じた前記の令外官の新設も不可能であったろう。令制の中宮職を土台にして、皇后宮職、さらに紫微中台へと発展させていった行政組織法的能力が、日本の律令制官人によって獲得されず、たんに完成品としての唐官制を「模倣」し「輸入」することだけにとどまったとすれば、日本の所与の諸条件に適応させて令の官制をつくり出す能力もち得なかったであろうし、まして東大寺建立という目的のために、造東大寺司《ぞうとうだいじし》という一省にも匹敵する複雑な行政機関をつくったかれらのおどろくべき組織能力も理解しがたいものとなるであろう。この能力は、機関《オルガン》または行政組織の特別の性格の認識、それを構成する原理や技術を獲得することによってのみ蓄えられたのである。

宮内省の構成原理も右と異なるところはなく、八省の一つとしてこの省に配分された権限にもとづいて、被管たる職・寮・司のそれぞれに四等官制による官僚機構と権限を規定し、それによって天皇のかつての家産制組織を、完全に官僚制的な行政組織の一部として再編成し、形式面からだけいえば、他の七省と同じく太政官に従属する一省たるにすぎなかった。天皇制の一部を国家機構のなかに組みこんだことは、令制のもたらした重要な変化の一つである。宮内省の特殊な点は、特別の禁忌をともなう天皇の食膳や饗宴に関連する諸官司、宮廷の造営や工作に関連する諸官司にみられるが、経済の面からみれば、つぎのような種類から成る王室財産および各種収入の管理・経営であった。第一に、大化前代の大和の六県《むつのあがた》等の供御《くご》稲田《いねた》の系譜をひく官田《かんでん》、園池司《えんちし》・典薬寮《てんやくりょう》がそれぞれ管理する園池・薬園、それに山林原野の囲い込みによって設定された禁猟区等の土地所有である(持統紀、三年八月条)。第二は、主殿寮、主水司《もひとりのつかさ》等にみられる伴造・品部の管理である。第三は、(イ)「諸方口味《しょほうのくみ》」または大贄《おおにえ》、(ロ)調の雑物、(ハ)諸国舂米《しょうまい》、雑穀等の収入である。このうち贄は令に規定はないが大化前代からひきつづいて奈良時代においても存続した諸国貢納物であり(2)、海産物を中心とした品目からいえば、本来は(ロ)の調の雑物とともに、服属した諸国国造の天皇にたいする貢納物であり、大化改新において調副物がそこから租税として分化したのであろう。諸国舂米は、国衙に蓄積された正税の一部を舂米として、輸送可能な近国地方から進上されたものであり、雑穀は諸国衙に命じて交易進上せしめたのであるから、制度上は令制によって成立した収入であるけれども、いずれも大蔵省ではなく宮内省の大炊寮《おおいりょう》に収納されて、そこから諸司に分給される規定であることを考えれば、令制以前に、それがもとづくなんらかの慣行があったのであろう。以上が王室財産と各種収入の主要な内容であり、宮内省の権能の一つは、それらの管理にあった。そのうち大化前代の王室所有のミヤケが令制の「官田」となり、本来のミヤケ的経営から国家による経営に移管されたものもあるけれども、全体として宮内省の職務には令制以前の天皇の家産制組織がつよく残存しているとみてよい。この点でことに注目すべきは、第二の品部の管理である。さきに言及した主殿寮の品部を例にとれば、それはつぎのような構造をもっていたことがあきらかにされている(3)。

主殿寮の殿部は、日置《へき》、子部《こべ》、車持《くるまもち》、笠取《かさとり》、鴨《かも》等のいわゆる負名氏《おいなのうじ》によって構成され、日置氏は灯燭のことを掌り、子部は帷帳を殿内にしつらえる等の雑役に従事し、車持氏は天皇の輿輦《よれん》を儀式のときに管掌し、笠取氏は天皇の蓋笠《きぬがさ》・繖扇《さしば》をとりもつ役目をし、鴨氏は儀式に必要な薪炭の供給をその世襲的な奉仕の内容としていた。それは他の負名氏の場合と同じように、令制以前の天皇の家産制組織の一部であり、主殿寮という令制による新しい官庁は、過去の制度と機能を維持するための組織にすぎないことが知られる。右の鴨氏の薪炭貢上という奉仕内容は、この氏が山城国の旧葛野《かどの》郡一帯を領有する在地の首長層であるという事実と結びついており、天皇と鴨氏との関係は、在地首長が伴造として、天皇に世襲的に奉仕する体制の一例である。多少形態上のちがいはあっても、これと同じ型の官司は、宮内省の内膳司《ないぜんし》、造酒司《ぞうしゅし》、主水司等にみられる。このことは、なぜ宮内省の被管官司の構成が複雑にならざるを得なかったかをしめす一つの理由である。王室と伴造または品部との関係は、歴史的・伝統的な関係であるところに特徴があり、両者をむすぶ人格的で世襲的な支配・隷属関係は、それぞれ個別的・特殊的であるのを特徴とするから、その一つ一つを官司化する以外に、制度化の方法がなく、したがって令制以前の小規模ではあるが複雑に分化していた天皇の家産制組織は、新しい行政組織に編成されるさいにも、基本的構造はそのまま継承されざるを得なかったのである。宮内省が八省のうちで、とくに複雑な構成をもたざるを得なかった理由は、かかる歴史的性質によるものである。これにたいして、右の伴造制にみられる天皇との個別的・特殊的隷属関係が、国家対公民という一般的・抽象的な関係に転化した令制国家を代表する省の典型的なものが民部省であったといってよいであろう。したがって民部省の構成と機能の新しさをあきらかにすることが、宮内省の古さをより明確にする。

民部省は、諸国の籍帳、賦役、課役の減免、家人奴婢、山川藪沢《さんせんそうたく》や田地等々のことを掌るが、かかる民政上決定的に重要な役割をはたす省でありながら、被管の官司は主計寮と主税寮《しゅぜいりょう》の二つだけであり、寮の内部も、それぞれ算師二人がおかれていることだけが特徴である。そこには宮内省、大蔵省、兵部省等々の多くの省の被管諸司にみられる品部・雑戸の遺制がまったくみられないことが、この構成の単純さの主要な原因である。それは過去の伝統からまったく断絶された、純粋に合理的・官僚制的な行政機関である。なぜこのような簡素きわまる官庁が、厖大で複雑な律令制国家の財政の中枢機関たり得たのかという問題が、ここで考察する課題である。(4) その理由としては、第一にこの省の機能が、主として記帳と計算と管理という任務に限定されていたという事実をあげなければならない。たしかに、令制においては、調は大蔵省に納め、庸は民部省に納める規定となっており(職員令)、民部省に早くから庸の保管のための倉庫があったことは、「民部省ノ蔵庸舎屋《チカラシロヲオサムルヤ》」とみえることからも知られるが(天武紀、朱鳥元年七月条)、しかしこれが副次的な職務であったことは、民部省に倉庫の管理のための官人もおかれず、また七〇六(慶雲三)年には庸のうちの軽物《けいもつ》、絁・糸・綿等を大蔵に移管し(続紀)、『延喜式』においては、調庸ともに大蔵省に納めるように変っていったことからもしられよう(巻二二、民部上、巻三〇、大蔵省)。民部省が庸という現物を保管したのは、同省の所管事項に「賦役」があったからで、衛士・仕丁・采女《うねめ》等の食料および雇役丁《こえきてい》の食料と雇直《ちょく》に、庸米が用いられたためであろう。しかし民部省本来の職務は、主計寮の頭の規定に「調及ビ雑物ヲ計納シ云々」とあるように、大蔵省の倉庫に納入する調をもふくめて、現物を検査し、計量し、記帳することにあり、この意味では、中央に上納される租税は、すべて諸官司に分給される以前に、民部省を通過するか、あるいは少なくとも調庸の数と色目を記した目録は民部省に納められる体制であったといってよい(職員令、中務省条義解)。主税寮も現物とは関係なく、その頭の職掌が、諸国の田租と出挙の現状を正税帳その他によって管理することであった。したがって主計・主税二寮の主たる職務は、現物から解放されて、しかも中央と国衙における現物の現状と動態を把握することにあり、宮内省に典型的にみられたような即物的な行政とはまったく異質なものであることがしられる。これが民部省が少数の官人をもって、その複雑な機能をはたし得た理由の一つである。

第二の理由は、民部省の職務の一つが、計算にあったということと関連する。主計・

主税二寮には、それぞれ二名ずつの算師すなわち計算を専門とする官人がおかれ、(5) その職掌は、「調庸及ビ用度《ヨウド》ヲ勘計スルコト」あるいは「租税ヲ勘計スルコト」を掌るとされている。前者の主計寮の算師についていえば、中央政府の主たる収入である毎年の調庸の納入数を計算し、同時に政府の諸官司が消費する物資を「勘計」することにある。しかし、この場合、算師が国庫への収入を計算し得るためには、二つの前提が必要である。第一は、当然のことながら、税制の全国的な画一化であり、特殊的には調庸物の規格の統一である。ここでは第二の点、すなわち諸国の課口《かこう》・不課口の数および課口について見輸《げんゆ》・見不輸《げんふゆ》・全輸・半輸等が調査されていて、算師が集計し得るようにあらかじめ準備されていなければならないという点についてだけのべたい。調庸の搬入に先立って、八月三十日以前に太政官に送る規定になっている諸国の計帳が、はたして計帳の原簿であるか、またはそれとは区別された意味での大帳または大計帳〔統計帳簿〕であるか、後者であるとすれば、(6) いわゆる「天平五年阿波国計帳」(『大日本古文書』一ノ五四九)をそれに当る文書とみなしてよいかどうかは、まだ問題はのこるとしても、計帳の原簿から、各郡毎に課口・不課口以下の分類にもとづく合計表を作成し、それによって国郡毎の調庸の全額を推定し得るような文書を、原簿の送付に先立って、国衙から太政官に送るということは、あったとかんがえるべきであろう。そうすれば、第一の計帳原簿の作成、第二に大帳(大計帳)の作成、最後に主計寮による全国的規模での最後の集計という三段階の作業を経て、毎年度の調庸の収入は推計されることになるが、この過程を一貫するものは、調庸負担者たる公民の計量化ということである。この過程のなかで、公民は一切の社会的・共同体的連関から切りはなされて、最後には正丁《しょうちょう》・次丁《じちょう》・中男《ちゅうなん》の数に還元されてしまうのであり、またそのような還元がなければ、主計寮の算師は歳入を全国的な規模において計算し得ないであろう。

この特徴は、たとえば、前記の宮内省被管の主殿寮の例と対比すれば、両者の原理的な相違が鮮明となる。主殿寮の官人と、殿部たる負名氏との関係は、前記のように、物資の貢納によるにせよ、労役の形による奉仕にせよ、共同体の首長層を媒介とする個別的・特殊的な関係であって、両者の世襲的・歴史的伝統による収取は、計量化しがたい質的な関係として存在する。それは社会のなかから発生した国家が、まだ社会から十分に「独立」しない段階であり、国衙および民部省に代表される計量化は、その「独立」が完成したことの一つの表現なのである。計帳の原簿自体が、個々人の容貌上の特徴をも記載したきわめて具体的な内容をもちながら、それが租税賦課のための台帳という性格のために、各戸が相互にとりむすぶ社会的・共同体的諸関係、たとえば村や在地首長層との関係という質的なものは、ここではすでに捨象されており、それだけ抽象化されているのである。阿波国の計帳のような大帳となれば、その抽象はほぼ完全である。それをさらに集計する主計寮の官人にとっては、全国の人民は一切の社会的・人間的質を捨象された課丁《かてい》の数としてのみ映ったはずである。この計量化という現象は、労働力をも商品化した資本主義社会の必然的結果としても発生するが、(7)古代におけるそれは、それとはまったく異なった根拠と条件から、すなわち国家権力が、編戸と籍帳によって、戸口にいたるまでも把握すること、またそれが可能になるような社会的・階級的諸条件が存在したということから発生したのである。律令制国家の租税政策が、この計量の技術をぬきにして考えられず、そこから周知のおどろくべき計数感覚がきたえられたのであって、(8)たとえば大宝令の法定封戸の規定から慶雲二年の修正を経て、天平十九年格にいたる一連の措置を、民部省または太政官において立案することができたのは、籍帳を基礎にした統計的操作と計算の技術を駆使し得たからにほかならない。(9)計算なくして政策なしといってもよい。かかる新しい収取の体系は、令制以前の国家ではかんがえることもできないことであった。

民部省の第二の機能は、「国用《コクヨウ》ヲ支度《シタク》」すること、すなわち一方においては、前記の仕方によって、当年の調庸の収入を計算するとともに(田租は舂米として一部が進上されるだけで、他は国衙の正倉に蓄積される)、他方においては、来年度の国家の必要とする物資の総計を校定し、集計することであり、両者の「足不足ノ状《タルタラザル》」すなわち収支のバランスについて太政官に上申することであった。後者の来年度の国用の計算は、いうまでもなく諸官司から提出される予算書、「支度ノ書」を主計寮にあずかり、それを集計することによってはじめて可能になる（職員令、主計寮条集解）。諸司の予算書の実例はないが、その形式を踏襲したとみられる東大寺の写経所の予算案によれば、必要とする物資の個々の品目・数量のほかに、必要単功《たんこう》とその食料が算出計上されていた。そのさい特定品目について、銭項目に属するものとしてとくに計上されているのは、当時の官司財政が現物給与の原則をとっていたからであり、(10)天平宝字年間の一例によれば、銭項目は総予算の四パーセントにすぎず、九六パーセントが現物で計上されている。したがって主計寮の場合も、諸司の予算書にのせられた物資を品目別に整理し集計するとともに、それぞれの物資の生産または保管を管掌する諸司に、それを割り宛てる業務があったはずである。前記のように、たとえば調および庸のうちの軽貨は（慶雲三年以後）大蔵省に、官人の常食にあてる食料は大炊寮に保管されており、紙・筆・墨は図書寮《ずしょりょう》が紙戸《かみこ》という品部の使役または貢納によってそれを管理しており、諸司はそこから現物で支給されるのが原則であったからである。このように公民から租税という形で中央に収納され、あるいは品部・雑戸の収取によって得られた剰余生産物の国家諸機関への配分の管理、その基礎にある諸司の予算の校定と集計が、民部省の独自の機能であって、全行政機構が日常的に運転するために不可欠の物的手段を統合し調整するこの機能は、前記のように民部省が現物から解放されて、記帳と計算と管理にその職務を限定したからはじめて可能となったのである。もちろんこれには例外があった。庸米《ようまい》は民部省に現物として保管され、したがって雇役丁、仕丁等を使役する諸司への米の分給は、この省固有の仕事であったからである。しかしこの事実から、民部省全体の右の機能の評価を誤るべきではないだろう。雇役丁についていえば、その使役の見積書は、諸司から太政官を経て主計寮に回送されるが、この場合にも、主計寮の仕事は、諸司の見積書を集計し、諸国衙への割宛ての原案を作成すること、つまり「覆審《ふくしん》」することにあって、太政官がそれにもとづいて奏上し、「支配」すなわち諸国への雇役丁の配分をおこない、その徴発を命令する仕組になっていた。ここにも主計寮の媒介的・技術的役割があらわれている（賦役令、応役丁条集解）。

日常的行政の運転でなく、京城を築くなどの臨時の営造の場合も、右の原則は同じであって、木工寮《もくりょう》等の諸官司の物資と労働力にたいする見積書が、太政官を経由して主計寮に送付され、そこで「覆審」することになっている。もちろん収支のバランスがとれる場合は、おそらく少ないのであって、百官の食料の需要が多く、運上される諸国舂米では不足する場合、あるいはたとえば水旱《すいかん》のための庸の免除によって、雇役丁や仕丁への功食が不足する場合もあり、また臨時の物資の需要、たとえば「蕃客《ばんきゃく》」の入朝による営造等々もある。これらの場合は、所管の諸司から太政官に申告する規定であるが、太政官は民部省にそれを覆審させることによってのみ、その対応策を講じ得たであろう(営繕令、在京営造条集解)。令制の諸国貢献物《しょこくこうけんもつ》(賦役令、貢献物条)と土毛《どもう》臨時応用者(同、土毛条)に相当する年料交易雑物《ねんりょうこうえきぞうもつ》のほかに(延喜主税式)、民部省の臨時の符によって国衙に進上を命じられる臨時の交易雑物の賦課が、右の対応策の結果であって、それは天平期の諸国正税帳《しょうぜいちょう》にもすでに記載されているものである(和泉監正税帳)。

律令制国家は、民部省を中枢機関または頭脳とした以上のメカニズムをつくり上げることによって、現物経済からくる不便や(たとえば、必要物資が物件費として一括されず、個別的に品目を列挙しなければならないような)、伝統からくる行政事務担当の不合理な配分(たとえば、諸国舂米が宮内省被管の大炊寮に、調が大蔵省に、庸米が民部省に分割されている前記の多元的な管理機構)にもかかわらず、分化した行政諸機関の間における物資の需給を統合し、調整し得たのであって、かかる条件が存在したからこそ、律令制の支配階級は、平城京(宮)の造営や東大寺の建立のような事業も計画し、実現し得たのである。それは、伴造・品部制を基礎にして建立された推古朝の仏寺等とは比較にならない巨大な規模の事業であるが、そのために必要であったのは、たんに公民の労働力と現物租税を徴発する強権力だけではない。特定の計画を設定し、その実現のための人的・物的諸手段を準備し、歳入とのバランスをはかり、不慮の支出または収入減に対処する手段を用意する等々の能力を、支配階級がもつことが、同時に必要であった。それは個々人の能力を越えたところの非人格的な機構の創設によってのみ解決される性質のものであり、民部省はそのために存在したといってよい。平城京造営や東大寺建立のためには、造宮省《ぞうぐうしょう》・造平城京司《ぞうへいじょうきょうし》、あるいは造東大寺司のような特別の行政機関が創設されたが、これらの諸官司も民部省に依存してはじめて、その事業を完成できたのである。後年、三善清行《みよしのきよゆき》が東大寺の堂宇と仏像を、「人力」のなすところでないとし、「鬼神」の所産であるとまで驚嘆したのは（意見封事十二条〔九一四年〕）、かれが分業にもとづく労働と、物資を系統的に配置する組織のもつおどろくべき力を知らなかったからであり、律令制国家の古典時代ともいうべき天平期の官僚制のもつ計画性が、かれの時代には消滅してしまっていたからである。この計画性はたんに平城京や東大寺の造営にとどまらなかった。戦争さえ、一定年限の間に実現さるべき計画の対象となったのである（第一章第四節）。そこでの新羅侵攻の対外戦争は、たとえば諸国正税帳から、出雲国計《けい》会帳《かいちょう》にみられるおどろくべき多様な文書、たとえば郷戸課丁帳、括出帳《かっしゅつ》、麦帳、桑漆帳《そうしつ》、雞帳、兵士《へいし》簿《ぼ》目録《もくろく》、兵士《へいし》歴名簿《れきめいぼ》、駅馬帳《えきばちょう》、伯姓牛馬《ひゃくしょうぎゅうば》帳、官器仗帳《かんきじょうちょう》、伯姓器仗帳、公私船(帳)等々、いいかえれば人間から牛馬・家禽・桑漆および船舶・器仗にいたる報告書が、諸国衙から太政官と民部省に集積され、それを基礎とした計算された計画であった点で、平城京や東大寺の造営計画と原則的に異なるところはなかったのである。それは仲麻呂の「野心」だけの所産ではなかった。

民部省が、その機能をはたす前提として、他の諸司が予算書を(おそらく決算書も)作成していたことが重要である。予算の作成は、一切の計画的行為、目的意識的な事業の前提である。「国用ヲ支度」すべき民部省の職掌がはたされるか否かは、八省の他の諸司が予算と決算を、国衙が計帳と正税帳(決算書)を正確に作成するか否かにかかっており、かかる他の諸機関への依存関係、すなわち諸官司間の分業と協業の体制の上に立っているからこそ、民部省は単純な構成と定員をもってしても、その機能をはたし得たのである。「組織された権力」としての国家の特徴が、ここに典型的な形でみられる。前記の例でいえば、宮内省の主殿寮と五つの負名氏との関係は、それだけで孤立したいわば閉鎖的な関係にすぎないが、主計寮は一切の諸官司との協業という依存関係を前提としてはじめて存在の意義があるのである。また大化前代の代表的官司である大蔵は、部民制や「人」制の上に立ち、大臣《おおおみ》蘇我氏に従属していた。それは令制に大蔵省として、名称も機能も保存されるが、律令制の全財政機構のなかでは、その意義は背景に退き、組織的権力としての国家の一面を代表する新しい型の省として民部省が登場してきたのである。

民部省の重要性は、機能上の問題である。宮内省を廃止しても困るのは天皇だけであるが、民部省を廃止すれば、国家の諸機関全体の物的な面における有機的統一が確保されないという意味において、それは重要なのである。しかし、それが国家の政策決定において演ずる役割は、他の八省となんら変らない。民部省固有の職掌に即していえば、庸米を保管し、雇役丁や仕丁等に支給するのは、民部省の職掌であるが、雇直と食料を支給する形での強制労働としての雇役制は、大宝令においてすでに確立されていた。それは公民の労働力を無報酬で使役することは、おそらく藤原京の造営の経験から考えて、もはや不可能と判断したからである(11)。それは一つの政治的判断であり、重要な政策の変更であるが、その決定は太政官における議政官の衆議の結果であって、民部省は決定のための数字上その他の資料を提出するにすぎない。

また慶雲の制によって、庸布二丈六尺の制を半減して一丈三尺に改めたが、これも旧制の維持が、それを収奪される公民の不満と抵抗に対比した場合、支配階級にとって有利か不利かについての政治的判断を基礎にしている。その判断の素材は民部省から提出される以外に方法はないにしても、いくつかの選択の可能性が存在するこのような場合(たとえば、半減か三分の一減か等々)、最終的に決定するのは太政官であって、民部省の官人ではない(その決定を裁可する天皇は、かかる問題については、盲目に近いだろう)。ここに政策決定の最高機関としての太政官と、官僚機構の一部としての民部省の根本的相違があった。国家にとってより重要な「国用ヲ支度」する問題についても、論奏式の(ロ)項に「支度国用」があり(第三節)、たとえば年の豊凶によって、諸官司の用度を増減することを決定し、それを諸司に命令し得るのは、太政官であって民部省の権限ではない。主計寮の支度国用は、太政官の決定のための準備作業の一つにすぎぬ。太政官と民部省のかかる権限と機能の配分、前者が後者の実務に依存しながら、しかもそれから解放されているという分業と協業が、前者の政策決定能力を保証する条件の一つであった。民部省の重要な所管事項の一つは、前記の山川藪沢と田地の管掌であるから、養老の三世一身法《さんぜいっしんのほう》、天平の墾田永代私財法のような画期的政策の立案の基礎に、民部省があることはいうまでもない。これらの二つの法令は、ともに律令制国家の根幹をなす土地国有制の解体の一指標となったものである。このさい、三世一身に限定した墾田の田主権の問題が、天平十四年の班田にあたってなんらかの新政策を決定する必要にせまられ、そのさい墾田の収公はもはや政治的に不可能かまたは不得策と判断され、墾田額に一定の身分的差等を付することによって、支配層の特権を維持するとともに、前者の期限を撤回したという側面をみのがすべきではない(12)。ここに一貫しているのは、客観的条件の変化に対応して政策を修正し、発展させてゆく能力であり、しかもそれを通じて支配階級の「共同利害」を擁護しようとする執拗な努力である。この面を正しく評価しなければ、大宝令制定以後、とくに平城京遷都以後、慢性的な「危機」や「解体」の現象を呈し、支配階級内部も謀叛や内乱によって動揺しながら、律令制国家が存続してゆくその強靱さを説明しがたくなるであろう。それは、この国家をささえていた官僚機構の強さの表現であり、民部省はその典型的機関であった。

民部省の官人は、もはや天皇の家産制的臣僚ではない。それから相対的に独立した国家機構、すなわち支配階級全体の政治的・経済的な特権をまもるための共同の機関としての国家の官僚なのである。民部卿や主計・主税二寮の頭をのぞけば、この省の官人は、下級官人にすぎない。かれらは、遷都や対外危機にさいして、まれに内裏に召し出されて下問に奉答することもないではなかったが(第一章第四節)、全体とすれば非政治的・技術的官人である。卿クラスの高級官僚は、かつて民部卿の職についた仲麻呂のように、奈良時代の政治史のなかで、栄枯盛衰と興亡の歴史をくりひろげたが、これらの下級官人層は、そのような戸外の暴風雨と関係なく、また主人がだれに交替しようとかかわりなく、連日机に向って記帳し、算木(籌(さんぎちゅう))をもって計算し(倉庫令、受地租条)、あるいは省符の原案を起草した。かれらは、定められた法規にしたがって、与えられた仕事しかしなかった。それは律令制国家がつくりだし、かつそれをささえていた新しい人間類型の一つである。

国家という組織された権力機構を媒介とする新しい支配形態の特徴は、以上のようなものであった。律令制以前の統治形態に比較すれば、支配階級が、人民にたいしていかに強力でおそるべき武器を獲得したかが、これによって理解されよう。それは公民以下の被支配階級と支配階級との矛盾をなんら解決するものではなく、反対にそれをより鮮明にし、集約的にしただけではあったが、しかしその矛盾や対立のあり方は根本的に変化したのである。たとえば、七七三(宝亀四)年、播磨国餝磨《しかま》郡草上《くさのかみ》駅の駅子《えきし》等百八十人は、四年前の民部省符によって、かれらの口分田が収公され、四天王寺に施入された結果、新しく隣郡に班給されることになった口分田では往作の便さえないということを愁訴した。おそらく郷長・郡司を経て、この愁訴を受けとった播磨国守佐伯今毛人《さえきのいまえみし》は、事実を検察した結果、この愁訴に理由ありとみとめ、弁官局を通じて、事情をつぶさにのべて、太政官の官裁を請うた。太政官の合議の結果、国司の請願通りに、駅子等にもとの口分田を班給させることに決定して天皇の裁可を得、当時太政官の首席であった右大臣藤原良継が勅を奉って、その執行を民部省に命令している（『延喜式』裏文書、『寧楽遺文』上）。この手続は、播磨国の駅子等の愁訴が解決されるためには、天皇をふくむ国家の関係各級諸機関の全部を経由しなければならなかったことをしめしている。それは、駅子等百八十人にたいしても、かれらから口分田を収公し、往作の便をうばった権力が、どのように組織された権力であったかを教える一つの事例となったであろう。これは特殊なケースではあるが、しかし重要な問題は、もはや在地だけでは、解決され得なくなった時代の特徴がうかがわれよう。かれらに対立する力は、地方から中央へと組織された国家という権力の総体であったからである。この客観的におこった変化が、人民の意識、したがって階級闘争の現実の動きに反映してくるには、平安時代をまたねばならないが、その条件をつくったのは、律令制国家の成立であった。

第四章　古代国家と生産関係

第一節　首長制の生産関係

1　第一次的生産関係としての首長制

推古《すいこ》朝の国制と律令制国家の性質の相違があきらかとなり、大化改新から大宝律令の制定・施行にいたる政治的諸段階が区別されるにしたがって、学者の主な関心が、それらの諸段階のあいだの差別相を識別することにむけられたのは当然である。研究はそれによってますます微細になりつつある。その結果、六世紀から八世紀中葉にいたる国家の成立史の基礎にある経済的土台すなわち一貫した生産関係の問題は、副次的な問題として背景におしやられる傾向が生れる。国家の諸制度の動く面、変化する面だけに目をうばわれて、その推移と変化自体を意味あらしめるところの相対的に不動の基礎が前面にでてこない傾向である。しかし政治的上部構造としての国家のかくされた土台が、この時代の社会的・経済的諸関係または生産関係にあることはいうまでもなく、両者のあいだに存在する古代独自の関連のあり方をあきらかにすることが、国家の成立論の第一義的な課題でなければならない。これは理論的要請として存在する課題であるばかりではなく、上部構造自体の考察が、その課題を否応なしにわれわれに設定するのである。たとえば、古代における国際的、国内的な「交通」の問題、戦争をもそこにふくむところの交通の形態が、国家の成立史においてもつ意義をかんがえるとき、共同体を「代表」するアジア的首長制という生産関係を媒介とし、基礎としなければならなかった(第一章第一節)。また大化改新が、王民制から公民制へ、すなわち伴造《ばんぞう》―部《べ》民《みん》制的秩序から国造制《こくぞうせい》的秩序への転換をおこない、その権力の基盤を在地首長層にすえたとき、問題になるのは、首長層の生産関係であり、支配関係であった(第二章第二・三節)。また浄《きよ》御原令《みはらりょう》または大宝律令の施行によって完成する律令制国家は、本来古代国家が邪馬《やま》台国《たいこく》という形で二・三世紀の社会のなかから発生してきながら、次第に社会にたいする独立的な政治権力として成長し、ついには旧社会関係をその体内に呑みこんでしまうほどの強大で独立的な権力体系として社会の上に君臨するにいたったことをしめしており、また古代社会における社会的分業の最終的帰結、すなわち統治という精神労働を独占する階級と肉体労働だけを強制された公民階級への分化を完成させたことをしめしている。

この支配階級＝官人貴族層の社会からの分化、かれらの共同組織としての国家機構の存立を可能ならしめた経済的土台または条件は、諸国の国衙《こくが》機構によって支配され収取される在地の生産関係にほかならない。それは、律令制国家の財政の構造に端的に表現されている。(1)その「財源」は、中央官司に隷属する品部《しなべ》・雑戸《ざっこ》制および長上工《ちょうじょうこう》・番上工《ばんじょうこう》が官営工房においておこなう剰余労働に依存するか、または国衙から進上される剰余生産物に依存するかのいずれかである。しかし前者は国家財政の全体においては副次的な意義をもったにすぎなかった。また工房で消費または使用される原料や生産設備以下の主要な物資自体が諸国からの進上物であり、非技術的労働力としての仕丁《しちょう》は、その生活資料を郷土に負担させる制度であったことをみても、律令制国家の主要な物的基礎が国衙権力による収取に依存していたことはあきらかである。後者はまた在地の生産関係に依存している。国家だけでなく、官人貴族層の家産制組織は、帳内《ちょうない》・資人《しじん》制、山川藪沢《さんせんそうたく》の占拠、空閑地の開墾、私出挙《しすいこ》等のいずれをとっても、在地の首長制と関連するか、またはそれに依存していた。国家の成立と存立の問題は、地方の首長制の構造の分析なしには、基本的には何一つ解決できないことはあきらかである。日本の古代国家の構造の専制的性格と、隋・唐の国家に比較した場合にみられる貴族制的・閥族的性格も(第三章第三節)、在地首長層の支配関係の特徴と不可分の関係にある。

問題は、六世紀以降、たとえば推古朝における中央の政府または統一体が独自にもっていた経済的土台と在地の首長層または国造層の生産関係との関連をどのように設定するかにかかっている。それは律令制国家における同じ問題の原型をしめしているからである。東国における在地首長層の生産関係の自立性は、名代《なしろ》・子代《こしろ》等の部民制やミヤケ(屯倉)の設定によっては基本的に変更されるものではないことについてはすでにのべたが(第二章第三節)、この問題にもう一度立ちかえる必要がある。それを検討すれば、大化前代の中央政府が発達させた独自の経済制度であり、在地の生産関係から独立した収取組織体のような外観を呈するところのミヤケでさえも、在地首長制の生産関係に依存する第二次的な生産関係にすぎないことがしられよう。ミヤケの諸類型のうち、右の観点からもっとも典型的なタイプは、大和六県とともに、令制の「官田」(大宝令の「屯田」)のなかに解消したと推定される畿内のミヤケ、すなわち依羅《よさみ》ミヤケ、茨田《まんだ》ミヤケ、大身狭《おおむさ》・小身狭《おむさ》ミヤケ等であり、その特徴は、書紀の所伝によれば、開発のさいに、「帰化人」の労働力があてられた労働奴隷制的起源をもつ点にある。(2)他の民族の古代国家の場合と同じく、日本においても、「虜掠」(3)された「蕃賊」を「奴婢」とすることは、古代法における合法的慣行であったから(戸令、化外奴婢条集解所引古記)、四世紀末以降の対外戦争による捕虜または「帰化人」の一部が、大王《だいおう》の所有として、そのミヤケ開発等の労働に使役されたことはあり得ることである。この型のミヤケの起源にみられる奴隷制的性格は、その遺制としての令制の官田の直接経営方式のなかに保存され、ここでは耕牛以下の生産手段を官が負担し、種子農料をのぞく収穫の全部が官に帰し、使役される農民の用益権はまったくみとめられないという特徴をもっている。しかし注目しなければならないのは、かかるミヤケであっても、その再生産構造からみれば、けっして自己完結的な、自立的な経済制度として存在したのではなく、在地の首長制の生産関係に依存していたということである。官田を管理・経営する宮内省の雑任である「田司《たのつかさ》」(大宝令の「屯司」)の大化前代の前身が、「田令《たつかい》」的なものであろうと、また依羅ミヤケの田部連《たべのむらじ》のような伴造であろうと、これらの管理・収取組織だけによっては、ミヤケの経営は不可能であったことを忘れてはならない。官田を耕作する労働力は、国司が差発し、郡司・里長《りちょう》が駆使する公民の雑徭に依存したが、私は官田経営のこの特徴は大化前代にさかのぼるとかんがえる。相違点は、国・郡司の代りに、国造等の在地首長層が徭《よう》役《えき》労働差発の主体であったことだけであり、ミヤケの再生産は、この階級が、それぞれの領域内の民戸にたいしてもつ既存の人格的支配と経済外的強制に依存し、それを土台にしているのである。いいかえれば、ミヤケという経済制度は、首長制の生産関係を前提または土台として、そこから派生または転化した第二次的生産関係として存在したのである。

また開発時のミヤケの奴隷制的構造も、在地首長層の生産関係から分化し発展した形態として成立したとみるべきである。八世紀初頭の戸籍にみられる首長層の家内奴隷、たとえば筑前国島郡《しまぐん》大領肥君猪手《ひのきみいて》の奴婢三十七人、(4)美濃国肩県《かたがた》郡の国造《くにのみやつこのおおば》大庭の奴婢五十九人は、(5)むしろ退化した形をしめしているのであって、大化前代の在地首長層の生産関係における奴隷制の役割がはるかに大きかったことは、辺境の首長下毛野子麻呂《しもつけのこまろ》が六百口の奴婢を解放したことからも(持統紀、三年十月条)、また弘計《おけ》・億計《おけ》王の物語における在地土豪の農業経営からも推定し得る。(6)この階層の所有する田荘《たどころ》の経営の一部が、ラティフンディウム型の労働奴隷制であったとされるのも当然の推測なのである。(7)邪馬台国の段階における奴隷所有が、主として王の侍婢や貢納品＝「生口《せいこう》」等の非生産的用途のために存在したのにたいし、五世紀以降のそれが一方で右の性格を強く保存しながら、他方では農業労働以下の生産的労働のために、とくに単純協業を必要とする領域において重要な役割をはたしたとみられることは、首長層の所有する奴隷制の歴史における重要な転換であった。しかし首長層の生産関係と大王の経済制度とのあいだに不可分の関連が存在することは、後者にみられる独自の質的発展を否定することではない。「百済池《くだらのいけ》」や「韓人池《からひとのいけ》」、また「茨田堤《まんだのつつみ》」等の造営にみられるミヤケ開発のための大規模な労働力の投入が、応神《おうじん》・仁徳《にんとく》陵に代表される巨大な前方後円墳の築造と不可分の関係にあることは、莫大な単純労働の編成および朝鮮から輸入されたとみられる新しい土木技術の計画的適用という点で、両者に共通する特徴がみられることからも推定される。大王のミヤケは既存の首長層の家内奴隷制の労働形態とは量質ともに区別さるべき性質のものであった。それにもかかわらず、両者の連関を見うしなうべきでないことは、前者の経営が、前記のように、後者の徭役労働賦課権に依存する形態に早期に転化したことからもしられるのである。

大王のミヤケが、在地首長層の生産関係を前提条件とし、そこから転化した第二次的生産関係であるという事実は、他の類型のミヤケにおいては、より明瞭な形をとってあらわれる。たとえば、播磨国の餝磨《しかま》ミヤケが、出雲・伯耆等五カ国の国造等によって開発された場合に(『播磨国風土記』)、国造等在地首長のそれぞれの領域の民戸にたいする支配権が、ミヤケ成立の前提としてあらかじめ存在するのであり、また竹生《たかふ》ミヤケは、その土地四十町を献上した摂津三島県主飯粒《あがたぬしいいぼ》およびその経営をささえる「钁丁《くわよぼろ》」をさしだした河内国造大河内直味張《おおしこうちのあたいあじはり》等、すなわち県主・国造等の首長制なしには、その成立も再生産も不可能であったのである(安閑紀)。「毎国田部《くにごとのたべ》」によって経営される桜井ミヤケ、同じく「毎郡钁丁《こおりごとの》」によって経営された難波ミヤケの場合も(同上)、「国」や

「郡」という書紀編者による修飾をのぞいてみれば、ミヤケの再生産構造が、首長層の支配領域における生産関係に依存していること、後者こそ第一次的・本源的生産関係であって、前者はその転化した第二次的生産関係にすぎないことは明瞭であろう。以上の先進地帯のミヤケと区別された後進的・辺境的ミヤケにいたっては、在地首長制の生産関係そのものであるか、またはそれに包摂され管領される関係においてのみ存在し得たのである。ミヤケとは独立に、またはそれに付属した形で存在する部民制も、その設置によって首長層の自立的な生産関係を基本的には変更するものでなく、逆に後者を前提とし、土台とすることによってのみ、成立し維持し得たことについては、まえにのべた(第二章第三節)。ここに大化前代の生産関係の総体およびそれに基礎をおく諸階級の配列の基本的特徴がみられるのである。したがって上部構造としての国家の成立過程と生産関係との相互関係を考察するためには、まず第一次的・本源的生産関係として存在する在地首長層の生産関係の歴史的・質的規定が第一の問題となり、そこにおける変化が、政治の領域における発展・転化とどのように結びついているかが第二の問題となる。それは同時に大化改新および律令制国家の成立の土台をなす社会的・経済的基礎をあきらかにする問題でもある。

2　徭役労働

大化前代の在地首長層の生産関係、すなわち直接生産者から剰余労働またはその対象化された形としての剰余生産物を収取する独自の形態をあきらかにするためには、律令制国家の主要な収取形態をなす租庸調《そようちょう》および雑徭《ぞうよう》制を基礎にする必要がある。大化前代については拠るべき系統的な史料が存在しないからである。まず問題になるのは、徭役労働である。首長層の権力または生産関係の本質は人格的支配＝隷属関係にあり、後者は徭役労働賦課権としてもっとも端的かつ明確に表現されるからである。首長層の徭役賦課をかんがえるためには、歳役《さいえき》と雑徭のうち後者を基本にしなければならないので、前者については次節で言及することとする。雑徭は、仕丁・衛士《えじ》等の令条に規定された徭役以外に差発される雑多な徭役労働であり、一年に六十日を限って国司が部内の公民を使役することを許されているものである。国中の諸事はすべて雑徭をあてられ、毎人均使を原則とした（賦役令）。しかし注意すべきことは、雑徭は地方的賦役のすべてではなく、それ以外にも徭役が存在したことである。仮に後者を雑徭外徭役とよんでおけば、それはつぎのような特徴をもっていた（雑令集解逸文所引朱説）。(イ)渠堰《きょえん》等の用水施設の小規模な修治のために臨時かつ適宜に賦課される徭役である。(ロ)雑徭とは別個の徭役であるから、前者の正丁《しょうちょう》・次丁《じちょう》・中男《ちゅうなん》の賦課基準は適用されず、また年六十日という限定もない。(ハ)雑徭には官食が支給されるのにたいして、ここでは「私粮」によってまかなわれる。かかる雑徭外徭役が、右の用水施設の修理以外にも広汎に存在したことが推定されるが、特殊な例としては、辺境諸郡の城堡の堡内人にたいして、年六十日の雑徭規定に拘束されない徭役が存在したことがあげられる(軍防令集解逸文所引朱説)。雑徭と雑徭外徭役とは、法上、制度上の区別が存在するだけで、現実には国家が課する徭役として不可分の一体をなす関係にあったとみなければならず、また後者が令に規定がないからといって、前者よりも質的に重要でなかったとはいえない。むしろ逆に、用水施設の修治にみられる雑徭外徭役は、それなしには耕地が荒廃し、共同体の再生産が不可能になる性質のものであるから(事実平安時代にはそれによる荒廃田が広く発生した)、現実には雑徭と同じ重要性をもっていたはずであり、その背後に用水を媒介とする「村落共同体」の伝統的共同労働が存在したこともみとめなければならない。(8) しかし注意すべきことは、雑徭外徭役がかかる共同体的労働自体として存在したのではなく、その特徴は、「役」または「差役」の語がしめすように、上から課せられる徭役労働として存在する点にある。〔山上《やまのうえの》〕憶良《おくら》の貧窮問答歌《ひんきゅうもんどうか》の「楚《シモト》(鞭)取ル里長《サトオサ》」が戸ごとに徴発して歩いた徭役は、雑徭と雑徭外徭役の双方にわたる徭役であったはずである。また両者が本来不可分の一体をなしていたことは、相互に転化する事実からもしられる。すなわち灌漑用水の施設は、新しく築造される場合は、大量の労働力を必要とするから、雑徭をあてる規定であるが、一旦それが完成して、その維持のための小規模な修治が問題になれば、それは雑徭外徭役にまかされるのであり、また修治の過程において、それが雑徭外徭役によっては不可能であることが判明すれば、雑徭に変更されるのであって、その転化は、形式上は国司の裁量権の範囲に属するのである。

雑徭が制度として確立されるのは、浄御原令によってであるから、(9) それ以前は両者は区別のない一体をなして、国造・評造等の徭役賦課権の内容をなしていたとみるべきである。以上の令制の徭役労働は、大化前代の首長層の生産関係についての考察に一つの示唆をあたえるものであるが、そのためには徭役賦課権の主体についてかんたんにのべておく必要がある。

雑徭の差発権は、諸国の国司にあり、現実に徴発・駆使するのは、郡司―里長であった。しかしこれは法と制度における権限上の規定にすぎない。国司の差発権が実現するためには、すなわち独立の経営をいとなむ公民に強制して不払労働をおこなわしめるためには、あらかじめそこに人格的支配＝隷属の体制が前提条件として存在しなければならず、この権力は国司の差発権とは別個の性質の権力である。国司のなし得ることは、雑徭を法の規定すなわち年六十日、毎人均使等の規定によって規制し監督すること、郡または郷里毎に差発されてくる役丁《えきてい》を結合労働として組織編成するなどのことであった。現実に雑徭と雑徭外徭役を差発し駆使する事実上の権力をもったのは、国司でなく郡司であった。平城宮址発掘の木簡にみえる「甲斐国山梨郡雑役《ぞうやく》胡桃子《くるみ》一古《こ》」という貢進形式は、「雑役」または雑徭が郡単位に使役されたことをしめすようであり、[10]また「信濃国水内《みのち》郡中男作物芥子《ちゅうなんさくもつからし》弐斗《と》　天平勝宝二年十月」の墨署にみられる貢進形式、すなわち貢進者個人の名が記されず、国郡名のみ記されている形式は、中男作物が郡単位にまとめられたことと関連し、中男または雑徭差発の一形態をしめすものである。[11]

これらの事実にもあらわれている郡司と徭役差発との密接な関係は、けっして律令制の制度が無前提につくりだしたものではない。むしろ前者は後者にとって歴史的に与えられた関係として存在していたのである。藤原京の建設に多数の人民の徭役労働を徴発・駆使し得たのは、天皇と国家の権力が人民にまで直達し、その剰余労働を把握していた結果ではなく、天武天皇の死にさいして、諸国の「国造」が動員され、諸司の仕丁とともに山陵の築造に従事している事実がしめすように、国造が伝統的にもっていた強力な人民の把握を媒介としてのみ、国家の徭役制は存在することができたのである。[12]この国造や郡司の権力は、在地首長層の伝統的な権力を制度化したものにすぎなかった。

したがって浄御原令によって、歳役や兵士役と区別された雑徭の制度化がおこなわれたから地方的賦役がおこったのではなくして、同令はたんに大化前代以来歴史的に存在した首長の賦役賦課を雑徭として制度化し、法によって規制したにすぎない。前記のように大化改新において法的に規定された賦役は仕丁制だけであって(このことは、後述するように、それ以外の中央への徭役が存在しなかったことを意味しない)、一切の地方的賦役の差発方法については、浄御原令の施行にいたるまでは、在地首長の慣行にまかされ、それにたいする国家的規制は法的には存在しなかったのである。同令によって雑徭としてまず制度化されたのは、この時期の中央政府の必要を直接みたすための力役《りきえき》、たとえば前記の屯田＝官田の耕作、藁藍《わらあい》・薬草等の貢納、官船の修理・造替の労働、国・郡司の上下のための従夫《じゅうふ》・水手《かこ》の賦役等であって、それ以外の地方的賦役が国家の徭役体系のなかに雑徭として制度化されるのは大宝令をまたねばならなかった(13)。令制の雑徭制の成立過程は、あらかじめ歴史的前提として存在した在地首長の広汎で単一な賦役賦課権を、部分的に制度化し、規制し、統一化してゆく過程であって、雑徭制は在地首長層の生産関係から派生し、転化した第二次的形態にすぎなかった。前者が後者に依存し、そこに土台をもっている事実は、律令制国家の性格を規定する上で重要な問題なのである。なぜならば、雑徭制の成立過程は、律令制国家が首長制の既存の生産関係を質的に変化させたのではなく、たんにそれを組織化し制度化したにすぎないことをしめしているからである。これは国家と生産関係との関連についての一つの事実をしめしている。

また雑徭制の基礎にある首長の領域内人民にたいする人格的支配を考察する場合、個別的首長だけを抽象してはならず、あくまで一個の結合体としての首長層対人民、すなわち諸国における階級対階級の関係としての生産関係を問題にしなければならない。東大寺の庄園経営に大きな役割をはたした有名な生江臣東人《いくえのおみあずまひと》の一族ばかりでなく、たとえば越中国礪《と》波《なみ》郡の大少領の地位をほとんど独占的に専有していた礪波臣《となみのおみ》一族の例(14)は、首長層の族的結集による階級的結合体が、全体として在地の人民を支配している事実を典型的にしめしている。個々の首長の氏族をとれば変動や交替があったにかかわらず、また後述するように、在地首長層内部も人民の内部も複雑に分化していたにもかかわらず、大化前代から一貫する首長層の階級としての地域的、族的結合の存在とそれにたいする人民の人格的隷属こそ、調庸の運上とならんで、公民にとってもっとも苛酷な賦役であった雑徭を体制として存在せしめた歴史的条件であった。それは、前記の大王のミヤケの設定にさいして、「毎郡钁丁」または「毎国钁丁」を差発し、またミヤケ自体の再生産を可能ならしめていた在地首長層の階級的権力を継承したものである。

雑徭制の第一の特徴は、その奴隷制的性格にあった。雑徭に差発された公民が、徭役期間中、官から食粮(米と塩)を支給されたかどうかは、令に明文はないが、原則として支給するのが法意であったらしく[15]、前記の雑令《ぞうりょう》集解逸文の一説も雑徭外徭役と雑徭との区別を、私粮によるか官食を給するかにおいている。また使用する道具も、丁匠《ていしょう》の場合とちがって官給であったらしい。百万町歩開墾計画の太政官奏に「其ノ役《ヤク》ヲ限ルコト十日ニシテ便チ粮食《ロウショク》ヲ給イ、須《モチ》イル所ノ調度ハ、官物《カンモツ》ヲ以テ之ヲ借《カ》シ云々」とあるのは、この場合、食粮・調度ともに官が備えたことをしめしている(続紀、養老六年閏四月条)。雑徭が「奴隷的な労役」とされるのは[16]、徭役期間の長短や駆使の苛酷等々によってではなく(これらの点については、農奴制の方がより恣意的で苛酷な場合がある)、一方の極に徭役期間中の食粮と道具を自弁することの困難な農民があり、他方の極にそれらの労働諸条件を蓄積し専有している徭役差発者がいるという対立の歴史的性質にある。封建制における徭役労働または「労働地代」の特色は、直接生産者が「事実上、または法律上彼に属する労働要具(犂《すき》・家畜等)」をもって徭役労働をおこなう点にあり[17](食粮はもちろんであろう)、そこから封建制独自の階級対立の新しい質が発生するのであるが、古代の雑徭はそれとは区別すべき特徴をもっていたとみるべきである。民間においても同様であった。前記の越前の生江臣東人、越中の礪波臣志留志《しるし》が、ともに東大寺に寄進した墾田一百町歩を開墾するためには、家内奴隷以外に支配下の公民の徭役労働を必要としたとみられるが、そのためにはまず食粮と労働要具を保有することが前提であり、この時代の在地首長層が蓄積していた莫大な稲や家畜や労働要具は(18)、その条件をみたしたものとみなければならない。国家および首長層の徭役労働のかかる特徴は、大化前代の首長制が古墳を築造し、開墾をおこなうさいの徭役のあり方をしめすものとかんがえて誤りはないであろう。人格的従属関係自体は、奴隷制にも農奴制にも共通する特徴である。両者を区別する一つの指標は、「他人の労働条件」(原料・食粮・労働要具・家畜等々)のもとで労働するかどうかということである(19)。したがってこの問題は首長制の生産関係およびそこから転化した第二次的生産関係としての律令制国家の階級的特質と関係してくるのである。

雑徭制の第二の特徴は、共同体の共同労働と徭役労働とが不可分の一体をなして存在することである。いいかえれば、前記のように用水施設の修理のような共同体員の農業の再生産にとって不可欠な、したがって食粮を(おそらく労働要具も)自弁でおこなわれる共同労働が、国家または首長のための徭役労働から分離せず、後者の差発する徭役の一部をなしており、たんに制度上雑徭と雑徭外徭役の区別が存在するにすぎないことである。共同体のための、共同体成員による共同労働が、同時に首長の徭役としてあらわれるということは、首長制の生産関係の歴史的特質とくにその内部における農民の共同体の地位に関連する重要な側面をしめしているとおもう。このさい、雑徭外徭役が、橋や道路の修理から共同体の倉庫の建築等々広汎な種類の労働をふくむにもかかわらず、とくに灌漑施設について特記されているのは、用水の問題が古代社会においてもつ特殊な重要性からきている。この「水」の問題を媒介とすることなしには、古代首長制の権力の具体的なあり方と歴史的特質をあきらかにすることはできない。「水」は経済学的には土地という生産手段の付属物にすぎず、土地と同じく所有の対象となる点で、特別の範疇をなすものではない[20]。したがって水の問題は土地所有の一部としてとらえなければならず、それをきりはなせば、容易にいわゆる「水の理論」に転化する。しかしこのことは、水が農業の再生産過程においてもつ特殊な機能と属性を否定するものではなく、事実灌漑用水の問題は、古代オリエント・インド・中国等の古代専制国家の成立において重要な役割をはたしたことはいうまでもない。水田経営を基本とする弥生式時代以来の日本の農業社会は、自然的条件と共同体の型の相違とに規制されて、右の諸国と同種の形態をとらなかったが、しかし水の問題は、一貫して、独自の、特殊な契機として、首長制の権力と生産関係を規定する一要因として存在した。水の問題とくに治水が地方首長層の範囲を越えた中央政府の国家的事業となったのは律令制国家の成立以後であって、それ以前は首長層の内部の問題として解決されてきたのである。

その出発点と前提はすでに弥生式末期の農業社会にあった。中期に属する滋賀県大中《だいなか》の湖南《こみなみ》遺跡東区の集落址における、[21] 居住区と水田の境に設けられた幅七メートル、長さ二五〇メートルにおよぶ溝＝用水路をともなう水田の造成、また末期に属する静岡県登《と》呂《ろ》遺跡の周知の主水路と副水路をともなう計画的な地割をもつ水田の造成が、前者の五、六棟から成る集落、後者の十個以上の住居から成る集落の規模を越えた、より高位の共同体の協業を必要としたことはあきらかである。[22] この前提条件として存在する高位の共同体の協業は、現実には共同体を「代表」し、「共同体の統一を体現」するところの首長が指揮し組織する共同労働としてのみ存在するのであるから、共同体にたいする個々の世帯および集落の帰属は、首長にたいする人格的な帰属・依存関係として存在するほかないのである。いいかえれば、首長の地位と機能と人格は、個々の世帯または集落の再生産の外部にある存在ではなくして、後者の再生産の客観的諸条件の有機的な部分として内在し、その共同体の生産力自体を体現するものとして存在するのである。首長は、豊饒をもたらす特殊な呪術的霊威＝タマ(mana)をそなえた人格として、それ自体最大の生産力にほかならない共同体組織を代表する。首長のかかる性格を理解するためには、『金枝篇』におさめる豊富な事例を参考にするまでもなく、「水旱調《トトノ》ワズ、五穀熟サザレバ、輙《スナワ》チ咎《トガ》ヲ王ニ帰シ、或ハ言ウ、当ニ易《カ》エルベシ、或ハ言ウ、当ニ殺スベシ」という隣国朝鮮の三世紀にみられた首長＝王の運命をみれば十分であろう（『魏志』東夷伝、夫余条）。六世紀以降における首長制内部の生産関係の多様な変化は、この出発点または前提のもとにおいてのみ正しく理解されるのである。

首長が支配者に、その生産関係が階級社会に、したがって共同体の労働が首長にたいする徭役労働に転化する時期は、地域によって不均等であるが、古墳時代への移行は一つの指標となる。吉備の月《つき》の輪《わ》古墳の場合についていえば、被葬者としての首長の支配領域が、同国の他地区の前期古墳と同じく、一つの主要な水系を共有する一まとまりの平野地域を単位とした自立的な領域を形成していること、その地域的権力の成立の基礎には、弥生式時代の低湿地やいわゆる谷水田をひらいた分散的な定住形態から、そこを貫流する吉井川・吉野川のつくる沖積低地への進出が根柢にあり、後者の定住形態は小集落の力をはるかに越えた集団の共同労働を必要とする灌漑排水の水利工事を再生産の条件とすること、いいかえれば低地の広い開拓経営は、その用水施設の利用と維持をめぐって、かえって共同体的規制と諸集落の首長制への依存を強め、首長の権力は再生産にたいする規制と関与を通じて、諸集落の自立性を弱めるという特徴がみられる。(23) 上部構造の転変や「ヤマト国家」の権力の地方拡大にだけ注目する人は、弥生末期から律令制国家にいたる数世紀にわたる古代社会に一貫する在地首長制の生産関係の頑強で根強い存在を視野の外におきがちである。首長の権力の頑強さは、その物質的土台のなかに、たとえば用水施設等を一つの媒介とする直接生産者の再生産にたいする関与と把握のなかにその歴史的根拠をもっているのである。そのさい、月の輪の首長の例にみるように、新しい生産力の発展が、単純に弥生時代の首長制からの直接生産者またはその共同体の「自立」や解放をもたらすのではなく、反対に新しい性質の依存を強化するという側面に注意すべきであろう。ここでも河川周辺の沖積地の開拓と定住の拡大は弥生末期以来の鉄製工具の普及を前提としたが、この段階の稲作と開田・灌漑工事にともなう伐木・抜根・荒起《あらおこし》から用水工事にいたるまで、欠くことのできない鉄製農工具が、古墳の被葬者たちからなる首長層の独占的所有下にあったことが想起さるべきである(24)。鉄産地以外は、交易によってのみ獲得し得る鉄製品が、まず交易の主体または媒介である首長層の独占からはじまるのは当然だからである。後述するように、私有制がまず動産所有からはじまるとすれば、(イ)前記の家内奴隷の所有、(ロ)右の鉄製農工具の私有、(ハ)開墾と定住の拡大による稲その他の剰余生産物の取得の増大という三つの形態における動産所有が、首長層の富と所有の最初の主要な内容をなし、それが六世紀以降における首長制の部曲《かきべ》および田荘という形態での新しい所有形態の発展の物的基礎となったとみられる。この歴史的前提を捨象して、六・七世紀を特徴づける新しい領域への定住の拡大と集落の成立を論ずることは、支配的な生産関係からきりはなされた共同体論におちいることとなろう。

大化改新以降、国家の編戸の対象となる六・七世紀の共同体は、個々の集落または家族共同体による自由な開墾と定住、それによる「自然集落」の成立という牧歌的過程でなかったことは確実である。『播磨国風土記』以下の所伝の分析は、大化前代の農民の自主的な集団的移住による村落の成立よりは、「公権力による指導・強制」にもとづく「計画村落」が圧倒的に多いこと、それは八世紀の越前国の「庄園村落」の成立の原型をなすことが指摘されている[25]。この場合の「公権力」がなにを意味しようと、農民にたいする直接的・人格的支配権と徭役労働賦課権をもつ在地首長層をぬきにしては、いかなる「指導・強制」もあり得ないことは確実であろう(このことは、本節のはじめにミヤケについて言及した事実からもしられる)。古い形の「池」による灌漑から、溝や樋《とい》による灌漑方式への移行は、従来の小規模な湿地利用の水田開発から、広い沖積地の開発へ発展させる技術的基礎をつくったが、それは在地首長層の生産関係から自然生的に発生する灌漑技術ではなく、七世紀初頭以来天皇のミヤケ等を起点として地方首長層に普及したのであって[26]、かかる技術の普及の仕方が、「計画村落」的開発とその基礎にある首長層の在地における支配と権力をささえる一条件をなしていた。新しい技術と生産力の発展が、同時にそれを媒介する首長層への直接生産者とその共同体の依存関係を強化するという前記の一側面がここにもみられるのである。

六・七世紀の新しい定住形態とその発展の基礎にあるものは、在地首長制の生産関係であり、後者の本質が首長の領域内民戸とその共同体にたいする人格的支配＝隷属の関係であり、その端的な表現が徭役労働賦課権であるとすれば、この支配と収取の歴史的な性質は、まずこの徭役労働の特色にもとめねばならないだろう。このさい令制の雑徭制についてのべた特徴を想起する必要がある。すなわち大規模な共同労働を必要とする灌漑用水施設の造築にあてる雑徭には、官が食粮と労働要具を支給し、その修理等の小規模な共同労働による雑徭外徭役は、「用水ノ家」を中心とする共同体員の私粮と労働要具によっておこなわれること、前者の形態は、その性質が奴隷制的であることである。六・七世紀の「計画村落」的形態における定住形式をとるさいに必要な徭役労働は、首長層の側においてそれに必要な食粮・労働要具の蓄積が前提であり、その備蓄がもはや共同体の財産ではなく、首長層の私富として存在するとすれば、かかる型の徭役労働によって規制されている首長と一般共同体成員との人格的支配＝隷属の関係は、奴隷制的性格をもっていることに注意しなければならない。もちろん、後述するように、個々の集落を単位とする自主的な開墾と定住、したがって成員自身の食粮と労働要具による共同体的な共同労働の意義を否定も過小評価もするものではないが、それさえ雑徭外徭役でみたように、自律的な共同体的労働として首長の徭役体系から分離せず、反対にその一部として包摂されるような生産関係の歴史的性質が、ここでの問題なのである。しかしこの問題は、他の諸事項についての考察と関連するので、後にもう一度立ちかえることとする。さきに、後に官田に解消されるところの、独自の管理・収取組織をもつ一見自立的経済制度にみえる大王のミヤケ経営も、在地首長層の支配する徭役労働に土台をもち、それに依存することをのべたが、後者の基礎にある生産関係が右にのべたような特質をもつことに注意しておく必要がある。

3　田租と調の原初形態

令制の租・庸・調・雑徭の負担体系のうち、つぎの問題は田租《でんそ》と、それに関連する出挙、とくに稲出挙である。すなわち稲の形における剰余生産物の収取である。田租は令制の税制において、特殊な性質をもった税目であった。その特徴はつぎの諸点にある。(イ)租は田の面積に応じて課せられる。これは耕作者の人身に課せられた唐制(「租」＝「課」)と異なる特徴である。(ロ)田租の賦課基準は、段別二束《そく》二把《わ》であり、収穫の約百分の三にあたる低率を特徴とする。(ハ)この租率は、律令制の解体期にいたるまでほぼ一貫して維持された。(ニ)租穀の大半は「不動穀」として封印され、「遠年之儲《モウケ》、非常之備《ソナエ》」として正倉に保管されている(『類聚三代格』寛平三年八月官符)。このうち(ハ)と(ニ)は、田租が律令制国家によって「租税」とみなされていたかどうかを疑わしめる性質をもち、[27]少なくともそれが租税としては非常に特殊な税目であったことをしめしている。(ホ)大宝令においては、神田・寺田・職田《しきでん》・官田・公田・乗田《じょうでん》をのぞくすべての田地は輸租田《ゆそでん》とされ、口分田《くぶんでん》はいうまでもなく、墾田・位田・功田・賜田等もすべて輸租田であるのを特徴とする。さらにつけ加えれば、(ヘ)賃租の場合、田租は「田主《でんしゅ》」の負担ではなく、その買人すなわち用益者たる「佃人《でんじん》」の負担である(田令、田長条集解)。この原則は東大寺領越前国桑原庄券《くわばらしょうけん》第一にみえる賃租の例によって、奈良時代にさかのぼることがしられる(『大日本古文書』四ノ五二)。以上列挙した特徴をもつ令制の田租、すなわち校田を制度上の前提とする厳密な意味の田租制の成立は、浄御原令の施行の時期とみるのが正当とみられるけれども、[28]そのことは同令以前にその先行形態がなかったことを意味しない(改新詔の規定はとらない)。私は「百代三束《ひゃくしろ》」の田租収取法(一代は稲一束が収穫される面積)が、令前の、大化前代にまでさかのぼり得る先行形態とみる通説にしたがう。[29]令制の田租と区別するために、それを仮に原《げん》田租とよんでおけば、それが本来旧国造制と不可分の関係にあったことは、令制の国衙財政において大税とならんで存在する「郡《ぐん》稲《とう》」の性質からもしられる。「郡稲ハ立郡《リツグン》ノ人進ムル所ノ稲ノ如シ」といわれているように(儀制令、五行条或説)、「郡稲」はもともと郡司＝国造と密接な関係にあり、旧国造がその支配領域から徴集した原田租が、国造または改新後の評造(または郡司)の正倉に蓄積され管理されていた過去の遺制として、令制の国衙財政に存在するものとみるべきである。(30) いいかえれば、原田租は、旧国造領内における剰余生産物収取の一形態として、すなわち後述する国造法の一部として存在したのであって、大化前代にさかのぼる税制の一つとみられるのである。「百代三束」という統一的な賦課基準が存在することは、そこに制度的なものを想定しなければならないからである。

旧国造領における税制としての原田租の起源の問題については、(31) 私は、ミヤケよりもむしろ在地首長層の生産関係にもとめるべきものとかんがえる。国造制自体が、在地首長であり、かつそれから派生した第二次的な体制であるから、それは当然の推定であろう。この場合、その生産関係の重要な側面として、首長が前記のように、共同体に豊饒をもたらし、その生産力を体現する特殊な霊威をもつ存在であり、神にたいして共同体を、共同体にたいして神を代表する人格として、土地＝領域の唯一の所有者であること、同時に収穫された稲が穀霊＝稲魂《いなだま》をもつ生産物とかんがえられていた「呪術宗教的」な特徴を前提にしてかんがえねばならない。はやくから指摘されているように、(32)農業生産物とくに稲の貢納は、本来かかる性質をもつ共同体の首長にたいする共同体成員の負担として、すなわち土地からの収穫物の一部を初穂《はつほ》として首長に貢納する慣行から発生したとみるべきであろう。首長にたいする農業生産物の貢納の内容と種類は多様であっても、初穂以下すべて首長の主宰するなんらかの祭祀儀礼と不可分なのを特徴とするようである。天武朝に制度化された「国之大祓《オオハラエ》」の儀式において、国造または郡司の祓物のほかに、「戸毎ニ麻一条《ジョウ》」を輸すべきことが規定されているが(天武紀、五年八月条)、これは新国造についての規定であるとしても、内容は旧国造の旧慣を制度化したものとみるべきであるから、「国之大祓」を主宰する首長の支配する領域内のすべての民戸が「戸」を単位として麻一条を輸する慣行が過去にあったとみられ、かかる形での民戸の負担は恒例・臨時の各種の祭祀儀礼にともなったとしなければならぬ。たとえば首長の埋葬儀礼にさいして必要とされる神酒のための稲穀等も(それは古墳の副葬品である石製模造品からも推定される)、その一例である。しかしかかる多様な形のうち、もっとも基本的なものは、新嘗《にいなめ》の祭祀とむすびついた恒例の初穂の貢納であったろう。私は、伊勢神宮において、神嘗祭《かんなめさい》に神郡および国々処々の神戸《かんべ》から奉納されて玉垣にかけられる「懸税稲《カケチカラノイネ》」は、旧首長層の主宰する新嘗祭の慣行の遺制の一つと推定するのであって（『皇太神宮儀式帳』、『延喜式』八祝詞）、首長にたいする初穂の貢納は、本来かかる祭祀を媒介とする民戸の負担として存在するのが、特徴であったとみられる。沖縄のスクマの行事（穂掛け神事）における初穂と御嶽とツカサとの関係、[33]また穂先を神または神女に捧げることが、それを王に捧げることでもあるような関係からも、[34]それは推定され、また中国における田租の原初形態が、「大人」または「天子」がおこなう「上帝鬼神」の祭にさいして、農夫がその収穫物の一部をかれら首長に捧げる慣行に起源していることも想起すべきである。[35]同時にかかる形の貢納は、前記の「国之大祓」における戸ごとの麻一条にせよ、懸税稲にせよ、それが共同体の成員に戸ごとに割り宛てられるという点においては、租税に転化し得る可能性をつねにもっているのであって、この転化はまったく首長制の支配関係の変化によって規定されているのである。

南太平洋諸島のように、初穂その他の形において首長の倉庫に集積される共同体成員からの莫大な貢納物が（それはたとえばトロブリアンド島においては、マリノフスキーの計算によれば、土地からの全収穫物の約四分の一または五分の一にあたる）、各種の祭祀儀礼等の財源として共同体のために、あるいはそれによって消費され、いわゆる共同体的な「相互主義」の原則が首長と成員間に健在であり、その原則が破られれば首長はその地位にとどまり得ないという秩序が支配的であるかぎり、共同体的生産関係が維持される。しかしそれが、首長によって管理される共同体の財産から、首長の私富に、その階級の共同体からの分離の物的基礎に転化するのに対応して、その生産関係は階級的秩序に転化するのである。弥生末期から古墳時代にかけてこの転化がおこったとみられることは前記のことからも推定される。静岡県登呂遺跡にみられる集落の倉庫の存在は、家屋文鏡《かおくもんきょう》や形象埴輪から推定される首長層のもとにおける、より大規模な倉庫群(令制の郡家《ぐうけ》にみられる正倉群の先駆)の存在を推定させるものであって、そこに集積された初穂以下各種の稲穀は、本来は共同体の物的・精神的再生産のための備蓄として、すなわち不作の場合の賑恤《しんじゅつ》、春時における種稲《たねいね》の分与、あるいは新嘗祭・大祓、儀制令のいわゆる「春時祭田」等の恒例・臨時の祭祀儀礼の費用として、また水利等に関連する各種土木工事の共同体的労働のための備蓄として、首長によって管理されたものとみられるのである。しかし、それが、一方において首長層の私富に転化する可能性、他方において民戸の負担する貢租に転化する可能性をも内在せしめているのであって、本稿で問題にしている六世紀以降についていえば、右の転化はほぼ完了していたとみてよいとおもう。

「百代三束」という原田租は、在地首長層の生産関係の内部に発生した右の初穂貢納の慣行の制度化された税制として、すなわちその転化形態として、大化前代の国造法《こくぞうほう》の一部をなしていたと推定される。したがって、原田租およびその継承である令制の田租の前記の諸特徴も、その根源をなすところの首長層の生産関係との関連において理解する必要があろう。『日本書紀』における「田租」の初見である顕宗《けんぞう》即位前紀の記事、すなわち播磨国司の祖先が、「郡県《グンケン》ヲ巡行シテ田租《デンソ》ヲ収斂」したという分注の記事は、いうまでもなく編者の述作になるものではあるが、そこにいくばくかの真実があるとすれば、それが冬十一月に新嘗の供物を弁ずるためであったということ、いいかえれば田租と新嘗祭または初穂貢納との関連が示唆されている点にあろう。首長にたいする恒例の初穂貢納は、本来共同体の統一と生産力を人格化した首長と共同体成員との間の関係を年ごとに確認し再生産するための儀礼であるところに特殊な意義があった。百代三束の原田租、令制の段別二束二把の制が収穫の約三パーセントの低率にすぎないという特徴は(ロ)、その原因について従来種々の説明がなされてきたけれども、それはむしろ原田租の根柢にあった初穂儀礼の象徴的意義から歴史的に説明さるべきではなかろうか。租の本来の意義は、土地の生産物の一部を、「君ニ進ムル」ところにあったが(田令、田長条集解)、この「君」は令制国家においては天皇であり、かつては在地首長層であったはずである。田租が「君」＝主権者と、それに従属する領域内の民戸との関係を毎年確認する機能をもつという特殊な性質が、令制の税制においても維持され、他の税目と区別されるその特殊性となって存在するのではあるまいか。田租が律令制国家の「財源」としては重要視できず、むしろ国家的土地所有の基本的条件または六年一班の田の所属を確認するための証徴としての性格をもつとされるのは[36]、田租本来の意義が、異なった形態のもとに、なお保存されていることをしめすものである。

「未開社会」において、首長の支配領域内の土地を新しく用益する場合、その新入者と首長(または共同体)との支配従属関係(または共同体の成員への参加)の確認は、後に貢納や租税に転化してゆく初穂以下の儀礼を媒介としてのみおこない得るのであって、初穂または田租は、首長(または共同体)の支配する領域の土地を用益する民戸の帰属を確認する最低限の義務であった。田租の負担者が、田主でなく「佃人」＝用益者であるという令制の原則は(へ)、少なくとも漢代の田租が田主または土地所有者の負担であった事実と対比すれば[37]、日本的特殊性にもとづくものかもしれず、もしそうとすれば、前記の田租の本来的性質と関連すると解し得るのである。少なくとも、田租が口分田班給の反対給付でないことはたしかであろう[38]。また田租の本来の特徴が、主権者(天皇であれ首長であれ)にたいして、その支配領域内の土地を用益するすべての民戸が負うところの負担であるとすれば、令制の田租が、前記の例外をのぞくすべての田地に賦課されるという一律性も説明し得るであろうし(ホ)、また本来首長の倉庫に蓄積されて、各種の共同体的目的のために消費された初穂または原田租の性格と、「遠年ノ儲」「非常ノ備」として備蓄された令制の田租の特殊な性格㈡との関連も説明し得るのではなかろうか。また唐制の人身賦課としての租と異なって、用益する土地の面積に応じて課せられるという日本令の特徴㈠も、田租が単純に「課」の一つとなり得なかった前記の特徴や伝統と関連するものとみられる。

古代の調の制度は、浄御原令によって人身賦課に統一されるが、それ以前にあっては、改新詔にみられる田調《たのちょう》・戸調《こちょう》・調副物《ちょうのそわつもの》が存在したらしいことは前記した（第二章第一節）。このうち田調は改新によって新しく設けられたものであり、戸調が、百代三束の原田租とならんで大化前代の国造法にさかのぼる制度であるとかんがえるので、次節で言及することとする。大化前代の首長制の生産関係との関連で注目すべき調は、むしろ改新詔における調副物である。ここでは「調副物塩贄《しおにえ》」として、大贄（オホニヘ）または贄（ニヘ）は、調の一部にされているが、本来は調とは独立または別系列の固有法的ミツギであったことは、贄の規定が消滅し「調雑物」の税目に解消してしまった令制においても慣行として別個にその貢納がおこなわれたことによってしられる。それは大化前代においては、令制においてよりもはるかに重要な役割をしめた貢納物であった。その特徴は、ミツギの内容が、山野・河海の所産であり食料品であることと、天皇または朝廷に貢進する慣行であったことである。(39) それが令制において「諸方口味《しょほうのくみ》」の一つとして宮内省の所管とされているのも(職員令、宮内省条集解)、大化前代の内廷の伝統につながるからである。この贄の貢進者は在地首長層であり、したがってそれは服属儀礼的性格をともなうのであるが、かかる貢納関係が在地首長と天皇との間に成立する前提条件として、あらかじめ前者とその支配下の民戸との間に、贄またはそれに相当する山野・河海の産物の収取関係が存在しなければならず、むしろ贄はこの収取関係にもとづく剰余生産物の再分配にすぎないというべきである。このさい在地首長層にたいする民戸の貢納は、初穂等の農業生産物に限定されず、狩猟・漁撈・採集経済の獲得物も「初物」の形式で貢納されるのが一般的であるとすれば、贄の本来の形態もそこにもとめられるのではなかろうか。贄の本来の語義が神を祭るにさいしての捧げものの意であったこともあわせ考えるべきである。(40) ミツギの本来の意味も、「山神《ヤマツミ》ノ奉ル御調《ミツキ》」(『万葉集』三八)といわれるように神祇と不可分であり、ミツギの起源とされる「弓端《ユハズ》之調・手末《タナスエ》之調」(崇神記)が、「神祇之祭」と関係しているのもそれをしめしている(『古語拾遺』)。贄またはミツギの原型は、宣長《のりなが》が稲の貢納や田租も本来はミツギの内と指摘したように(『古事記伝』二三)、初穂と同じく、首長または主権者にたいして、その支配領域内の土地・河川・山林を用益する民戸が、その帰属関係を確認する宗教的・儀礼的慣行にその起源をもつとみられるのである。

律令制国家において、公民が国家に納付する田租・調等の租税は、君主または国家の臣従者が、土地の唯一最高の所有者としての国家に支払うところの、特殊な「地代」であるとみるべきであろう。「国家が最高の地主」であり、したがって「土地所有者たると同時に主権者たるものが」、直接生産者に対立する仕方が、「私的所有者でなく、アジアでのように、国家であるとすれば、地代と租税とは一致する」といわれる場合の「地代」である。形式上は定率租税であった漢代の田租が、土地の用益占有権者である人民が国家に納めた「地代」にほかならず、それは土地が本源的に国家(君主)の所有に属するという領有的所有関係の実現であるとされる場合の「地代」である。(41) この場合重要なのは、この「地代」の特殊な歴史的性質であろう。令制の田租にみられる生産物地代を、単純に封建地代とみなし得るかどうかという問題である。私の考えは否定的である。私は、古典経済学者のうちで、「生産様式の歴史的差異にたいする認識において、とくに卓越していた」とされるリチャード・ジョーンズが、(42) インドその他の小農民地代《ライオット》を基礎として典型化したところの「ライオット地代」の範疇こそ、令制の田租に該当する地代形態であろうとかんがえている。(43) ジョーンズによれば、ライオット地代は、直接生産者が、「その土地の所有者たる君主に支払う生産物地代」であり、「生活を維持する手段に関してこのように国王へ遍く従属することこそ、君主の収入と社会が君主の治下で採る形態との真実の基礎であるとともに、東洋の連綿たる専制政治の真実の基礎をなすもの」である。それは過去のインド・イラン・中国等のアジアに特徴的な地代形態であり、その歴史的起源は、たとえば南太平洋諸島において、すなわち「土地全体が君主に属している」ところにおいて、「耕作者がそこから彼の生活資料を引き出すべき土地部分を占有することを許される唯一の機会」を得るために、「彼が土地所有者に若干の貢納を支払う」ということにあった。ジョーンズは、ライオット地代の根源をアジア的首長制の生産関係のなかにもとめているのである。ここにいわれている「君主」「国王」等を、在地首長または天皇、すなわち田租の収得者としての前記の「君」におきかえるならば、初穂また初物等の貢納物またはその転化形態として旧国造が民戸から収取した「百代三束」の田租およびミツギは、ライオット地代の起源をなすとともに、原田租の制度化された形態にすぎない令制の田租等が、国家的土地所有の成立という条件のもとにおけるライオット地代の完成形態にすぎないということができよう。根本は、在地首長層が、その支配領域における主権者であり、それにたいする民戸の人格的従属関係が、首長制の生産関係の本質をなしていること、同時にこの主権者は、共同体の統一を体現するという資格において、その支配の領域内の山林原野河海をふくむ一切の土地の領有者として存在するということである。

細かい論議を別としていえば、律令制国家の田租およびミツギの歴史的性格を規定するためには、われわれは、困難ではあるが、その根源をなす首長制の生産関係の分析を基礎におかねばならず、第二次的形態として成立した天皇または国家と在地首長の関係を基礎にしてはならないということである(大化前代についてのこされた史料はほとんど後者に関連するだけに右のことが重要なのである)。前記のように、原田租も原ミツギも、その起源は首長にたいする貢納関係にある。しかしこのことから、首長制の生産関係の本質を「貢納制」にあるとするならば、それは一面的な規定であろう。それは、首長の収取形態における前記の徭役労働の意義と役割を否定または過小評価する結果となるからである。アジア的首長制のもとにおいては、「剰余労働は貢納等の形でおこなわれることもあれば、またなかば専制君主、なかば観念上の種族本体たる神という統一体への讃仰のために共同労働の形でおこなわれる」のであって、この「共同労働」とその転化形態たる徭役労働が、(44)貢納制とならんで、アジア的首長の生産関係を規定していることに注意すべきである。ジョーンズも、「生活手段を主人に仰ぎ、占有地以外の土地でおこなわれる労働や役務の形で、貢納すなわち地代を支払う」ことを、ライオット地代の特徴としてあげている。貢納制と徭役労働の歴史的性格は、負担の軽重や苛酷さによって規定さるべきではない。反対にこれらの収取関係の基礎にある従属関係は、「政治的にも経済的にも、この国家にたいする隷属関係に共通なもの以上に苛酷な形態をとる必要はない」のである。(45) 負担の重さ、苛酷さとは別個に、首長制または律令制国家の生産関係を規定するためには、従属関係の特殊な性質が、どこにその歴史的根拠をもつかについて、さらに検討する必要がある。その手がかりの一つは、田租とならんで稲穀収取の重要な形態であった出挙制である。

出挙制として問題になるのは、日本において独得な形で発展した稲出挙であるが、それが大化前代にさかのぼる収取形態であることは、前記の改新期の貸稲(イラシノイネ)の存在からも明瞭である(第二章第一節)。それは古代を通じて首長層および国家の剰余生産物収取の重要かつ特徴的な形態であった。その起源についていえば、私は、田租の起源が前記のように共同体またはそこから転化した首長層の生産関係にあるとかんがえるのにたいし、出挙制の起源は大化前代のミヤケにあると推定する見解にしたがうものである。おそらくそれは中国から朝鮮を経て、先進的なミヤケ経営の収取形態となったとみられる。出挙の特徴は、種稲をふくむ営料の貸与と利稲収取との二つの機能が結合されている点にあり、したがってその起源から特定の収取関係と不可分であったとみられるからである。事実、ミヤケと出挙制の関係は、前記のように、改新後においても不可分であった。しかし重要なのは起源の問題ではなくして、それが早い段階から在地首長層の収取形態にも転化したという点である。前記の「吉備嶋皇祖母《キビノシマノスメミオヤ》ノ処々ノ貸稲《イラシノイネ》」も、在地首長層によって管領・運用され、その倉庫に蓄積されていたにちがいなく、また旧国造のもとに集積された原田租の一部が、前記の「郡稲」として制度化された段階においては、出挙制によって維持・増殖されていたとみられる。かかる転化は、前記のミヤケの構造からみて、大化前代において早期におこなわれたとみねばならぬ。なぜならそれは、首長制の生産関係自体のなかに転化の条件が存在したからである。すなわち一般民戸の劣悪な生産力が、再生産の必要条件として出挙制への依存をもたらすという条件である。次節でのべる六世紀以降における農業生産力の発展の結果は、首長制の生産関係を捨象して評価してはならず、また日本の古代社会を一貫する農業生産力の低さを克服するような性質の発展でもなかった点に注意する必要がある。

ことに令制のもとにおいてさえ、出挙が春夏二度にわたって貸出されていること、春の種籾《たねもみ》のためだけではなく、民戸の農業経営の自立性の低さからくる食料稲の不足を補う機能をもふくむとみられることは重視すべきである(46)。食料や種子農料という形で出挙をうけねばならないような生産力の上に立つ農民経営は、稲穀を集積所有する首長層によって、多かれ少なかれその再生産を把握されているのであり、かかる農民経営は必然的に首長層への人格的依存関係を再生産せざるを得ないのである。奈良時代の越前・越中における前記の在地首長層が、百町歩の墾田をひらくために必要な物的条件が、出挙稲の蓄積であったろうと推定されていることも想起すべきである。[47] かかる出挙制による再生産への関与は、賃租制と密接な関係をもって存在した令制国家のいわゆる「公《く》出《すい》挙《こ》」にも異なった形態においてみられる。その特徴は、貧しい農民のみならず、農村の富豪層まで出挙をうける点にあった。それは賃租制との関連から説明される。大化改新にさいして、「有勢者」が、その「私地」を百姓に「売与」して、年毎にその「価《アタイ》ヲ索《コ》ウ」といわれている賃租制において(孝徳紀、大化元年九月条)、「賃」すなわち年の豊凶にかかわらず春に地子を前払いする制度は、他方においてより低利な出挙稲を借り受ける制度によって補われるという関係にあった。[48] この場合、出挙制は、賃租制という媒介を通して、一般公民のみならず富豪層の経営の再生産のなかにも関与しているのである。まえに、水利灌漑の問題を契機とする首長層の一般民戸の再生産への関与についてのべたが、出挙制を契機とする収取の特徴もまた別の側面における再生産への関与である。それらの収取の根柢にある人格的依存関係は、生産力の発達の特定の段階に基礎をおいていること、いいかえれば直接生産者の側における生産力のより以上の発展のみが、右の人格的依存関係を質的に変化させる力であること、その原動力なしにはたんに「窮乏の一般化」をもたらすにすぎないことはあきらかである。首長制の生産関係を土台にし、それを組織化することによって成立した律令制国家の収取体系が、その基本条件として「勧農」という典型的に東洋的な機能をともなわねばならなかった理由も、支配と隷属が、再生産への関与を特徴としていたからである。

4　班田制の成立

大化改新の一つの特徴が、人民の地域的編戸と一般的校田にあったことは前述した（第二章第一・二節）。このうち前者は、その編戸の仕方において、いかに東洋的専制国家の特徴がみられるとはいえ、基本的にはすべての国家がもたなければならない属性の一つである。問題は編戸が一般的校田をともない、それと一体となっていること、いいかえれば、その完成された形態においては、令制の編戸と班田収授制とが、収取と税制の基礎として存在するという東洋的特殊性である。班田制の基礎となっているのは、いうまでもなく律令制の国家的土地所有である。口分田以下が当時の法意識において「私田」とされているという理由によって、律令制国家が「土地公有」[49]または国家的土地所有であることを否定し、土地私有に基礎をおくとする見解は支持しがたい[50]。令本来の用語法においては、「私田」とは有主田のことであり、したがって口分田は「私田」であり、他方無主田が「公田」とされたのである。しかし天平十五(七四三)年の墾田永代私財法の制定を契機として、「公田」概念に変化がおこり、永年私財田とみとめられた田地が「私田」とされた結果、口分田をふくむそれ以外の田地が「公田」とされたことは、口分田=「私田」という観念が、いかに土地私有制の外的標識として薄弱であるかをしめすものであって、国家的土地所有が律令制の土地所有の根幹をなしているといってよい。しかし、それが班田収授制として全国的に実現されたのは、浄御原令の施行以後であり、それ以前の土地所有形態は、ミヤケ等の大土地私有制をのぞけば、在地首長制の伝統的生産関係の一部として存在したのであり、少なくともそれとの関係なしには考察できない性質のものである。私がかつて口分田の錯圃《さくほ》形態から、大化前代の共同体の土地所有を論じたさいにおかした基本的な誤りは(51)、それを無媒介に、すなわち国衙権力とその土台をなす在地首長層または郡司の権力を媒介としないで論じた点にあり、戦後の多くの研究と批判によって、その誤りがあきらかにされた(52)。典型的には越前国坂井郡・足羽《あすは》郡にみられるように、郡内各郷の郷戸が特定個所に集中して口分田の班給をうけている事実は、郷を単位または限界として班田がおこなわれなかったことをしめし、他方においてその錯雑した耕地形態をもつ口分田の班給が、郡を越える場合が僅かであることは、班田にさいして、村落等の共同体を越え、しかも一郡的な規模において存在する強権の存在を想定させるものであって、[53]それを媒介とすることなしには口分田の錯圃形態は説明しがたいのである。この強権は、形式上は国家または国衙の権力であるが、実質上は郡司に制度化されている在地首長層の公民層にたいする階級的権力にほかならないことは、前記の雑徭の場合と同じである。前者は後者を組織化し制度化したものにすぎないからである。口分田の班給様式やその錯圃形態から、無媒介に班田制以前の「共同体」を論ずべきではなくして、共同体の問題を内部にふくむところの首長制の生産関係と、その基礎にある土地所有関係こそ、前面にだされるべきであったのである。右の越前国の場合は、多様な形態のうちの一例にすぎないが、それでも問題の所在はしめされているといってよい。

浄御原令および大宝令によって法として確立され、かつ全国的に施行された班田収授制は、基本的には隋・唐の均田制をモデルとしたが、両者のあいだには重要な点で若干の相違が存在した。[54]特徴的な相違点は、(イ)女子給田制、(ロ)受田資格の無制限と終身用益制、すなわち浄御原令においては、大宝令制の「五年以下不給」の規定がなく、戸籍に登録された一歳以上のすべての良民が受田資格を与えられたこと、(ハ)奴婢給田制、(ニ)六年一班制等である。[55]かかる相違点を説明するために、古くから多くの解釈がおこなわれてきたが、それらの説明は、日本令の規定が唐制に比較してより「社会政策的」であるとする見解にせよ、またそれを批判した諸見解にせよ、日本令の規定からただちに、あるいは無媒介に立法の精神や意図をさぐろうとした点では共通の傾向をもっていた。しかし問題は、それ以前のところにある。すなわち日本令の特徴が、どのような場において、どのような歴史的前提のもとにおいて形成されてきたかという問題である。もちろんこの問題が従来等閑に付されてきたわけではない。しかしその場合つねにもちだされるのは、大化前代のミヤケであった。大化前代の先進的なミヤケの経営方式に、班田制の先駆とみるべき諸要素があったことは否定できないが、しかし散在的・個別的に存在したにすぎないミヤケの経営方式が、どのような過程を経て全国的な体制として制度化されるかという問題を、その説明では解くことができない。国家の成立史という多面的で総体的な過程からきりはなして、班田制をはじめから「土地制度史」の一部に転化してしまうからである。大化前代にその先駆形態をもとめるまえに、浄御原令による班田制の全国的施行の直接の前提をなす時代、すなわち大化改新から同令施行にいたる約半世紀の時代が、まず問題とされなければならないであろう。私はこの時代こそ、唐制と区別された特徴をもつ日本型班田制のモデルが確立された時期であろうと推定している。前記のように、本稿では、改新詔等の記事、すなわち班田収授法が改新によって施行されたという記事は信憑性のないものとみなし、そこで施行されたのは、所有形態と関係なくおこなわれた一般的校田にすぎなかったという前提に立っている(第二章第一節)。したがってそこでは一般民戸の保有地の還授または収公はおこなわれなかったし、そのような意図や政策も存在しなかったとかんがえるのである。一般的校田からは班田制の原理はただちに発生し得るものではない。いいかえれば、浄御原令の班田制を生みだす固有法的な場は、大化改新の一般的校田とは別のところにもとめなければならない。私は、それを改新期の諸詔に示されている開墾と営田、新しい型の「計画村落」の成立にもとめたいとおもうのである。

大化改新の諸政策のうち、一般的校田と同等の重要性をもつものとして、勧農政策をあげなければならない。それは勧農と開墾が国家の公的政策としてかかげられた重要な画期をなすものであり、それによって日本の古代国家が東洋的専制国家の特徴的な一側面を展開させるにいたった転換点をしめすものである。それは畿内および四方国にたいして、農月における「営田」を指示した(c)の詔にまずあらわれ、さらに(d)において、(イ)「凡ソ給田《キュウデン》ハ、其ノ百姓ノ家、近ク田ニ接《ツ》ケタラントキニハ、必ズ近キヲ先トセヨ」、(ロ)「国々ノ墧堺《サカイ》ヲ観テ、或ハ書シ、或ハ図シ、持チ来リテ示シ奉レ。国県ノ名ハ来ン時ニ将ニ定メン」、(ハ)「国々ノ堤《ツツミ》築クベキ地、溝《ミゾ》穿ルベキ所、田《タ》墾《ハ》ルベキ間ハ、均給シテ造ラシメヨ」の三項目として具体化されている。そのうちまず重要なのは、(ハ)の開墾であり、その前提条件としての「堤」や「溝」等の灌漑施設の造営が指示されている点である。それはつぎのような特徴をもっていたと推定される。

第一にこの開墾の主体は在地首長層でなければならない。堤防や溝渠造築のような大量の労働力を必要とし、かつそのための食粮と道具の存在を前提とする開墾が、民戸にたいする徭役労働賦課権(前記の令制における雑徭と雑徭外徭役をふくむ)をもつ在地首長層の権力を前提としてのみ、はじめて可能であったからである。この点で、それは大化前代の在地首長層による開墾、たとえば大化元年九月の詔のつたえる「国県ノ山海・林野・池田」を割取して私田となした首長層の開墾を継承するものであり、その発展であった。

第二に、大化前代と異なる点は、新しく開墾された田地が、公田(令制の「公田」とは異なった意味で)とされたと推定されることである。それは開墾に投入された労働の性質と関連している。日本古代における土地私有権の指標としては、相伝されることと私的功力が加えられていることの二つがあげられるが(『類聚三代格』延暦十七年十二月官符)、この原則を適用すれば、改新期以後の墾田が公田となったのは、そこに投入された労働、すなわち首長層の把握する労働が私的なものではなく、公的なものに転化したことでなければならない。前記のように改新において法的に規定された徭役労働は仕丁制だけであり、他方において雑徭制が制度化されるのは浄御原令からであるとしても、そのことは、後述するように、改新政府が在地首長層のもつ徭役賦課権や地方的力役に無関心であったことをしめすものではない。私は雑徭制が法制化される前段階として大化改新を一つの画期として想定している。徭役労働の一部をなす軍役が、前記のように国造軍《こくぞうぐん》として制度化されたのが改新期であるとすれば(第二章第四節)、そこにも徭役労働の一部にたいする公的把握の一側面がみられよう。大化のいわゆる薄葬令《はくそうれい》の一つの意義も、国家が必要とする公的労働に人民の剰余労働を集中するための措置ではなかろうか。斉明《さいめい》朝の「三失」の一つ、「長ク渠水ヲ穿リテ公粮ヲ損費スルコト」、すなわち「公粮」の支給による公的徭役の使役は(第一章第三節)、とくに斉明朝の「失政」の結果ではなくして、改新後の大規模な開墾事業にさかのぼるものとみなければならない。旧国造制から評制への移行は、同時に在地首長層の徭役賦課権の一部の国家的徭役への転化をともなったのではなかろうか。また律令制国家におけるいわゆる「公水主義」の原則も、右のことと関係する。私は、延喜民部式の規定する原則、すなわち「公水」を用いるものは、私墾田であっても「公田」となすという規定が、法として確定されるのは、「新溝池」と「旧溝池」の相違によって墾田の保有に差等を付した養老の三世一身法《さんぜいっしんのほう》および天平の墾田永代私財法との関連においてであるとかんがえるけれども、そのことは

「公水」＝「公田」が改新以後の一貫した原則であったことを否定するものではない。したがって改新期の開墾において造築された堤防・溝渠等が、公的徭役労働の使役の所産として、国家の所有に帰属するとすれば、そこから「公水」の分配をうける墾田および民戸の保有地は「公田」とみなされたのは当然の帰結といえよう。

第三の特徴は、改新の開墾が、大化前代のそれに比較して、新しい技術と生産力を基礎としておこなわれたという点である。七世紀における「水工」や「将作大匠《しょうさくおおたくみ》」等の新しい技術者の発生は、この点で注目されねばならない(56)。灌漑用水施設と新しい土木技術との結合は、大化前代のミヤケ等においてもみられたが、先進的技術を全国的規模の開墾事業において計画的に系統的に適用すること、すなわち旧来の個々の在地首長制の開墾の経験からは自然発生的には生れてこない性質の技術、国家を媒介としてのみ摂取可能な海外の技術を、意識的に全国に適用することは、改新においてはじめて確立されたものとかんがえるのである。このさい右の(ハ)においてとくに「堤」と「溝」が指摘されている意義に注目する必要がある。それはあきらかに従来の生産力と技術では開拓することが困難であった沖積地または氾濫平原の征服を意図したものであり、新しい土木技術との結合もそれと不可分の関係にあったとみなければならない。

改新によって国家の政策としてかかげられ遂行された開墾は、以上のように、在地首長層の徭役賦課権および旧労働組織とそこに集積された食粮・道具等の所有が、中央からの技術と公権力と結合されることによって達成されたのであって、その所産として新しく獲得された公田＝公水は、従来の一切の伝統的土地所有関係から解放されたところの、したがって国有地として国家の新しい政策がそれだけ自由に実現し得るところの場となったとみられる。それは旧集落から一応切りはなされた場に、新しい型の集落と耕地が設定される条件をつくりだしたのである。条里式村落の成立の一つの歴史的基礎はここにもとめねばならないとおもう。全国的に分布している条里制の遺構なるものを単純に古代の地割制と関連させる一般の考え方については、私は疑問をもつものであるが、それはここでの問題ではない。しかし現在の遺構から古代における条里制をかんがえる場合にも、そこに多くの層が存在することはいうまでもなく、その第一の層が大化前代のミヤケにあることは否定できないであろう。たとえば播磨国越部《こしべ》ミヤケに比定される揖保《いぼ》郡揖保川上流地域の条里遺構が、その周囲に分布する同郡のそれと異なって約一〇度東方に偏している事実は、大化前代のミヤケにおける条里制的地割の施行をしめすものであり[57]、かかる例はより広く想定しなければならない[58]。第二の層は、大化改新から持統朝にいたる時期の前記の国家的開墾によって成立した条里制である。第三の層は浄御原令施行以降の全国的な班田収授の実施にともなって成立する条里制である。大づかみには以上の三つの層の堆積によって古代条里制の遺構は成り立っているのであるが、そのうちもっとも重要な比重を占めるのは、第三層であって、ついで第二、第一層の順である。第一層は、その分布をいかに広く想定しても、特殊的・散在的なのを特徴とする。それにたいして第二層は、国造・評造等による国家的開墾事業の一部として全国的に施行された点において第一層と区別されるが、しかし前記のように一般民戸の旧保有地の収公または還授をともなわない点で、新開墾地に限定された点で、第三層に比較すれば、部分的・特殊的であるのを特徴としている。ここで問題とするのは第二層であり、そこに成立した新しい型の条里式集落こそ、浄御原令の班田制の基盤となったものとして重視したいのである。

前記のように公功を加えて新しく開墾された公田(公水)は、条里制にもとづく計画的な地割をほどこされたとみられる。そのさい第一層と異なって、条里制の特徴が、郡ごとに一つの統一をもっていること、また国ごとに一つのまとまりをもつ点にあることを想起しなければならない。この点で、改新の開墾を規定した前記の(d)の詔の(ロ)において、「国県」の境界を定めることがのべられていることは、開墾―公田―条里制と国・郡の境界の設定との関係を示唆する点において、また前記の改新期の国造・評造制によるその領域の分割・統合との関連において(第二章第三節)、注目すべき意義をもつといえよう。行政区画の設定と不可分の関係をもって進行する第二層の条里制は、個別的・特殊的な第一層のそれとは基本的に異なっており、第一層から第三層に発展するための先駆となり、媒介となる性格をもっていたのである。同時にそれは、地積の面においても、たとえば稲一束を収穫し得る土地の面積、すなわちその実体的面積は地味その他の条件によって当然異なってくるところの第一次「代」制が、内容の確定された第二次「代」制に移行する基礎となったと推定される面においても、浄御原令の町段歩制が確立される媒介または前段階として、改新以降天武《てんむ》朝の条里制を想定しておく必要があり、(59)この点でも第一層と区別しなければならない。かかる条里制的地割は、それにともなう新しい集落の設定、すなわち園地・宅地の計画的な班給とそこに移住または定住させられる民戸にたいする公田の班給を必要とする。開墾されたすべての公田は、新しい条里式集落の成立を意味しないが、部分的には当然成立したとみなさなければならない。「給田」は「百姓ノ家」に近い田地をあてよという前記の(d)の(イ)の規定を重要視するのは、それが右の開墾による新集落における給田を直接の前提とした規定とかんがえるからである。前記のように、本稿では改新詔等の「班田収授法」の記事はとらないから、右の「給田」は、校出田の「均給」と同じく、収公または還授規定をともなわない一回的班田であり、したがって浄御原令以降の班田収授制とは制度上明瞭に区別されねばならぬ。その区別のために、後者の班田制にたいして、前者を仮に「賦田《ふでん》」制としておくこととする。「賦田」の用語は、持統《じとう》紀元年三月・四月条の「賦田受稟《カテタマウ》」からかりたものである。賦は分ち与えるという義であるから、賦田は、公権力が田地を人民に班給することであり、ここでは還授規定をともなわない給田を班田制から区別するために、仮に用いるだけである。

改新期以降の賦田制の特徴は、班田制のような成文の法規による還授規定をもたないと同時に、他方では一定の原則によって班給がおこなわれたとみられる点である。改新以後の条里式村落の成立は、まえにのべた大化前代の在地首長層による「計画村落」の継承であり、公的形態をとったその発展であるが、後者にも当然ともなったとみられる土地の分配は、おそらく首長層の生産関係やそこに編成されている共同体の地位に規制された慣習法にもとづいたとみられるのにたいして、賦田制の場合にはそれを土台としながらも、前記の(d)の(イ)にその一部がみられるような、全国的に適用さるべき統一的な給田の諸原則が存在したと推定すべきであろう。唐の均田制と異なった班田制の特徴的な規定の成立の場を、私はここにもとめたいとおもう。

班田制に先行する一形態として、賦田制の段階を設定することは、律令制のもとにおける辺境の田制からかんがえても、妥当であることがしられる。班田制の施行がおこなわれた史料もなく、またその蓋然性もほとんどない陸奥・出羽両国においても、「口田」または「口分田」の班給がおこなわれている事実に注意する必要があろう。宝亀十一(七八〇)年、「賊」のために略せられた出羽《でわ》国雄勝《おがち》・平鹿《ひらか》二郡の散民・百姓を招集して、「口田」を班給している事例(続紀、延暦二年六月条)、また帰化した夷俘《いふ》に、「口分田」を授けている事例は(『類聚国史』巻一九〇、弘仁七年十月条)、還授規定をともなわない一回的班田とみなければならず、「口田」「口分田」が班田制なしにも存在し得たこと、またその用語からみて、それらが戸口数等を基準とする(おそらく現実には班田制の法規を基準とする)計画的班給であったことをしめしている。それは内容上、持統紀の前記の「賦田」と異なるところはないのである。奥羽地方において、柵戸《さくこ》=屯田兵をして開墾経営せしめた軍防令のいわゆる「庄田」は、それが「城下」の民によって耕作された以上、そこに各戸にたいする計画的な土地配分すなわち「口分田」の班給があったとみるのは当然であり、その形態が条里制を基礎としたと想定するのが自然である。事実、秋田市北郊、すなわち旧外旭川村の南部から秋田市泉地区にかけての水田地帯には、柵戸による「庄田」経営と結びつくと推定される条里制の遺構が発見され、確認されている[60](それは条里制遺構の最北端をなしている)。以上の事実は、古代の奥羽が、班田制以前の賦田制の段階にあったことを物語るもので、それは改新期から浄御原令にいたる時期における賦田制の再版であり遺制であるとかんがえるのである。同様のことは、奈良時代の薩摩・大隅両国の辺境地帯についても指摘することができよう。

第一に重要なのは、前記の(イ)の女子給田制と(ロ)の受田資格の無制限と終身用益制である。この規定は、中国の歴代王朝の均田制と異なって、班田制が課役の賦課と直接の関連なく、戸の人口構成に対応する授田を前提としている。私は男子対女子の受田額を、三対二とする規定は浄御原令の班田制にはじまるものと推定しているが、女子への授田自体は賦田制の原則にその基礎をもつものとかんがえる。それは第一に改新から庚午《こうご》年《ねん》籍《じゃく》にいたるまでの民戸の調査・登録の性質によっても制約されている。それは、前記のように、戸の総数および戸口総数の調査・登録であって、令制のように戸口の性別・年齢別のそれには及ばなかったと推定されるからである(第二章第一節)。かかる段階において施行される賦田制は、男女の差別なく戸口総数にしたがって班給される以外に方法はなかったのではないか。また一歳以上の良民のすべてに口分田を班給するという浄御原令の規定も、戸口の年齢の調査・登録とそれの定期的な再登録を前提とする籍帳制を欠くというこの段階の特徴を継承しているとみるべきであろう。第二に班田制が課役賦課と直接結合しないという特徴については、調の人身賦課が確立されるのが浄御原令によってであり、それ以前は大化前代以来の戸調と新しく設けられた田調であること、いいかえれば賦田制の段階においては、租税負担の単位は、形式的にも実質的にも戸であったことを念頭におかねばならぬ。したがって賦田制も、戸口の性別・年齢別的な内容と関係なく、戸を対象とし、その戸口数を基準として班給されたとみられ、したがってそこでは戸口の課・不課の区別は給田と直接には関連しなかったのは当然であろう。つぎに問題になる(ハ)の奴婢給田制については、それを北魏の均田制における奴婢と耕牛にたいする給田の制からの類推によって、奴婢所有者を保護するための制度とする見解はしたがいがたい。良民の三分の一、すなわち奴二四〇歩、婢一六〇歩の口分田は、奴婢の年間の食料さえまかなうことが困難な面積だからである。私は令制の奴婢給田制は、大化後の賦田制の原則または慣行の継承とみなし、三分の一の規定は浄御原令からであり(前記の男女三対二とならんで)、本来それは良民と同額班給であったとする推定にしたがいたい(61)。それは前記の改新期以降の戸口調査において、奴婢は他の家族成員と同じく戸口総数のなかにふくまれていたと推定されるからであり、また日本の奴隷制の一般的形態である家内奴隷制は、家族労働の「補助的」労働力として戸の成員の一部をなしていた事情と対応するからである。

細部の問題をすべて捨象すれば、賦田制の内容は以上の特徴をもつと推定される。浄御原令の班田制規定が唐制から区別される特徴的な諸点は、たんに立法者の意図や政策から説明さるべきではなく、また無媒介に大化前代に系譜をもとめるべきでもなく、その直接的な歴史的前提は、改新期以降半世紀にわたっておこなわれた賦田制の諸原則にあったとするのが私見の要点である。班田制は部分的におこなわれた固有法的な賦田制の唐制による制度化であり、法制化であり、また全国的施行であり、令制の税制と籍帳制＝個別人身的支配との結合であったとみるのである。従来班田制と中国の北魏・隋・唐の均田制との比較は、完成された形での個々の法的規定の比較としておこなわれたが、私はむしろ均田制の前史をなし、後者の先駆となった諸制度、たとえば「計口受田《けいこうじゅでん》」制をここで想起したいのである。それは均田制の成立のためには長期にわたるその前史が必要であったことを教えているからである。

北魏の勧農政策および開墾政策の一つとして、徙民《しみん》政策にともなって実施された計口受田制の内容は不明であるが、第一に、それが同じく均田制の先駆形態の一つとされる西晋の占田《せんでん》・課田《かでん》制と同じく、土地の還授規定をともなわないところの賦田制的特徴をもつことに注意すべきである。(62)第二に「計夫受田」または「計丁受田」といわれず、とくに「計口受田」といわれていることの意味である。「口」という表現が、すべての戸口をふくみ得ること、奴婢さえ「口」をもって数えられることを想起すれば、計口授田制における土地の班給の仕方が、課役賦課と直接の関連なしにおこなわれた可能性だけは少なくとも想定しておく必要がある。このことは北魏の均田制とも関連している。たしかに『魏書』食貨志《しょっか》所収の均田法規第二条には、「諸ノ民ノ年、課ニ及ババ、則チ田ヲ受ケ、老イテ免ゼラレ、及ビ身ノ没スレバ、則チ田ヲ還ス」とあり、授田期間は十五歳から七十歳までと限定されている。しかしこの法規に先行すると推定されている四八五（太和九）年の詔において、[63]「今、使者ヲ遣ワシ、州郡ヲ循行《ジュンコウ》シテ、牧守ト与《トモ》ニ、天下ノ田ヲ均給セシメ、還受ハ生死ヲ以テ断ト為シ、農桑《ノウソウ》ヲ勧課シ、富民ノ本ヲ興サシメントス」とある点が注意されるのである（『魏書』高祖孝文帝紀、太和九年十月条）。この詔は、還授の規定が存在する点で、先行する占田・課田制や計口受田制から区別される均田制の原則の上に立っているが、同時にその還授が、「生死ヲ以テ断ト為」すという点では、均田制と異なる原理すなわち課役賦課と直結しない浄御原令的な受田資格の無制限および終身用益制の原理の上に立っているといわなければならない。もしそれが計口受田制や屯田制[64]に当然ともなったはずの計画的土地配分等をふくむ均田制の先駆諸形態のなかに、その歴史的前提の一つをもつと仮に仮定すれば、浄御原令の班田規定にみられる唐制と異なる特徴を、日本的特殊性や、立法者の政策的意図だけに帰することは単純にすぎよう。改新詔の「戸調」と北魏の制との関連がしめすように、改新前後の支配層は、隋唐以前の諸制度についても知識をもち、それを継受しようとした事実も想起すべきである。しかし私は、浄御原令班田法規の特徴と、中国の均田制以前の諸制度との系譜的関係をかんがえているのではない。首長制または国家権力による計画的な開墾と土地配分は、系譜的関係なしにも、同じような問題と解決の仕方をそれぞれ生みだすというようにかんがえているのである。ここでのべたいことは、日本も中国も、班田制または均田制が制度的に確立される以前に、長期にわたる賦田制的段階を、前提の一つとしてもっていたということである。

浄御原令班田制の特徴は、女子給田制や受田資格の無制限にみられるように、国家の各種賦課とは直接には結びつかないこと、給田の目的が、奴婢をふくむ戸自体の再生産のための最小限の条件を確保しようとしたところにあった。この点で、平安朝の史料によって、調庸の負担と班田制を直結させた私見にたいする批判は正しい(65)。調庸制は班田制なしにも成立し得るし、前者は後者が十世紀に消滅した以後になっても、異なった形で存続していることは、後者が相対的に独自の制度としてとらえねばならないことをしめしている。しかしいうまでもなく、それは両者のあいだに関連がないということではない。前記の奥羽の賦田制にもとづく「口田」または「口分田」の班給において、調庸および田租の貢進がその前提として不可分に結びついている事実は、戸の再生産のための土地配分が、租庸調の徴収ときりはなし得ないことをしめしているからである。

律令制国家が班田制という形で、民戸の再生産のための最小限の条件を確保しようとした目的は、一般的には大化前代における首長制の発展にともなう自由な、国家的規制のない階級分化を阻止するところにあったといえるが、それだけでは班田制のような土地所有の領域にまで徹底した施策を説明するには、あまりに抽象的であろう。第一に、私はここでもう一度「政《マツリゴト》ノ要ハ軍事《グンジ》ナリ」という改新から律令制国家の成立史をつらぬく原則を、一つの契機として加えたいのである。「兵ヲ用イルノ要ハ衣食ヲ本ト為ス」という言葉をまつまでもなく(続紀、養老六年閏四月条)、軍事的国家の存立の基礎が、終極的には直接生産者の生活資料の再生産の確保にあるという思想は、すでに戦国時代に確立された中国の古代国家の基本原則であり、均田制や班田制の立法精神を儒家的牧民思想から説明しようとした古い説とは反対に、むしろそれと対立する法家の思想として確立されたものである。韓非子《かんぴし》が商君《しょうくん》のいわゆる富国強兵の策として説いた「耕戦之士」は、「什伍《じゅうご》」の制すなわち人民の地域的編成と結びつき、農業生産を基礎とした軍事力を制度的に創出することであり、それは歴代の中国王朝の伝統的で第一義的な課題であったのである(『韓非子』和氏第一三)。この課題をはなれたところの、たんなる勧農や開墾の政策では、国家は中国の苛烈な諸条件のなかで滅びる以外になかったからである。儒家も、その国家論のなかにとりいれざるを得なかったこの法家的な「富国強兵」

策が、班田制・郷里制をふくむ日本の律令制国家の政策に内在する基本思想であったとかんがえる。律令という法典自体が、儒家の原理からは生れず、法家の国家論を土台にしていること、奈良時代の詔勅に『管子《かんし》』の思想の影響がみられることも想起すべきであろう(律令制国家の政策の基礎にある論理や思想を、単純に儒家思想とみなしてきた従来の見解は再検討すべきである)。まえに引用した北魏の高祖の均田の詔にみられる「農桑ヲ勧課シ、富民ノ本ヲ興」すという勧農と富民が、日本の班田制施行の場合にも共通する理念であろうが、それも単純に儒家思想から解釈されてはならない。「富民」は、「什伍」の制、日本の令制の五保・郷里による編戸の制と結合した軍事的国家の創出の不可分の一環としての戸の再生産の確保の意味である。改新から天武・持統朝に一貫する国際的契機をふくむ前記の「軍国」時代の歴史的事情が、日本の支配層を班田制の施行にまで徹底させた一つの動因ではあるまいか。第二は、大化前代における王民制と結合した土地私有制の一定の発展である。それは、朝鮮三国よりも、より発展した段階に到達していたとかんがえる。したがって王民制から公民制への転換は、必然的に土地問題を提起することとなり、班田制の施行にまで追いこまれざるを得なかったのであろう。

土地の保有者＝農民としての戸の再生産の最低条件の確保は、それだけが孤立してあるのではなく、国家権力が社会の再生産の諸条件の確保に関与するという東洋的専制国家の特徴の一部として存在するのである。かつてエンゲルスは、農耕の第一条件としての人工灌漑、一般に「再生産のための配慮」が国家権力の事業として存在することを、東洋的専制国家の特徴として指摘したが[66]、国家権力によるこの「再生産のための配慮」という特徴をたんに人工灌漑の問題にだけ限定し、それだけを孤立させるならば、それは多かれ少なかれ「水の理論」に転化し、ウィットフォーゲルとエンゲルスとの区別が見うしなわれることとなろう。東洋的専制国家の「再生産にたいする配慮」の特徴は、人工灌漑という農耕の前提条件についての関与・規制のみならず、すすんだ形態においては、そこにおける直接生産者の労働力の再生産、したがって課丁のみならず、課丁自体の再生産を保障する最小限の単位としての「戸」の再生産にたいする配慮・関与・規制にまでおよぶところにある。日本令における租税負担能力のない女子・子供にたいする給田や班田は、その本来的形態をしめすもので、税制と班田が直接に連結する北魏以来の均田制の類型は、むしろそこから転化した第二次的な形態にすぎないとかんがえるのである。国司の職能としての「字養百姓《ジヨウヒャクショウ》、勧課農桑《カンカノウソウ》」、郡司の考課の基準としての「田疇闢《デンチュウヒラ》ケ、産業修《オコ》リ云々」の規定は〔戸令国守巡行条〕、人工灌漑・開墾・陸田耕作・雑穀栽培から民戸の再生産にいたる社会の再生産一般への国家の関与と規制、すなわち勧農が律令制国家の任務とされていたことをしめしており、税制と直結しない班田制の特徴もそれとの関連で説明さるべきであろう。しかし支配権力が直接生産者の再生産過程の把握と結合しているという特徴的な性格は、大化改新または律令制国家や班田制によってはじめてもたらされたものではない。前記のように、改新以降の国家的な開墾と土地の計画的配分は、大化前代の首長層によるいわゆる「計画村落」の継承であり、その組織化と制度化にほかならなかった。後者の場合における土地配分の慣行の内容は不明であるが、それが前記の賦田制の歴史的前提としてあらかじめ存在していたことは想定しておく必要がある。それは令制国家における勧農の主体である国司・郡司のうち、とくに郡司がはたしている特別の機能と関連している。国司の勧農を規定している戸令《こりょう》国守巡行条は、唐戸令の模倣であるが、もっとも重要な相違は郡司能不《のうふ》に関する規定であり、これは他の史料からも推定されるように(続紀、和銅五年五月条)、現実の勧農行為は国司よりも郡司が掌握していた日本的特殊性と関係がある。(67)この郡司に体現された勧農権は、大化前代の在地首長の支配権または生産関係のなかにその歴史的根拠をもつことはいうまでもない。令制の班田制を通しても、われわれはまた在地首長層の生産関係の問題に到達せざるを得ず、ここにこそ古代国家のもっとも基礎的な問題があるのを見出すのである。

東洋的専制国家またはその下部構造をなす首長制の基本的特徴としての、直接生産者の再生産への国家権力の関与と把握の形態は多様である。以上で指摘したのは、そのうちの三つの契機にすぎない。第一は人工灌漑の問題であり、第二は賦田制および班田制における戸の再生産の問題であり、第三は出挙制の問題である。これらは同一の生産関係を表現し、相互に連関する諸側面をなすものとしてとらえねばならない。このさい、首長層とその領域内の民戸との階級関係の歴史的性質は、その生産関係を規定する独立の要因としての生産力の問題を根柢にすえなければ、正しくとらえることはできない点に注意すべきであろう。民戸の農業生産の前提条件としての人工灌漑施設の造営と維持が、個々の戸およびその共同体を越えた首長の徭役賦課権と富に依存しており、それによって開墾された土地の分配がまた労働力の最小限の単位としての戸の再生産を保障するように、首長または国家によって規制されており、そこにおける民戸の再生産は出挙制による春夏二季の種稲および食料の貸与によって補われるという関係は、この農業社会における共同体また人民の生産力の低さによって規定されている諸特徴である。生産諸力の特定の段階を基礎におかず、またそれによって規定されている首長制の再生産過程の総体からきりはなして、個々の民戸がその家族労働力によって、自己の所有する生産要具によって、その保有地または口分田を耕営するという面だけをとりだして、そこに「農奴制」または「封建的」隷属関係を単純に見出す見解が、いかに一面的であるかはいうまでもないであろう。この見解は、民戸の再生産の諸条件が、首長制または国家によって把握されているという一つの側面を過小に評価することによって、また、民戸と首長層または国家とのあいだに存在する人格的隷属関係の歴史的特質、すなわち封建制のそれと区別される特殊な質を視野の外におくことによって成り立っているといえよう。

しかし、右のことは、首長層または国家にたいする民戸の「自立性」の問題、すなわち個々の戸が、その保有地を永続的に占有し、それを家族労働によって経営し、そこからの収穫物を私有するという関係の存在から必然的に発生する諸問題を解消してしまうことではない。反対に、その「自立性」を首長制(または国家)の生産関係の内部の問題として正当に評価するために、前記の特徴をまず前提としなければならないのである。この場合、首長対個々の民戸という関係で、この生産関係をとらえるのは正しくない。なぜならば、戸は、それ自体としても、またその集合体としても、それぞれ一個の共同体を形成しているのであり、したがって民戸の「自立性」の問題は、この生産関係における共同体の地位または自立性の問題として存在するのである。したがって共同体という媒介なしに生産関係の歴史的性質をあきらかにすることはできない。かつて私は、令制国家における郷里制という形における編戸の仕方、すなわち里が五十戸を単位として機械的に編成され、いわゆる「自然集落」が編成単位となっていないという事実と関連して、大化前代および令制下における「村落共同体の欠如」について論じたが、それについて多くの批判がおこなわれてきた。この問題についてはつぎの二つのことが留意さるべきであろう。第一に、戦前において、古代日本における「村落共同体」の問題は、マルク共同体(またはゲルマン的村落共同体)および日本中世末期の「村落共同体」と同じ類型の共同体をそこに想定する傾向があったことに注意せねばならぬ。この見解は東洋的専制国家またはその基礎にある生産関係と、共同体の型とのあいだに存在する内的関連の問題を提起することなく、またその解決に役立つこともなかった。私の「村落共同体の欠如」という見解は、ゲルマン的村落共同体という範疇の日本古代社会への安易な適用にたいする批判として提起されたのである。したがって、第二に、私見においては、戸の地縁的結合体としてのムラという共同体の存在を否定したことはなく、反対にムラ＝集落の共同体的結合の基礎には土地所有の面における共同所有が想定されることさえ指摘したのである。(68) この最後の点については、とくに村落と空閑地との関係について、戦後確認されつつあるといってよいであろう。(69) しかしかかる集落共同体(ゲルマン的「村落共同体」と区別するために、仮にこう名づけておけば)の存在にもかかわらず、なぜその上にアジア的首長制または律令制国家という体制が存在するかという問題は、依然としてのこっているのである。日本の古代の村落の歴史的・類型的特質をあきらかにするためには、なによりもまず所有とくに土地所有の問題を基礎にしなければならないことはいうまでもない。以下その要点だけを、しるしておくこととしたい。

班田収授制において、民戸に班給される園地および宅地が、口分田に比較して、また唐の均田制における園地・宅地に比較してさえ、より強く私的所有の対象として承認されていたこと、それは班田制以前における土地所有関係の特徴を反映しているであろうことは、まず承認された前提としてよいであろう。(70) 他方において、山林原野等の空閑地が、雑令の「公私共利」の原則にも反映しているように、集落共同体とその成員によって自由に用益され、あるいは共同体の独自の共有地として分割占有されていたという推定も一般に承認されているといってよい。問題は耕地とくに田地にたいする私的所有の特徴、とくにそれが班田制におけるように、国家の還授の対象となり得るような性質の所有の歴史的条件はなにかという点にある。一般的には、田地においては、園地・宅地のような私的所有が確立されていなかったという事情にもとづくといえるが、かかる消極的・抽象的規定では、(71) 特殊な土地所有制とその歴史的性格があきらかにならないであろう。「農業共同体」の範疇、すなわち一方では家屋とその付属屋敷地(すなわち園地・

宅地)が耕作者の「私有」となっており、他方で、耕地は共同体的所有であるが、そこではすでに「耕地の分割耕作と成果の私的占有」の段階に到達しているという固有の「二重性」によって特徴づけられるところの「農業共同体」の範疇を、そこに適用することは、戦前の漠然としたマルク共同体の範疇の適用に比較すれば、古代日本の土地所有の前記の特徴に対応した前進とみなし得よう。(72) しかしここでも注意しなければならないのは、この「農業共同体」の範疇が、同じく古ゲルマン社会を主たる場として、そこから抽象された概念であり、したがって共同体のタイプの歴史的諸段階を画定する一般的基礎とはなり得ても、ここで問題としている共同体の東洋的特殊性はそこから直接にはでてこないということである。そこにおける耕地の分割耕作とその収穫物の私的占有の成立は、必然的に耕地の私的所有に転化してゆき、マルクスの『資本制生産に先行する諸形態』における「ゲルマン的共同体」は、この転化した私的所有の上に立っているのである。問題は、この耕地の私的所有の性質と構造が古ゲルマン社会と古代日本では異なっている点にかかっているのであって、「農業共同体」の概念の適用によっては、その問題はなんら解決されないのである。

『諸形態』におけるゲルマン的共同体は、つぎの二つの特徴をもっている。第一は、共同体が「自立的諸主体」＝家族の相互関係として存在し、この共同体成員の自立性は、それが「自由で個人的な土地所有者」たることに根柢をもっていること、したがって空閑地における共同体の「共有地」の特徴も、「個人的所有の補充」たる点にあることである。第二は、民会《コンキリウム》＝集会が、ゲルマン的共同体における右の「自由な土地所有者」としての成員の自立性と不可分の関連をもって、その政治体制または国制の有機的一環を形成していることである。右の二つの特徴はきりはなせない関連をもっている。私は、第一の問題について、古代日本の戸と田地との関係が、「自由で個人的な土地所有」すなわちゲルマン的な私的所有に転化しておらず、そのことは根本にある東洋的な生産関係によって規定されているとかんがえるのである。史料のしめすところでは、少なくとも六世紀以後の日本においては、耕地の割替え制等の存在は想定できず、したがって戸による耕地の永続的占有が確立されていたとみなければならないが、共同体成員による耕地の「世襲的、もしくは非世襲的な占有」自体は、アジア的共同体の重要な特徴であった。したがって問題は、なぜ古代日本の戸による耕地の永続的・世襲的占有が、前記のゲルマン的な私的土地所有にまで発展しなかったかという点にもとめられる。私有制の発展については、それが「交通においてはじめて、しかも法からは独立に、一つの物件になり、現実的な所有になる」という「交通」と社会的分業との関連において、考察しなければならず、そのさい動産所有と不動産所有＝土地所有との歴史的関係が前面に(73)

出される必要がある。動産所有こそが私有制の原初形態であり、そのなかで家畜がもった特別の歴史的役割を正当に評価しなければならぬ。前記の「農業共同体」の「解体」過程について、「家畜の形での富にはじまるところの(そして農奴の形での富をも可能にするところの)動産的富の漸次的蓄積の一事、さらにこの動産的要素が農業そのもののなかで果たすますます顕著な役割、この蓄積と不可分である他の多くの事情、これらすべてのことが、経済的および社会的平等を解体するものとして作用し、共同体の内部に利害の衝突」をおこさせると指摘されている点に注目する必要がある。[74] 動産が私的所有の原初形態として、また土地所有の私的所有への転化の要因としてはたす機能の根拠については、二重の側面を指摘しておく必要があろう。一つは、土地＝「大地」は、労働の「所産」として存在するのではなく与えられた、その「前提」として存在する点で、本来私有の対象となりにくい特徴をもつこと、それにたいして道具・武器等の動産は、純粋な形において個別労働の対象化された所産として早期に私的所有の対象となりやすいこと、一つは、土地が、労働の対象化された耕地および用水施設として存在する場合でも、それらは土地の付属物であり、かつその労働自体が共同労働であるために私的所有に転化することが困難なのにたいして、個別労働の所産として、土地からきりはなされて存在する動産は、早期に交換の対象となり、社会的分業の発展の基礎となるのであって、このことがまた動産の私有制を促進し確立するのである。「農業共同体」の解体過程のなかで、動産のうち、とくに家畜は、諸民族において特別な役割をになったのであるから、それはゲルマン的共同体と古代日本の共同体との対比においても、一つの重要な指標となり得るのである。この問題について項をあらためてのべたい。

5　首長制の生産関係の歴史的特質について

タキトスの『ゲルマーニア』は、古ゲルマン社会における豊富な家畜の存在と機能について、家畜が「唯一にして、最も貴重とするところの財産」であることをのべており、最近における古ゲルマンの定住形態の研究は、『諸形態』がゲルマン的共同体の自立的で、それ自体「経済的整体《ガンツェ》」をなしているとのべた住居＝家族経営体の構造と家畜飼育との関係をあきらかにしてきている。たとえば住居広間と貯蔵場所と家畜部屋とから成るいわゆる「三間仕切広間住居」のタイプの農家において飼育された家畜の数は、戸外飼育のそれをふくめれば、一ホーフ当り平均二十―二十四頭に達すると推定されていることは、タキトスの記事の正しさを裏づけるものである。(75) かかる性質の家畜または動産私有の発展こそ、社会的分業の一定の発展をもたらし、耕地の「私有財産への転化」をもたらし、森林や荒蕪地を「私有財産の共同体的付属物」に転化させる過程、すなわち

「農業共同体」の解体の基礎にあった重要な一要因である。この事実を捨象して、官田その他特殊な場合をのぞけば、牛馬耕はもちろん、家畜の所有自体がきわめて制限されていた古代日本における民戸の「私的土地所有」にたいして、古典古代はもちろん古ゲルマンから得られた範疇を無媒介に適用することは危険であろう。家畜または動産の私有の発展は、そのまま私的土地所有の発展とむすびつくのではない。前者が前記のように社会的分業と交換の発展を結果するがゆえに、後者を促進するのである。なぜならば、私有と分業とは同一であり、後者は「活動」について、前者は「活動の生産物」について表現されているにすぎず(76)、私有制の確立は社会的分業と、前記の「交通」の一定の発達段階を前提とするといわれるのは、そのためである。古代日本におけるクニ＝共同体間の交換および記紀や風土記のつたえるところの共同体内部の交換から発生した各種の地方的「市」の性格は、前者が首長層によって把握されていたという事実のために(第一章第一節)、後者は交換過程にはいる剰余生産物、とくに動産所有の未発達によって制約されていたことを想起するならば、私有制の自由な展開がいかに困難な条件におかれたかがしられよう。また、私有制または所有権一般を問題とするとき、われわれは、人と物との関係、所有の主体と客体との関係の根本にあるのは、人と人との社会的関係または所有主体が組みこまれている生産関係であるという、近代の法理論によっても確立されている基本原則をつねに念頭におかねばならぬ。(77)「交換自体が個別化の主要な手段」であること、すなわち共同体の成員としての個人または家族が、共同体において「自立的所有主体」として自己を個別化すること自体が、交換したがって社会的分業の発展を媒介としてのみ可能であることを想起するならば、古代日本の集落共同体を構成する戸にとって、それがいかに困難な条件であったかも理解される。古代日本における直接生産者の私的土地所有の問題は、戸＝家族共同体または家＝世帯が集落共同体から「自立」する問題の一部として存在するのであり、それ自体一つの生産関係である共同体の構造の問題に帰着するのである。

六世紀以降において、戸または家族共同体が、自己の農耕具と奴婢をふくむ家族労働力をもって、集落の耕地を分割経営する場合にみられるところの耕地の永続的・世襲的占有が、なぜゲルマン的共同体または一般に西欧型共同体の自立的な私的土地所有と区別しなければならないか、両者を同じ「私的土地所有」の範疇でとらえることがいかに危険であるかは、以上によって推定されよう。しかしこの区別がより明瞭な形であらわれるのは、『諸形態』がゲルマン的共同体のもう一つの特徴としてあげたところの「民会」の問題についてである。民会の特徴は第一に、「土地所有者から成る自立的主体の統一」として、右の私的土地所有の成立と不可分の関係にあること、第二に、それが古ゲルマンの国制の、すなわち権力関係の有機的な一環をなしている点にある。いいかえれば、共同体の「共同性」が、首長によって「代表」されるのではなく、私的土地所有にもとづく自立的主体間の相互関係として、民会という一個の機関によって「代表」されるのである。古ゲルマンの諸部族の政治体制が多様であり、そこにはアジア的首長制の形態さえみられること、また「大事」の決定権が民会によって共同体の成員に保証されている体制においてさえも、そこにおける首長層(princeps)の現実の役割は無視できないことなどについては(『ゲルマーニア』一ノ十一)、ここでは問題にしないが、少なくともその民会という体制の存在が、アジア的共同体を基礎にしながら、その対立物に転化したゲルマン的共同体の特徴的な国制であることはあきらかである。それにたいして、日本の古代社会の特徴は、他のアジア的共同体と共通して、戸相互間の共同体的結合が、民会によってではなく、首長の人格によって「代表」される点にあり、かかる生産関係のもとにおいて、集落共同体等がなんら公的地位を占めていないのが特徴である。

古代日本の諸共同体に集会や寄合いの制度、とくに「国之大祓」の儀式にみられるような祭祀儀礼に関連したそれが慣行として当然存在したはずであるが、問題は、かかる形での集会の存否ではない。それらが権力関係のなかで、どのような地位をしめるかにある。日本の場合は、首長制の政治体制のもとで、公的機関として、すなわち首長の人格的支配を制約しまたはそれに対抗する共同体の自律的組織として、編成されていない点が、古ゲルマンの体制と基本的に区別される点である。令制の郷里《ごうり》制における郷や里の制度と、「村」＝自然集落との関係について、前者が後者を母体として編成されたという面が強調されるけれども、仮に両者のあいだに実体的な対応関係ないし系譜関係が存在したとしても、それは行政技術的な面においてであって、前者が国―郡―郷・里という律令制的国家機構の一部をなす収奪と支配の制度であり、村＝集落共同体と異質の構成原理の上に立っていることを否定してはならない。むしろ日本の律令制国家の特徴は、「村」という共同体を公権力形成の単位として承認しなかったこと、それが模範とした唐令においてさえ、「村」または「村正《そんせい》」が法的に認められているのにたいして(『通典』巻三食貨三、郷党)、日本戸令においてはそれが意識的に削除されている点にある。(78) しかし、村または集落共同体の原理的な否定の上に、国家機関を構築するという原則は、律令制によってはじめて実施されたものではない。大化改新にさいして、常陸国の行方《なめかた》郡が、那珂《なか》・茨城《いばらき》両郡の七百戸を割いて新設されたこと(第二章第三節)、また大化前代の仕丁が三十戸を単位として徴発されたことは、一里＝五十戸(または三十戸)という機械的な編成の仕方が、旧国造制または首長制の体制にまでさかのぼり得ること、いいかえれば首長制の支配関係は、首長対戸の関係として存在し、村または集落共同体は、自立的な共同体としてそこに公的地位を占めていなかったことを想定させるのである。これを、私は偶然の現象とはかんがえず、その根柢には、戸が私的土地所有の上に立つ「自立的主体」として確立されておらず、したがって弥生式時代の本源的共同体の特徴が、基本的には否定されずに保存されているという関係をみるのである。次節で言及するように、六世紀以降の生産力の発展を基礎とする首長制の生産関係内部におこった変化、生産と消費の単位としての戸＝家族共同体の「自立」の現象および家父長制的奴隷制の展開の意義を否定するものではないが、しかしその変化も、ゲルマン的共同体から区別され、それと対立するところのアジア的共同体の基本的特徴を前提とした上での変化として、はじめて意義をもち得るのである。マルクスが、東洋的専制国家のもとにおける「私的土地所有の欠如」を指摘し[79]、ロシアにおいてさえかつて土地が耕作者の「私有財産」であったことはないとのべたとき[80]、それらの概念の基礎になったのは、マルクス自身が強調しているように、つねに西欧型の私有制であり、東洋の古代社会には、それとは異質の所有形態が支配的であること、したがって西欧の歴史から抽象された概念や範疇を、東洋社会にそのまま適用すべきでないことを語っているのである。

農民の耕地にたいする関係が、永続的・世襲的占有から前記の意味の「私的土地所有」に転化しなかった古代日本の特徴は、他の一切の土地所有形態の基礎となっている。

山川藪沢＝山林原野の所有の問題がその一つである。それについては「公私共利」が令制の原則であって、その用益についてなんら法的規制がないという意味においては無制限の用益(戸の労働力によって自然に限定されてはいるが)が保証され、その用益にたいして国家による負担が課せられることはなかった。そこから「標結《しめゆい》」にみられる一時的占有権が生れ、同時に集落共同体による共同の用益地が成立する。いいかえれば、山林原野については、所有の主体が、「公」でもなく、「私」でもなく、未分化で不明確であること、「官」または「公」、すなわち国家の所有権が確立されている田地と異なって、国家的土地所有が確立されていないところに特徴があった。国家の所有権は、それの対立物たる私的所有にたいする否定としてのみ法的に確立されるのであるから、山林原野にたいする国家所有のかかる不明確さは、山林原野が、旧土地所有関係においても、用益と占有の対象たり得ても、私的所有の対象になり得なかった歴史的事情を反映しているとみなければならない。平安初期になってはじめて山川藪沢にたいする「収公」規定があらわれることも想起すべきである。(81) この「公私共利」的段階における戸または集落共同体の占有＝用益権の歴史的性質を規定するものは、耕地にたいして「私的所有」を確立するにいたっていない状態であり、それは、「すでに私有財産の共同体的付属物」となっているゲルマン的共同体の森林・牧地・荒蕪地等にたいする私的占有とは質的に区別されねばならない。(82)私は共有地がゲルマンの「村落共同体」にみられるアルメンデ型や日本の中世末期以降の入会地《いりあいち》型(83)に到達するためには、平安時代から中世における長期の過程を必要としたとみるのであり、その歴史を規定しているのは、耕地＝口分田にたいする直接生産者の「私的所有」の成立過程であり、後者を制約している律令制的土地所有とその基礎にある生産関係の解体であるとかんがえるのである。

山林原野にたいする「公私共利」の原則は、当然のことながら、この面において「公」と「私」が対等同格であることを意味しない。この原則には「禁処《きんしょ》」でない場合という重要な限定がついており、たとえば、銅・鉄の産地は、国家が採掘を開始すれば、百姓の用益は禁止されるのであり(雑令、国内条)、また持統朝には、摂津国武庫川《むこがわ》河口付近、紀伊国阿提《あて》郡の二万頃《しろ》、伊賀国伊賀郡の二万頃という広大な領域が禁猟区として囲込まれ、そこでは百姓の漁猟は禁断されたのである(持統紀、三年八月条)。国家または天皇のもつこの特殊な権利、山林原野河海を自由に分割し、排他的に独占し得る権利は、「公私共利」の原則からはもちろん、所有の主体と客体との関係からも説明することはできず、国家および天皇と公民百姓との階級関係を基礎にしてはじめて説明し得ることはいうまでもない。前記のように、所有権の問題は、人と物との権利関係において表現された生産関係＝階級関係の表現にほかならないからである。右の「禁処」の制度として法制化された生産関係または所有関係が、律令制国家によってはじめてつくりだされたものではなく、私は、逆にその原初形態が、令制以前の首長制のなかに内在したものとかんがえ、令制はその制度化にすぎないとかんがえる。いいかえれば、その支配領域内の山林原野にたいする首長層の特殊な権利が、令制の基礎として、それに先行したとみるのである。一般に直接生産者またはその共同体にとって、その労働と生産の天然の仕事場であり、一切の労働手段と原料の供給地であり、かつ生活資料の無限の宝庫であるところの大地自体は、労働の所産ではなく、その歴史的前提として存在するのを特徴とするから、それは多かれ少なかれ「神的な」所与として存在し、神話的起源と結合するのが普通である。在地首長層の人格神化された所産である大国主命《おおくにぬしのみこと》、すなわち偉大で霊威をもつ「国主」が、同時に「国作り」の神、大地の創造神であり、クニタマ(国魂)、すなわち大地のもつ呪力と生命力＝生産力の体現者であって、かかる神話化された資格において、首長層はポリネシアの首長＝王と同じく、かつてその支配領域の山林原野をふくむ大地一般の唯一の所有者として存在したのである。それは本来いかなる意味においても首長の「私有」ではなく、反対に直接生産者またはその共同体の大地にたいする共同の所有が、共同体を代表する首長の神的人格として集約化されたものにすぎず、直接生産者の労働と、その客観的条件としての大地とのあいだにおける自然的・本源的統一＝所有関係の神話への転化にすぎない。大化前代において、在地首長層による前記の広汎な山林原野河海の分割私有が進行したさい、それは、支配領域＝クニの唯一の所有者としての右の首長権の展開として、また首長制内部の生産関係の階級社会への転化を基礎として理解すべきである。令制において、山林原野に前記の「禁処」を設定し得る国家と天皇の権力は、その先駆として、在地首長層の権力を前提としており、前者は、後者の国家的規模に集中された形態にすぎないとみるのである。

首長層の神話的な土地領有から、六世紀以降の階級対立を基礎とする山林原野河海の分割私有に転化するさい、この転化が、直接生産者またはその共同体のそれにたいする占有と用益を排除するものではなく、逆にそれらの諸権利の承認を前提としていることに注意する必要がある。古代日本においては、階級分化の進行は、共同体またはその成員＝戸の、土地すなわち再生産の客観的・経済的諸条件との直接的な結合様式、弥生式時代以来の農業社会の基本構造を変革または否定するものではなく、反対にその存続を前提としているのである。この関係は、大化前代の開墾にともなう「計画村落」、および大化改新以後の条里式村落における賦田制の特徴をも規定しているとみるべきであり、班田制を基軸とする土地所有も、その継承発展とみるべきである。なぜなら、律令制国家または国家権力一般は、旧生産関係に代る新しい生産関係をつくりだすものではなく、既存のそれを総括し、体制化するにすぎないからである。

首長または国家の強権力を前提とする右の土地班給の諸形態において、田地が班給の対象とされる前提となっているのは、もともと耕地が「私的土地所有」の対象でなかった旧生産関係にもとづくものである。それは旧土地所有形態の否定ではなく、それが還授または収公の対象となるという特徴も、土地の唯一の所有者としての首長層または国家と民戸との階級的支配＝隷属関係の反映である。しかもその還授は、民戸と耕地との用益＝占有関係の破壊ではなく、その保証の性質をもち、直接生産者とその労働の諸条件との結合を強化し制度化したものであること、また「公私共利」的用益権の承認は、やがて山林原野を「民要地」として（『類聚三代格』延暦十七年十二月官符）、あるいは「百姓要地」として（同、弘仁十三年正月官符）占有し用益する集落共同体の共同体的な所有と権利の承認に発展してゆく点で、旧生産関係における共同体の地位を中世の村落共同体に媒介してゆく役割をはたした。これらの「民要地」または「百姓要地」の法的承認は、前記の「禁処」にみられる天皇または国家の特権的権利とならんで、律令制国家の階級関係の所有権の領域における反映であり、前者は中世の村落共同体の成立の物的土台となり、(84) 後者は官人貴族による山野の分割独占と荘園制への発展の一つの基礎となった。

ただ古典古代的およびゲルマン的共同体と異なるのは、民要地の用益主体たる共同体が、郷里制にみられるように、国制のなかになんらの地位も機能も認められていないことであり、この相違は「私的土地所有」を基礎とする自立的主体としての個人または家族の共同体からの分離(これのみが、アジア的共同体をその対立物に転化させる)を欠くところの共同体の構造によって規定されているのである。

律令制における班田制の成立の土台をなした歴史的条件を、私は以上のようにかんがえ、それに先行する生産関係または土地所有形態を、首長制のそれにもとめるのであって、前記したかつての私見の誤謬、すなわち後者を媒介せずに、班田制成立の歴史的条件を論じた誤りを、大づかみには右の方向において克服してゆきたいとかんがえる。班田制を基礎とする律令制的土地所有において、直接生産者に主権者として対立するものは私的土地所有者ではなく、「最高の地主」としての「国家」であり、主権なるものは、「国民的規模で集積された土地所有」である。この場合、問題なのは、土地所有の主体としての国家が、いかなる歴史的過程によって「最高の地主」に転化するかということである。「国家」が階級対立の所産であるかぎり、弥生式時代の首長制の土地所有が、無媒介に、すなわちたんに「国民的規模で集積」された結果、律令制の国家的土地所有になるのではなく、階級関係、生産関係の変化を根本におかねばならず、したがって国家的土地所有の性格を決定するものは、その基礎にある階級関係の性質でなければならぬ。いいかえれば、共同体がそのまま国家的土地所有の性格を決定するのではなく、前者を一契機としてふくむところの首長制内部の階級関係または生産関係の発展こそ、後者の成立の土台として存在する関係なのである。

私は、大化前代および律令制国家の基礎をなす首長制の生産関係は、少なくとも律令制の徭役労働、田租・調および班田制の前記の分析から推定されるかぎりでは、「総体的奴隷制」の範疇によってとらえらるべきであり、それ以外の範疇ではその社会構成史上の地位は正確にとらえることはできないとかんがえる。問題をふくむこの概念自体についての論議は、ここでは省略するが(85)、本稿に直接関係する二、三の点だけについて言及すれば、第一に、総体的奴隷制にもとづく隷属関係の特徴は、「奴隷制」という概念が必然的によびおこすところの常識的で、それだけ頑強な偏見とは逆に、「あらゆる臣従関係と共通なもの以上に苛酷な形態をとる必要がない」ということである。それは、この階級関係が、直接生産者がその共同体の成員として土地にたいしてもっている世襲的な占有権と用益権を否定しないばかりか、それを前提としているという前記の特徴からきている。それは、直接生産者が所有者の「生産の自然的諸条件の一部」として存在するような形での奴隷制や農奴制とは区別されなければならない。

第二に首長制の階級支配およびその収取と所有が、共同体を代表する原始的な首長制と系譜的につながるばかりでなく、後者によってその性格を規定されているという点である。たとえば、首長制の収取の一部をなす田租と調の原初形態が、共同体的首長にたいする成員の初穂と初物の貢納の制度化され、転化された形態にすぎないという関係、また首長の賦課する徭役労働が、かつて首長が共同体的労働にたいしてもっていた組織者または指揮者としての機能の転化した形態にすぎないという関係、さらに首長の山林原野河海をふくむ土地全体にたいする所有権が、原始的首長のそれの継承にすぎないという関係、つまりさきにのべた一切の特徴が、それをしめしている。さらにみのがしてはならない点は、首長制の支配関係におけるイデオロギー的側面である。天武朝におけるいわゆる新国造、すなわち「神官」的国造の分化は、一つは、六世紀以降における首長層の内部構造の変化によって、旧国造の司祭者的・呪術的機能がそこから分離し得るものとなっていたことをしめし、一つは、それらの機能がかつての首長層の支配構造の固有な一側面をなしていたことをしめしている。邪馬台国の卑弥呼《ひみこ》と出雲国造、「神功《じんぐう》皇后」と皇極《こうぎょく》天皇の諸例は、その断片的な表現にすぎないが、首長制のかかる機能は、つねに呪術と禁忌にしばられた共同体の意識形態によって制約されていたことはいうまでもない。

第三に、総体的奴隷制は、原始共同体の生産関係の必然的発展として成立したという点である。原始共同体を牧歌的体制とみないかぎり、そこでは「個人自体がある点まではこの共同体の所有である」という側面、いいかえれば、共同体という集団自体のもつ自律性と強制力と統一性のまえには、個々の成員はそれに従属するところの「所有」とみなされるという側面の存在をみのがすべきではない。かかる体制は、その成員または直接生産者の側における前記の意味の「私的土地所有」を基礎とする「自立的主体」の成立によって、その「対立物」たる古典古代的またはゲルマン的共同体の型に転化しないかぎり、個々の成員は、階級分化の進行とともに、共同体の「共同性」すなわちその統一性と自律性と強制力等を「代表」するところの首長にたいする隷属関係にはいらざるを得ない。「この(アジア的)形態では、個々人はけっして所有者とはならず、ただ占有者となるにすぎないから、けっきょく彼自身が、共同体の統一を体現する者の財産、奴隷である」という指摘は、総体的奴隷制と原始的共同体＝首長制とのあいだの歴史的構造連関を正確に規定しており、古代日本の首長制の生産関係は、その典型的な一例とみなすべきである。

第四に、総体的奴隷制への右の転化の基礎にあるものは、原始共同体内部における生産力の発展による剰余生産物ないし剰余労働の収取、とくに邪馬台国にみられるような首長層への動産的形態における財産と富の集積であり、牧畜段階を欠く古代日本においては、稲穀《とうこく》・奴婢および生産要具の蓄積であり、発展した形態においては、六世紀の部曲・田荘の所有である。しかし王＝首長と「下戸」およびその共同体との間に成立する総体的奴隷制自体は、「家内奴隷制」の拡大された形態として存在するのでもなければ、また奴婢的所有というウクラードの発展によって、その基本的生産関係に本質的な変化をもたらすものでもない。なぜならば、「奴隷制は、ここでは（アジア的共同体では）労働の諸条件を止揚することもなければ、またその本質的な関係を変化させることもないからである」。奈良時代の籍帳から推定される後進地帯における首長層の奴婢所有および先進地帯における一般民戸のそれは、この観点から評価さるべきであろう。

第五に、総体的奴隷制という生産関係は、特定の生産力の段階に対応し、後者のなかにその実在的基礎をもっている。「最初の大きな生産力として現れるのは、共同体自身である」。共同体の性および年齢等にもとづく自然生的な分業と協業から成る労働組織は、それ自体最大の生産力であるが、この生産力は、共同体の統一を体現し、共同労働の指揮者たる首長の人格のなかに集約され、観念的には前記の「王殺し」の慣行となって結果するような首長の呪術的能力として存在する。かかる関係は、総体的奴隷制においては、首長の徭役労働賦課権による共同体またはその成員の差発と労働に転化するが、この徭役労働は、前記のように、一方においてかつての共同体労働を契機として保存しながら、その転化した形態をとるとともに、他方では徭役労働が首長の所有する富、すなわち食粮と生産要具に依存するという点で、封建的徭役と歴史的質を異にする奴隷制的形態をとる。それはこの段階における生産力によって客観的に規定されているのである。前記の人工灌漑や出挙制にみられるところの首長層による民戸とその共同体の再生産にたいする関与・規制は、かつての共同体の首長の機能の転化した形態であり、それが生産力の特定の段階に基礎をもっていたからこそ、在地における首長層の根強く頑固な支配の基礎となり得たのであり、支配階級による「勧農」として存在する再生産への関与・規制が、中世の荘園制や領主制においてさえ、支配の重要な一環として残存し、したがって「中世」の成立がそのまま単純に封建的生産様式の成立とならない理由も、その段階における生産力によって客観的に規定されていたからである。

第六に、総体的奴隷制は、人格的な依存・隷属関係の歴史における一段階であり、一様式である。それは、個々の首長対民戸という関係においてとらえるべきでなく、階級対階級の支配隷属として理解すべきである。なぜならば律令制以前にも在地首長層は、同族また擬制的同族関係を軸として結合体を形成して在地を支配しているのであり(第二章第三節)、律令制国家においては二官・八省による国家機構に組織された国家権力に依存して、一般公民にたいする階級的支配を実現しているからである。共同体の統一と

「共同性」が、西欧型共同体のように、「家父長相互間の関係」として、すなわちなんらかの形の民会によって「代表」されるのでなく、首長の人格によって「代表」されるかぎり、後者は多かれ少なかれ「専制的」性格をもたざるを得ないが、そのさいこの「専制的」支配は、個別的首長のそれとしてではなく、首長層一般の階級支配のそれとしてとらえねばならず、その支配と収取は、総体的奴隷制の前記の性質上、一般的臣従関係以上の苛酷な形態をとる必要はなんらないのである。律令制国家は、二重の意味において「東洋的専制国家」の類型に属する。一つは中央の国家機構にみられる専制的構造によって(第三章第三節)、一つはその権力に組織されて下部構造をなしているところの在地首長層の生産関係と支配関係の専制的性格によってである。両者は律令国家においては、制度上も不可分の統一をなしている。

律令制国家以前のまたは大化前代の古代社会を、共同体的諸関係の支配的な社会とみるならば、問題は別個になるが、私はそれを階級対立を基礎として運動している社会とみるのである。その社会構成体の歴史と諸段階における位置づけを、右のように総体的奴隷制とすれば、大化前代の国制または律令制国家を「封建国家」とする見解はとらず、日本の封建的生産様式は前者の解体と止揚の結果として成立するものと理解する。したがって、総体的奴隷制は、原始共同体の解体以後、封建制にいたる時期における支配的生産関係である。この範疇の設定は、弥生式時代以来、すなわち日本における農業社会の成立以来でもすでに数世紀にわたって支配的であった共同体的生産関係および所有関係と、大化前代における階級社会との内的連関を規定するためにも必要であるが、それ以上に前記のような収取と支配の事実の分析そのものが、この範疇を必要ならしめるのである。総体的奴隷制という範疇は、その先駆として、モンテスキューの「政治的奴隷制」をもっている。(86) もし『諸形態』がそれを定式化しなかったとしたら、たれかがいずれはつくらなければならなかったであろうような範疇として、私はそれをうけとめたいとおもう。歴史学にとって必要なことは、個々の範疇の「適用」ではなくして、なぜ特定の範疇が必然であるかを(または必然でないかを)、古代日本の具体的事実の内的連関の分析によってしめすことだからである。

第二節　国造制と国家の成立過程

1　生産力の発展と階級分化

六世紀から八世紀にいたる在地首長層の生産関係を考察するにさいして、この二世紀間におこったその内部構造の変化を捨象したのは、それが重要でないからではなくして、生産関係の基本的・巨視的性格をみうしなわないためであった。ここで問題とするのは、六世紀以降における右の変化であり、それが国家の成立史といかなる形において結合しているかという具体的な歴史的過程である。本稿の課題は上部構造としての国家の問題であって、生産関係自体の問題ではないから、後者については、前提としてその要点だけについてのべておくにとどめたい。ここで問題なのは、大化改新の考察でのべたこと、すなわち改新が王民制から公民制に転換するにさいして、伴造制ではなく、国造制をその転換の基軸にしなければならなかった必然性を、在地首長層の生産関係の変化のなかにもとめること、いいかえれば、改新期以降の国際的契機を一つの契機たらしめる内在的動因を考察することである。そのためには、この場合にもまず六世紀以降の歴史的現象の分析からはじめなければならない。

記紀が断片的にしかつたえてない六世紀以降の在地首長層の生産関係の変化について、具体的で端的な問題を提起しているのは、考古学であろう。すなわち後期古墳への転換と、古墳自体の消滅という現象である。この現象にあらわれた古墳の社会的機能の変化が、死や埋葬についての観念やイデオロギーの変化だけで説明しがたいことはあきらかである。後期古墳は三つの特徴をもっている。第一は横穴式石室の採用を媒介とする合葬の一般化であり、第二は群集墳の盛行であり、第三は古墳の築造の中止と追葬の傾向である。(1) ここで問題とするのは、第二、第三の問題であって、二つの現象が首長制内部のどのような構造変化と対応しているかという点である。群集墳は、平地を見おろす地形に、葺石《ふきいし》で覆われ、埴輪をめぐらせたかつての巨大で独立した首長の古墳と異なって、多数の小規模な古墳が、同一地域に、あたかも「古墳の集落」をしめすような濃密な形で築造されるのを特徴としている。しかも後者は、従来古墳のみられなかった山間部や海辺地域にいたるまで広汎に分布しているのである。首長層内部に、ある重大な変化がおこっていることは明瞭である。それは、首長制の生産関係が、もはや首長対一般民戸という単純な図式ではとらえられず、一般民戸内部に階層の分化が進行していること、民戸の一部が、その集落の周辺にみずからの古墳を築くように変ってきている傾向をしめすものにほかならないからである。この新しい変化は、六世紀以降におこった国家の成立に関連するすべての変化とともに、基本的には直接生産者の側における生産力の発展を基礎にして説明しなければならず、それなしには、その変化は多かれ少なかれ現象的な変化にとどまるであろう。

六世紀以降における生産力の発展の基礎にあるものは、鉄器の生産と使用、とくに直接生産過程すなわち農業生産の領域におけるそれである。鉄器の使用こそ、古代における社会と文明の発展の基礎的動因であり、「国家」とは一般に鉄器時代の所産であり、その段階の政治的上部構造であるといってもよいからである。古代日本における農具鉄器化の歴史は、二つの画期をもっている。(2) 第一の画期は弥生式時代の中期末であり、それは開墾土木的機能の強い鉄製打グワと稲収穫や草刈用具としての直刃《ちょくば》の鉄鎌、ややおくれて鉄製マグワの出現によって特徴づけられ、第二の画期は、五世紀の中・末期からであり、それはU字形クワ・スキという木製平グワ(踏みスキ)の機能を代行し、さらに高い生産性を保障する鉄器の出現、従来の農耕具の主体をなした木製耕具類全体が鉄製品によっておきかえられてゆくところの、日本農業史上の新しい段階の始りである。直接生産過程における生産力の変化を問題にするかぎり、第二の画期がより重要な変化であることはあきらかである。六世紀以降、大化前代にみられる耕地の拡大と集落立地条件の大きな変化は、(3) 生産要具における木器から鉄器への右の変革を基礎にしていることはいうまでもない。それは同時に生産力の発展と、社会的分業や交換の基礎となる農業生産物の多様化となって、すなわち低湿地のイネ栽培を中心とした弥生式時代と異なるところの乾田系のムギ・アワ等の栽培、とくに畑作の拡大となってあらわれる。神奈川県において、鬼高《おにたか》期から真間《まま》期にかけての遺跡が、横浜市内の主要な河川に沿うた台地なら、ほとんどいたるところに分布しているというこの時期の定住形態の急速な発展は、(4) 沖積平坦地から台地奥部または山間高地への集落の発展をしめす一例であり、それは遺跡内から陸稲《りくとう》と推定されるイネ種実・大麦・アワ・ソラマメ・エンドウ等が発見される事実と不可分の関係にあった。(5) それは同時に水田耕作の集約化であり、たとえば根刈り法への転換、またおそらく田植の発生、(6) 一部階層における畜力利用農耕への推移(それは朝鮮からの技術導入と無関係ではあるまい)などは、この時期の現象とみてよいのではないか。

右の特徴をもつ六世紀以降の農業生産力の発展は、それが社会的諸関係との関連からきりはなされた場合には、生産力の歴史的・質的規定をみうしなう結果になることはあきらかである。後者は、二つの側面から、一つは直接生産者の共同体、一つは、それと関係する首長の生産関係から、とらえねばならない。前者について、唯一の確実な根拠を提供しているのは、後期古墳期における竪穴住居址である。埼玉県五領《ごりょう》遺跡の鬼高期後半の住居址、とくにそのA地点に典型的にみられるところの六つの住居址から成る「住居址群」は、そのまえに広い空地をもつところの、計画的につくられた住居であり、一個の「自立的」な単位集団であったことがしめされている。(7) 一つ一つの竪穴住居址が、一般的に煙道部をもつカマドをもち、さらに貯蔵穴をそなえていることは、六世紀以降の東国において、個々の竪穴住居が消費の単位集団として自立するにいたったことをしめしており、他方においてそれらの若干が、再生産の場においては一つの単位集団として、いわゆる「結合家族」的形態をとっていたことをしめしている。住居址の発掘は、このことを次第に全国的な規模で明確にしてきているようである。(8) われわれは、家族形態の歴史を問題とする場合、消費と再生産の二つの領域を区別する原則の上に立つ必要があろう。右の場合、本稿では、構成単位たる個々の住居址を「世帯」または「家」と呼び、その結合体＝「住居址群」を「家族共同体」とよぶこととする(後者は一般に「世帯共同体」とよばれるが、「世帯」という表現は、主として消費に関係するゆえに、ここではとらない)。右の世帯＝家と家族共同体との関係は、奈良時代に、古記が五保について、「一戸」が「十家」から成っていても、「戸」をもって限りとなすとのべた場合の「家」と「戸」の関係に大体において対応し、その先行形態をしめすものである(戸令集解五家条)。この場合の「戸」はいわゆる郷戸《ごうこ》・房戸《ぼうこ》の区別とは直接関連しない。籍帳にみるように、房戸でさえそのまま世帯＝家ではなく、結合家族的形態をとり得るからである。

六世紀以降の鉄製農耕具の所有において、遺跡のしめす特徴的な事実は、それが急速に一般化しながらも、右の世帯＝家が、その所有主体としてはまだ確立されていない段階であると推定されることである。それが確立されるのは、東国においては国分期以降すなわち八・九世紀の交であり、畿内・近国および西国においては約一世紀それに先行すると仮定しても、大化前代においては一般的には家族共同体＝戸が、鉄製農耕具の所有主体であったとみるべきである。(9)世帯＝家の消費の面における前記の自立化的傾向は、六世紀以降の畿内・近国地方においては、難波宮《なにわのみや》下層にみられるような、竪穴住居から平地住居への転換という画期的変化によって、(10)東国とは比較にならないほど強化されたとみられ、また東国においても台地や山間地への集落の発展という新しい定住形態は、家族共同体の解体、世帯＝家の自立化を促進したことは当然であろう。しかし事態のこの面だけを評価することは、二重の意味で正しくないだろう。第一に、生産の面においては、とくに前記の畑作の発展にもかかわらず主要な農業生産であった水田経営においては、せいぜい数名の居住員しか推定できない竪穴に住む集団では、開墾はもちろん再生産の維持さえ不可能とみられること、さらに前記の農業の集約化が進行すれば、それだけ個々の世帯の家族共同体への結集・依存という逆の傾向さえ、必然となるということである。一般に、消費と生産との単位を区別しない傾向、あるいは単婚家族こそ原始以来の一貫した社会単位とみなす見解は、労働または生産の面において世帯相互間に存在する各種の共同体的結合を過小に評価しがちである。非生産的労働においてさえも、世帯を越えた結合労働力なしには理解しがたいことが多いのである。たとえば、小規模な横穴古墳の築造自体は、家族労働力だけで十分かもしれないが、しかしそれが群集墳をなしている場合、一つ一つの古墳は孤立して存在しているのではない。ことに横浜市稲荷前《いなりまえ》古墳群があきらかにした事実、すなわち古墳群の共同の施設として「参道状の細長い前庭」と「大規模な階段」状の遺構が発見された場合、(11)家族労働力による個々の横穴の築造は、前者の築造のための共同労働を前提としてのみ理解し得るのである。小規模古墳の発生は、かならずしもそのまま世帯または家族共同体の「自立」をしめすものではないのである。共同労働を前提としてのみ築造可能な水利施設については、まえにしるした。第二に、世帯の自立化の傾向は、そのまま家族共同体の解体を意味せず、反対にその構造の変化、すなわち家父長制的家族共同体への転換をしめすにすぎないという点である。(12)古代日本の家長権が、一般人民はもちろん、それが形成された中央および地方の支配層内部の家族においてさえも、ローマ的古代家族のように強力な権力に発展しなかったのは(おそらく日本の場合は中国の古代家族に比較してもそうであろう。律令が、中国的な家父長的秩序を上から導入しようとしたことも想起されたい)(13)、後者が単婚家族として、すなわち私的所有にもとづく自立的主体として分離したのにたいして、前者では前記のように、そのための物的条件が未成熟であったことと関連しよう。古典古代では都市に集住した自立的な単婚家族の家長間の秩序として構成される第二次的共同体としての「市民共同体」が、日本ではそれとは異質の秩序、たとえば「土地の付属物」としての村落とその「長老制」的または年齢階層的編成や同族的・血縁的結合という自然生的秩序が、支配的とならざるを得ない。私は、改新期の詔にみられる「村首《むらのおびと》」すなわち「自然集落」の長の支配は、右のような秩序の上に立っていたと理解するのである。

鉄器所有の急速な発展は、奴婢等の動産所有をもふくめて、たとえそれが世帯単位の所有に発展した国分《こくぶ》期以降になっても、従来の共同体の型を変革することは不可能であった。そのことは、前節でのべた首長制の生産関係自体には、本質的変更がおこらなかったということでもある。それは六世紀以降における以上の変化の意義を過小評価することではなく、たとえば、私は班田収授法の特徴の一つ、すなわち園地・宅地の私有制が、唐制以上に承認されている事実の歴史的根拠を、六世紀以降の発展にもとめたいとかんがえているのである。宅地の私有制は、戸または家族共同体の自立性の第一の保障であり、基礎である。「宅地」という一区画の成立すること自体が竪穴住居から平地住居への転換を前提としているといえよう。園地にたいする私有制は(種々の法的規制の存在にもかかわらず)、六世紀以降の前記の畑作経営の発展を前提としてはじめて理解し得るのである。しかし同時に園地・宅地が「戸」を単位に班給されること、また後述するように大化前代の畿内・近国に施行された税制と推定される調が、「戸調」として存在することの意味も忘れられてはならない。「戸」は、前記のように結合家族であり、家族共同体である。かかる形における園地・宅地の私有制を土台にした田地の永続的・世襲的な占有権の確立が、六世紀以降における首長制の構造変化の基本的動因をなしたものとおもう。その端的な表現は、五世紀にはじまり、六世紀に一般化するところの首長層の支配領域内部における部民制の発展である。この時期における手工業の発展をしばらく捨象しても、部民制という新しい形の収取形態の成立自体が、剰余労働の基礎となる新しい農業生産力の発展という土台なしにはかんがえられないことだからである。諸国における部民やミヤケの設定と経営が在地首長層の自律的な生産＝支配関係を前提とし基礎にしていることはすでにのべた（第二章第三節、第四章第一節1）。それらの成立の契機となった「ヤマト国家」と在地首長層との服属関係すなわち権力関係と、その成立を経済的に可能ならしめた物的・生産力的条件とは区別してとらえねばならぬ。なぜ六世紀以降になって部民制が発展するかという問題は、右の権力関係だけによっては説明しがたいからである。この時期の変化は、中央と地方との結合の仕方を変化させたばかりでなく、首長制の生産関係自体にも変化をもたらしたのである。

　鉄器は自分の足で「普及」してゆくのでないかぎり、地方の生産関係を基礎とするのであり、とくに鉄の生産地が局限されている以上、それは交換・贈与等を媒介としなければならず、そのさい「交通」がまず首長層に固有な機能として存在したという特徴を念頭におく必要がある（第一章第一節）。前・中期の古墳の副葬品がしめすように、鉄製農・工具が、はじめ首長層の所有としてあらわれることは、右の観点からみて、きわめて自然である。したがって一般民戸によって鉄器が所有されてゆく前記の発展は、同時に、あるいはそれ以上の勢をもってそれが首長層のもとに集積される過程であった。「国作り」の神であり、クニタマすなわち土地の生命力の神格化である大国主命が、同時に「五百津鉏《イオツスキ》、ナオ取リ取ラシテ」と形容され、かつての首長層の権威を象徴する剣と鏡と玉との呪術的三位一体にかわって、大量の鉄製生産要具自体が神格の一属性となるのは、木器にかわって鉄器が民戸の再生産まで把握するにいたった六世紀以降の鉄器時代の新しい意識、すなわち「童女《オトメ》ノ胸鉏《ムナスキ》」をもってクニをつくった「国引き」の巨人を創造したと同じ意識の神話的表現にほかならない(14)（『出雲国風土記』）。前節で、令制の雑徭の考察から、大化前代における人工灌漑施設の造築のような徭役は、首長層の所有する要具の支給を受けたこと、この点に封建的徭役労働との区別があることをのべたが、かかる労働形態の基礎にある所有形態は、右のようなものであった。かかる所有形態を出発点として開始される六世紀以降の首長制の発展は、それ以前と異なって、生産力の新しい段階によって基礎づけられた戸による園地・宅地の私有と田地の世襲的占有との対抗関係においてのみ、展開されるのである。したがって首長層は、もはや共同体的所有を体現する呪術的力能をもつ人格として、山林原野をふくむクニのすべての土地の所有者としてとどまることはできず、首長自身の「私地」すなわち田荘を所有し、それと関連して部曲を所有する方向に発展する。改新期の詔が指摘するところの首長層による山野河海の分割・私有の発展および大化前代の前記の「計画村落」の設定も、その延長であることはいうまでもない。かかる段階においては、本来首長層の支配の不可分の側面をなしていた呪術的性格に変化があらわれ、後期古墳の副葬品がしめすように、従来の剣・鏡・玉のセットや碧玉製品・石製模造品のような呪術的性格の強い副葬品にかわって、馬具や刀・玉・須恵器《すえき》・土師器《はじき》等が副葬されるようになる。天武期に、旧国造の司祭者的機能が、新国造のそれとして分離され、後者が国家の神祇体系の一部として編成される前提は、すでに六世紀以降の首長制にみられる右の支配形態の変化のなかに存在していたのである。

後期古墳とくに群集墳の築造主体の問題が提起する階層分化の基礎にあるものを、私は右のように理解している。その分化の頂点にあるのは、改新期の東国にみられる新首長層の台頭、すなわち従来の国造・伴造等の王民制的秩序に編成された首長とは区別されているところの「百姓」層の台頭であろう(第二章第三節)。しかし、改新における薄葬令が首長層以下の庶民の造墓についてまで規制している事実がしめすように(孝徳紀、大化二年三月条)、後期古墳の築造主体が、より下層におよんでいるところに問題があるのである。六世紀以後の階層分化は従来かんがえられているよりも複雑であり、したがって首長の支配秩序も従来にない変化をしめしているようである。六世紀から七世紀にかけてつくられたとみられる岡山県津山市西南部の佐良山《さらやま》古墳群は、四支群一七二基の群集墳であるが、それは四基の前方後円墳を中心として、そのほかは円墳である。(15) 群集墳における古墳の形式は、通常はより多様であるが、問題点を鮮明にするためにも、またこの地域では、それに先行する古い古墳がほとんどみられない点からも、考察の出発点として好都合である。問題は、この古墳群において、前方後円墳の被葬者と円墳のそれとが、どのような関係にあるものとかんがえるべきかにある。第一に、この場合、古墳のもつ重要な機能の一つが、なんらかの身分秩序の表現であるという原則を根本におかなければならない。(16) 私は、後期古墳における埋葬が「通過儀礼」の一つに転化し、墳墓がたんなる家族墓になったとはかんがえがたい。したがって、右の前方後円墳の被葬者と円墳のそれとの区別には、在地の身分秩序におけるそれぞれの地位が表現されているとかんがえるのである。第二に、群集墳の発生の説明には、前記の階層分化の問題は、その一般的基礎とはなっても、それだけでは説明できないということである。なぜならば、群集墳はいかに広汎に、いかに「爆発的に」発生しようと、それは特定の集落または地域に限定され、階層分化のおこなわれた地域に、普遍的に発生しているのではないからである。

右の二つのことを前提にした上で、多少唐突にきこえるかもしれないが、私は、奈良時代の籍帳その他にみえる「ヤカラ(族)」や「ヒト(人)」を、一つの手がかりとして、とりあげたい。山城の出雲臣と出雲臣族《いずものおみのやから》、美濃における国造・県主と国造族・県主族あるいは国造人《こくぞうひと》、出雲における神門臣《かんどのおみ》と神戸臣族が、その一例である。このヤカラやヒトの性質については諸説あるが[17]、私は、㈠ヤカラ・ヒトは、「部」と同じく身分標識としてのカバネの一種であり、㈡それはおそらく庚午年籍によって無姓の百姓に付せられたものであり、㈢その実体としての身分的統属関係、すなわちヤカラという同族または同族的擬制をともなった従属関係自体は、庚午年籍以前または大化前代の首長制の内部に発生したものとみるのである。いいかえれば、ヤカラ・ヒトなどの身分関係は、民戸内部における前記の階層分化の結果発生した従属関係であり、それにたいする首長層支配の対応の一形態であり、在地における首長を頂点とする新しい階層秩序の形成とかんがえる。本来首長身分に限定されていた古墳の築造が、群集墳という形で一般民戸にまで拡大されるさいにも、それはヤカラ・ヒト的な身分関係、いいかえれば首長となんらかの因縁によって結合された村首的階層またはその集落に限定されたのではあるまいか。したがってその分布が普遍的でなく、特定地域または集落に集中的にみられるのは、自然の結果のようにおもわれるのである。このさい、私は古墳をカバネという身分秩序の表現とみる見解はとらない。むしろ古墳による身分秩序の表現は、カバネのそれに先行する形態であり、したがって、極端にいえば、後者の秩序の確立は、前者の消滅となるような相互関係が、両者のあいだに存在すると想定するのである。古墳による表現は、物そのものによる、いいかえれば古墳の形式と規模と立地条件という可視的で、即物的な標識による身分秩序の表現であるところに特徴があり、これに比較すれば、カバネはより観念的・制度的な身分秩序である。たとえば、志幾《しき》の「大県主《おおあがたぬし》」が「堅魚《かつお》」を上げてその家をつくったとき、雄略《ゆうりやく》天皇が怒って、その家を焼かしめたという物語において（雄略記）、「堅魚」は、一つの可視的で即物的な身分標識であったことをしめし、その点では古墳と同じ機能をはたしているといえよう。私はかかる形式でしか身分関係を表現できなかった段階を想定しているのである。したがって、カバネの秩序が確定すれば、古墳の身分標識という機能は、それによって次第に代位され、やがて消滅するという傾向をとらざるを得ないだろう。したがって六世紀以降の群集墳の発生は、首長制の内部にはカバネの秩序がまだ支配的になっていないこと、したがって新しい階層分化によって成立してくる首長との同族的、あるいは従属的身分秩序は、群集墳における前方後円墳と円墳の区別にみられるように、古墳の形式や規模や立地条件の相違という即物的な形式でしか表現できなかったのではあるまいか。

畿内・近国地方における特徴的な事実は、七世紀すなわち推古朝にはいると、若干の例外をのぞけば、古墳の築造自体が急速におこなわれなくなるという変化である。それは「推古朝薄葬令」という造墓規制令の存在を想定する説がでるほど顕著な変化であった。(18) しかしなんらかの法令から、この重要な変化を説明することは、埋葬についての観念の変化から説明する仕方と同じように、正しい解決の方向でないことはあきらかである。古墳築造の停止は、首長層の内部秩序、その支配の形態と性質になんらかの重要な変化がおこりつつあったこととの表現とみなければならない。若干の前方後円墳を中心として、円墳その他の多数の小古墳が密集して存在するという形で表現された前記の身分秩序にかわるべき他の身分秩序が成立したということを、一つの要因としてここでかんがえるべきではなかろうか。推古朝の冠位十二階の授与に関連させるよりも、より可能性が大きいであろう。私はその新しい秩序をカバネではないかと想定している。カバネという身分秩序の起源と確立の歴史は意外にあきらかでなく、六世紀には確立されていたという一般的な見解にたいして、カバネは推古朝以後に成立し天武八姓の頃に確立されたという見解も提起されていることも注意されねばならぬ。(19) 起源の問題は別として、推古朝がその確立の画期をなしているらしいことは、推古朝以後、身分標識としての機能をもつ古墳の存在の意義をうしなわしめた一つの原因となり、その急速な衰退となってあらわれたのではなかろうか。右の問題の解決は今後の課題としても、重要なことは、家族墓的性格をもつ後期古墳への転換と古墳の消滅は、畿内・近国地方の大小の首長層が在地の秩序から解放されつつあったことを意味すること、その事実と、かれらが在地首長であると同時に、推古朝前後の中央政府の群卿《まえつきみ》・大夫層および半ば官人化した伴《ともの》造《みやつこ》層に転化してゆくということとは、密接な関係があるという点である。大化前代の中央政府を構成していた臣連《おみむらじ》・伴造または群卿・大夫層の大部分は、本来畿内・近国地方の大小の在地首長層であったから、後者から前者への転換は、そのための条件が在地に成熟していなければならない。後期古墳とその消滅の問題は、そのための一つの手がかりとして重要な意義をもつとかんがえるのである。

以上の簡単な素描によっても、つぎの二点があきらかであろう。第一に、六世紀以降の生産力の発展を基礎とする階級分化の進行によって、首長制の内部関係に重大な変動があり、とくに変化の顕著な先進地帯の首長層は、従来の形においては支配し得ない段階になったこと、第二に、右の変化は首長層の本来の生産関係すなわち総体的奴隷制に、基本的な変革をもたらす性質のものではなく、その生産関係と階級関係の新しい段階をしめしているにすぎないということである。六世紀以降における国家の成立の問題は、右の二点を土台として考察する必要がある。

2　国造制および国造法の成立

国造制は、たんに大化改新以降における転換を理解するために重要であるばかりでなく、国家成立史一般にとっても決定的に重要である。なぜならば、国造制は、生産関係すなわち社会の下部構造と、国家という政治的上部構造とのあいだを結ぶ結節点をなす地位にあって、両者が歴史的にいかなる相互関係にあるか、国家とは具体的にはいかなる過程をとって社会から独立してくるかをしめすほとんど唯一の事例だからである。しかしこの場合も、のこされた史料は断片的であり、大化前代の地方行政組織をしめすいわゆる「国・県制」の問題については、学者のあいだに重要な見解の相違がある。(20) それについてこまかい論議をすることは、その場所ではないから、従来の研究史における論点と関連させて、私の考えの大筋だけをのべることとする。

この問題についての基本史料はつぎの二つである。㈠『隋書』倭国伝の「軍尼(＝クニ＝国)一百二十人有リ。ナオ中国ノ牧宰《ボクサイ》ノゴトシ。八十戸ニ一伊尼翼(冀)(＝イナギ＝

稲置)ヲ置ク。今ノ里長《リチョウ》ノ如キナリ。十伊尼翼ハ一軍尼ニ属ス」と、(二)成務《せいむ》紀の「諸国ニ令シテ、以テ国郡《クニコオリ》ニ造長《ミヤツコオサ》ヲ立テ、県邑《アガタムラ》ニ稲置ヲ置キ、並ビニ楯矛《タテホコ》ヲ賜イテ以テ表《シルシ》トナス。則チ山河ヲ隔《サカ》イテ国県《クニアガタ》ヲ分チ、仟陌《センパク》ニ随イテ邑《ムラ》里ヲ定ム」、および成務記の「大《オオ》国《クニ》・小国《オクニ》ノ国造ヲ定メ賜イ、マタ国々ノ堺、マタ大県・小県ノ県主《アガタヌシ》ヲ定メ賜イキ」がそれである。(一)については、「牧宰」や「里長」との対比にみられるように若干の潤色があり(それが来日した隋使が中国官人の眼で観察した結果か、あるいは遣隋使が日本の制度の整備を誇張した結果かは別として)、またのちにのべるように、細部に誤った点もあるが、しかし重要な史料であることはあきらかである。(二)が、成務朝の記事としたことは、記紀編者の述作であること、記事の内容にも潤色が多いことはいうまでもないが、しかし帝紀を基礎にしたらしいその記事には国県制の成立について大事なこともふくまれているのである。

右の国・県制の成立についての私の考えの基本または前提は、「国」の成立が規定的であって、「県」(アガタ)はそれに付随して成立したということである。したがってまず国＝国造が問題となる。『隋書』倭国伝の百二十の「国」または国造が、倭の武王の上表文の「東ハ毛人《モウジン》ヲ征スルコト五十五国、西ハ衆夷《シュウイ》ヲ服スルコト六十六国」の合計百二十一国にほぼ一致するという事実は[21]、偶然とみなしてよいかどうかは問題であるが、こではそのことは捨象しておく。より重要なことは、国または国造制が五世紀末葉の倭王武によって一応完成される諸国の征服過程の成果の上に立って、征服された在地首長層の組織化として成立したとみられることである。したがって、さきに引用しておいた記紀の記事にいくばくかの真実があるとすれば、それは成務朝ではなくて、五世紀末から六世紀の段階の記事として問題とするのである。そのなかで、「造長」＝国造と稲置に「楯矛」を賜って「表《しるし》」としたという記事に注意したい。私は、大化前代の地方首長層が、大王の秩序に編成されてゆく形式として、三つの段階をかんがえている。第一は、前者が後者をモデルとしてつくった古墳によって表現される服属形式である。それは前記のように、古墳の形式、規模、立地条件、副葬品等の全体によって、大王にたいする身分関係がいわば即物的に表現される形式であって、そこには制度的・観念的な秩序はまだない。第二は、国造等に右の「楯矛」を賜う形式である。この形式は、大氏の氏上《うじのかみ》に大刀を、小氏の氏上に小刀を、伴造等には干楯・弓矢を賜った天智朝にも、その遺制をみせている。この形式はなんらかの表章《インシグニア》の授与による身分関係の設定または確認であり、古墳時代に大王からの鏡の授与の慣行があったとすれば、これもその一部をなす。呪力をもつ表章である点では両者は共通しているからである。第一と第二の形式には、祭祀儀礼的な服属と貢納の形式がともなう。第三の形式が後述するカバネの授与であるが、以上の三形式、三段階は、大づかみな区別で、それらが並存し得ることはいうまでもない。なぜ国造等にとくに楯矛という表章を授与する必要があったかといえば、古墳の築造によって大王の秩序に編成された在地首長層のすべてが、国造に補任されたのではなく、そのうちの特定の首長が補任されるのが、国造の特徴だからである。国造制は首長制そのものではなく、そのうちの一部が大王の権力またはヤマトの統一体との特殊な関係をもつことによってはじめて成立するものである。したがって国造には、在地首長一般から区別するために、古墳に比較すればより制度化された表章授与が必要になったとかんがえるのである。これが国造制成立の第一段階である。

国造制が国家の成立においてもった意義を検討するためには、それに二つの型があることを、あらかじめ知っておく必要がある。一つは、常陸の茨城《うばらき》国造や、大和の葛城《かずらき》国造にみられるような国造、すなわち令制国家の「郡」に大体において対応する小規模の国造であり、一つは、出雲国造、播磨国造のような、令制の「国」に大体において対応する大規模な国造である。両者は、規模だけでなく、性質をも異にする。前者は、在地首長層の支配の体制と領域をそのまま国造として編成したとかんがえてよいのにたいして、後者は、第一に、一国という広い領域内部の首長層の結合体を代表するものであり、したがってその支配領域内部には多くの自立的な首長層をかかえていること、第二に、国造自体も一個の首長層であるのを特徴とする。前者の実体は伝統的な在地首長層の生産関係にすぎないのにたいして、後者はより政治的な複合体をなしており、国家の成立史において重要な役割を果たしたのは後者である。たとえば、出雲国造は出雲国全体の首長層の結合体を代表し、それを統属せしめていると同時に、かれ自身意宇《おう》郡一帯の土着の首長であるという関係である。この二つの型の区別は、前記の成務記の「大国・小国ノ国造」という記載の仕方にも反映している。以下本稿では「大国ノ国造」すなわち一国別の国造をたんに「大国造」といい、他方の「小国ノ国造」を「小国造」としてそれから区別することとする(あるいは一国国造と単位国造といってもよい)。私は従来右の二つの型の国造の区別が正当に評価されてこなかったとおもう。おそらく、大化改新における国造から「評造」への移行、令制の郡司と旧国造の関係からの類推のために、また国造=首長という漠然とした前提のために、右の大国造制のもつ意義が前面に出されなかった結果であろう。しかしこの型の国造制の存在は、それが国家成立史においてもった意義をかんがえるためにも、また大化改新と国造制との関係をかんがえるためにも重要なことである。

記紀にあらわれた国造名の表を一見すればあきらかなように(この国造表は学者によって多少の異同があるが、ここではそれは問題ではない)[22]、大国造は小国造に比較して、けっして少なくないことに、まず注意しなければならぬ。つぎに国造表からは、六世紀、とくに推古朝から大化改新のあいだにおこったと推定される国造制の変動を知り得ないが[(23)]、この問題もここでは捨象しておく。いずれにせよ、『隋書』倭国伝の前記の百二十の「国」または国造は、大国造と小国造の双方から成っていたとみられる。この大国造制の成立は、国家が首長層の生産関係のなかから、第二次的体制として、いかなる過程を経て派生してくるかをしめす最初の形態である。それは、その分布からも推定できる。大国造制は、令制の七道制にあてはめれば、㈠畿内では大和・山背・河内、㈡東海道では尾張・遠江・甲斐・相模・武蔵、㈢東山道では近江・美濃・信濃、㈣北陸道では「越」、㈤南海道では紀伊・讃岐・伊予、㈥山陽道では播磨・吉備・周防、㈦山陰道では但馬・出雲、㈧西海道では筑紫・肥・日向と分布している。国造表自体が、網羅的なものではないから、表にあらわれない大国造があることを念頭におけば、その分布が一定の特徴をもっていることが知られよう。東国においては武蔵にいたる東海道諸国、信濃にいたる東山道諸国と北陸道の越国、瀬戸内海沿岸の山陽道と南海道諸国、出雲にいたる山陰道諸国および薩摩・大隅をのぞく西海道諸国、すなわち政治的にも軍事的にも大王の権力の根幹をなす領域が、大国造制に編成されていったのである。それにたいしてその周辺諸国では小国造制が支配的であったとみられる。関東地方についていえば、右の相模・武蔵以外の諸国、たとえば上総・下総・常陸・安房の諸国においては、大国造制がみられず、かわって小国造がみられるのは、その結果であろう(このことは、大国造制の諸国に小国造が存在しないことを意味するものではない)。厳密にいえば、問題はのこるが、大体において右のように推定してよいであろう。大国造制の成立が、中央との権力関係を契機としていること、ヤマト国家による上からの編成と関連していることをしめしている。大国造制をとった諸国と、そうでない諸国とのあいだには、たとえば武蔵と常陸のあいだには、在地首長制またはその地域的結合体の構造自体に基本的相違があったはずはないからである(そのことは古墳の分布からも知られる)。

私は、五世紀末から六世紀以降における国造制の成立過程において、主導的役割をはたし、かつ画期をなすのは、大国造制の成立であるとかんがえている。このことは、国造のカバネの面からも推定される[24]。国造のカバネは、直《あたい》・臣《おみ》・君《きみ》等であるが、そのうち直が国造のもっとも一般的で、特徴的なカバネであることはいうまでもない。紀直または讃岐直など、国名または地域名に直のカバネをつけた国造である。この直姓国造の成立はつぎの二つのことをしめしている。第一に、六世紀にはいって、畿内・近国地方を中心として直姓国造がまず成立したとみられることである。隅田《すだ》八幡宮の人物画像鏡銘にみえる「開中費直《かわちのあたい》」＝河内直および欽明《きんめい》紀〔二年七月〕にみえる「加不至費直《かふちのあたい》」＝「河内直」は、六世紀において畿内国造に直姓があたえられたこと（前者にみえる「癸未年」が五〇三年でなく、干支《かんし》一運《いちうん》（六十年）をあげた四四三年とする見解については、ここでは立ちいらない）、同じく欽明紀（十七年正月）にみえる播磨直《はりまのあたい》は（これは百済史料によるものらしい）、畿内の国造制が近国地方にまで拡大されていったことをしめしている。第二に、直というカバネ＝身分標識の授与は、前記の「楯矛」という表章授与による形式に比較すれば、よりすすんだ形式であり、より制度化された秩序である。この変化は、後者による大王と国造との個別的・呪術的結合を、前者の制度化された体制に転換させることを可能にしたとみられる。直姓が、ある時代、おそらく六世紀に、国造のカバネとして画一的に授与されたらしいことが、それをしめしている。第三に、直姓国造制が畿内・近国から地方に拡大されてゆく場合、特徴的な傾向は、その分布が四国と山陽道であることである（東国はしばらく別としておく）。このことは、直姓が、本来は大国造のカバネとして制度化されたのではないかという推測を生みだすのである。いいかえれば、ヤマト国家の地方権力の根幹をなす前記の諸国の国造制は、本来は直姓をもつ大国造として成立したということになる。直姓以外にも、臣や君等のカバネをもつ国造または大国造がある。前者の典型は、吉備国造および出雲国造であり、後者の典型は、筑紫国造筑紫君《つくしのきみ》である。いずれも強大な大国造として、ヤマト国家にたいする政治的自立性がつよく、また叛乱の伝承に富んでいるのが特徴的である。これらの臣姓・君姓の国造に比較すれば、直姓国造は、国家によって、より強く体制化された国造であるといってよい。

直姓国造のうち、とくに注目すべきものは、凡直《おおしあたい》国造である(25)（「凡」は統轄の意であろう）。その分布は、後代の断片的史料から知られるかぎりでは、(一)河内、(二)安芸・周防、(三)紀伊・淡路・阿波・讃岐・伊予・土佐、(四)尾張であって、(四)をのぞけば、主として畿内から瀬戸内海沿岸の山陽・南海二道に成立したことが推測されるのである。直姓国造をさらに再編成し、強化したとみられる凡直国造がいずれも大国造制であることはいうまでもないが、それがどの時代に体制化されたかは不明である。讃岐国の凡直国造が敏達《びだつ》朝に補任されたという所伝（続紀、延暦十年九月条）を信用すれば、六世紀末までには成立したとみるべきであろう。この時期に、なぜ畿内・山陽・南海道を中心として国造制のかかる強化と再編成が必要となったかについては、ミヤケとの関連で説明しなければならない。なぜならば、国造についての記紀の記事がしめすように、ミヤケと部民の設定が国造制と不可分の関係にあったからである。まえに、ミヤケ・部民の設定が在地首長制の生産関係を前提としてのみ可能であること（第二章第三節）、独自の徴収・管理組織をもつ大王のミヤケでさえも、その再生産と収取のためには、在地首長の領域内人民にたいする支配を前提としていることをのべたが（第一節1）、かかる関係にあるからこそ、ヤマト国家は在地首長層を政治的に把握し、その秩序内に編成する必要があったのである。その点で国造制の成立と発展は、ミヤケまたは部民制の発展と不可分の関係にある。たとえば推古紀十五年是歳条の「亦国毎ニ屯倉ヲ置ク」という簡単な記事は、全国百二十の大小の国造の支配を前提としなければ、理解することはできないのである。ところが六世紀におけるミヤケの発展の特徴の一つは、その軍事的意義にあった。(26)それには二つの側面があった。一つは国内的な面であり、一つは対外的な面である。

美作国の大庭郡に設置された有名な白猪《しらい》ミヤケの地が、出雲へぬける出雲街道と伯耆へぬける伯耆街道の分岐点にあること、条里の遺構の存在で知られる前記の播磨国越部ミヤケが、播磨から但馬国へ向う交通路と美作国へ向う交通路との分岐点にある事実は、ともに臣姓国造として独立的地位をしめ、かつ叛乱の伝承に富む出雲国造と吉備国造の存在を前提として、その意義を理解できるのである。(27)これらのミヤケにみられる特徴は、ヤマト国家の軍事的前進基地としての性格をふくんでいるという点にある。筑紫におけるミヤケの設置が、筑紫国造筑紫君磐井《いわい》の叛乱と関連することもあきらかである。(28)同時にこの乱が、対朝鮮関係の緊張や朝鮮出兵を契機としてすでにふくんでいたように、六世紀のミヤケ設置が、国際的契機を媒介しないでは理解しがたいことも注意を要する点である。吉備の児島ミヤケの設置が、那津のミヤケの修造とともに、朝鮮における情勢の急迫と関連しているという対応関係は、安閑《あんかん》朝における大規模なミヤケ設置にすでにあらわれていたのである。筑紫・豊国《とよのくに》・火国《ひのくに》・播磨・備後《きびのみちのしり》・婀娜国《あなのくに》・阿波・紀国《きのくに》・丹波・尾張・上毛野《かみつけの》・駿河というその地理的分布には、対朝鮮を主正面とする畿内から筑紫にいたる瀬戸内海幹線の強化と確保の政策があらわれているといってよい（安閑紀、二年五月条）。六世紀のミヤケの分布が、前記の直姓国造の分布とほぼ対応していること、国造制とミヤケとは不可分の関係にあることを念頭におけば、ミヤケ設置にふくまれている国際的契機が、同時に国造制のそれでもあったとみなければならない。直姓国造、とくに六世紀末までには成立したとみられる凡直国造が、畿内から山陽道と南海道の領域に成立したのはけっして偶然ではないのである。両者とくに後者の特徴が、大国造であることは前記した通りである。国造制一般のなかから、国家の地方支配の土台となるべき大国造制が成立してくる歴史的環境の一つとして、この国際的契機の存在を逸してしまうならば、日本の国家成立史の特殊性が見うしなわれることとなろう。国際関係は、六世紀以降のヤマト国家の中央支配層にとって重要な課題であっただけではない。ミヤケと国造制という六世紀以来の国制自体のなかにそれは契機として保存されているのであり、そのことが、その体制のなかに組織された国造・伴造等の意識に反映しないはずはないのである。馬子《うまこ》が筑紫駐屯の諸将軍に、「内乱ニ依ッテ外事ヲ怠ル莫《ナカ》レ」と指令したとき、それが仮に一個の政略にすぎなかったとしても、政略の手段として機能し得た理由は、右の点にもとめねばならないであろう(第一章第一節)。六世紀から大化改新にいたる時期の書紀の記事から、対朝鮮関係のそれをのぞけば、ほとんど史書の体をなさないものとなろう。それを、国内関係の史料が少ないために、百済史料等によって補わざるを得なかったためと説明したのは津田左右吉氏である。消極的・技術的にみれば、おそらくそうであろう。しかしそのことは、朝鮮問題が六・七世紀にもっていた意義の過小評価とむすびついてはならず、また津田氏の説明だけによって、書紀における朝鮮関係記事のもつ重さを解釈してはならないとおもう。『「日本」書紀』の成立と性質そのものが国際的契機なしには説明しがたいとかんがえるからである。

人民の地域的編成が、国家の重要な属性であり、それが大化改新から浄御原令の段階において確立されたことはすでにのべた(第二章第二節)。しかしそれは無前提に確立されたのではなく、大化前代にそのための条件がすでに存在したのである。その第一歩は、国造制の成立として、すなわち人民を直接把握している在地首長層を百二十の国として領域的に編成することからまずはじまった。「国」の成立がその結果であった。しかし、いうまでもなくこの「国」は、国家の行政区画として、すなわち地域的に構築された国家組織の一部として理解されてはならない。『隋書』倭国伝が「軍尼」＝国という領域を「一百二十人」という人で表現している事実が端的にしめすように、「国」と国造制の実体は本来在地首長またはその結合体にほかならなかったからである。そこから、国または国造制の地域的多様性という現象が生れる[30]。その一つの典型が吉備国造である。その特徴は、国造が、それぞれ首長層の結合体である上道臣《かみつみちのおみ》と下道臣《しもつみちのおみ》のいずれかに固定しないこと、ある時には前者が、ある時には後者が国造の地位につくという点にある。かかる特徴は吉備固有のものではなく、首長層の結合体の全体を中央にたいして代表する大国造制には、つねに発生しやすい特徴であったろう。吉備と同じく大国造制をとっている武蔵においては、首長権の移動については、右の特徴の痕跡がみられ、国造制の成立後には、固定化の傾向がみられる。四世紀後半から七世紀前半にいたる武蔵国の歴代の最高首長の墳墓とみられる合計十二基の大型古墳の分布は、最高首長権が、本来は特定地域の首長に固定せず、国内の諸勢力間を移動したらしいことをしめし、同時に六世紀初頭の築造にかかり、武蔵国最大の古墳である埼玉《さきたま》古墳群の丸墓山《まるばかやま》古墳（それは最近になって全長一七〇メートルにおよぶ前期的形態の前方後円墳として確認された（現在は直径一〇五メートルの円墳と認定されている））から以後は、それが北部地方に固定したらしいことをしめしている[31]。おそらくこの転換は、五世紀末から六世紀初頭の関東における国造制の成立と結びついているだろう。大国造制による中央との結合は、特定首長の宗主権を国内に確立する契機となり、出雲国造にみられるような国造の地位の固定化または世襲制を確立する傾向を促進するからである。これにたいして、上毛野においては、地域的結合体の首長権が、埼玉古墳群のように、一カ所に長期にわたって継承されたことをしめすような古墳群がみられないことも参考となろう。以上のことは「国」または国造制のあり方を決定するのは、その実体をなす在地首長層の地域的結合のあり方にほかならないことを示唆しているものである。

中央のヤマト国家にたいしては在地首長層を、後者にたいしては前者を代表する一個の政治的支配権としての大国造制の成立との関連で、県主（アガタヌシ）および稲置（イナギ）の成立も理解すべきであろう。小国造と異なって、第二次的、政治的複合体として存在する大国造制または「国」の成立は、そのもとにおける国内の首長層の再編成を当然ともなうこととなり、両者のあいだに統属関係が成立するからである（成務朝における国・県制の成立についての記紀の記事に、とるべき点があるとすれば、その一つは県が国造制にともなって、それとの関連のなかで成立してくることを物語っている点にあろう）。それには少なくとも二つの形態が想定される。一つは首長が小国造として、大国造のもとに編成されてゆく形態である。倭国造＝大国造にたいする葛城国造、闘鶏《つげ》国造等の小国造、同じく美濃国造にたいする美濃本巣《もとす》国造、火国国造にたいする火葦北《ひのあしきた》国造、というような大国造制の内部に包摂される小国造制の成立、両者のあいだに推定される統属関係は、このようにして成立したものとみられる。両者のいずれが先行したかは、国々によって異なっていたであろう。もちろんこの統属関係は行政的な上下関係として理解されてはならない。前記のように、実体は首長層の同族的または地域的結合体にほかならなかったからである。第二の形態は県主として編成される形である。この場合、県主の実体が首長層である点では、小国造とまったく同一であることを念頭におく必要がある。県主の重要な特徴は、祭祀的性格が強い点にあるが、しかしこの性質は必ずしも県主固有のものではなく、本来前記のように首長層の支配一般の性格であることをわすれるならば、評価が一面的になるだろう。記紀の記事において県主の祭祀的側面が前面にでてくるのは、一つは、大和の六県《むつのあがた》に典型的にみられるように、県の祭祀が皇祖神への祭祀を媒介として大王の祭式とむすびつき、神供《じんぐ》の慣行によって供御《くご》領地化していったからであり(32)、一つは、カモの県主に典型的にみられるように(33)、大王の内廷との特殊な結びつきによって、宮廷儀礼の一部に編成されたからであって、いずれも大王にたいして特殊な歴史的伝統を背負っている首長であることが、県主の特徴である(県主に大王への服属の伝承の多いこともこれと関係しよう)。このように小国造と県主は大国造制のもとにおける二つの編成形態として成立してくるのであるから、両者は並存し得るのである。美濃国造のもとに、カモ県主と本巣国造が並存していることは、それを示唆している。しかし重要なことは一方において県主が祭祀的結合に還元され、その結果県固有の信仰の面だけが前面にでる傾向がみえることであり[34]、他方において、たんなる行政区画としての県が成立してくる傾向である。私は、この二つの傾向は相互に関連するものとみなし、その根本は、かつてそれ自体在地首長にほかならなかった県主が、前記のような首長層の内部構造の変化によって、独立の首長制としては解体しはじめたことにあるとかんがえる。司祭者的機能を固有の一側面としてもっていた首長の自立的支配が解体した結果、一方において祭祀の側面がそこから剝離し、他方では県主から県が分離してくると理解するのである。したがって右の発展の基礎は、自立的首長制の解体または生産関係の変化があり、前項で指摘したように、六世紀以降における生産力の発展と階級分化の進行によって、とくに先進地帯においては、在地首長層が従来の仕方においては支配し得なくなったような変化があったものとかんがえる。このことはまた稲置の問題とも関連してくる。

稲置についての重要な史料は、前記の『隋書』倭国伝と、改新期における詔の二つである。前者に誤りがあることは、それによって計算した百二十国の総戸数が九万六千戸にすぎないこと、それは滅亡時の高句麗の総戸数が六十九万七千戸、百済のそれが七十六万戸であったのに対比すれば、問題にならない数字であることからもしられる(第二章第四節)。それは八十戸に一稲置とした結果とみるべきだから(35)(稲置＝「里長」としたためであろう)、事実は稲置の管する戸数は少なくともその十倍以上を想定しなければならない。したがって稲置を「邑《むら》」の長とする見解にしたがうことはできず、それは首長層に属するものとしなければならない。つぎの大化元年八月の詔にみえる「国造・伴造・県稲置《コオリ》」については、一般にこの三者を同じレベルで並列させて解釈されているけれども、この解釈は小国造制をとる国、たとえば常陸国のような特殊な国にはあてはまるが、大国造制の国、たとえば武蔵の場合にはあてはまらない。後者の場合には、右の三者は、国全体を管領する武蔵国造のもとに、在地の「伴造」と「県ノ稲置」とが並存していたという関係として解釈しなければならぬ。さらにこの詔の文脈からいえば、「伴造」に「官家《ミヤケ》ヲ領リ」が、「県ノ稲置」に「是ノ郡県《コオリ》ヲ治ム」が対応することになろう。後代の籍帳からの類推によって、一般に東国諸国では、名代・子代の部民とミヤケと伴造制が支配的であったように説かれているが、庚午年籍の意義を検討しないこの類推自体が疑問であることを別としても、私は、部民制に編成されない意味でのいわば公戸が相当存在したと想定している(令制の「公戸」とまぎらう危険があるが)。伴造・品部制が発達したはずの畿内でも、山城国愛宕《おたぎ》郡出雲郷の出雲臣一族のように、部民制に編成されない村落があったと同じである。右の詔において部民を管掌する「伴造」と並置された「県ノ稲置」とは、本来はかかる公戸の管領から発生したものであって、両者はともに武蔵国造の統轄下にあった在地首長層とみるべきであろう。編者による細部の潤色を別とすれば、大国造＜在地伴造―部民・ミヤケ／稲置―公戸―県（コオリ）という二つの系列に分化していたのが、大国造制の本来の構造ではあるまいか。稲置が首長層であるべきことは前記した通りであって、私は稲置の成立を、大国造の内部に包摂されていた前記の小国造的首長が、官職的な側面を強化しつつあった形態と想定しているのである。それは別としても、『隋書』倭国伝のしめすように一定戸数の公戸を管領する稲置が成立してくる歴史的事情の方が重要である。それは、国造制についてのより根本の問題につながっている。

　細部の問題を別とすれば、国・県制についての私見のあらましは以上の通りである。古代史上の「難問」の一つとされるこの問題を解くために、積み重ねられてきた研究史をたどると、一つの不思議な事実に気がつく。国造が「地方官」的といわれ、その「国」は地方「行政区画」といわれるだけであって、この「地方官」がなにを任務とし、いかに統治したのか、その「行政」の内容はなにか、たとえば、「国」という「行政区画」のなかに存在した部民―伴造にたいして、国造の支配は、どのような関係に立つのか、このような問題は、だれも正面からとりあげてこなかったのである。おそらく素朴な問題ほど「難問」だったからかもしれぬ。しかし統治の内容の論議を欠いた場所で、国・県制という「難問」が将来見事に解かれたとしても、それは国家の成立史にとって、どのような意味をもち得るだろうか。前記のように、国造制は、部民やミヤケの設置・管領と不可分の関係にあるが、後者にはそれぞれ伴造等の管掌・収取の体制があるのだから、国造固有の行政内容は、それとは別個であったはずであり、国造と非部民＝公戸との支配関係もまた別個の問題である。国家の成立史にとって、この問題を素通りするわけにはゆかない。私は六世紀から大化改新または浄御原令にいたる時期に、「国造法」の段階を設定したい[36]。それは第一項でのべたように、司祭者的首長が、内部における生産力の発展、階層分化の進行によって、従来の仕方においては支配し得なくなったという段階に対応する法の新しい形態である。国造法の内容があきらかになれば、稲置制をもその一要素とする国造支配の構造を知る手がかりとなるだろう。私は、それはつぎのような内容をもつものと理解している。

　第一は、「国」の秩序の支柱であり、国造法の根幹である裁判権または刑罰権である。これについては、『隋書』倭国伝の記事によって、まえにのべたので（第二章第三節）、二、三の補足にとどめる。「斎　内重刑《モノイミノウチニジュウケイ》ヲ決セズ」という慣行をもつ出雲国造や（延喜臨時祭式)、その「衙頭《がとう》」=「政所《まんどころ》」において、「解部《ときべ》」に盗人を裁かしめたという筑紫国造の所伝が(『筑後国風土記』逸文)、いずれも大国造について伝えられていることが注意される。本来、国内の小国造や県主等の首長層および村首層が保有していた裁判権は、大国造制の成立によって、後者のなかに体制化される傾向にあったとかんがえているからである。そこで裁かれる犯罪は、天津罪《あまつつみ》・国津罪《くにつつみ》における「罪」とは別系列の罪、すなわち殺人・強盗・姦通・盗などだけではない。盗人にして「財無キ者ハ身ヲ没シテ奴ト為ス」といわれる債務奴隷の問題から(古代日本ではそれは奴婢発生の重要な原因であった)、奴隷の逃亡および帰属にいたる奴婢法をふくむ国造領内の一般的身分秩序は、強力な裁判権なしには維持できなかったはずである。国造はもはやそのまま在地首長ではない。それは後者のなかから分化し、多かれ少なかれ制度化された刑罰権を成立させていたとみなければならぬ。この刑罰権は、まえにのべたように、国内の伴造・部民の系列とは関係なく、たとえば右の出雲国造のそれは、領内のすべての部民におよんだとみなければならない。そうでなければ、錯綜した多元的な伴造—部民制によって分断されている出雲国の場合、国造制自体が存立できず、はやく消滅してしまっていたはずだからである。この体制化された刑罰権こそ、国造の「行政」を可能ならしめる前提であった。

第二は、国造法の主要な内容をなす徴税権の問題である。それはいくつかの項目にわかれる。

(イ)　徭役賦課権について。ここで問題とするのは令制の雑徭の先駆をなす前述の地方的力役ではない(第一節2)、それと歳役の先駆をなす中央的力役との関連である。前記のように、改新において法制化された力役は仕丁についてだけであるが、そのことは中央の政府または統一体にたいする力役が存在しなかったことをしめすものではなく、たとえば寺院や宮殿の造営についてはそれが課せられたのである。たとえば、百済大寺の造営のために「近江ト越《コシ》トノ丁《ヨホロ》」を差発し、宮殿の造営のために「国々ニ殿屋材《トノキ》」を採らしめ、「東ハ遠江ヲ限リ、西ハ安芸《アギ》ヲ限リテ、宮《ミヤ》造ル丁」を差発した場合が、それである(皇極紀、元年九月条)。これは令制の「歳役」の先駆である(令制の歳役が実役徴収かまたは物納租税としての庸の徴収かという論議の多い問題は、ここでは直接関係しない)。右の場合の役丁の差発が、近江および越、あるいは遠江から安芸にいたる諸国の国造および在地首長層の人民にたいする人格的支配と徭役差発権を前提として、はじめて実現され得ることはいうまでもない(第一節2)。しかし宮殿または寺院の造営がいかに臨時的性質のものにせよ、その駆使の慣行は、国造制の内部における首長権にもとづく伝統的徭役労働制を制度化してゆく契機となったとみられる。たとえば、出雲国造が熊野《くまの》大社《たいしゃ》の修造の命を受けて、意宇《おう》郡の「役丁《えよほろ》」を差発した場合、そこには役丁差発の仕方についてのなんらかの慣行や制度が国造法の一部として成立していたとみるのが自然だからである（斉明紀、五年是歳条）。中央的力役が在地国造層の徭役賦課権に依存し、関連している事実は、中央政府をして国造制内部の徭役労働制にたいする関心をひきおこすのである。十七条憲法が春秋の農桑の節における徭役を禁じているのがそれであり（第十六条）、前記の皇極朝の役丁の使役を九月から十二月に限定しているのがその結果だとすれば、かかる政策は同時に国造領内部の徭役差発にたいする規制の第一歩であり、後者の制度化に反作用してゆくのである。改新詔に大化前代の旧制としてみえる三十戸単位の仕丁徴発の方式は、(37)国造領内の一般公戸が戸として把握されていることを前提としており、国造法における役丁差発のあり方を示唆するものである。それは、かつての首長層がもっていた徭役賦課の転化した、より制度化された形態である。

困難な問題はミヤケまたは部民制が、国造の徭役賦課にたいして、どの程度まで不輸《ふゆ》不入《ふにゅう》的特権（もちろん正確ではないが、一応こう表現しておけば）をもっていたかという問題である。改新のさいの皇太子奏にみるように、天皇・王族等の所有する特権的なミヤケや「所封民」が、その系列で独自に仕丁の徴発をおこなっていたとみられるから、一応不輸不入的であったと仮定しても、そのことは、一般の伴造—部民制に編成されていた民戸にたいする国造の徭役賦課権がなかったことをしめすものではない。不輸不入の問題は、政治的特権の問題であり、根本は力関係であるから、私は、独立性の高いミヤケとそれに付属する田部等の部民、および天皇・王族や有力な群卿・大夫の所有にかかる部民以外は、国造の徭役が課せられたものとかんがえる。前記の出雲国造の役丁差発は、同国の伴造—部民制がもし不輸不入的であるとすれば、およそ成立しないことをかんがえればよい。少なくとも、国造の徭役賦課は、部民と公戸の区別なく、一律に課せられる方向にすすんだのが大化前代の特徴であるといってよいのではないか。伴造—部民制を自立的・閉鎖的な体系とかんがえてはならないのである。たとえば推古朝における大和・山背・河内三国における多数の「池」の築造や、「国毎ノ屯倉」の設置[38]は、国造による徭役賦課権の強化・拡大をともなうことなしにはおこない得ず、前記の十七条憲法の規制もそれに関連するだろうからである。「挙国ノ民並ニ百八十部曲《モモアマリヤソノカキノタミ》」を使役して、ついには「上宮《カミツミヤ》ノ乳部《ミブ》ノ民」まで使役して、その墓をつくらしめた事実を、書紀編者は入鹿《いるか》の「専横」を語る素材として使っているが（皇極紀、元年是歳条）、私はこの記事のなかに国造の徭役賦課権の拡大による王族所有の「私民」をふくむ部民制一般の危機をみるのであって、この傾向が大化改新直前における王民制の解体の一つの特徴であったとかんがえている。

(ロ) 軍役について。軍役は国造の差発する傜役労働の一部であった。六世紀にはじまり、海外出兵軍の主要な一部をなした国造軍の内部編成が制度化されるのは、改新以後とみるべきだから(第二章第四節)、大化前代の国造軍の編成は、別個にかんがえねばならぬ。その中核が国造とその統属下の首長の一族あるいは後に「国造族」「国造人」となるような勢力であったとみられるが、しかし国造軍が海外出兵にもたえ得る軍隊であるためには、一般民戸からも「軍丁《いくさよほろ》」を徴発しなければならなかったのは当然であろう。一般に軍団制以前は、軍丁=役丁の関係にあったから、役丁差発についてのべたことは、軍役についてもいわれる。いいかえれば軍丁は、国造領内の伴造・部民の系列とかかわりなく、差発されるのが基本原則であるとみるのである。国造軍の遺制にみられる「上丁《じょうてい》」=一般兵士は、たとえば遠江国の場合、丈部《はせつかべ》・生玉部《いくたまべ》・物部等から成っているが、(39)この原則は大化前代の国造軍でも同じであったとみるのであり、そうでなければ国造軍は成立しなかったとおもう。かかる軍丁を構成員とする国造軍は、かつての首長の軍隊とは異なった、より制度的なものである。今や国造は、国造軍の編成と指揮の主体として、在地首長層の上に君臨する権力となっているのである。欽明朝以降の海外出兵に参加した国造軍の史料の分布が、大和・備後・伊予・筑紫であって、大和から北九州にいたる瀬戸内海沿岸諸国であることは、当然のことながら注意すべき点である。(40)それは、前記の凡直国造の成立した諸国である。私は凡直国造の成立の有力な動因として、国造軍の編成と指揮の確立をかんがえているのであって、この場合にも軍事を媒介として国際的契機が生きているのである。これらの軍役をふくむ徭役賦課の拡大によって、国造は、その領域を分断する部民―伴造的な「タテ割リ」的系列をやぶって、領域支配を確立させていったとみられる。

(ハ)　調について。改新詔にみえる三つの調すなわち戸調・田調・調副物のうち、大化前代にさかのぼらせ得るのは、戸調と調副物であり、後者がより後進的形態であることはまえにのべた(第一節3)。ここで問題にするのは戸調である。私は国造制の税法の一部として、戸調が畿内(改新詔の「畿内」に対応する畿内・近国地方)におこなわれた可能性があるとみたい。大化の戸調が、慶雲《けいうん》三(七〇六)年に京および畿内に施行された「戸別之調」(続紀、慶雲三年二月条)と系譜関係にあり、畿内・近国におこなわれたものとすれば、(41)それをさらに大化前代にさかのぼらせることが可能だとおもう。郷土の所出にしたがう「調副物」や「贄《にえ》」の形態から推定される古い型の調が推古朝以降の一般的な調の形とはかんがえられず、そこに地域差が当然あったとみなければならない。「調副物」や「贄」は、自立的地方首長層の大王にたいする貢納物の系譜をひく形であるから(第一節3)、それを大化前代の畿内地方にあてはめることは危険であろう。六世紀以降の大きな変化によって、とくに畿内諸国の在地首長層の自立性はうしなわれて、「稲置」的な体制に転化されていったとかんがえるので、それにともなって新しい税法が国造制に浸透してゆく条件は十分にあったとかんがえるからである。戸調の制は、国造による戸の地域的な把握を前提とするが、前記の役丁の差発と関連させれば、それは不自然な推定ではないだろう。戸調は、いうまでもなく、北魏等の戸調制の継受である。十七条憲法と北周の六条詔書との関係、推古朝の仏教統制機関と北朝のそれとの関係を念頭におき(第一章第二節)、さらに部民の発展した形としての「人」制(42)および出挙制と北朝の制との関連もこれから追究されねばならないとすれば、戸調制の継受も孤立した現象ではなかったかもしれぬ。戸調制が推古朝以後実施されたとすれば、まず畿内を念頭におかねばならず、また一切の収取と同じく、在地の国造制を媒介としてのみ、実施し得たことはいうまでもない。在地首長—国造—固有法という定式または偏見はすてる必要があろう。しかし、戸調が実施されたとした場合、公戸以外の国内の伴造—部民との関係がどうなっていたかが問題であるが、それをかんがえる手がかりがない。

(二) 田租について。「百代三束」の原《げん》田租が大化前代にさかのぼるであろうこと、田租の起源が首長にたいする共同体成員の初穂貢納であると推定されることは、まえにのべた(第一節3)。この前提に立てば、個々の首長にたいする共同体的貢納の一部が、ある段階で、画一的な原田租の形に制度化されたとしなければならぬ。いいかえれば、原田租は初穂的貢納から派生した形態であり、その転化の場は国造制以外にないであろう。田租と部民―伴造制との関係もあきらかでないが、「国之大祓」の「戸毎」の麻一条と同じく、「タテ割リ」的系統とはかかわりなく、一律に国造に納めたのではなかろうか。

第三に、国造の行政権としては、まず「勧農」をもっとも重要な内容としてあげねばならぬ。前記の推古十五年の畿内三国における多数の池の造築は、国造の事業としてのみおこない得たのである。それはアジア的首長層の特質である民戸の再生産にたいする関与・規制の転化した、より制度化された形態にすぎない（第一節4）。

第四に祭祀権である。前記の天武朝に法制化される「国之大祓」は国造の慣行を土台にしているとみるべきであるが（第一節3）、それは原始的首長制の慣行から派生した形態であり、同時に前者から区別される制度化された儀礼である。この祭祀権は国造法の重要な一側面であった。祈年祭《きねんさい》・新嘗祭《にいなめさい》以下、一般に大化前代の「民俗」または民間の祭式といわれるものも、多くは国造や県主等の首長制の支配と結合して儀礼化されたものである。

第三、第四も、国造領の民戸一般におよぶとみるのが自然であろう。国造法は、裁判権と徭役賦課権を基本とする人格的支配にもとづくとともに、領域的支配の形態でもある。その特徴はつぎの点にもとめられよう。㈠国造法は在地首長層の法慣行の制度化され転化した形態である。それは、一方において、内部構造の変化と階級分化にたいする首長層の新しい対応および支配形態として、他方において、国造領内部の伴造—部民制的秩序にたいする対抗関係において、いいかえれば身分的、族姓的、「タテ割リ」的秩序にたいする領域的編成の確立という方向において発展した。㈡国造法は、自然生的に成長したものでなく、中央の権力との関連においてのみ形成された法であり、したがってかならずしも土着的・固有法的とはかぎらず、断片的には大陸の諸制度の輸入もあり得る。㈢国造法とくにその徴税権の実現は、六世紀以降にみられるような多かれ少なかれ孤立的で閉鎖的な旧首長制の解体を前提とし、それにかわって、領域内民戸の地域的・直接的把握を必要とする。したがって実体は本来在地首長にすぎない県主や小国造から成る大国造制の内部に、一定戸数の民戸を支配する稲置的な制度が、「村首」を統轄しながら、はじめは非部民＝公戸を拠点として発生し、次第に部民をも包摂する領域的支配を拡大してゆくのは必然である。前記の大国造〈在地伴造—部民・ミヤケ／稲置—公戸—県（コオリ）の体制は、本来は畿内において発生した体制ではあるまいか。㈣国造制は、完結した体制ではない。内部にミヤケや伴造—部民制のような独自の収取と支配の系統をもつ要素をふくむからである。しかし特権的な私地・私民は別とすれば、それをただちに国造にとって不輸不入的なものとはみてはならず、裁判権、徭役および軍役賦課等の面においては、国造の支配権は浸透していたとみられる。㈤国造法という概念は、成文法だけを法とかんがえる人には、奇異にみえようが、私には、律令格式法をへだてて、同じく在地法としてそれに対応する平安時代の「国衙法」とともに、必要な概念なのである。また中央の十七条憲法に対応する国造法は、「地方官」的性格をもつといわれる国造の行政内容を知るためにも、さらに国造領内部が、多元的で「タテ割リ」的な収取＝支配系統をもつ伴造—部民制の発達によって一見分断されているにもかかわらず、なぜ国造制の支配が存続し発達し得たかを知るためにも必要なのである。

3　生産関係の総括としての国家

国造制と国造法の成立は、エンゲルスが、支配＝隷属関係の成立の「二つの道」として指摘した場合の「第一の道」にほかならない。(43) 国造制は、首長とその結合体の生産関係を土台として発展し分化した政治的上部構造である。国造の「政治的支配」の基礎には、すなわち「国家権力の端緒」として「絶対権」をあたえられた権力の基礎には、「社会的な職務執行」が存在する。紛争の裁決、個々人による他人の権利への侵害の阻止、水利の管理、宗教的機能等、いいかえれば本来首長層の機能であったものが、国造制のそれとして政治的に総括されていることは、国造法の内容をなす前記の裁判権、勧農権、祭祀権等をみればあきらかであろう。国造制という政治的上部構造が発生してくる理由は、共同体的首長が階級的支配に転化したからである。「敵対的利害」の発生は、必然的に「機関」を生みだす。国造制の内部に発生してくる大国造―稲置・小国造―村首という体制は、後に令制の国司―郡司―里長にとってかわられるところの「機関」の原始形態をなしており、それは中央の権力と結合する過程のなかで、ますます社会にたいして「独立的な」機関に転化してゆくのである。それは東洋的専制国家への道である。

大化前代の、たとえば推古朝の国制は、二つの秩序または制度の上に立つ二元的構造をもっていた。一つはミヤケおよび部民制を土台とする秩序であって、前者はたとえば「田令《たつかい》」的官人制によって、後者は中央・地方の伴造制によって中央政府と結びつけられている。一つは国造制を土台とする秩序であって、それを中央政府に媒介するものはミコトモチである。従来、第二の秩序の意義が正当に評価されず、したがって第一の秩序または制度の方が過大に評価されるという傾向があったとおもう。それは、大化改新以後の国家が、いかに大化前代のそれと異質であるかを説明するためには、後者の「氏姓」的・王民制的特徴を前面にだす必要があったからである。もう一つの理由は、右の二つの秩序の相互関係の問題が正しく設定されなかったという事情があったからであろう。まえにのべたように、私は改新においては、一つの重要な選択、すなわち伴造制的原理を否定して国造制的原理を国家の構造の基本とするという選択があったとかんがえるものである(第二章第二節・第五節)。この選択を、改新政府にせまったのは、国際的契機を重要な要素とする客観的諸条件であった。しかし大事なことは、いかに事態の急迫があり、外部からのインパクトが強くても、また問題解決の方向または到達点が、隋・唐の国家というモデルとしてあらかじめ支配層の観念のなかに与えられていようとも、解決のための内的条件の存在または成熟なしには、およそいかなる問題の設定もあり得ないということである。これが「問題」というものがつねにもっている基本的性格であろう。推古朝ではなくて、七世紀中葉において、はじめて、新しい型の国家という課題が設定されるのは、そのための内的条件が成熟したからであるとみるべきであろう。それは消極的な面では、王民制的秩序が、その固有の矛盾によって解体に瀕していたという事情であり、他方、積極的な面では国造とくに大国造制における領域的支配の発展という事情である。相互に不可分の関係にあるこの両面の条件の成熟こそ、改新政府にたいして、新しい類型の国家の樹立を、現実の政治課題として設定させた歴史的条件をなすものである。したがって、それは改新政府にとって解決さるべき選択の問題すなわち政策の問題として提起されたのである。改新政府は、東国においてみられるように、その主要努力の方向を、在地首長層のなかに権力の基盤を拡大すること、かれらを評造等として組織化すること、「タテ割リ」的秩序に対抗して国造制内部に発展してきた領域的支配の原理を、国家の政策として、系統的かつ全国的に施行すること、つまり王民制から公民制にもとづく新しい類型の国家をつくりあげることに向けたのである。いかなる専制的な強権をもってしても、国造制によって準備された条件なくしては、新しい国家はつくり得ないのである。

改新政府の課題、現実には派遣された総領が現地において解決すべき課題は、国造制という政治的上部構造を編成替えすることであって、その土台をなしている在地首長層の生産関係自体を変更することではなかった。生産関係の変更は、その内部における生産力の発展を基礎とする新しい生産関係の成長によってのみおこり得るのであり、強権は、それを促進または阻止すること以上にはでることはできないからである。しかし国造制の再編ということも、けっして単純な課題でないことに注意すべきであろう。それは二つの側面をもっていたはずである。第一は、東国でいえば、常陸国にみられるような小国造制をとっている地方の問題であり、第二は武蔵国のように大国造制をとっている地方の問題である。従来この区別の意義が明確でなく、国造＝小国造としてとらえる傾向が強かったために、旧国造またはその一部を、「評造」または「評」制に、最終的には令制の郡司に編成替えすることによって、問題は解決されたように説かれている。しかしこの編成替えがスムーズに進行し得るのは、第一の常陸型においてであって、第二の武蔵型においては、既存の大国造制にもとづく支配を否定または解体することが前提とならざるを得ない（第二章第三節）。しかも前記のように、後者が全国的にみて政治的にもっとも重要な地域をしめていたのである。令制の国司制は、中央から派遣された国守のもとに、四等官制によって組織された純粋な「機関」としての組織体であるから、それを従来の大国造制に代置することは、小国造を評造に編成替えすることとは異なった原理的変更をふくんでいたはずである。この問題こそ、律令制国家成立の鍵として、改新以後の政府のもっとも重要な課題であり、最終的には、天武・持統朝または大宝令の施行によって解決されるのであるけれども、そこにいたる過程すなわち大国造制の変質と消滅の過程および国司制の成立の歴史についての従来の諸説には納得のゆかない点がある。しかしこの問題は細部にわたる論議を必要とするから、ここでは省略し、つぎの点だけをのべておきたい。大国造制は、最終的には解体され、国司制に代置さるべき固有の弱点をもっていたということである。

大国造制は、前記のように、大国造自体が一首長にすぎず、その国内の首長が県主または小国造としてそのなかに編成された場合にも、それらの実体は自立的な首長であり、したがって若干の「機関」的要素が発生したとはいえ、全体としては組織化されない首長層の結合体にすぎなかった。しかも重要なことは、六世紀以後の生産力の発展にもとづく階級分化の進行は、後期古墳とくに群集墳の飛躍的な拡大、開墾の発展、国造や伴造と区別される新しい「百姓」層等の台頭等をもたらし、名門譜第的な大国造の内部が大きく変動しつつあったことである。改新政府の政策が、小国造および「百姓」等の首長層を「評」に組織することによって、これらの首長層にその権力の基盤を拡大したことはすでにのべた。首長層のゆるい結合体を統轄していたにすぎない大国造制が、かかる政策のまえに、解体の運命にあったことは当然であろう。改新によって在地首長層が、いかなる「打撃」をうけたかという問題について、従来の説明がひどく抽象的なのは、大国造制と小国造制の区別に表現されているような在地首長支配の内部構造と矛盾の具体的分析に欠けていたからではなかろうか。首長層とその人格的支配を媒介とすることなくしては、いかなる専制的権力も直接に戸または「家父長的家族」を把握することはできないのである。

律令制国家は、「二つの生産関係」の上に成立しているといわれる。(44) 私は、この問題をつぎのように理解している。第一は、国家対公民の関係、つまり「最高の地主」としての国家と班田農民との関係、租・庸・調・雑徭の収取者としての国家と被収取者としての公民との関係において成立する生産関係である。第二は、右の国家的収取・支配が実現するための条件として存在し、徭役労働についてみたように(第一節2)、それなしにはいかなる国家的収取も可能でないところの社会における階級的な支配と秩序である。問題を単純化していえば、それは、在地における首長層と人民のあいだに存在する人格的な支配＝隷属として存在する生産関係である。前記のように、律令制国家の人民にたいする支配と収取は、いくつかの例外的な場合をのぞけば、すべて国司―郡司―里長という在地の国家機構を媒介として実現される。このうち国家すなわち第一の生産関係を代表するものは国司または国衙機構であり、第二の生産関係を制度的に代表するものが郡司である。郡司の出自はつねに譜第の旧国造とかぎらず、階層分化による勢力の交替を考慮しなければならない(45)。しかし一般的にいえば、首長層が階級としてもつ現実の権力が、国家内的権力として制度化され集中された官職として、郡司があるといってよい。したがって現実には、二つの生産関係は、国司―郡司制という統合された国家機関の権力として存在し、機能し、後者の二つの契機ないし側面として存在するのである。班田制による国家的土地所有が確立される浄御原令以後の国家体制のもとでは、第一の生産関係が第二のそれを圧倒し、したがって表面上はその関係だけが前面にでて、第二の生産関係はその背景に退くような現象を呈する。しかしこのさいも、公民を家からかりだして徭役につかせ、また田租・調・庸を郡家《ぐうけ》の正倉に運ばせる強制力と命令権は、里長のふるう「楚《しもと》」＝鞭だけによっては実現できないこと、あらかじめ在地に人格的な支配と服従を特徴とする生産関係が存在すること、後者に依存してのみ、里長の鞭は、段別二束二把の田租、正丁一人あたり長二丈六尺・幅二尺四寸の調の布等々に転化し得ることを忘れてはならないだろう。在地において警察的機能をはたす機関として、郡司・郷長・保長以外の特別の「強力装置」が令制に欠けていることは、整備された二官八省の体系にくらべれば、貧弱な足の上に国家権力が構築されていることをしめす特徴的事実である。それは、国家の苛酷な収取と徴税が、それらの機関の背景に存在する在地の伝統的、日常的・社会的秩序に主として依存することを前提としていたからにちがいない。かかる秩序の支柱となっている在地首長層は、国家的土地所有によって自由な階級分化が阻止される条件のもとにあっても、その運動を停止したのではなく、私出挙、動産の蓄積、山林原野の囲込み等々の形による収奪と私富の蓄積、すなわち天平《てんぴょう》期の墾田の展開のための前提をつくりだしつつあったのである。

かかる形で関連し、統合されている「二つの生産関係」が、相互にどのような関係に立つかという問題は、論理的にではなく、歴史的に、いいかえればそれが成立してくる歴史過程のなかからのみ解明さるべきであろう。私は、第一の国家対公民の支配＝収取関係は、それが律令制国家として圧倒的に社会を支配した段階においても、第二次的、派生的生産関係であり、第二の生産関係が第一次的、基本的であるとみなし、国家とは「第二次的生産関係」にほかならず、そのようなものとして社会のなかから「独立」してきたという性質は最後まで変化はないとかんがえる。それは、六世紀以降の歴史のなかにしめされているとおもう。大化前代の天皇・群卿・大夫層の国家が、社会から独立した公権力として君臨し得た直接の経済的土台は、大づかみにはミヤケ制と伴造―部民制の二つである。そのうちミヤケが、その設置および再生産自体がいかに在地首長層またはは国造制の生産関係に依存していたかについては、すでにくりかえしのべた(第一節1)。伴造―部民制も、それ自身の収取系統をもつにかかわらず、基本的には同じである。首長層の支配領域内部に、これらの独自の経済諸制度が発生し成長すること自体が、前者の内部における生産力の発展による新しい剰余生産物収取の可能性を条件にしているのである。ミヤケ制および伴造―部民制は、首長層の生産関係から派生し、転化した第二次的な生産関係であり、新しい経済制度であって、後者を母体として形成されてくる「田令」的、「馬官《うまのつかさ》」的、推古朝的国制は、第二次的生産関係として成立してきたのである。大化前代の「私地・私民」が、本来右の体制に依存してはじめて存在し得る特殊な、政治的な私有制であることを忘れるならば、大化以降「私地・私民」が収公されて、国家的土地所有に転化し得る理由があきらかにならないだろう。

大化前代の政治体制は、改新から大宝律令制定にいたる過程を経ることによって、律令制国家という組織された独立的な権力体系をつくりあげ、かつて自己を生みだした第一次的生産関係を、体内に組織し、吸収し、従属させるにいたった。かつてそれぞれが地方の自立的な王であった首長層の末裔たちは、いまや郡司として、中央から赴任してくる国司に「下馬《げば》」の礼を強制されるいやしめられた存在に転化したのである。しかし自己の体内から生みだしたものが独立の力に転化し、それによって逆に支配されるというこの転換にもかかわらず、首長層の生産関係が第一次的であり、国家のそれが第二次的、派生的であるという本来の性質は変化しないのである。なぜそうであるかをかんがえることは、律令制国家の解体・消滅を研究するさいに重要な意味をもってくる。

戸籍・計帳による公民のいわゆる「個別人身」的支配と郷里制、租・庸・調制、班田収授制等が、どこまで社会を把握したかという国家権力の「浸透度」について、またそれと関連して律令制国家の史的役割について、かつて評価の相違が学者のあいだにあり、その問題が新しい観点からふたたび提起されている。(46) しかし問題はその「浸透度」にあるのではなく、それが浸透した場合においても、それらの国家の諸制度が、旧来の社会関係の質そのものを変更し得るかどうかということにかかっているのではなかろうか。

つまり量や範囲の問題ではなく質の問題であろう。私は、それらの諸制度は（あるいは一般的にいって、その体系としての国家は）、社会関係の、最終的には生産関係の質的変化をもたらさなかったし、またもたらし得るものではなかったとかんがえる。たとえば、この場合もっとも重要な班田制は、直接生産者の「私的土地所有の欠如」およびそれと不可分の関係にある首長層の共同体にたいする人格的支配という旧生産関係が、国家的規模に拡大され、制度化された制度にすぎない（第一節4・5）。両者の中間に、改新前後の「計画村落」や「賦田制」が存在するとしても、それらを一貫する基本的生産関係の質的変化はないのである。変化したのは、収取と支配の制度的側面である。たしかに国家権力は、旧村落の地割や用水路まで変更し得たほど強力であった。またその収奪は、公民の逃散《ちょうさん》と浮浪をひきおこし、旧共同体にたいして破壊的な作用をおよぼした。しかしそれらの強力の作用は、外側からの作用または契機であり、したがってそれが、共同体内部の質的変化と結びつかないかぎり、直接生産者の社会的結合様式と、そこから再生産される支配形態と観念形態を、どこまで質的に変化させ得たかは、はなはだ疑わしいのである。(47)

日本の中世が、律令制国家から発生してくる場合にみられる固有法的、日本的、土着的特徴の強さは、多くの学者をして、律令制国家の支配は、日本人の歴史にとっていつでも剝落し得る一つの船載の「虚構」、または歴史における偶然的諸要因による一時的な所産として、社会を深刻に把握し得なかったとさえ判断せしめた根拠となったものである。しかし、かかる評価には、律令制国家または国家一般の歴史的役割を、一見過小評価しているようにみえながら、実は過大に評価している面がある。なぜならば、それは国家の諸制度が社会に「浸透」すれば、社会の質をも変えてしまうはずだという前提に立っているからである。社会的諸関係またはその基礎にある生産関係は、それの内在的な諸要因によってしか、みずからを質的に変更することはできず、基本的には生産力の発展を基礎とする新しい生産関係をその胎内に生みだすことによってのみ、つぎの生産様式に発展し得るのである。したがって東洋的専制国家としての律令制国家の消滅は、それらの諸制度の解体によってではなく、そのもとで一時背景にしりぞいたかにみえた第一次的生産関係、本稿の立場からすれば「総体的奴隷制」の封建的生産様式への移行によってのみおこり得るといわねばならぬ。国家は、いかに独立的・超越的存在に転化しようと、またそれによって社会が、国家とその「権威」によってはじめて秩序づけられているようにみえようと、国家が一定の歴史的条件のもとに、第二次的生産関係として社会のなかからつくりだされた体制にすぎないという歴史の事実を変えることはできず、またそのことは律令制国家の解体と消滅の歴史のなかで具体的にしめされてゆくのである。しかし国家の諸制度のかかる性質は、下部構造についていわれるばかりではない。たとえば大宝令が大領《だいりょう》・少領《しょうりょう》に三等以上の親族が同時に就任することを禁じた場合に、神郡《しんぐん》郡司にその禁制を適用せず、したがって国家権力の浸透しない独立の領域が存在したという事実が大事なのではなくして、郡司連任の禁という法令が、仮に厳格に施行された場合でも、それだけでは在地首長層のとりむすぶ社会的関係の特徴である同族的結合自体を破壊し克服し得ないということ、また太政官という非人格的な機関の確立自体は、名門譜第の各氏族から一人を議政官としておくり、その者が死んだ場合には他氏族に優先して後継者を議政官に送るという慣行と矛盾なく並存し得るということ（第三章第二節）、これらの事例にみられる法や制度に固有な性格と機能こそ、さきの問題について論議さるべきことであろう。たしかに太政官は制度上「合議体」であり、またそのような「機関」として機能してきた。しかしそこから、関東御成敗式目の起請文《きしょうもん》にみられるような「合議体」としての明確な規範意識が発生しなかった事実は、制度によっては説明しがたいのである。貴族層の家産制的・同族的結合と在地首長層のそれとは、事実としても、国家外的体制として相互に結合していること、それらは総体として社会の下部構造の社会関係によって制約されていること、中国の古代国家に比較した場合にみられる日本の律令制国家の族姓的・貴族制的特徴の歴史的・社会的根拠がそこにあることなどについては、あらためていう必要はないであろう。

しかし右のことは、律令制国家とその諸制度が、特殊な「契機」としてはたした歴史的役割を過小評価することにならないし、またなってはならないことも当然である。「幕府」という権力を媒介として、封建制が確立される特殊な形態も、律令制国家という前提なしには理解できず、また大化前代以来の土地所有関係の制度的総括として完成された国家的土地所有という歴史的前提をぬきにしては、日本の封建的土地所有の成立過程も、たとえば「職《しき》」という形態で表現される日本的な土地所有権の特殊性も理解できない。また前記のような特徴をもつにかかわらず、太政官という国家機関の存在が、天皇大権を軸とする専制国家が形態変化する平安時代の過程のなかで、官人貴族層の城塞の役割をはたしたことも否定できない(第三章第三節)。それにもかかわらず律令制が過小評価される要因の一つは、それが民族の自主的所産ではなく、舶載の制度であったという特徴にあったろう。たしかに律令制国家が日本の古代社会の生産関係の総括であり、その経済的関係の集中的表現であったとしても、その成立の過程のなかで、国際的契機が強力な役割をはたしたことを無視することはできないし、また無視してはならないだろう。律令制国家の前史をなす時代が、東アジアの戦争と内乱の周期であるということは、偶然の対応ではなく、国際関係は、推古朝、大化改新、天武・持統朝の歴史についてのべたように、それなしには大宝律令的国家という形での古代国家の完成はなかったかもしれないような特殊な契機をなしたとさえ、いってよいとおもう。しかし外国の文明一般でなく、ほかならぬ中国の法典や制度の「輸入」であり、「継受」であるがゆえに、それがいつでも剥落し得るし、また排除しなければならないところの虚構的、擬制的なものであり、それをとり去ったところに、「日本的、民族的」なものをもとめようとする過去の思考方法には、中国文明にたいする特定の価値評価が関連しており、それは、おそらく、一つは国学の伝統と、一つは「脱亜論」を特徴とする明治のナショナリズムと結びついているといってよいであろう。しかし、天智天皇に対比して、国学者の推奨する「国粋的」な天武天皇自身の意識のなかにさえ、いかに国際的契機が生きていたか、かれの思想と施策のなかに、日本のみならず中国・朝鮮の諸王朝の歴史と経験が、いかに集約されていたかをもう一度想起する必要がある(第三章第二節)。たしかに国際的交通という契機は、日本列島内部の歴史の進行および階級対立の所産である国家の成立の必然性にとっては、一つの偶然的要素として存在したにすぎないようにみえる。しかし歴史の必然性は、偶然を通してしか実現しないこと、後者は前者の存在形式であることを、国家の成立史をあつかう場合にも、忘れてはならないであろう。また国内的関係という観点からだけみれば、たんなる「偶然」としかみえない諸事件が、国際的諸関係という独自の場においては、一つの内的必然であり得ることにも注意しなければならない。問題は、もう一度本書の冒頭にのべた諸民族間の「交通」の問題にむすびつかざるを得ないのである。

注

第一章

第一節

(1)　石母田正「日本古代における国際意識について――古代貴族の場合」(『思想』四五四、一九六二年)(『石母田正著作集』第四巻、岩波書店、一九八九年、収録。同著作集(一九八八―九〇)については、以下、「著作集第〇巻」と略記)。

(2)　邪馬台国の国際的契機については、藤間生大『日本民族の形成――東亜諸民族との連関において』岩波書店、一九五一年、同『埋もれた金印――女王卑弥呼と日本の黎明』岩波書店、一九五〇年。また古代史家による論稿としては、井上光貞『日本国家の起源』岩波書店、一九六〇年、上田正昭『日本古代国家成立史の研究』青木書店、一九五九年、直木孝次郎「国家の成立」(岩波講座『日本歴史1　原始および古代1』一九六二年)(『直木孝次郎古代を語る1　古代の日本』吉川弘文館、二〇〇八年)。なお鬼頭清明「邪馬台国論争の歴史と現段階」(『歴史評論』二二九、一九六九年)(『日本古代国家の形成と東アジア』校倉書房、一九七六年)等を参照。

(3)　石母田正「古代史概説」(前掲注2、岩波講座『日本歴史1　原始および古代1』)(著作集第一二巻収録〕。

(4) マルクス『資本制生産に先行する諸形態』。以下『諸形態』と略す。

(5) 石母田正「民会と村落共同体——ポリネシアの共同体についてのノート(一)」(『歴史学研究』三二五、一九六七年)〔著作集第一三巻収録〕。

(6) 井上光貞「古代の皇太子」(『日本古代国家の研究』岩波書店、一九六五年)。

(7) マルクス『資本論』第一巻第一篇第二章。

(8) 石母田正、前掲注3「古代史概説」。

(9) 仲原善忠「おもろ評釈」(沖縄文化協会編『沖縄文化叢論』法政大学出版局、一九七〇年)。

(10) マルクス『ドイツ・イデオロギー』。

第二節

(1) 今西竜「百済史講話」(『百済史研究』近沢書店、一九三四年)(国書刊行会、一九七〇年)。

(2) 西嶋定生「六—八世紀の東アジア」(岩波講座『日本歴史2 古代2』一九六二年)(『中国古代国家と東アジア世界』東京大学出版会、一九八三年)、石母田正「天皇と諸蕃——大宝令制定の意義に関連して」(『法学志林』六〇—三・四、一九六三年)〔著作集第四巻収録〕。

(3) 太子摂政については、家永三郎「飛鳥朝に於ける摂政政治の本質」(『社会経済史学』八—六、一九三八年)、井上光貞「古代の皇太子」(『日本古代国家の研究』岩波書店、一九六五年)等を参照。

(4) 井上秀雄「新羅政治体制の変遷過程——門閥貴族の集団支配と専制王権」(石母田正等編『古

代史講座』4、学生社、一九六二年）（『新羅史基礎研究』東出版、一九七四年）。
（5）家永三郎、前掲注3「飛鳥朝に於ける摂政政治の本質」。
（6）黛弘道「冠位十二階考」（『東京大学教養学部人文科学科紀要』一七、歴史学研究報告七、一九五九年）（『律令国家成立史の研究』吉川弘文館、一九八二年）。
（7）西嶋定生、前掲注2「六―八世紀の東アジア」。
（8）井上光貞「冠位十二階とその史的意義」（前掲注3『日本古代国家の研究』）。
（9）宮崎市定「日本の官位令と唐の官品令」（『東方学』一八、一九五九年）（『アジア史論考』中、朝日新聞社、一九七六年）。
（10）渡辺茂「古代君主の称号に関する二、三の試論」（『史流』八、一九六七年）、東野治之「天皇号の成立年代について」（『続日本紀研究』一四四・一四五、一九六九年）（『正倉院文書と木簡の研究』塙書房、一九七七年）、門脇禎二『「大化改新」論』徳間書店、一九六九年（『「大化改新」史論』上・下、思文閣出版、一九九一年）。
（11）徐先堯「隋倭国交の対等性について」（『文化』二九―一、一九六五年）。
（12）津田左右吉「天皇考」（『日本上代史の研究』）（『津田左右吉全集』第三巻、岩波書店、一九六三年）。
（13）井上秀雄「古代日本のいわゆる南朝鮮経営」（『朝鮮研究』八二、一九六九年）（『任那日本府と倭』寧楽社、一九七八年）。
（14）坂本太郎「古事記の成立」（『日本古代史の基礎的研究』上、東京大学出版会、一九六四年）。

(15) 井上光貞「日本における仏教統制機関の確立過程」(前掲注3『日本古代国家の研究』)。
(16) 岡田正之「憲法十七条に就いて」(『近江奈良朝の漢文学』養徳社、一九四六年)、瀧川政次郎「国家制法の始「上宮太子憲法十七箇条」」(『律令格式の研究』角川書店、一九六七年)。

第三節

(1) 関晃「大化改新」(岩波講座『日本歴史2 古代2』一九六二年)(『大化改新の研究』上、吉川弘文館、一九九六年)。
(2) 平野邦雄「秦氏の研究――その文明的特徴をめぐって」(『史学雑誌』七〇―三・四、一九六一年)。
(3) 末松保和『任那興亡史』大八洲出版、一九四九年、第八章(吉川弘文館、一九五六年増訂再版)。
(4) 関晃、前掲注1「大化改新」。
(5) 今西竜「百済史講話」(『百済史研究』近沢書店、一九三四年)。
(6) 池内宏「百済滅亡後の動乱及び唐・羅・日三国の関係」(『満鮮史研究』上世第二冊、吉川弘文館、一九六〇年)。
(7) 同前。
(8) 日本古典文学大系第六八巻『日本書紀』下、岩波書店、一九六五年、五八一頁、補注七。
(9) 石母田正「堅氷をわるもの」(『歴史と民族の発見――歴史学の課題と方法』東京大学出版会、一九五二年)(著作集第一四巻収録)。

第四節

(1) 和田軍一「淳仁朝に於ける新羅征討計画について」(『史学雑誌』三五―一〇・一一、一九二四年)、藤間生大「古代権力強化の国際的契機――道鏡即位の意志がうまれた地盤についての一考察」(『歴史学研究』二二八、一九五九年)。
(2) 横田健一「天平十二年藤原広嗣の乱の一考察」(大阪歴史学会編『律令国家の基礎構造』吉川弘文館、一九六〇年)(『白鳳天平の世界』創元社、一九七三年)。
(3) 薗田香融「出挙――天平から延喜まで」(前掲注2『律令国家の基礎構造』)(『日本古代財政史の研究』塙書房、一九八一年)。
(4) 和田軍一、前掲注1「淳仁朝に於ける新羅征討計画について」。
(5) 岸俊男『藤原仲麻呂』吉川弘文館、一九六九年。
(6) 坂本太郎「正倉院文書出雲国計会帳に見えた節度使と四度使」(『日本古代史の基礎的研究』下、東京大学出版会、一九六四年)、村尾次郎「出雲国風土記の勘造と節度使」(『律令財政史の研究』吉川弘文館、一九六一年)、早川庄八「天平六年出雲国計会帳の研究」(坂本太郎博士還暦記念会編『日本古代史論集』下、吉川弘文館、一九六二年)(『日本古代の文書と典籍』吉川弘文館、一九九七年)。
(7) 井上辰雄「「民部省式」をめぐる諸問題」(『日本歴史』二六二、一九七〇年)。
(8) 津田左右吉「新羅征討地理考」(『津田左右吉全集』第一一巻、岩波書店、一九六四年)。
(9) 鈴木靖民「天平初期の日羅関係」(『国学院雑誌』六九―六、一九六八年)(『古代対外関係史の研究』吉川弘文館、一九八五年)。

(10)　鳥山喜一『渤海史上の諸問題』風間書房、一九六八年。

(11)　竹内理三「「参議」制の成立」(『律令制と貴族政権』第I部、御茶の水書房、一九五七年)。

(12)　石母田正「平氏政権の総官職設置」(『歴史評論』一〇七、一九五九年)(著作集第九巻収録)。

(13)　北山茂夫「七四〇年の藤原広嗣の叛乱」(『日本古代政治史の研究』岩波書店、一九五九年)。

(14)　宮田俊彦『吉備真備』吉川弘文館、一九六一年。訓読は同書によった。

(15)　同前。

(16)　岸俊男、前掲注5『藤原仲麻呂』。

(17)　石母田正「天皇と諸蕃——大宝令制定の意義に関連して」(『法学志林』六〇—三・四、一九六三年)(著作集第四巻収録)。

第二章

第一節

(1)　津田左右吉「大化改新の研究」(『日本上代史の研究』)(『津田左右吉全集』第三巻、岩波書店、一九六三年))、坂本太郎『大化改新の研究』至文堂、一九三八年、井上光貞「大化改新の詔の研究」(『日本古代国家の研究』岩波書店、一九六五年)、岸俊男「造籍と大化改新詔」(三品彰英編『日本書紀研究』第一冊、塙書房、一九六四年)(『日本古代籍帳の研究』塙書房、一九七三年)、関晃「改新の詔の研究」(『東北大学文学部研究年報』一五・一六、一九六五・六六年)(『大化改新

の研究』上、吉川弘文館、一九九六年）、同「大化前代における皇室私有民」（彌永貞三編『日本経済史大系』Ⅰ、東京大学出版会、一九六五年）（『大化改新の研究』下、吉川弘文館、一九九六年）、八木充「「大化改新詔」の史料的検討」（『律令国家成立過程の研究』塙書房、一九六八年）、原秀三郎「大化改新論批判序説――律令制的人民支配の成立過程を論じていわゆる「大化改新」の存在を疑う」（『日本史研究』八六・八八、一九六六・六七年）（『日本古代国家史研究』東京大学出版会、一九八〇年）、狩野久「部民制」（歴史学研究会・日本史研究会編『講座日本史』Ⅰ、東京大学出版会、一九七〇年）（『日本古代の国家と都城』東京大学出版会、一九九〇年）等。なお大化改新一般については、右の研究のほかに、北山茂夫『大化の改新』岩波書店、一九六一年、井上光貞『大化改新』要書房、一九五四年、関晃「大化改新」（岩波講座『日本歴史2　古代2』一九六二年）（『大化改新の研究』上、吉川弘文館、一九九六年）、門脇禎二『「大化改新」論』徳間書店、一九六九年等を参照。

（2）彌永貞三「仕丁の研究」（『史学雑誌』六〇―四、一九五一年）（『日本古代社会経済史研究』岩波書店、一九八〇年）。

（3）彌永貞三「大化以前の大土地所有」（前掲注1『日本経済史大系』Ⅰ）（同前）。

（4）関晃、前掲注1「大化前代における皇室私有民」。

（5）同前。

（6）彌永貞三、前掲注3「大化以前の大土地所有」。

（7）平野邦雄『大化前代社会組織の研究』吉川弘文館、一九六九年。

(8) 横田健一「壬申の乱前における大海人皇子の勢力について」(北山茂夫・吉永登編『日本古代の政治と文学』青木書店、一九五六年)(『白鳳天平の世界』創元社、一九七三年)。
(9) 直木孝次郎「主稲考」(『奈良時代史の諸問題』塙書房、一九六八年)、利光三津夫「初期食封制の研究」(『律令及び令制の研究』明治書院、一九五九年)、岸俊男「光明立后の史的意義――古代における皇后の地位」(『日本古代政治史研究』塙書房、一九六六年)。
(10) 井上光貞「大化改新と東国」(前掲注1『日本古代国家の研究』)、原島礼二「古代東国と大和政権」(『続日本紀研究』七―六・七・八、一九六〇年)(『日本古代王権の形成』校倉書房、一九七七年)、関晃「大化の東国国司について」(『文化』二六―二、一九六二年)(『大化改新の研究』下、吉川弘文館、一九九六年)。
(11) 竹内理三「条里制の起源」、「条里制の起源再論」(『律令制と貴族政権』第Ⅰ部、御茶の水書房、一九五七年)、落合重信『条里制』吉川弘文館、一九六七年。
(12) 岸俊男、前掲注1「造籍と大化改新詔」。
(13) 虎尾俊哉『班田収授法の研究』吉川弘文館、一九六一年。
(14) エンゲルス『家族・私有財産及び国家の起源』第九章。
(15) 井上辰雄「大化の詔の「調」について――「田の調」「戸の調」を中心として」(『東方古代研究』一〇、一九六〇年)は、田調と戸調について新しい解釈をしめしているが、後者については第四章第二節2を参照。
(16) 薗田香融「律令財政成立史序説」(石母田正等編『古代史講座』5、学生社、一九六二年)

〔『日本古代財政史の研究』塙書房、一九八一年〕。

(17) 宮本救「里制の成立について――三十戸、五十戸の問題を中心に」(『日本歴史』五八、一九五三年)、八木充「律令制村落の形成」(前掲注1『律令国家成立過程の研究』)、伊野部重一郎「上代里制の成立について――播磨風土記を中心としての考察」(『日本歴史』一九九、一九六四年)等。

第二節

(1) エンゲルス『家族・私有財産及び国家の起源』第九章。またマルクス『諸形態』、モルガン『古代社会』、メイン『古代法』等を参照。

(2) 川上多助「部の分化」(『日本古代社会史の研究』河出書房、一九四七年)、竹内理三・井上光貞・土田直鎮・青木和夫・池田温「戸令・戸籍・計帳」(『日本歴史』一五一・一五二・一五三、一九六一年)、狩野久「品部雑戸制の再検討」(『史林』四三―六、一九六〇年)〔『日本古代の国家と都城』東京大学出版会、一九九〇年〕、新井喜久夫「雑戸制の一考察」(『日本歴史』二三三・二三四、一九六七年)。

(3) 岸俊男「日本における「戸」の源流」(『日本歴史』一九七、一九六四年)〔『日本古代籍帳の研究』塙書房、一九七三年〕。

(4) 石母田正「古代の身分秩序――日本の場合についての覚書」(石母田正等編『古代史講座』7、学生社、一九六三年)〔著作集第四巻収録〕。この論文で擬制的「王民共同体」という概念を用いたが、「共同体」という用語は実体化される危険をともなうので、他の表現にかえるべきであろう。

（5）　マルクス『諸形態』。

（6）　古代の「氏」については、平野邦雄『大化前代社会組織の研究』吉川弘文館、一九六九年、その研究史については、直木孝次郎「古代氏族研究の動向」（『日本古代の氏族と天皇』塙書房、一九六四年）。なお、カバネについては、北村文治「カバネの制度に関する新研究序説」（『北海道大学人文科学論集』三・五、一九六四・六七年）によって通説の基本的再検討がおこなわれている。

（7）　平野邦雄、前掲注6『大化前代社会組織の研究』、石母田正、前掲注4「古代の身分秩序」を参照。

第三節

（1）　井上光貞「部民の研究」（『日本古代史の諸問題』思索社、一九四九年）。

（2）　直木孝次郎『日本古代兵制史の研究』吉川弘文館、一九六八年。

（3）　林屋辰三郎「継体・欽明朝内乱の史的分析」（『古代国家の解体』東京大学出版会、一九五五年）、井上光貞「国造制の成立」（『史学雑誌』六〇―一一、一九五一年）（『井上光貞著作集』第四巻、岩波書店、一九八五年）、上田正昭「新旧国造論――大化改新の史的評価をめぐって」（大阪歴史学会編『律令国家の基礎構造』吉川弘文館、一九六〇年）。

（4）　原島礼二「大和政権と地方豪族――関東地方の屯倉を例として」（『日本史研究』五四、一九六一年）。

（5）甘粕健「横浜市稲荷前古墳群をめぐる諸問題」（『考古学研究』一六—二、一九六九年）（『前方後円墳の研究』同成社、二〇〇四年）。
（6）佐伯有清「子代・名代と屯倉」（杉原荘介・竹内理三編『古代の日本』7、角川書店、一九七〇年）。
（7）門脇禎二『日本古代共同体の研究』東京大学出版会、一九六〇年、第二章。
（8）石母田正「古代法の成立について」（『歴史学研究』二二九、一九五九年）（著作集第八巻収録）。
（9）井上光貞『日本古代国家の研究』岩波書店、一九六五年、第二部第二章。
（10）磯貝正義「律令時代の地方政治——とくに郡司の任用制度を中心として」（坂本太郎博士還暦記念会編『日本古代史論集』上、吉川弘文館、一九六二年）（『郡司及び采女制度の研究』吉川弘文館、一九七八年）。
（11）上田正昭「郡司の変遷」（『日本古代国家論究』塙書房、一九六八年）。
（12）直木孝次郎「大化前代における畿内の社会構造」（『日本古代国家の構造』青木書店、一九五八年）、平野邦雄『大化前代社会組織の研究』吉川弘文館、一九六九年。
（13）岸俊男「律令体制下の豪族と農民」（岩波講座『日本歴史3　古代3』一九六二年）。

第四節

（1）井上光貞『日本古代国家の研究』岩波書店、一九六五年、第二部第二章。
（2）岸俊男「防人考——東国と西国」（『日本古代政治史研究』塙書房、一九六六年）、直木孝次郎『日本古代兵制史の研究』吉川弘文館、一九六八年。

（3）関晃「大化の郡司制について」（坂本太郎博士還暦記念会編『日本古代史論集』上、吉川弘文館、一九六二年）（『大化改新の研究』下、吉川弘文館、一九九六年）。
（4）八木充『律令国家成立過程の研究』塙書房、一九六八年、第二篇第二章。
（5）濱口重國「府兵制度より新兵制へ」（『秦漢隋唐史の研究』上、東京大学出版会、一九六六年）、石尾芳久「日唐軍防令の比較研究」（『日本古代法の研究』法律文化社、一九五九年）、角田文衛「軍団と衛府」（『律令国家の展開』塙書房、一九六五年）、笹山晴生「日本古代の軍事組織」（石母田正等編『古代史講座』5、学生社、一九六二年）、野田嶺志「日本律令軍制の特質」（『日本史研究』七六、一九六五年）（『日本古代軍事構造の研究』塙書房、二〇一〇年）等。
（6）末松保和「梁書新羅伝考」（『新羅史の諸問題』東洋文庫、一九五四年）。
（7）池内宏「高句麗五族及び五部」（『満鮮史研究』上世第一冊、吉川弘文館、一九五一年）。
（8）井上光貞、前掲注1『日本古代国家の研究』第二部第二章。
（9）山尾幸久「大化改新論序説」下（『思想』五三一、一九六八年）。
（10）藤間生大「国造制についての一考察」（遠藤元男博士還暦記念日本古代史論叢刊行会編『日本古代史論叢』一九七〇年）。
（11）今西竜「百済五方五部考」（『百済史研究』近沢書店、一九三四年）。
（12）八木充、前掲注4『律令国家成立過程の研究』第二篇第二章。

第五節

（1）大夫については、関晃「大化前後の大夫について」（『山梨大学学芸学部研究報告』一〇、一

九五九年)(『大化改新の研究』下、吉川弘文館、一九九六年)、原島礼二「大夫小論覚書——七世紀前半の大和政権中枢部について」(『歴史評論』一一三、一九六〇年)。

(2) 関晃「大化の左大臣阿倍内麻呂について」(『歴史』二一、一九六一年)(前掲注1『大化改新の研究』下)。

(3) 坂本太郎『大化改新の研究』至文堂、一九三八年。

(4) 岩橋小弥太『上代官職制度の研究』吉川弘文館、一九六二年。

(5) 津田左右吉「大化改新の研究」(『日本上代史の研究』)(『津田左右吉全集』第三巻、岩波書店、一九六三年)。

(6) 石井良助「大化改新の研究」(『大化改新と鎌倉幕府の成立』創文社、一九五八年)。

(7) 石母田正「古代法」(岩波講座『日本歴史4 古代4』一九六二年)(著作集第八巻収録)。

(8) マルクス『資本論』第一巻第一篇第一章。

(9) 坂本太郎、前掲注3『大化改新の研究』。

(10) 関晃「大化改新」(岩波講座『日本歴史2 古代2』一九六二年)(『大化改新の研究』上、吉川弘文館、一九九六年)。

(11) 平野邦雄『大化前代社会組織の研究』吉川弘文館、一九六九年。

(12) 井上光貞『大化改新』要書房、一九五四年。

(13) 黛弘道「大和国家の財政」(彌永貞三編『日本経済史大系』Ⅰ、東京大学出版会、一九六五年)(『律令国家成立史の研究』吉川弘文館、一九八二年)。

（14）井上光貞「大和国家の軍事的基礎」（『日本古代史の諸問題』思索社、一九四九年）、関晃、前掲注10「大化改新」、藤間生大「国造制についての一考察」（遠藤元男博士還暦記念日本古代史論叢刊行会編『日本古代史論叢』一九七〇年）。

（15）井上光貞「冠位十二階とその史的意義」（『日本古代国家の研究』岩波書店、一九六五年）。

第三章

第一節

（1）民部・家部については、北村文治「改新後の部民対策に関する試論」（『北海道大学文学部紀要』六、一九五七年）（『大化改新の基礎的研究』吉川弘文館、一九九〇年）、関晃「天智朝の民部・家部について」（『山梨大学学芸学部研究報告』八、一九五七年）（『大化改新の研究』下、吉川弘文館、一九九六年）、原秀三郎「大化改新論批判序説——律令制的人民支配の成立過程を論じていわゆる「大化改新」の存在を疑う」（『日本史研究』八六・八八、一九六六・六七年）（『日本古代国家史研究』東京大学出版会、一九八〇年）。

（2）坂本太郎『大化改新の研究』至文堂、一九三八年。

（3）井上光貞「太政官成立過程における唐制と固有法との交渉」（仁井田陞博士追悼論文集『前近代アジアの法と社会』勁草書房、一九六七年）（『日本古代思想史の研究』岩波書店、一九八二年）。

（4）同前。

（5）内藤乾吉「近江令の法官・理官について」（『中国法制史考証』有斐閣、一九六三年）は、法官にたいする百済の制の影響を指摘している。

(6) 井上光貞、前掲注3「太政官成立過程における唐制と固有法との交渉」参照。太政官制における弁官の意義については、八木充「太政官制の成立」(『律令国家成立過程の研究』塙書房、一九六八年)。

(7) 井上光貞、前掲注3「太政官成立過程における唐制と固有法との交渉」。

(8) 青木和夫「浄御原令と古代官僚制」(『古代学』三―二、一九五四年)(『日本律令国家論攷』岩波書店、一九九二年)。

(9) 野村忠夫『律令官人制の研究』吉川弘文館、一九六七年、第一章。

(10) 鬼頭清明「食封制の成立」(『日本史研究』九三、一九六七年)。

(11) 青木和夫、前掲注8「浄御原令と古代官僚制」、同「律令論」(日本歴史学会編『日本史の問題点』吉川弘文館、一九六五年)(『日本律令国家論攷』岩波書店、一九九二年)。なお、林陸朗「浄御原律令の制定」(『歴史教育』九―五、一九六一年)を参照。

(12) 石尾芳久「律令の編纂」(『日本古代法の研究』法律文化社、一九五九年)。

(13) 坂本太郎「天智紀の史料批判」(『日本古代史の基礎的研究』上、東京大学出版会、一九六四年)。

(14) 青木和夫、前掲注8「浄御原令と古代官僚制」。

(15) 坂本太郎「古代位階制二題」(『日本古代史の基礎的研究』下、東京大学出版会、一九六四年)。

(16) 石尾芳久、前掲注12「律令の編纂」。

第二節

（1）マルクス・エンゲルス『共産党宣言』。

（2）直木孝次郎『壬申の乱』塙書房、一九六一年、亀田隆之『壬申の乱』至文堂、一九六一年。

（3）井上通泰『万葉集追攷』岩波書店、一九三八年、坂本太郎『日本全史』第二巻、東京大学出版会、一九六〇年、直木孝次郎「持統天皇と呂太后」(三品彰英編『日本書紀研究』第一冊、塙書房、一九六四年)(『飛鳥奈良時代の研究』塙書房、一九七五年)。

（4）井上光貞「壬申の乱と律令体制の成立」(『日本古代国家の研究』岩波書店、一九六五年)。

（5）津田左右吉「安東都護府考」(『満鮮歴史地理研究』)(『津田左右吉全集』第一二巻、岩波書店、一九六四年)。

（6）天平勝宝四年の大宰府奏によれば、七百余人の新羅人が、七隻の船に分乗して来朝したという(続紀)。日本も同程度の造船技術をもっていたとみられる。

（7）瀧川政次郎「難波の主船司」(『ヒストリア』二一、一九五七年)、利光三津夫「摂津職の研究」(『律令及び令制の研究』明治書院、一九五九年)。

（8）直木孝次郎『日本古代兵制史の研究』吉川弘文館、一九六八年。

（9）長山泰孝「歳役制の一考察」(『ヒストリア』二七、一九六〇年)(『律令負担体系の研究』塙書房、一九七六年)。

（10）石尾芳久「日唐軍防令の比較研究」(『日本古代法の研究』法律文化社、一九五九年)。

（11）吉田孝「律令における雑徭の規定とその解釈」(坂本太郎博士還暦記念会編『日本古代史論

集』下、吉川弘文館、一九六二年）。
(12) 平野邦雄「大宝・養老両令の歳役について」（『九州工業大学研究報告（人文・社会科学）』五、一九五七年）。
(13) 八木充「田租制の成立」（『律令国家成立過程の研究』塙書房、一九六八年）。
(14) 井上光貞「庚午年籍と対氏族策」（『日本古代史の諸問題』思索社、一九四九年）。
(15) 虎尾俊哉『班田収授法の研究』吉川弘文館、一九六一年。
(16) 青木和夫「浄御原令と古代官僚制」（『古代学』三―二、一九五四年）（『日本律令国家論攷』岩波書店、一九九二年）。
(17) 井上光貞「太政官成立過程における唐制と固有法との交渉」（仁井田陞博士追悼論文集『前近代アジアの法と社会』勁草書房、一九六七年）（『日本古代思想史の研究』岩波書店、一九八二年）。
(18) 青木和夫、前掲注16「浄御原令と古代官僚制」、井上光貞、前掲注17「太政官成立過程における唐制と固有法との交渉」参照。
(19) 竹内理三「天武「八姓」制定の意義」（『律令制と貴族政権』第Ⅰ部、御茶の水書房、一九五七年）。
(20) 西嶋定生「中国古代帝国形成の一考察――漢の高祖とその功臣」（『歴史学研究』一四一、一九四九年）（『中国古代国家と東アジア世界』東京大学出版会、一九八三年）。
(21) 築山治三郎『唐代政治制度の研究』創元社、一九六七年。
(22) 石母田正「古代法」（岩波講座『日本歴史4　古代4』一九六二年）（著作集第八巻収録）。

（23）　北山茂夫「持統天皇論――藤原宮時代の政治と思想の聯関において」（『日本古代政治史の研究』岩波書店、一九五九年）。
（24）　竹内理三「「知太政官事」考」（前掲注19『律令制と貴族政権』第Ⅰ部）。
（25）　直木孝次郎「律令官制における皇親勢力の一考察」（『奈良時代史の諸問題』塙書房、一九六八年）。
（26）　阿部武彦「古代族長継承の問題について」（『北大史学』二、一九五四年）（『日本古代の氏族と祭祀』吉川弘文館、一九八四年）。
（27）　野村忠夫『律令官人制の研究』吉川弘文館、一九六七年、第二章。

第三節

（1）　北山茂夫『日本古代政治史の研究』岩波書店、一九五九年、関晃「律令支配層の成立とその構造」（井上光貞編『古代社会』朝倉書店、一九五二年）（『日本古代の国家と社会』吉川弘文館、一九九七年）、同「大化改新と天皇権力」（『歴史学研究』二二八、一九五九年）、同「大化前後の天皇権力について」（『歴史学研究』二三三、一九五九年）（ともに『大化改新の研究』下、吉川弘文館、一九九六年）、高橋富雄「律令天皇制の構造とその成立」（『歴史学研究』二三三、一九五九年）、原島礼二「八色姓と天武政権の構造」（『史学雑誌』七〇―八、一九六一年）、田中元「天皇絶対制とデスポティズム――古代天皇制について」（『歴史学研究』二五一、一九六一年）等。なお早川庄八「律令国家」（井上光貞・永原慶二編『日本史研究入門』Ⅲ、東京大学出版会、一九六九年）を参照。

(2) 中田薫「養老令官制の研究」(『法制史論集』第三巻、岩波書店、一九四三年)。
(3) 内藤乾吉「唐の三省」(『中国法制史考証』有斐閣、一九六三年)。
(4) マルクス『ドイツ・イデオロギー』。
(5) マルクス『ドイツ・イデオロギー』、およびエンゲルス『フォイエルバッハ論』。
(6) 相田二郎『日本の古文書』上、岩波書店、一九四九年に、手続が要約されている。
(7) 石尾芳久「古代国家の太政官制度」(『日本古代天皇制の研究』法律文化社、一九六九年)。
(8) 石母田正『古代末期政治史序説』未来社、一九六四年。
(9) 橋本義彦「摂関政治論」(『日本歴史』二四五、一九六八年)(『平安貴族社会の研究』吉川弘文館、一九七六年)。
(10) 「自律的」autonom と「他律的」heteronom および「自主的」autokephal と「他主的」heterokephal の概念については、M. Weber: Wirtschaft u. Gesellschaft. Studienausgabe. I. Halbband. S. 36 を参照。
(11) 井上薫「長屋王の変と光明立后」(『日本古代の政治と宗教』吉川弘文館、一九六一年)。
(12) 米田雄介「勅旨省と道鏡」(『古代学』一二―一、一九六五年)。
(13) 瀧川政次郎「紫微中台考」(『律令諸制及び令外官の研究』角川書店、一九六七年)。
(14) 竹内理三「太政官政治」(『律令制と貴族政権』第I部、御茶の水書房、一九五七年)。
(15) M. Weber 前掲注10参照。
(16) 笹山晴生「中衛府の研究――その政治史的意義に関する考察」(『古代学』六―三、一九五七

年）（『日本古代衛府制度の研究』東京大学出版会、一九八五年）。
(17) 青木和夫「浄御原令と古代官僚制」（『古代学』三―二、一九五四年）（『日本律令国家論攷』岩波書店、一九九二年）。
(18) 利光三津夫「裁判例による律の復元」（『律令及び令制の研究』明治書院、一九五九年）。
(19) 瀧川政次郎、前掲注13「紫微中台考」。
(20) 山田英雄「奈良時代における律の適用」（『山田孝雄追憶史学語学論集』宝文館、一九六三年）（『日本古代史攷』岩波書店、一九八七年）、瀧川政次郎「律の罪刑法定主義――山田英雄氏の「奈良時代における律の適用」を読んで」（『日本歴史』一八五、一九六三年）。
(21) 喜田新六「上代の関の研究」（『歴史地理』五七―四、一九三一年）。三関の政治史的分析については、岸俊男「元明太上天皇の崩御――八世紀における皇権の所在」（『日本古代政治史研究』塙書房、一九六六年）。
(22) 堀敏一「唐末諸叛乱の性格――中国における貴族政治の没落について」（『東洋文化』七、一九五一年）（『唐末五代変革期の政治と経済』汲古書院、二〇〇二年）。

第四節

(1) 井上光貞『大化改新』要書房、一九五四年。
(2) 直木孝次郎「贄に関する二、三の考察――古代税制史の一側面」（竹内理三博士還暦記念会編『律令国家と貴族社会』吉川弘文館、一九六九年）（『飛鳥奈良時代の研究』塙書房、一九七五年）、および狩野久「御食国と膳氏――志摩と若狭」（坪井清足・岸俊男編『古代の日本』5、角川書店、一九七〇年）〔『日本古代の国家と都城』東京大学出版会、一九九〇年〕には、贄についての平城・藤原両宮跡出土の木簡資料が紹介・分析されている。

（3）佐伯有清「ヤタガラス伝説と鴨氏」（『新撰姓氏録の研究』研究篇、吉川弘文館、一九六三年）、井上光貞「カモ県主の研究」（『日本古代国家の研究』岩波書店、一九六五年）。

（4）律令制国家の財政の基本構造については、早川庄八「律令財政の構造とその変質」（彌永貞三編『日本経済史大系』Ⅰ、東京大学出版会、一九六五年）〔『日本古代の財政制度』名著刊行会、二〇〇〇年〕を参考。

（5）亀田隆之「奈良時代の算師について」（『日本歴史』一二一、一九五八年）〔『日本古代制度史論』吉川弘文館、一九八〇年〕。

（6）沢田吾一『奈良朝時代民政経済の数的研究』冨山房、一九二七年（柏書房、一九七二年）、瀧川政次郎「弘仁主税式注解」（『律令格式の研究』角川書店、一九六七年）。

（7）オスカー・ランゲ、竹浪祥一郎訳『政治経済学』合同出版社、一九六四年、第五章。

（8）沢田吾一、前掲注6『奈良朝時代民政経済の数的研究』。

（9）時野谷滋「食封制と公民制」（前掲注2『律令国家と貴族社会』）。

（10）吉田孝「律令時代の交易」（前掲注4『日本経済史大系』Ⅰ）〔『律令国家と古代の社会』岩波書店、一九八三年〕。

（11）青木和夫「雇役制の成立」（『史学雑誌』六七―三・四、一九五八年）〔『日本律令国家論攷』岩波書店、一九九二年〕。

(12) 吉田孝「墾田永世私財法の変質」(宝月圭吾先生還暦記念会編『日本社会経済史研究』古代・中世篇、吉川弘文館、一九六七年)(『律令国家と古代の社会』岩波書店、一九八三年)。

第四章

第一節

(1) 早川庄八「律令財政の構造とその変質」(彌永貞三編『日本経済史大系』Ⅰ、東京大学出版会、一九六五年)(『日本古代の財政制度』名著刊行会、二〇〇〇年)。
(2) 彌永貞三「大化以前の大土地所有」(前掲注1『日本経済史大系』Ⅰ)(『日本古代社会経済史研究』岩波書店、一九八〇年)。
(3) 石母田正「天皇と諸蕃——大宝令制定の意義に関連して」(『法学志林』六〇—三・四、一九六三年)(著作集第四巻収録)。
(4) 北山茂夫「大宝二年筑前国戸籍残簡について」(『奈良朝の政治と民衆』高桐書院、一九四八年)。
(5) 門脇禎二『日本古代共同体の研究』東京大学出版会、一九六〇年。
(6) 彌永貞三、前掲注2「大化以前の大土地所有」。
(7) 井上光貞『大化改新』要書房、一九五四年。
(8) 彌永貞三『奈良時代の貴族と農民』至文堂、一九五六年。
(9) 吉田孝「律令における雑徭の規定とその解釈」(坂本太郎博士還暦記念会編『日本古代史論

集』下、吉川弘文館、一九六二年）。
(10) 岸俊男「律令体制下の豪族と農民」（岩波講座『日本歴史3　古代3』一九六二年）。
(11) 早川庄八、前掲注1「律令財政の構造とその変質」。
(12) 青木和夫「律令財政」（前掲注10、岩波講座『日本歴史3　古代3』）（『日本律令国家論攷』岩波書店、一九九二年）。
(13) 長山泰孝「雑徭制の成立」（『ヒストリア』五四、一九六九年）（『律令負担体系の研究』塙書房、一九七六年）。
(14) 磯貝正義「郡司制度の一研究――越中国礪波郡司を中心として」（『山梨大学学芸学部研究報告』九、一九五九年）（『郡司及び采女制度の研究』吉川弘文館、一九七八年）、米沢康「郡司存在形態の一考察――越前・越中の場合」（『日本歴史』一七二、一九六二年）。
(15) 彌永貞三、前掲注8『奈良時代の貴族と農民』。
(16) 同前。
(17) マルクス『資本論』第三巻第六篇第四七章。
(18) 塩沢君夫『古代専制国家の構造（増補版）』御茶の水書房、一九六二年、第五章第三節。
(19) マルクス、前掲注17『資本論』。
(20) マルクス『資本論』第三巻第六篇第三七章。
(21) 都出比呂志「農業共同体と首長権」（歴史学研究会・日本史研究会編『講座日本史』Ⅰ、東京大学出版会、一九七〇年）。

(22) 和島誠一「東アジア農耕社会における二つの型」(石母田正等編『古代史講座』2、学生社、一九六二年)。
(23) 近藤義郎「地域集団としての月の輪地域の成立と発展」(『月の輪古墳』一九六〇年)、同「共同体と単位集団」(『考古学研究』二一、一九五九年)〔ともに『日本考古学研究序説』岩波書店、一九八五年〕。
(24) 原島礼二「日本古代国家成立期の農業労働形態」(『日本史研究』七六、一九六五年)。
(25) 直木孝次郎「古代国家と村落——計画村落の視角から」(『奈良時代史の諸問題』塙書房、一九六八年)。
(26) 原秀三郎「八世紀における開発について」(『日本史研究』六一、一九六二年)。
(27) 青木和夫、前掲注12「律令財政」。
(28) 八木充「田租制の成立」(『律令国家成立過程の研究』塙書房、一九六八年)。
(29) 坂本太郎『大化改新の研究』至文堂、一九三八年、田名網宏「田制及び租法から見た大化改新詔の信憑性について」(『東京都立大学人文学報』二五、一九六〇年)。
(30) 水野柳太郎「出挙の起源とその変遷」(『ヒストリア』二四、一九五九年)(『日本古代の食封と出挙』吉川弘文館、二〇〇二年)、宮原武夫「古代における二つの田租——大税と郡稲」(『続日本紀研究』八—七、一九六一年)〔『日本古代の国家と農民』法政大学出版局、一九七三年〕。
(31) 田租およびそれと関連する出挙制の起源については次の諸稿を参照。薗田香融「倉下考——古代倉庫の構造と機能」(『史泉』六、一九五七年)、同「律令財政成立史序説」(石母田正等編『古代史講座』5、学生社、一九六二年）（ともに『日本古代財政史の研究』塙書房、一九八一年）、八木充「古代地方組織発展の一考察――大和朝廷・皇室の支配を中心に」（『史林』四一―五、一九五八年）、宮原武夫「出挙についての一考察――その起原と性格」（『日本歴史』一六二、一九六一年）、原島礼二「天津罪・国津罪とその社会的背景」（『歴史学研究』二九〇、一九六四年）、および注30の水野柳太郎・宮原武夫論文等。

(32) 内田銀蔵「本邦租税の沿革」（『日本経済史の研究』上、同文館、一九二一年）、岡本明郎「農業生産」（近藤義郎・藤沢長治編『日本の考古学』古墳時代下、河出書房新社、一九六六年）。

(33) 酒井卯作「南島における初穂儀礼」（金関丈夫博士古稀記念委員会編『日本民族と南方文化』平凡社、一九六八年）。

(34) 仲原善忠「おもろ評釈」（沖縄文化協会編『沖縄文化叢論』法政大学出版局、一九七〇年）。

(35) 宮崎市定「古代中国賦税制度」（『アジア史研究』第一、同朋舎、一九五七年）。

(36) 八木充、前掲注28「田租制の成立」。

(37) 平中苓次「漢代の田租と災害による其の減免」（『中国古代の田制と税法』東洋史研究会、一九六七年）。

(38) 宮原武夫「日本古代における二つの班田収授制」（『歴史学研究』三五六、一九七〇年）（『日本古代の国家と農民』法政大学出版局、一九七三年）。

(39) 直木孝次郎「贄に関する二、三の考察――古代税制史の一側面」（竹内理三博士還暦記念会編『律令国家と貴族社会』吉川弘文館、一九六九年）（『飛鳥奈良時代の研究』塙書房、一九七五年）。

(40) 直木孝次郎「新嘗と大嘗のよみと意味」(『万葉』六五、一九六七年)(同前)。
(41) 平中苓次、前掲注37「漢代の田租と災害による其の減免」。
(42) マルクス『剰余価値学説史』第三巻第六章。
(43) リチャード・ジョーンズ、鈴木鴻一郎・遊部久蔵訳『地代論』日本評論社、一九四二年。なおジョーンズについては、大野精三郎『ジョーンズの経済学』岩波書店、一九五三年、を参照。
(44) マルクス『諸形態』。以下とくに注記しない引用文は、『諸形態』からの引用である。
(45) マルクス、前掲注17『資本論』。
(46) 薗田香融「伊予国正税帳について」(『古代文化』五、一九五七年)(『日本古代財政史の研究』塙書房、一九八一年)、亀田隆之「古代の勧農政策とその性格」(前掲注1『日本経済史大系』I)(『日本古代用水史の研究』吉川弘文館、一九七三年)。
(47) 彌永貞三、前掲注8『奈良時代の貴族と農民』。
(48) 水野柳太郎、前掲注30「出挙の起源とその変遷」。
(49) 中田薫「律令時代の土地私有権」(『法制史論集』第二巻、岩波書店、一九三八年)、仁井田陞「中国・日本古代の土地私有制」(『中国法制史研究 土地法・取引法』東京大学出版会、一九六〇年)。
(50) 虎尾俊哉「律令時代の公田について」(『法制史研究』一四、一九六四年)(『日本古代土地法史論』吉川弘文館、一九八一年)、菊地康明『日本古代土地所有の研究』東京大学出版会、一九六九年。

(51)　石母田正「王朝時代の村落の耕地」(『社会経済史学』一一―二・三・四・五、一九四一年)〔著作集第一巻収録〕。

(52)　岸俊男「東大寺領越前庄園の復原と口分田耕営の実態」(『南都仏教』一、一九五四年)(『日本古代籍帳の研究』塙書房、一九七三年)、虎尾俊哉『班田収授法の研究』吉川弘文館、一九六一年、第二篇第一章・第三篇第三章、宮本救「律令制下村落の耕地形態について――特に口分田形態を中心に」(『日本歴史』八六、一九五五年)(『律令田制と班田図』吉川弘文館、一九九八年)、彌永貞三、前掲注8『奈良時代の貴族と農民』等。

(53)　吉田晶『日本古代社会構成史論』塙書房、一九六八年、第二章。

(54)　内田銀蔵「我国中古の班田収授法」(前掲注32『日本経済史の研究』上)。

(55)　虎尾俊哉、前掲注52『班田収授法の研究』。

(56)　原秀三郎、前掲注26「八世紀における開発について」。

(57)　谷岡武雄「播磨国揖保郡条坊(里)の復原と二、三の問題」(『史学雑誌』六一―一一、一九五二年)。

(58)　竹内理三「条里制の起源」(『律令制と貴族政権』第I部、御茶の水書房、一九五七年)、落合重信『条里制』吉川弘文館、一九六七年。

(59)　彌永貞三「半折考」(宝月圭吾先生還暦記念会編『日本社会経済史研究』古代・中世篇、吉川弘文館、一九六七年)(『日本古代社会経済史研究』岩波書店、一九八〇年)。

(60)　虎尾俊哉「秋田市北郊の条里制遺構――条里制施行の北限設定の試み」(『日本上古史研究』

四―三、一九六〇年）（『日本古代土地法史論』吉川弘文館、一九八一年）。
(61) 虎尾俊哉、前掲注52『班田収授法の研究』。
(62) 堀敏一「均田制と租庸調制の展開」（岩波講座『世界歴史5 古代5』一九七〇年）（『均田制の研究』岩波書店、一九七五年）、河地重造「北魏王朝の成立とその性格について――徙民政策の展開から均田制へ」（『東洋史研究』一二―五、一九五三年）、西村元佑『中国経済史研究 均田制度篇』同朋舎、一九六八年。
(63) 松本善海「北魏における均田・三長両制の制定をめぐる諸問題」（『東洋文化研究所紀要』第一〇冊、一九五六年）（『中国村落制度の史的研究』岩波書店、一九七七年）、堀敏一、前掲注62「均田制と租庸調制の展開」。
(64) 西嶋定生「魏の屯田制――特にその廃止問題をめぐって」（『東洋文化研究所紀要』第一〇冊、一九五六年）（『中国経済史研究』東京大学出版会、一九六六年）。
(65) 石母田正『古代末期政治史序説』未来社、一九六四年、虎尾俊哉、前掲注52『班田収授法の研究』。
(66) 一八五三年六月六日付、エンゲルスのマルクス宛の手紙。
(67) 亀田隆之、前掲注46「古代の勧農政策とその性格」。
(68) 石母田正「奈良時代の村落についての一資料」（『経済史研究』二九―五、一九四三年）（著作集第二巻収録）。
(69) 彌永貞三「律令制的土地所有」（前掲注10、岩波講座『日本歴史3 古代3』）（『日本古代社会経済史研究』岩波書店、一九八〇年）。

(70) 石母田正「古代村落の二つの問題」（『歴史学研究』一一—一〇・一一、一九四一年）（著作集第一巻収録）。

(71) マルクス『ヴェーラ・ザスリッチ宛の手紙』。

(72) 門脇禎二、前掲注5『日本古代共同体の研究』。

(73) マルクス『ドイツ・イデオロギー』。

(74) マルクス、前掲注71『ヴェーラ・ザスリッチ宛の手紙』。

(75) 三浦弘万「古ゲルマン社会の定住と耕地形態」（『八戸工業高等専門学校紀要』第一号、一九六六年）、W. Abel: Geschichte der deutschen Landwirtschaft.

(76) マルクス、前掲注73『ドイツ・イデオロギー』。

(77) 川島武宜『所有権法の理論』岩波書店、一九四九年。

(78) 石母田正「古代法」（岩波講座『日本歴史4　古代4』一九六二年）（著作集第八巻収録）。

(79) 一八五三年六月二日付、マルクスのエンゲルス宛の手紙。

(80) マルクス、前掲注71『ヴェーラ・ザスリッチ宛の手紙』。

(81) 彌永貞三、前掲注69「律令制的土地所有」。

(82) マルクス、前掲注71『ヴェーラ・ザスリッチ宛の手紙』。

(83) 島田次郎編『日本中世村落史の研究』吉川弘文館、一九六六年、義江彰夫「初期中世村落の形成」、小山靖憲「初期中世村落の構造と役割」（ともに、歴史学研究会・日本史研究会編『講座日本史』2、東京大学出版会、一九七〇年)等を参照。

(84) 黒田俊雄「村落共同体の中世的特質」(清水盛光・会田雄次編『封建社会と共同体』創文社、一九六一年)。

(85) 安良城盛昭「律令体制の本質とその解体」(『歴史学における理論と実証』第1部、御茶の水書房、一九六九年)、塩沢君夫、前掲注18『古代専制国家の構造(増補版)』、吉田晶、前掲注53『日本古代社会構成史論』、原秀三郎「アジア的生産様式論批判序説――「諸形態」の理解にもとづく基礎的諸概念の再検討」(『歴史評論』二二八、一九六九年)、同「階級社会の形成についての理論的諸問題――続・アジア的生産様式論批判序説」(『歴史評論』二三二、一九六九年)等。なお私は「封建制成立の二、三の問題」(『古代末期政治史序説』上、未来社、一九五六年)(著作集第七巻収録)において、「総体的奴隷制」の範疇が、日本古代社会の理解に必要な理由をのべた。

(86) 石母田正「モンテスキューにおける奴隷制の理論――『法の精神』の批判的解釈の一つの試み」(『歴史評論』八、一九四七年)(著作集第一三巻収録)。

第二節

(1) 岡田清子「喪葬制と仏教の影響」(近藤義郎・藤沢長治編『日本の考古学』古墳時代下、河出書房新社、一九六六年)、喜谷美宣「後期古墳時代研究抄史」(考古学研究会編『日本考古学の諸問題』河出書房新社、一九六四年)。

(2) 都出比呂志「農具鉄器化の二つの画期」(『考古学研究』一三—三、一九六七年)(『日本農耕社会の成立過程』岩波書店、一九八九年)。

(3) 井関弘太郎「日本の初期農業集落の立地に関する若干の問題」(『名古屋大学文学部研究論集』Ⅴ、史学2、一九五三年)、八賀晋「古代における水田開発——その土壌的環境」(『日本史研究』九六、一九六八年)。
(4) 和島誠一等稿『横浜市史』第一巻、有隣堂、一九五八年。
(5) 和島誠一・金井塚良一「集落と共同体」(前掲注1『日本の考古学』古墳時代下)。
(6) 近藤義郎・岡本明郎「日本の水稲農耕技術」(石母田正等編『古代史講座』3、学生社、一九六二年)、木下忠「田植と直播」(前掲注1『日本考古学の諸問題』)等は、田植が弥生式時代からおこなわれたものとしている。
(7) 和島誠一・金井塚良一、前掲注5「集落と共同体」。
(8) 和島誠一「原始聚落の構成」(東京大学歴史学研究会編『日本歴史学講座』学生書房、一九四八年)、鏡山猛「奈良期の集落遺跡について」(『史淵』六六、一九五五年)。
(9) 原島礼二『日本古代社会の基礎構造』未来社、一九六八年、第二部第五章。
(10) 喜谷美宣「住居および建築」(前掲注1『日本の考古学』古墳時代下)。
(11) 甘粕健「横浜市稲荷前古墳群をめぐる諸問題」(『考古学研究』一六—二、一九六九年)(『前方後円墳の研究』同成社、二〇〇四年)。
(12) 門脇禎二『日本古代共同体の研究』東京大学出版会、一九六〇年。
(13) 石母田正「古代法」(岩波講座『日本歴史4　古代4』一九六二年)(著作集第八巻収録)。
(14) 石母田正「古代文学成立の一過程」(『文学』二五—四・五、一九五七年)(著作集第一〇巻収録」。

(15) 近藤義郎「佐良山古墳群」(『佐良山古墳群の研究』第1冊、津山市、一九五二年)。

(16) 西嶋定生「古墳と大和政権」(『岡山史学』一〇、一九六一年)(『中国古代国家と東アジア世界』東京大学出版会、一九八三年)。

(17) 直木孝次郎「日本古代における族について――族民の研究」(『日本古代国家の構造』青木書店、一九五八年)、井上光貞「「族」の性質とその起源」(『日本古代国家の研究』岩波書店、一九六五年)、平野邦雄『大化前代社会組織の研究』吉川弘文館、一九六九年、第五篇第五章、八木充「古代地方組織発展の一考察」(『史林』四一―五、一九五八年)等。

(18) 水野正好「群集墳と古墳の終焉」(坪井清足・岸俊男編『古代の日本』5、角川書店、一九七〇年)。

(19) 北村文治「カバネの制度に関する新研究序説」(『北海道大学人文科学論集』三・五、一九六四・六七年)。

(20) 井上光貞「国造制の成立」(『史学雑誌』六〇―一一、一九五一年)(『井上光貞著作集』第四巻、岩波書店、一九八五年)、同「国県制の存否について」(前掲注17『日本古代国家の研究』)、同『大化改新』要書房、一九五四年、上田正昭「アガタ及びアガタヌシの研究」、同「国県制の実態とその本質」(以上『日本古代国家成立史の研究』青木書店、一九五九年)、八木充、前掲注17「古代地方組織発展の一考察」。

(21) 岸俊男「律令体制下の豪族と農民」(岩波講座『日本歴史3 古代3』一九六二年)。

(22) 本稿では、岸俊男、前掲注21論文所載の表(本書巻末に付録として収載)にしたがっておく。
(23) 山尾幸久「大化改新論序説」上(『思想』五二九、一九六八年)。
(24) 阿部武彦「国造の姓と系譜」(『史学雑誌』五九―一一、一九五〇年)(『日本古代の氏族と祭祀』吉川弘文館、一九八四年)、井上光貞、前掲注20「国造制の成立」、同『大化改新』。
(25) 八木充、前掲注17「古代地方組織発展の一考察」。
(26) 矢島栄一「古代史に於ける屯倉の意義」(『歴史学研究』六―一二、一九三六年)。
(27) 彌永貞三「大化以前の大土地所有」(彌永貞三編『日本経済史大系』I、東京大学出版会、一九六五年)(『日本古代社会経済史研究』岩波書店、一九八〇年)。
(28) 林屋辰三郎「継体・欽明朝内乱の史的分析」(『古代国家の解体』東京大学出版会、一九五五年)。
(29) 阿部武彦、前掲注24「国造の姓と系譜」。
(30) 阿部武彦、前掲注24論文、井上光貞、前掲注20論文参照。
(31) 甘粕健「武蔵国造の反乱」(杉原荘介・竹内理三編『古代の日本』7、角川書店、一九七〇年)(前掲注11『前方後円墳の研究』)。
(32) 上田正昭、前掲注20「アガタ及びアガタヌシの研究」。
(33) 井上光貞「カモ県主の研究」(前掲注17『日本古代国家の研究』)。
(34) 八木充、前掲注17「古代地方組織発展の一考察」。
(35) 井上光貞、前掲注20「国県制の存否について」。

(36) 石母田正、前掲注13「古代法」。
(37) 彌永貞三「仕丁の研究」(『史学雑誌』六〇―四、一九五一年)〔前掲注27『日本古代社会経済史研究』〕。
(38) 山尾幸久、前掲注23「大化改新論序説」上。
(39) 岸俊男「防人考」(『日本古代政治史研究』塙書房、一九六六年)。
(40) 直木孝次郎『日本古代兵制史の研究』吉川弘文館、一九六八年。
(41) 井上辰雄「大化の詔の「調」について――「田の調」「戸の調」を中心として」(『東方古代研究』一〇、一九六〇年)。
(42) 直木孝次郎「人制の研究」(『日本古代国家の構造』青木書店、一九五八年)、平野邦雄、前掲注17『大化前代社会組織の研究』。
(43) エンゲルス『アンチ・デューリング』、石母田正「封建制成立の二、三の問題」(『古代末期政治史序説』上、未来社、一九五六年)〔著作集第七巻収録〕。
(44) 安良城盛昭「律令体制の本質とその解体」(『歴史学における理論と実証』第1部、御茶の水書房、一九六九年)。
(45) 上田正昭「郡司の変遷」(『日本古代国家論究』塙書房、一九六八年)。
(46) 石井進『日本中世国家史の研究』岩波書店、一九七〇年、序章。
(47) 別稿「官僚制国家と人民」(『日本古代国家論』第一部、岩波書店、一九七三年〔著作集第三巻収録〕)において、この問題について言及する。

あとがき

本書の参考文献については、一般的著述は各節の必要な個所に注記してあり、また論文集等も注記によっておのずから知られるから、ここではくりかえさないこととする。ただ注にあげた個別論文が例示的なものである点については、ここでおことわりしておく必要がある。古代史のそれぞれの分野で、戦後つみかさねられてきた個別研究は、量質ともにおどろくべき蓄積となっており、その多面的な研究業績の細部にまで通じるということは、個人ではもはや不可能であるといってよいほどである。しかも国家は、その時代の社会的、経済的、観念的諸関係の政治的総括であるから、どの分野の研究も多かれ少なかれ国家史の問題と深くつながってくるという特徴をもっている。本書のような性質の書物は、古代史の研究者の共同労働の所産ともいうべき過去の業績がもたらした貴重な成果を、読者に正しく伝えることを一つの任務とするにかかわらず、その点でいかにも不十分であることを、おことわりしておかねばならぬ。大学図書館を使用できないという状況のもとでは、自分のお粗末なノートを頼りにしなければならなかった部分も多く、注記すべき業績で逸している場合、または正しく注記していない不備も多くあることとおもう。なんらかの方法で補正してゆきたいとかんがえている。

また本書の第三章「国家機構と古代官僚制の成立」の第五節にあたる「古代官僚制」の部分は、分量の都合で、本書から削除したので、機会を得て活字にすることとしたい。それなしには論議が完結しないところもあるので、さしあたり第五節の小項目だけをあげておけば、つぎのとおりである。1 有位者集団、2 俸禄制と家産制組織、3 規律と分業、4 昇進と官僚制、5 国家観念と天皇制、6 官僚制と法規、形式主義と文書主義、7 官僚制国家と人民。また国家の問題で欠くことのできないイデオロギー的権力としての国家の性格と機能についても、第五章に予定しながら、同じ理由からはたすことができなかった。古代国家の基本的属性のみならず、それの多面的な諸機能を、このような小冊子で歴史的に跡づけるということは、はじめから無理な企図であったのであろう〔上記については、『日本古代国家論』岩波書店、一九七三年、第一部「I 古代官僚制」「II 官僚制国家と人民」「III 国家と行基と人民」(いずれも著作集第三巻収録)、および本書「解説」を参照〕。

なお、史料上の典拠はすべて本文に組みいれたが、第一章第四節のような場合は、とくにことわらないかぎり、すべて『続日本紀』に拠っている。また本文にカタカナまじりで引用してある文章の原文は、漢文またはまれに宣命体の詔である。

古代国家の問題を系統的にとりあつかってきた歴史学研究会および日本史研究会のそれぞれの古代史部会の諸兄と、私の疑問について教示をうけた友人諸兄に感謝の意を表する。また本書の刊行についてお世話になった岩波書店編輯部の中島義勝、松島秀三、島村ヨハネの三氏と、製作・校正のために格別のお手数をおかけした菅野幹男氏と野上富子さんに謝意を表したい。

付　録

（一）大化改新詔関連史料

大化二年正月朔の改新詔

其《そ》の一《はじめ》に曰《のたま》はく、昔在《むかし》の天皇等《すめらみことたち》の立《た》てたまへる子代《こしろ》の民《おほみたから》・処処《ところどころ》の屯倉《みやけ》、及《およ》び、別《こと》には臣《おみ》・連《むらじ》・伴造《とものみやつこ》・国造《くにのみやつこ》・村首《むらのおびと》の所有《たもて》る部曲《かき》の民《おほみたから》・処処の田荘《たどころ》を罷《や》めよ。仍《よ》りて食封《へひと》を大夫《まへつきみ》より以上に賜《たま》ふこと、各差有《おのおのしなあ》らむ。降《くだ》りて布帛《きぬ》を以《も》て、官人《つかさ》・百姓《おほみたから》に賜ふこと、差《しな》有らむ。又曰《またのたま》はく、大夫《まへつきみ》は、民を治《をさ》めしむる所《ところ》なり。能《よ》く其《そ》の治《まつりごと》を尽《つく》すときは、民頼《かうぶ》る。故《かれ》、其の禄《たまもの》を重《おも》くせむことは、民の為《ため》にする所以《ゆゑ》なり。

其の二《つぎ》に曰《のたま》はく、初《はじ》めて京師《みさと》を脩《をさ》め、畿内国《うちつくに》の司《みこともち》・郡司《こほりのみやつこ》・関塞《せきそこ》・斥候《うかみ》・防人《さきもり》・駅馬《はいま》・伝馬《つたはりうま》を置《お》き、鈴契《すずしるし》を造《つく》り、山河《やまかは》を定《さだ》めよ。凡《おほよ》そ京《みやこ》には坊毎《まちごと》に長一人《をさひとり》を置け。四《よ》つの坊《まち》に令《うながし》一人を置け。戸口《へひと》を按《かむが》へ検《をさ》め、姧《かだま》しく非《あ》しきを督《ただ》し察《あきら》むることを掌《つかさど》れ。其の坊令《まちのうながし》には、坊《まち》の内《うち》に明廉《いさぎよ》く強《こは》く直《ただ》しくして、時《とき》の務《まつりごと》に堪《た》ふる者《もの》を取りて充《あ》てよ。里坊《さとまち》の長《をさ》には、並《ならび》に里坊の百姓《おほみたから》の清《いさぎよ》く正《ただ》しく強幹《いさを》しき者を取りて充てよ。若《も》し当《そ》の里坊に人無《な》くは、比《ならび》の里坊に簡《えら》び用《もち》ゐること聴《ゆる》す。凡そ畿内《うちつくに》は、東《ひむがし》は名墾《なばり》の横河《よこかは》より以来《このかた》、南《みなみ》は紀伊《き》の兄山《せのやま》より以来《このかた》、兄、此《これ》をば制《せ》と云《い》ふ。西《にし》は赤石《あかし》の櫛淵《くしふち》より以来、北《きた》は近江《あふみ》の狭狭波《ささなみ》の合坂山《あふさかやま》より以来を、畿内国《うちつくに》とす。凡《おほよ》そ郡《こほり》は四十里《よそさと》を以《も》て大郡《おほきこほり》とせよ。三十里《みそさと》より以下《しも》、四里《よさと》より以上《かみ》を中郡《なかつこほり》とし、三里《みさと》を小郡《すくなきこほり》とせよ。其《そ》の郡司《こほりのみやつこ》には、並《ならび》に国造《くにのみやつこ》の性《ひととなり》識《たましひ》清廉《いさぎよ》くして、時《とき》の務《まつりごと》に堪《た》ふる者《もの》を取《と》りて、大領《こほりのみやつこ》・少領《すけのみやつこ》とし、強《こは》く幹《いさを》しく聡敏《さと》くして、書算《てかきかずとる》に工《たくみ》なる者を、主政《まつりごとひと》・主帳《ふびと》とせよ。凡《おほよ》そ駅馬《はいま》・伝馬《つたはりうま》給ふことは、皆《みな》鈴《すず》・伝符《つたへのしるし》の剋《きざみ》の数《かず》に依《よ》れ。凡そ諸国《くにぐに》及《およ》び関《せき》には、鈴《すず》契《しるし》給ふ。並に長官《かみ》執《と》れ。無《な》くは次官《すけ》執れ。

其の三《つぎ》に曰《のたま》はく、初《はじ》めて戸籍《へのふみた》・計帳《かずのふみた》・班田収授之法《あかちだをさめさづくるのり》を造《つく》れ。凡《すべ》て五十戸《いそへ》を里《さと》とす。里毎《さとごと》に長《をさ》一人《ひとり》を置《お》く。戸口《へひと》を按《かむが》へ検《をさ》め、農桑《なりはひくは》を課《おほ》せ殖《う》ゑ、非違《のりにたがへる》を禁《いさ》め察《あきら》め、賦役《えつき》を催駈《うながしつか》ふことを掌《つかさど》れ。若《も》し山谷阻険《やまはさまさが》しくして、地遠《ところとほ》く人稀《ひとまれ》なる処《ところ》には、便《たより》に随《したが》ひて量《はか》りて置《お》け。凡《おほよ》そ田《た》は長《なが》さ三十歩《みそあし》、広《ひろ》さ十二歩《とをあまりふたあし》を段《きだ》とせよ。十段《ときだ》を町《ところ》とせよ。段《きだ》ごとに租《たちから》の稲二束二把《いねふたつかふたたばり》、町《ところ》ごとに租《たちから》の稲二十二束《はたちあまりふたつか》とせよ。

其の四《つぎ》に曰《のたま》はく、旧《もと》の賦役《えつき》を罷《や》めて、田《た》の調《みつき》を行《おこな》へ。凡そ絹《かとり》・絁《ふとぎぬ》・糸《いと》・綿《わた》は、並《ならび》に郷土《くに》の出《いだ》せるに随《したが》へ。田一町《ひとところ》に絹一丈《かとりひとつゑ》、四町《よところ》にして匹《むら》を成《な》す。長さ四丈《よつゑ》、広《ひろ》さ二尺半《ふたさかあまりいつき》。絁《ふとぎぬ》二丈《ふたつゑ》、二町《ふたところ》にして匹《むら》を成《な》す。長《なが》さ広《ひろ》さ絹《かとり》に同《おな》じ。布四丈《ぬのよつゑ》、長さ広さ絹《かとり》・絁《ふとぎぬ》に同じ。一町《ひとところ》にして端《むら》を成す。糸《いと》・綿《わた》の絇屯《めみせ》をば、諸《もろもろ》の処《ところ》に見《み》ず。別《こと》に戸別《へごと》の調《みつき》を収《と》れ。一戸《ひとへ》に貲《さよみの》（皆の誤り、大津注)布一丈二尺《ぬのひとつゑあまりふたさか》。凡《おほよ》そ調《みつき》の副物《そはりつもの》の塩《しほ》と贄《にへ》とは、亦郷土《またくに》の出《いだ》せるに随《したが》へ。凡そ官馬《つかさうま》は、中《なかのしな》の馬《うま》は一百戸《ももへ》毎《ごと》に一匹《ひとつぎ》を輸《いた》せ。若《も》し細馬《よきうま》ならば二百戸《ふたももへ》毎に一匹を輸せ。其《そ》の馬買《か》はむ直《あたひ》は、一戸《ひとへ》に布一丈二尺《ひとつゑふたさか》。凡そ兵《つはもの》は、人《ひと》の身《み》ごとに刀《たち》・甲《よろひ》・弓《ゆみ》・矢《や》・幡《はた》・鼓《つづみ》を輸《いた》せ。凡そ仕丁《つかへのよほろ》は、旧《もと》の三十戸《みそへ》毎に一人《ひとり》せしを改《あらた》めて、一人を以て廝《くりや》に充《あ》つ。五十戸《いそへ》毎に一人を、一人を以《も》て廝に充つ。以て諸司《つかさつかさ》に充てよ。五十戸を以て、仕丁《つかへのよほろ》一人が粮《かて》に充てよ。一戸《ひとへ》に庸布一丈二尺《ちからしろのぬのひとつゑあまりふたさか》、庸米五斗《ちからしろのこめいつはこ》。凡そ采女《うねめ》は、郡《こほり》の少領《すけのみやつこ》より以上《かみつかた》の姉妹《いろも》、及《およ》び子女《むすめ》の形容《かほ》端正《きらぎら》しき者を貢《たてまつ》れ。従丁《ともよほろ》一人、従女《ともめわらは》二人。一百戸《ももへ》を以て、采女一人が粮《かて》に充てよ。庸布《ちからしろのぬの》・庸米《ちからしろのこめ》、皆仕丁《つかへのよほろ》に准《なぞら》へ。

(岩波文庫『日本書紀(四)』二五六—二六〇頁)

a　大化元年八月庚子(五日)の東国国司への詔

天神《あまつかみ》の奉《う》け寄《よさ》せたまひし随《まま》に、方《まさ》に今始《いまはじ》めて万国《くにぐに》を脩《をさ》めむとす。凡《おほよ》そ国家《あめのした》の所有《たもて》る公民《おほみたから》、大《おほ》きに小《いささけ》きに領《あづか》れる人衆《ひとども》を、汝等《いましたち》任《まけどころ》に之《まか》りて、皆戸籍《みなへのふみた》を作《つく》り、及田畝《またはたけ》を校《かむが》へよ。其れ薗池《そのいけ》水陸《みづくぬが》の利《くほさ》は、百姓《おほみたから》と倶《とも》にせよ。又、国司等《くにのみこともちたち》、国《くに》に在《あ》りて罪《つみ》を判《ことわ》ること得《え》じ。他《ひと》の貨賂《まひなひ》を取《と》りて、民《おほみたから》を貧苦《まづしき》に致《いた》すこと得じ。京《みやこ》に上《まうのぼ》らむ時《とき》には、多《さは》に百姓《おほみたから》を己《おのれ》に従《したが》ふること得じ。唯国造《ただくにのみやつこ》・郡領《こほりのみやつこ》をのみ従はしむること得む。但《ただ》し、公事《おほやけ》を以《も》て往来《かよ》はむ時には、部内《くにのうち》の馬《うま》に騎《の》ること得《え》、部内の飯《いひ》飡《くら》ふこと得《う》。介《すけ》より以上《かみつかた》、法《のり》を奉《う》けたらば、必須《すべから》くは褒《ほ》め賞《たまもの》せよ。

法に違《たが》はば、当《まさ》に爵 位《かがふりのくらゐ》を降《くだ》さむ。判官《まつりごとひと》より以下《しもつかた》、他《ひと》の貨賂《まひなひ》を取らば、二倍《ふたへ》して徴《はた》らむ。遂《つひ》に軽《かろ》さ重《おも》さを以《も》て罪科《つみおほ》せむ。其《そ》の長官《かみ》に従 者《ともならむひと》は九人《ここのたり》。次官《すけ》に従 者《ともならむひと》は七人《ななたり》。主典《ふびと》に従 者《ともならむひと》は五人《いつたり》。若《も》し限《かぎり》に違《す》ぎて外《ほか》に将《ゐ》たらむ者《もの》は、主《きみ》と従《とも》ならむ人《ひと》と、並《ならび》に当に罪科《おほ》せむ。若し名《な》を求《もと》むる人有《あ》りて、元《はじめ》より国 造《くにのみやつこ》・伴 造《とものみやつこ》・県稲置《こほりのいなき》に非《あら》ずして、輙《たやす》く詐《いつは》り訴《うた》へて言《まう》さまく、「我《わ》が祖《おや》の時より、此《こ》の官家《みやけ》を領《あづか》り、是《こ》の郡県《こほり》を治《をさ》む」とまうさむは、汝等 国 司《いましたちくにのみこともち》、詐《いつはり》の随《まま》に便《たやす》く朝《みかど》に牒《まう》すこと得じ。審《つばひらか》に実《まこと》の状《かたち》を得て後《のち》に申《まう》すべし。又《また》、閑曠《いたづら》なる所《ところ》に、兵庫《つはものぐら》を起造《つく》りて、国郡《くにこほり》の刀《たち》・甲《よろひ》・弓《ゆみ》・矢《や》を収《をさ》め聚《あつ》め、辺国《ほとりのくに》の近《ちか》く蝦夷《えみし》と境接《さかひまじは》る処《ところ》には、尽《ことごと》に其の兵《つはもののそなへ》を数《かぞ》へ集《あつ》めて、猶本主《なほもとのあるじ》に仮《あづ》け授《たま》ふべし。其れ倭 国《やまとのくに》の六 県《むつのあがた》に遣《つかは》さるる使者《つかひ》、戸籍《へのふみた》を造《つく》り、幷《あはせ》て田畝《たはたけ》を校《かむが》ふべし。墾田《はりた》の頃畝及《およ》び 民《おほみたから》の戸口《へひと》の年紀《とし》を検覈《あなぐ》るを謂《い》ふ。汝 等 国 司《いましたちくにのみこともち》、明《あきらか》に 聴《うけたまは》りて退《まか》るべし。

(同、二四四―二四八頁)

同日の鐘匱の制

若《も》し憂《うれ》へ訴《うた》ふる人《ひと》、伴 造《とものみやつこ》有《あ》らば、其《そ》の伴造、先《ま》づ勘当《かむが》へて奏《まう》せ。尊 長《ひとごのかみ》有らば、其の尊長、先づ勘当へて奏せ。若し其の伴造・尊長、訴ふる所《ところ》を審《あきらか》にせずして、牒《ふみ》を収《をさ》めて匱《ひつ》に納《い》れば、其の罪《つみ》を以《も》て罪せむ。其の牒《ふみ》を収むる者《もの》は、昧旦《あけぼの》に牒を執《と》りて内裏《おほうち》に奏《まう》せ。朕年月《われとしつき》を題《しる》して、便《すなは》ち 群 卿《まへつきみたち》に示《しめ》さむ。或《ある》いは懈怠《おこた》りて理《ことわ》らず、或いは阿党《かたちは》ひて曲《ま》ぐること有《あ》らば、訴《うた》へむ者以《も》て鐘《かね》を撞《つ》くべし。是《これ》に由《よ》りて、朝《みかど》に鐘を懸《か》け匱《ひつ》を置《お》かむ。天下《あめのした》の民《おほみたから》、咸《ことごとく》に朕《わ》が意《こころ》を知《し》れ。又《また》、男女《をのこめのこ》の法《のり》は、良男《おほみたからをのこ》・良女《おほみたからめのこども》共に生《う》めらむ所《ところ》の子《こ》は、其《そ》の父《かぞ》に配《つ》けよ。若《も》し良男《おほみたからをのこ》、婢《めのこやつこ》を娶《ま》きて生《う》めらむ所《ところ》の子《こ》は、其《そ》の母《いろは》に配《つ》けよ。若し良女《おほみたからめのこ》、奴《をのこやつこ》に嫁《とつ》ぎて生めらむ所の子は、其の父《かぞ》に配《つ》けよ。若し両《ふた》つの家《いへ》の奴《をのこやつこ》・婢《めのこやつこ》の生めらむ所の子は、其の母に配けよ。若し寺家《てら》の仕丁《つかへのよほろ》の子ならば、良人《おほみたから》の法《のり》の如《ごと》くせよ。若し別《こと》に奴婢《やつこ》に入《い》れらば、奴婢《やつこ》の法の如くせよ。今《いまよ》剋く人に制《のり》の始《はじめ》たることを見《しめ》さむ。

(同、二四八頁)

b　大化二年三月甲子(二日)の東国国司への詔

集侍《うごなはりはべ》る群卿大夫及《まへつきみたちおよ》び臣《おみ》・連《むらじ》・国造《くにのみやつこ》・伴造《とものみやつこ》、幷《あはせ》て諸《もろもろ》の百姓《おほみたからども》等、咸《ことごとく》に聴《うけたまは》るべし。夫《そ》れ天地《あめつち》の間《あひだ》に君《きみ》として万民《よろづのおほみたから》を宰《をさ》むることは、独《ひと》り制《をさ》むべからず。要《かなら》ず臣《まへつきみ》の翼《たすけ》を須《もち》ゐる。是《これ》に由りて、代代《よよ》の我《わ》が皇祖等《すめみおやたち》、卿《いまし》が祖考《みおや》と共《とも》に俱《とも》に治《をさ》めたまひき。朕《われ》も神《かみ》の護《まもり》の力《ちから》を蒙《かうぶ》りて、卿等《いましたち》と共に治《をさ》めむと思欲《おも》ふ。故《かれ》、前《さき》に良家《たかきいへ》の大夫《まへつきみ》を以《も》て、東《あづま》の方《かた》の八道《やつのくに》を治めしむ。既《すで》にして国司《くにのみこともち》任《まけどころ》に之《まか》りて、六人《むゆたり》は法《のり》を奉《うけたまは》り、二人《ふたり》は令《のり》に違《たが》へり。毀誉《そしりほまれ》各《おのおの》聞《きこ》ゆ。朕《われ》便《すなは》ち厥《か》の法《のり》奉《うけたまは》るを美《ほ》めて、斯《こ》の令《のり》に違へるを疾《にく》む。凡《おほよ》そ治めむとおもはむ者《ひと》は、君も臣《やつこらま》も、先《ま》づ当《まさ》に己《おのれ》を正《ただ》しくして、後《のち》に他《ひと》を正《ただ》せ。如《も》し自ら正しくあらずは、何《なに》ぞ能《よ》く人《ひと》を正さむ。是《ここ》を以て、自ら正しくあらざる者は、君《ひと》臣《やつこらま》と択《えら》ばず、乃《すなは》ち殃《わざはひ》を受《う》くべし。豈《あに》慎《つつし》まざらむや。汝《いましたち》率《したが》ひて正しくは、孰《たれ》か敢《あ》へて正しくあらざらむ。今前の勅《みことのり》に随《したが》ひて処《おこな》ひ断《さだ》めよ。

（同、二六六頁）

大化二年三月辛巳（十九日）の東国朝集使への詔

集侍《うごなはりはべ》る群卿大夫《まへつきみたち》及び国造《くにのみやつこ》・伴造《とものみやつこ》、并《あはせ》て諸《もろもろ》の百姓等《おほみたからども》、咸《ことごとく》に聴《うけたまは》るべし。去年《こぞ》の八月《はつき》を以《も》て、朕《われ》親《みづか》ら誨《をし》へて曰《のたま》ひしく、「官《つかさ》の勢《いきほひ》に因《よ》りて、公私《おほやけわたくし》の物《もの》を取《と》ること莫《まな》。部内《くにのうち》の食《いひ》を喫《くら》ふべし。部内の馬《うま》に騎《の》るべし。若《も》し誨《をし》ふる所《ところ》に違《たが》はば、次官《すけ》より以上《かみつかた》をば、其《そ》の爵《かうぶり》位《くらゐ》を降《おと》し、主典《ふびと》より以下《しもつかた》をば、笞《ほそきすはえ》杖《ふときすはえ》を決《さだ》めむ。己《おのがみ》に入《い》れむ物《もの》をば、倍《あつつか》へて徴《はた》れ」とのたまひき。詔《みことのり》既《すで》に斯《かく》の若《ごと》し。今《いま》朝集使《まうでうごなはるつかひ》及《およ》び諸《もろもろ》の国造等《くにのみやつこたち》に問《と》ふ、国司《くにのみこともち》、任《まけどころ》に至《いた》りて、誨ふる所を奉《うけたまは》るや不《いな》やと。是《ここ》に、朝集使等、具《つぶさ》に其の状《かたち》を陳《まう》さく、穂積臣咋《ほづみのおみくひ》が犯《をか》せる所《ところ》は、百姓《おほみたから》の中《うち》に、戸毎《へごと》に求《もと》め索《こ》ふ。仍《また》悔いて物《もの》を還《かへ》せり。而《しか》るを尽《ことごとく》には与《あた》へず。其の介《すけ》富制臣《ふせのおみ》 名《な》を闕《もら》せり。巨勢臣紫檀《こせのおみしたの》、二人《ふたり》が過《とが》は、其の上《かみ》を正さずと、云云《しかしかいへり》。凡《すべ》て、以下《しもつかた》の官人《つかさひと》、咸《ことごとく》に過《とが》有り。其の巨勢徳禰臣《こせのとこねのおみ》が犯《をか》せる所《ところ》は、百姓《おほみたから》の中《なか》に、戸毎《へごと》に求《もと》め索《こ》ふ。仍《また》悔いて物《もの》を還《かへ》せり。而《しか》るを尽《ことごとく》には与《あた》へず。復《また》、田部《たべ》の馬《うま》を取《と》れり。其《そ》の介朴井連《すけえのゐのむらじ》・押坂連《おしさかのむらじ》、並《ならび》に名を闕《もら》せり。二人《ふたり》は、其の上《かみ》の失《あやま》てる所を正《ただ》さず。翻《かへ》りて共《とも》に己《おの》が利《くほさ》を求む。復、国造《くにのみやつこ》の馬を取れり。台 直 須弥《うてなのあたひすみ》は、初《はじめ》は上を諫《いさ》むと雖《いへど》も、遂《つひ》に倶《とも》に濁《けが》れたり。凡て、以下《しもつかた》の官人《つかさひと》、咸《ことごとく》に過《とが》有り。其《か》の紀麻《きのま》利《り》耆《き》拕臣《たのおみ》が犯せる所は、人《ひと》を朝倉君《あさくらのきみ》・井上君《ゐのうへのきみ》、二人《ふたり》の所《もと》に使《や》りて、為《ため》に其《そ》の馬《うま》を牽《ひ》き来《き》しめて視《み》たり。復《また》、朝倉君をして、刀作《たちつく》らしめたり。復《また》、朝倉君の弓《ゆみ》・布《ぬの》を得《え》たり。復、国 造《くにのみやつこ》の送《たてまつ》る兵代《つはものしろ》の物《もの》を以《も》て、明《あきらか》に主《ぬし》に還《かへ》さずして、妄《みだり》に国造に伝《つた》へたり。復、所在《まけたま》へる国《くに》にして、他《ひと》に刀偸《ぬす》まれぬ。復、倭国《やまとのくに》にして、他に刀偸まれぬ。是《こ》は、其《か》の紀臣《きのおみ》・其の介三《すけみ》輪君大口《わのきみおほくち》・河辺臣百依《かはへのおみももより》等《ら》が過《とが》なり。其《そ》の以下《しもつかた》の官人《つかさひと》河辺臣磯《かはへのおみし》泊《はつ》・丹比深《たぢひのふか》目《め》・百《も》舌鳥長兄《ずのながえ》・葛城福草《かづらきのさきくさ》・難波癬亀《なにはのくひかめ》 倶毗柯梅《くひかめ》。犬養五十《いぬかひのい》君《きみ》・伊岐史麻呂《いきのふびとまろ》・丹比大眼《たぢひのおほめ》、凡《すべ》て、是の八《やたり》の人等《ひとども》、咸《ことごとく》に過有《とがあ》り。其《か》の阿曇連《あづみのむらじ》 名《な》を闕《もら》せり。が犯《をか》せる所《ところ》は、和徳史《わとこのふびと》が所患有《うれへあ》る時《とき》に、国造《くにのみやつこ》に言《まう》して、官物《つかさのもの》を送《おく》らしむ。復《また》、湯部《ゆべ》の馬を取《と》れり。其の介膳部臣百依《すけかしはでのおみももより》が犯《をか》せる所は、草代《くさしろ》の物《もの》を、家《わたくし》に収《をさ》め置《お》く。復、国造の馬を取りて、他《ひと》の馬に換《か》へて来《きた》れり。河《かは》辺臣磐管《へのおみいはつつ》・湯麻呂《ゆまろ》、兄弟二人《はらからふたり》、亦過《またとが》有り。大市連《おほちのむらじ》 名《な》を闕《もら》せり。が犯せる所は、前《さき》の詔《みことのり》に違《たが》へり。前の詔に曰《のたま》ひしく、「国 司《くにのみこともちたち》 等、任所《まけどころ》にして、自《みづか》ら民《おほみたから》の所訴《うたへ》を断《ことわ》ること莫《まな》」とのたまひき。輙《すなは》ち斯《こ》の詔に違ひて、自《みづか》ら菟礪《うと》の人の所訴《うたへ》、及《およ》び中臣徳《なかとみのとこ》が 奴《をのこやつこ》の事を判《ことわ》れり。中臣徳、亦是同《これおな》じ罪《つみ》なり。涯田臣《きしたのおみ》 名を闕せり。が過《とが》は、倭国《やまとのくに》に在《はべ》りて、官《つかさ》の刀《たち》を偸《ぬす》まる。是《これ》謹《つつし》まざるなり。小緑臣《をみどりのおみ》・丹波臣《たにはのおみ》、是拙《つたな》けれども 犯《をかすことな》 無し。並《ならび》に名《な》を闕《もら》せり。忌部木菓《いむべのこのみ》・中《なか》臣 連《とみのむらじ》正月《むつき》、二人亦過有《ふたりまたとがあ》り。羽田臣《はたのおみ》・田口臣《たぐちのおみ》、二人並に過無し。名を闕せり。平群臣《へぐりのおみ》 名を闕せり。が犯《をか》せる所《ところ》は、三国《みくに》の人《ひと》の所訴《うたへ》、有れども未だ問《と》はず、とまうす。此《これ》を以《も》て観《み》れば、紀麻利耆拕臣《きのまりきたのおみ》・巨勢徳禰臣《こせのとこねのおみ》・穂積咋臣《ほづみのくひのおみ》、汝等《いましたち》三人《みたり》が怠《おこた》り拙《つたな》き所なり。斯《か》の詔《みことのり》に違《たが》ふことを念《おも》ふに、豈情《あにこころ》に労《いたはし》からざらむや。夫《そ》れ君臣《きみやつこらま》と為《な》りて、民《おほみたから》を牧《やしな》ふ者《もの》は、自《みづか》ら率《ひきゐ》て正《ただ》しくは、孰《たれ》をか敢《あ》へて直《ただ》さざらむ。若《も》しは、君或《きみある》いは臣《やつこらま》、心《こころ》を正さずは、当《まさ》に其《そ》の罪《つみ》を受《う》くべし。追《お》ひて悔《く》ゆること何《なに》ぞ及《およ》ばむ。是《ここ》を以て、凡《おほよ》そ諸《もろもろ》の国司《くにのみこともち》、過《とが》の軽《かろ》さ重《おも》さに随《したが》ひて、考《かむが》へて罰《つみ》せむ。又《また》、諸の国造《くにのみやつこ》、詔に違ひて、財《たから》を己《おの》が国司《くにのみこともち》に送《おく》る。遂《つひ》に倶《とも》に利《くほさ》を求《もと》む。恒《つね》に穢悪《あしきこと》を懐《いだ》けり。治《をさ》めずはあるべからず。念《おも》ふこと是《かく》の若《ごと》しと雖《いへど》も、始《はじ》めて新《にひ》しき宮《みや》に処《を》りて、将《まさ》に諸の神《かみ》に幣《みてぐら》たてまつらむとおもふこと、今歳《ことし》に属《あた》れり。又、農《なりはひ》の月《つき》にして、民《おほみたから》を使《つか》ふ合《べ》からざれども、新《にひ》しき宮を造《つく》るに縁《よ》りて、固《まこと》に已《や》むこと獲《え》ず。深《ふか》く二《ふた》つの途《みち》を感《かま》けて、天下《あめのした》に大赦《おほきにつみゆるす》。今《いま》より以後《のち》、国司《くにのみこともち》・郡司《こほりのみやつこ》、勉《つと》め勗《つと》めよ。放逸《あだめきわざ》すること勿《まな》。使者《つかひ》を遣《つかは》して、諸国《くにぐに》の流人《ながしびと》、及《およ》び獄《ひとや》の中《うち》の囚《とらへびと》、一《とも》に皆《みな》放捨《ゆる》せ。別《こと》に塩屋鯯魚《しほやのこのしろ》鯯魚、此《これ》をば挙能之慮《このしろ》といふ。神社福草《かむこそのさきくさ》・朝倉君《あさくらのきみ》・椀子連《まろこのむらじ》・三河大伴直《みかはのおほとものあたひ》・蘆尾直《すすきをのあたひ》、四人《よたり》、並《ならび》に名《な》を闕《もら》せり。此の六《むゆたり》の人《ひと》は、天皇《すめらみこと》に順《したが》ひ奉《まつ》れり。朕《われ》、深《ふか》く厥《そ》の心《こころ》を讃美《ほ》む。官司《つかさつかさ》の処処《ところどころ》の屯田《みた》、及《およ》び吉備嶋《きびのしまの》皇祖母《すめみおや》の処処の貸稲《いらしのいね》を罷《や》むべし。其の屯田《みた》を以《も》ては、群臣《まへつきみたち》及び伴造《とものみやつこたち》等に班《あか》ち賜《たま》はむ。又《また》、籍《ふみた》に脱《も》りたる寺《てら》にして、田《た》と山《やま》とを入《い》れよ。

（同、二六六―二七四頁）

C　大化二年三月甲申(二十二日)の詔

朕《われ》聞く、西土《もろこしのくに》の君《きみ》、其《そ》の民《たみ》を戒《いまし》めて曰《い》へらく、「古《いにしへ》の葬《はぶり》は、高《たか》きに因《よ》りて墓《はか》とす。封《つちつ》かず樹《きう》ゑず。棺槨《き》は以て骨《ほね》を朽《くた》すに足《た》るばかり、衣衿《きもの》は以て宍《しし》を朽すに足るばかり。故《かれ》、吾《われ》、此の丘墟《をか》、不食《いたづら》なる地《ところ》を営《つく》りて、代《よ》を易《か》へむ後《のち》に、其の所《ところ》を知《し》らざらしめむことを欲《ほっ》す。金《こがね》・銀《しろかね》・銅《あかがね》・鉄《ねりかね》を蔵《をさ》むること無《まな》。一《もはら》に瓦《かはら》の器《うつはもの》を以て、古の塗車《くるまかた》・蒭霊《ひとかた》の義《ことわり》に合《かな》へ。棺《き》は際会《ひまあひめ》に漆《うるしぬ》ること三過《みたび》せよ。飯含《ふく》むるに珠玉《たま》を以てすること無《まな》。珠襦《たまのこしころも》・玉柙《たまのはこお》施くこと無《まな》。諸《もろもろ》の愚俗《おろかひと》のする所なり」といへり。又曰《またい》へらく、「夫《そ》れ葬《はぶり》は蔵《かく》すなり。人《ひと》の見《み》ること得《え》ざらむことを欲《ほっ》す」といへり。廼者《このごろ》、我《わ》が民《おほみたから》の貧《まづ》しく絶《とも》しきこと、専墓《たくめはか》を営《つく》るに由《よ》れり。爰《ここ》に其《そ》の制《のり》を陳《の》べて、尊《たか》さ卑《ひき》さ別《わき》あらしむ。夫れ王《みこたち》より以上《かみつかた》の墓は、其の内《うち》の長《なが》さ九尺《ここのさか》、濶《ひろ》さ五《いつ》尺《さか》。其の外《と》の域《めぐり》は、方 九尋《たたさよこさここのひろ》、高《たか》さ五尋《いつひろ》。役《えよほろ》一千《ち》人《たり》、七日《なぬか》に訖《をはら》しめよ。其《そ》の葬《はぶ》らむ時《とき》の帷帳《かたびらかきしろ》の等《ごとき》には、白布《しろぬの》を用《もち》ゐよ。轜車《きくるまあ》有れ。上臣《たかきまへつきみ》の墓《はか》は、其の内《うち》の長《なが》さ濶《ひろ》さ及《およ》び高さは、皆上《みなかみ》に准《なずら》へ。其の外《と》の域《めぐり》は、方 七尋《たたさよこさななひろ》、高さ三尋《みひろ》。役《えよほろい》五百《ほ》人《たり》、五日《いつか》に訖《をはら》しめよ。其の葬《はぶ》らむ時の帷帳《かたびらかきしろ》の等《ごとき》には、白布《しろぬの》を用ゐよ。担《にな》ひて行《ゆ》け。蓋《けだ》し此《これ》は肩《かた》を以《も》て輿《こし》を担《にな》ひて送《おく》るか。下臣《ひくきまへつきみ》の墓は、其の内の長さ濶さと高さとは、皆上に准《なずら》へ。其の外《と》の域《めぐり》は、方 五尋《たたさよこさいつひろ》、高さ二尋半《ふたひろなか》。役《えよほろふたももあまりいそたり》二百五十人、三日《みか》に訖《をはら》しめよ。其の葬《はぶ》らむ時の帷帳《かたびらかきしろ》の等《ごとき》には、白布《しろぬの》を用ゐること、亦《また》上に准《なずら》へ。大仁《だいにん》・小仁《せうにん》の墓《はか》は、其《そ》の内《うち》の長《なが》さ九尺《ここのさか》、高《たか》さ濶《ひろ》さ各《おのおの》四《よ》尺《さか》。封《つちつ》かずして平《たひらか》ならしめよ。役《えよほろ》一《も》百《も》人《たり》、一日《ひとひ》に訖《をはら》しめよ。大礼《だいらい》より以下《しもつかた》、小智《せうち》より以上《かみつかた》の墓は、皆《みな》大《だい》仁《にん》に准《なずら》へ。役《えよほろ》五《い》十《そ》人《たり》、一日に訖《をはら》しめよ。凡《おほよ》そ王《おほきみ》より以下《しもつかた》、小智《せうち》より以上《かみつかた》の墓は、小《ちひさ》き石《いし》を用《もち》ゐよ。其の帷帳《かたびらかきしろ》の等《ごとき》には、白布《しろぬの》を用ゐよ。庶民《おほみたから》亡《し》なむ時《とき》には、地《つち》に収《をさ》め埋《うづ》めよ。其の帷帳《かたびらかきしろ》の等《ごとき》には、麁布《あらきぬの》を用ゐるべし。一日も停《とど》むること莫《なか》れ。凡《おほよ》そ王《おほきみ》より以下《しもつかた》、庶民《おほみたから》に至《いた》るまでに、殯《もがり》営《やつく》ること得《え》ざれ。凡《おほよ》そ畿内《うちつくに》より、諸《もろもろ》の国等《くにぐに》に及《いた》るまでに、一所《ひとところ》に定《さだ》めて、収め埋めしめ、汚穢《けがらは》しく処処《ところどころ》に散《ちら》し埋《う》むること得《え》じ。凡《おほよ》そ人死亡《し》ぬる時《とき》に、若《も》しは自《おのれ》を経《わな》きて殉《したが》ひ、或《ある》いは人を絞《くび》りて殉《したが》はしめ、強《あながち》に亡人《しにたるひと》の馬《うま》を殉《したが》はしめ、或いは亡人《しにたるひと》の為《ため》に、宝《たからもの》を墓《はか》に蔵《をさ》め、或いは亡人《しにたるひと》の為に、髪《かみ》を断《き》り股《もも》を刺《さ》して誄《しのびこと》す。此《かく》の如《ごと》き旧俗《ふるきしわざ》、一《もはら》に皆《みな》悉《ことごとく》に断《や》めよ。或本《あるふみ》に云《い》はく、金《こがね》・銀《しろかね》・錦《にしき》・綾《あや》・五綵《いつくさのしみのもの》を蔵むること無《なか》れといふ。又曰《またい》はく、凡そ諸臣《まへつきみたち》より民《おほみたから》に至《いた》るまでに、金・銀を用ゐること得じといふ。縦《も》し詔《みことのり》に違《たが》ひて、禁《いさ》むる所《ところ》を犯《をか》すこと有《あ》らば、必《かなら》ず其《そ》の族《やから》を罪《つみ》せむ。

復《また》、見《み》て見ずと言《い》ひ、見ずして見たりと言ひ、聞《き》きて聞かずと言ひ、聞かずして聞きたりと言ふもの有《あ》り。都《かつ》て正《まさ》しく語《かた》り正しく見るところ無《な》くして、巧《たくみ》に詐《いつは》る者多《ものおほ》し。復、奴《をのこやつこ》婢《めのこやつこ》有りて、主《あろじ》の貧《まづ》しく困《たしな》めるを欺《あざむ》きて、自《みづか》ら勢家《とめるいへ》に託《つ》きて、活《わたらひ》を求《もと》む。勢家《とめるいへ》、仍《よ》りて強《あながち》に留《とど》め買《か》ひて、本主《もとのあろじ》に送《おく》らざる者多し。復、妻《め》妾《をみな》有りて、夫《をうと》の為に放《す》てらるる日《ひ》に、年《とし》を経《へ》て後《のち》に、他《ひと》に適《とつ》ぐは恒《つね》の理《ことわり》なり。而《しか》るを此《こ》の前夫《もとのをうと》、三四年《みとせよとせ》の後《のち》に、後夫《いまのをうと》の財物《たからもの》を貪《むさぼ》り求《もと》めて、己《おの》が利《くほさ》とする者、甚《はなは》だ衆《おほ》し。復、勢《いきほひ》を恃《たの》む男《をのこ》有りて、浪《みだり》に他《ひと》の女《むすめ》に要《ことむす》びて、未《いま》だ納《むか》へざる際《あひだ》に、女自《みづか》らに人に適《とつ》げらば、其《か》の浪《みだり》に要《ことむす》びし者《もの》、嗔《いか》りて両《ふた》つの家《いへ》の財物《たからもの》を求《もと》めて、己《おの》が利《くほさ》とする者、甚《はなは》だ衆《おほ》し。復《また》、夫《をうと》を亡《うしな》へる婦《め》有《あ》りて、若《も》しは十年《ととせ》、二十年《はたとせ》を経《へ》て、人に適《とつ》ぎて婦《め》と為《な》り、并《あはせ》て、未だ嫁《とつ》がざる女《むすめ》、始《はじ》めて人に適《とつ》ぐ時《とき》に、是《ここ》に、斯《こ》の夫婦《をうとめ》を妬《ねた》みて、祓除《はらへ》せしむること多《おほ》し。復《また》、妻《め》の為《ため》に、嫌《きら》はれ離《はな》たれし者有りて、特悩《ひとりなや》まさるるを慙愧《は》づるに由《よ》りて、強《あながち》に事瑕《ことさか》の婢《めのこやつこ》とす。事瑕、此《これ》をば居騰作柯《ことさか》と云ふ。復、屢《しばしば》己《おの》が婦《め》を他《ひと》に奸《かだ》めりと嫌《うたが》ひて、好《この》みて官司《つかさ》に向《ゆ》きて、決請《ことわりまう》すこと有り。仮使《たとひ》、明《あきらか》なる三《みたり》の証《あかしひと》を得《う》とも、倶《とも》に顕《あらは》し陳《まう》さしめて、然《しかう》して後《のち》に諮《まう》すべし。詎《いかに》ぞ浪《みだり》に訴《うた》ふることを生《な》さむ。復、役《つか》はるる辺畔《ほとりのくに》の民《おほみたから》有り、事了《ことをは》りて郷《くに》に還《かへ》る日《ひ》に、忽然《にはか》に得疾《やまひ》して、路頭《みちのほとり》に臥死《し》ぬ。是《ここ》に、路頭《みちのほとり》の家《いへ》、乃《すなは》ち謂《かた》りて曰《い》はく、「何《なに》の故《ゆゑ》か人をして余路《あがあたり》に死《し》なしむる」といひて、因《よ》りて死《し》にたる者の友《とも》伴《がき》を留《とど》めて、強《あながち》に祓除《はらへ》せしむ。是《これ》に由りて、兄路《このかみみち》に臥死《し》ぬと雖《いふと》も、其《そ》の弟収《おととをさ》めざる者多《おほ》し。復、百姓《おほみたから》有りて、河《かは》に溺《おぼほ》れ死《し》ぬ。逢《みあ》へたる者、乃《すなは》ち謂《い》ひて曰はく、「何の故か我《われ》に溺れたる人を遇《みあ》へしむる」といひて、因りて溺れたる者の友伴《ともがき》を留めて、強《あながち》に祓除《はらへ》せしむ。是に由りて兄《このかみ》河に溺れ死ぬと雖《いふと》も、其の弟救《おととすく》はざる者衆《おほ》し。復、役《つか》はるる民《おほみたから》有りて、路頭《みちのほとり》に炊《かし》き飯《は》む。是《ここ》に、路頭《みちのほとり》の家《いへ》、乃《すなは》ち謂《い》ひて曰《い》はく、「何《なに》の故《ゆゑ》か情《こころ》の任《まま》に余路《あがあたり》に炊《かし》き飯《は》む」といひて、強《あながち》に祓除《はらへ》せしむ。復《また》、百姓《おほみたから》有《あ》り、他《ひと》に就《つ》きて甑《こしき》を借《か》りて炊《かし》き飯《は》む。其《そ》の甑、物《もの》に触《ふ》れて覆《くつがへ》る。是《ここ》に、甑の主《ぬし》、乃ち祓除《はらへ》せしむ。此等《これら》の如《ごと》き類《たぐひ》、愚俗《おろかひと》の染《なら》へる所《ところ》なり。今悉《いまことごとく》に除断《や》めて、復《ふたたび》せしむること勿《なか》れ。復《また》、百姓《おほみたから》有りて、京《みやこ》に向《まうく》る日《ひ》に臨《のぞ》みて、乗《の》る所の馬の、疲《つか》れ痩《や》せて行《ゆ》かざらむことを恐《おそ》りて、布二尋《ぬのふたひろ》・麻二束《あさふたつか》を以《も》て、参河《みかは》・尾張《をはり》、両《ふたつ》の国《くに》の人《ひと》に送《おく》りて、雇《やと》ひて養飼《か》はしむ。乃ち京《みやこ》に入《まゐ》りぬ。郷《くに》に還《かへ》る日に、鍬一口《すきひとわ》を送る。而《しか》るを参河人等《みかはびとども》、養飼《か》ふこと能《あた》はずして、翻《かへ》りて痩《や》せ死《し》なしむ。若《も》し是細馬《これよきうま》ならば、貪《むさぼ》り愛《をし》むことを生《な》して、工《たくみ》に謾語《いつはりこと》を作《な》して、偸失《ぬす》まれたりと言《い》ふ。若し是牝馬《これめうま》、己《おの》が家《いへ》に孕《はら》めば、便《すなは》ち祓除《はらへ》せしめて、遂《つひ》に其の馬を奪《うば》ふ。飛聞《つてにき》くこと是《かく》の若《ごと》し。故《このゆゑ》に今《いま》、制《のり》を立《た》てむ。凡《おほよ》そ路傍《みちのほとり》の国に馬を養《か》はば、雇《やと》はるる人を将《ゐ》て、審《つばひらか》に村首《むらのおびと》 首は長《をさ》なり。に告《つ》げて、方《まさ》に謝物《おくりもの》を授《さづ》けよ。其の郷《くに》に還《かへ》る日に、更《さら》に報《つぐのみ》を須《もち》ゐず。如《も》し疲《つか》れ損《そこな》へることを致《いた》さば、物得《ものう》べからざれ。縦《も》し斯《こ》の詔《みことのり》に違《たが》へらば、将《まさ》に重《おも》き罪科《つみおほ》せむ。

市司《いちのつかさ》・要路《ぬみのみち》の津済《つわたり》の渡子《わたりもり》の調賦《みつき》を罷《や》めて、田地《たどころ》給《た》与《ま》へ。

凡《おほよ》そ畿内《うちつくに》より始《はじ》めて、四方《よも》の国《くに》に及《いた》るまでに、農作《なりはひ》の月《つき》に当《あた》りては、早《すみやか》に田営《たつく》ることを務《つと》めよ。美物《いを》と酒《さけ》とを喫《くら》はしむべからず。清廉《いさぎよ》き使者《つかひ》を差《さ》して、畿内《うちつくに》に告《のたま》へ。其の四方《よも》の諸国《くにぐに》の国造《くにのみやつこたち》等にも、善《よ》き使《つかひ》を択《えら》びて、詔《みことのり》の依《まま》に催《もよほ》し勧《つと》めしむべし。（同、二七六―二八六頁）

d　大化二年八月癸酉（十四日）の詔

　原《たづね》れば夫《そ》れ天地陰陽、四時《よつのとき》をして相乱《あひみだ》れしめず。惟《おもひみ》れば此天地《これあめつち》、万物《よろづのもの》を生《な》す。万物の内《うち》に、人是最《これもと》も霊《くしひ》なり。最も霊なる間《あひだ》に、聖人主《ひじりきみ》たり。是《ここ》を以て、聖主《ひじり》の天皇《すめらみこと》、天《あめ》に則《のと》り御《あめのした》寓《をしろしめ》して、人の所獲《ところえ》むことを思《おも》ほすこと、暫《しましく》も胸《こころ》に廃《す》てず。而《しか》るに王《きみ》の名名《みなみな》に始《はじ》めて、臣《おみ》・連《むらじ》・伴 造《とものみやつこ》・国 造《くにのみやつこ》、其の品 部《しなじなのとものを》を分《わか》ちて、彼《そ》の名名《なな》に別《わ》く。復《また》、其の民《たみ》と品 部《しなじなのとものを》とを以て、交雑《まじ》りて国県《くにこほり》に居《はべ》らしむ。遂に父子《おやこ》姓を易《か》へ、兄弟《はらから》宗異《こと》に、夫婦《をうとめ》更《かはるがはる》互《たがひ》に名《な》殊《こと》ならしむ。一家五《ひとついへいつ》つに分《わか》れ六《む》つに割《さ》く。是《これ》に由《よ》りて、争《あらそ》ひ競《きほ》ふ訟《うたへ》、国《くに》に盈《み》ち朝《みかど》に充《み》てり。終《つひ》に治《をさま》れることを見《み》ずして、相乱《あひみだ》るること弥盛《いよいよさかり》なり。粤《ここ》に、今《いま》の御 寓 天 皇《あめのしたしらすすめらみこと》より始めて、臣《おみ》・連《むらじ》等《たち》に及《いた》るまでに、所有《たもて》る品 部《しなじなのとものを》は、悉《ことごとく》に皆罷《みなや》めて、国家《おほやけ》の民《おほみたから》とすべし。其の王《きみ》の名《みな》を仮借《か》りて伴造《とものみやつこ》とし、其の祖《おや》の名《な》に襲拠《よ》りて臣・連とす。斯等《これら》、深《ふか》く情《こころ》に悟《さと》らず、忽《にはか》に若是《かく》宣《の》る所《ところ》を聞《き》きて、当《まさ》に思《おも》ふらまく、「祖《おや》の名《な》、借《か》れる名滅《き》えぬ」とおもふらむ。是《これ》に由《よ》りて、預《あらかじ》め宣《の》べて、朕《わ》が懐《おも》ふ所を聴《き》き知《し》らしめむ。王者《きみ》の児《みこ》、相続《あひつ》ぎて御寓《あめのしたしら》せば、信《まこと》に時《とき》の帝《きみ》と祖皇《みおや》の名《みな》と、世《よよ》に忘《わす》らるべからざることを知る。而《しか》るを王《きみ》の名を以て、軽《かろかろ》しく川野《かはの》に掛《か》けて、名を百姓《おほみたから》に呼《よ》ぶ、誠《まこと》に可畏《かしこ》し。凡《おほよ》そ王者《きみ》の号《みな》は、将《まさ》に日月《ひつき》に随《したが》ひて遠《とほ》く流《なが》れ、祖子《みこ》の名は、天地《あめつち》と共《とも》に長《なが》く往《ゆ》くべし。如是《かく》思ふが故《ゆゑ》に宣《の》たまふ。祖子《みこ》より始《はじ》めて、奉仕《つかへまつ》る卿大夫《まへつきみたち》・臣《おみ》・連《むらじ》・伴 造《とものみやつこ》・氏氏《うぢうぢ》の人等《ひとども》、或本《あるふみ》に云《い》はく、名名《なな》の王民《おほみたから》といふ。咸《ことごとく》に聴聞《うけたまは》るべし。今《いま》汝等《いましたち》を以《も》て、使仕《つか》ふべき状《かたち》は、旧《もと》の職《つかさ》を改去《す》てて、新《あらた》に百官《もものつかさ》を設《まう》け、位階《くらゐのしな》を著《あらは》して、官位《つかさくらゐ》を以て叙《さづ》けたまはむ。今発《た》て遣《つかは》す国 司《くにのみこともち》、幷《あはせ》て彼《そ》の国造《くにのみやつこ》、以《ここをも》て奉聞《うけたまは》るべし。去年《こぞ》朝集《てうしふ》に付《つ》けし政《まつりごと》は、前《さき》の処分《ことわり》の随《まま》にせむ。収《をさ》め数《かぞ》ふる田《た》を以《も》ては、均《ひと》しく民《おほみたから》に給《たま》へ。彼《かれ》と我《われ》と生《な》すこと勿《なか》れ。凡《おほよ》そ田給《たま》はむことは、其の百姓《おほみたから》の家《いへ》、近《ちか》く田に接《つ》けたらむときには、必《かなら》ず近きを先《さき》とせよ。此《かく》の如《ごと》くに宣《の》たまはむことを奉《うけたまは》れ。凡そ調賦《みつき》は、男《をのこ》の身《み》の調《みつき》を収《をさ》むべし。凡そ仕丁《つかへのよほろ》は、五《い》十戸《そへ》毎《ごと》に一人《ひとり》。国国《くにぐに》の壃堺《さかひ》を観《み》て、或《ある》いは書《ふみ》にしるし或いは図《かたち》をかきて、持《も》ち来《まゐ》りて示《み》せ奉《まつ》れ。国県《くにこほり》の名《な》は、来《まうこ》む時《とき》に将《まさ》に定《さだ》めむ。国国の堤《つつみ》築《つ》くべき地《ところ》、溝穿《うなてほ》るべき所《ところ》、田墾《たは》るべき間《ところ》は、均《ひと》しく給《たま》ひて造《つく》らしめよ。当《まさ》に此《こ》の宣《の》たまふ所を聞《うけたまは》り解《さと》るべし。

（同、二八六―二九〇頁）

e　大化二年三月壬午（二十日）の皇太子（中大兄皇子）奏

昔在《むかし》の天皇等《たち》の世《みよ》には天下《あめのした》を混《まろか》し斉《ひとし》めて治《をさ》めたまふ。今《いま》に及逮《およ》びては分《わか》れ離《はな》れて業《わざ》を失《うしな》ふ。国《くに》の業を謂《い》ふ。天皇我《わ》が皇《きみ》、万民《おほみたから》を牧《やしな》ふべき運《みよ》に属《あた》りて、天《あめ》も人も合応《こた》へて、厥《そ》の政《まつりごと》惟《これ》新《あらた》なり。是《こ》の故《ゆゑ》に、慶《よろこ》び尊《たふと》びて、頂《いただき》に戴《いただ》きて伏奏《かしこまりまう》す。現為明神御八嶋国天皇《あきつみかみとやしまぐにしらすすめらみこと》、臣《やつかれ》に問《と》ひて曰《のたま》はく、「其《そ》れ群《もろもろ》の臣《おみ》・連《むらじ》及び伴造《とものみやつこ》・国造《くにのみやつこ》の所有《たもて》る、昔在《むかし》の天皇の日に置《お》ける子代入部《こしろのいりべ》、皇《み》子等《こたち》の私《わたくし》に有《たも》てる御名入部《みなのいりべ》、皇祖大兄《すめみおやおほえ》の御名入部　彦人大兄《ひこひとのおほえ》を謂《い》ふ。及び其の屯倉《みやけ》、猶古代《なほむかし》の如《ごと》くにして、置《お》かむや不《いな》や」とのたまふ。臣《やつかれ》、即《すなは》ち恭《つつし》みて詔《みことのり》する所《ところ》を承《うけたまは》りて、奉答《こたへまう》而曰さく、「天《あめ》に双《ふた》つの日《ひ》無《な》し。国《くに》に二《ふたり》の王《きみ》無し。是《こ》の故《ゆゑ》に、天下《あめのした》を兼《か》ね幷《あは》せて、万民《おほみたから》を使《つか》ひたまふべきところは、唯天皇《ただすめらみこと》ならくのみ。別《こと》に、入部《いりべ》及《およ》び所封《よさせ》る民《おほみたから》を以て、仕丁《つかへのよほろ》に簡《えら》び充《あ》てむこと、前《さき》の処分《ことわり》に従《したが》はむ。自余以外《これよりほか》は、私《わたくし》に駈役《つか》はむことを恐《おそ》る。故《かれ》、入部《いりべ》五百《いほあまり》二十四口《はたちあまりよつのひと》・屯倉《みやけ》一百八十一所《ももあまりやそあまりひとところ》を献《たてまつ》る」とまうす。

（同、二七四―二七六頁）

（二）　国造表

	律令制の国名と一致するもの	律令制の郡名と一致するもの
古事記	倭・山代・凡河内	
	尾張・遠江・甲斐・相武・无邪志	長狭（安房）・馬来田（上総）・伊自牟（上総）・上菟上（上総）・下菟上（下総）・常道仲（常陸）・茨木（常陸）
	近淡海・三野・科野・道奥石城・（東）	近淡海安（近江）・三野本巣（美濃）・道尻岐閇
	越	
	多遅摩・出雲	
	吉備・周芳	
	木・伊予	
	日向	
	20	10
日本書紀	倭・河内	葛城（大和）・闘鶏（大和）
	武蔵	伊甚（上総）・茨城（常陸）
	美濃・科野	
	越	
	出雲	
	播磨・周防・（穴戸）	
	紀・讃岐	
	筑紫・火・日向	菟狭（豊前）・火葦北（肥後）
	14	6

岸俊男「律令体制下の豪族と農民」（岩波講座『日本歴史3 古代3』1962年）より転載

（三）関連地図

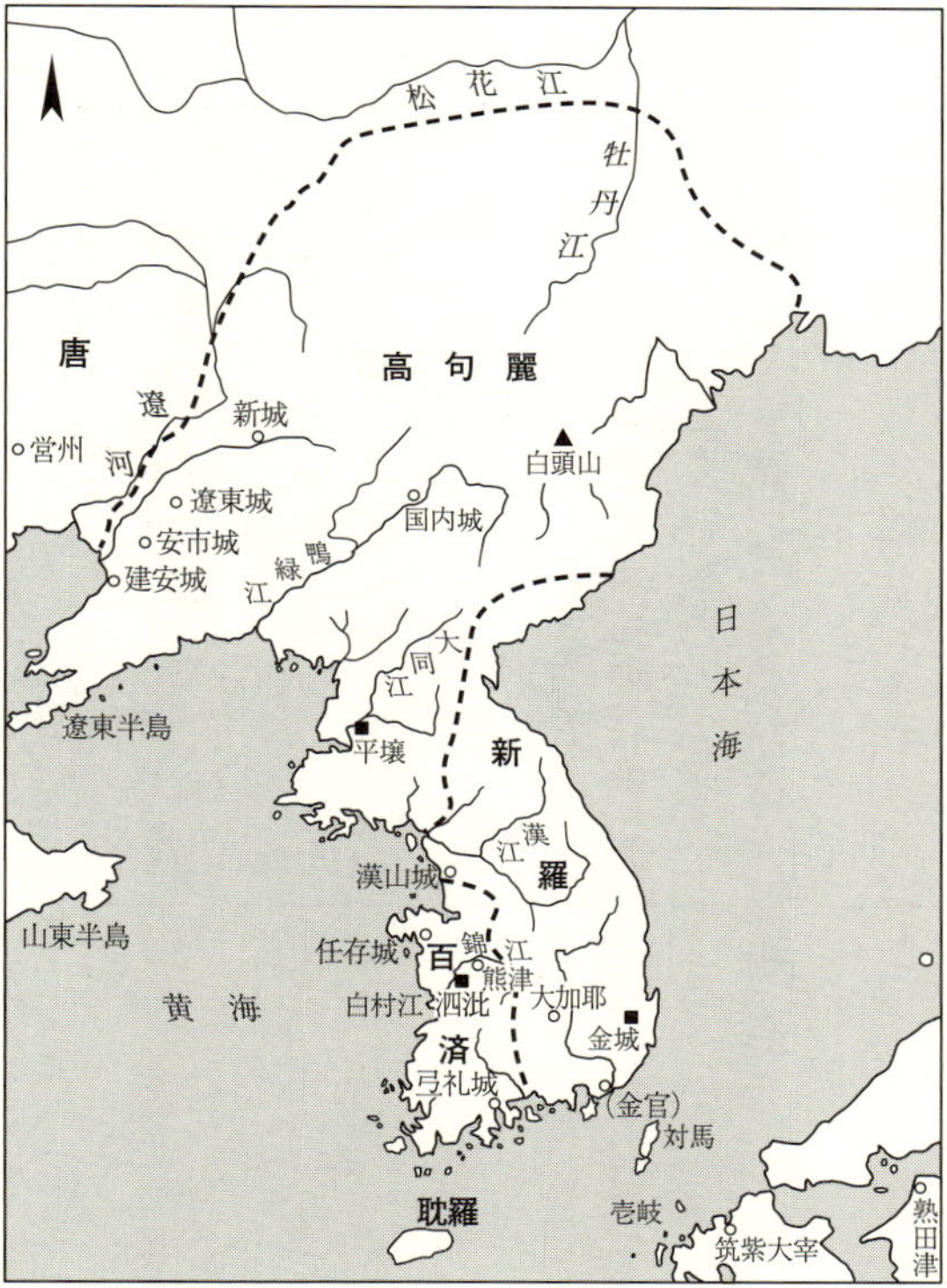

図1　7世紀の朝鮮半島

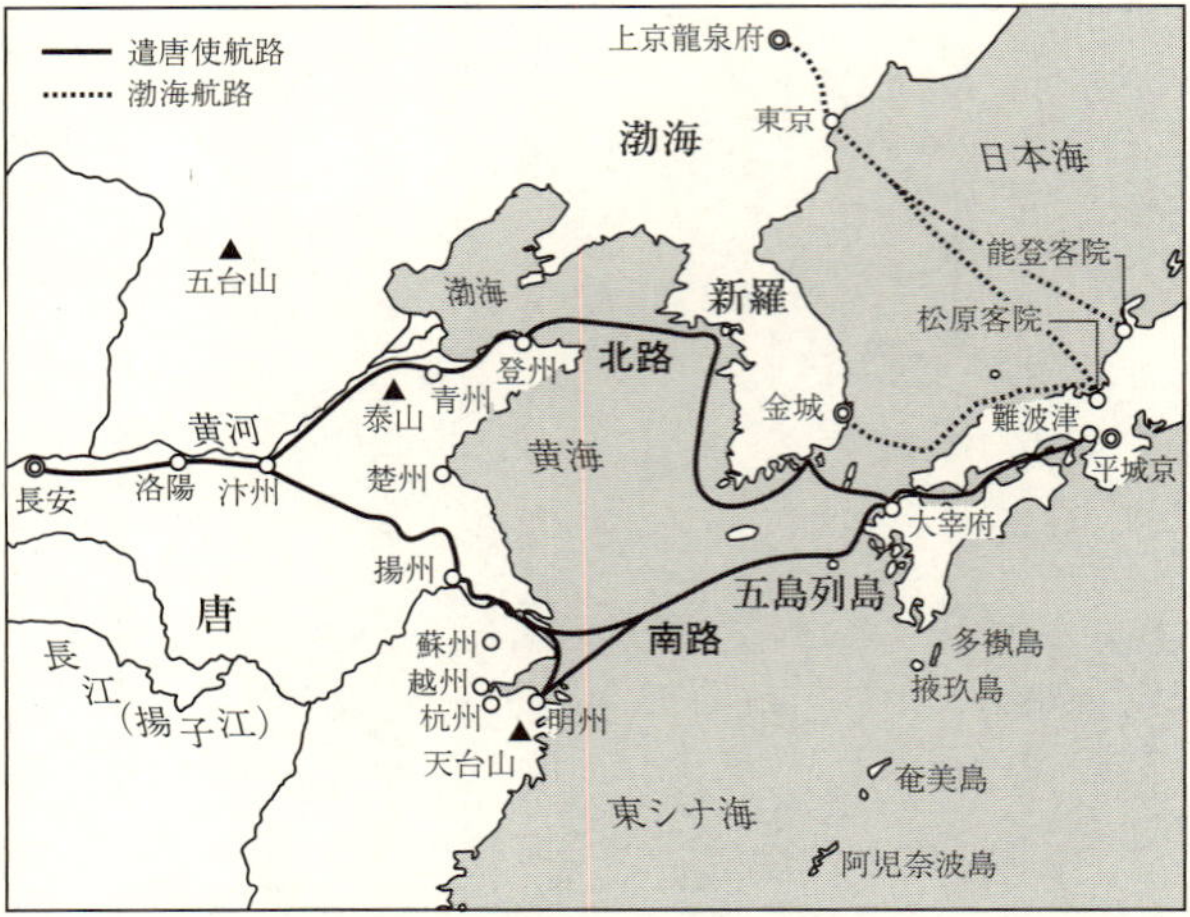

図2　8世紀の東アジアと日唐交通路

解説

大津透

石母田正（一九一二―八六）による『日本の古代国家』（日本歴史叢書、岩波書店、一九七一年）は、戦後の日本古代史研究における最大の成果であり、発表されてすでに四〇年以上になるが、現在なお日本の古代国家を研究する上で避けて通れない基礎となる著作といえる。このたび岩波文庫に収められ、広く読まれるようになったことはたいへん喜ばしい。

石母田正は、一九一二年北海道札幌に生まれ、第二高等学校をへて、一九三一年に東京帝国大学文学部西洋哲学科に入学、国史学科に転科して一九三七年に卒業した。冨山房、朝日新聞社などをへて、一九四七年に法政大学法学部講師、翌年教授となり、歴史学研究会などを率いてマルクス主義に基づく戦後歴史学と歴史学運動を指導した。

しかし本書では、単純に既存の理論をあてはめるのではなく、日本の歴史の実際に適合する新たな古代国家論を、文化人類学の首長制の成果を学ぶことによって作り上げたのである。それにより律令国家形成における大化改新《たいかのかいしん》の意義を鮮明にし、律令租税制の本質にせまることを可能にした。また第一章では七世紀初頭の推古《すいこ》朝や七世紀中葉の大化改新における東アジアの国際状況を鋭く分析し、国家成立の過程における国際的契機の大きさを明らかにし、第三章では天皇と太政官《だいじょうかん》の関係や八省の独自性などに注目して律令国家の特徴を描き出している。戦後二五年あまりの日本古代史研究で積み重ねられた実証的研究成果を見事に統合しながら新鮮な論点を示し、石母田の強靱な論理力と読者を引きこむ文体とも相俟って、魅力ある古代国家像を提示している。古代史研究の画期的成果といえるのだが、残念ながら石母田は本書刊行直後の一九七三年にパーキンソン病を発病し、本書の問題提起をさらに発展させることはできず、晩年は闘病生活を続け一九八六年に逝去された。

石母田の専門は古代・中世史である。大戦末期に書き下ろされ、敗戦直後の一九四六年に公刊された『中世的世界の形成』(伊藤書店)は、伊賀《いが》国黒田庄《くろだのしょう》を舞台とする古代から中世への転換を描き、その領主制理論が戦後中世史研究の潮流に大きな影響を与えた(岩波文庫に収録(石井進解説)、一九八五年)。一九五〇年には『古代末期の政治過程および政治形態』上・下(日本評論社)を上梓し(のちに『古代末期政治史序説』未来社、一九五六年、として増補再刊)、中世史の側から領主制理論に立脚して十世紀から十二世紀の古代末期の政治史にせまった。さらに「鎌倉幕府一国地頭職の成立」（石母田正・佐藤進一編『中世の法と国家』東京大学出版会、一九六〇年）などの鎌倉幕府成立史の研究や、武家法を中心とする中世法についてのすぐれた分析（日本思想大系『中世政治社会思想』上「解説」、岩波書店、一九七二年）など、中世の国制や法を論じた成果がある。

一方の古代史の分野では、すでに戦前に八世紀の戸籍・計帳《けいちょう》を分析して、家父長制との関係で古代家族のあり方や村落形態について論じていた（吉田晶編集・解説『古代国家と奴隷制』上・下、校倉書房、一九七二年、に収録）。また戦後しばらくして、ヘーゲルの美学を用いて神武《じんむ》東征やヤマトタケルの伝説を分析して、英雄時代論を提唱し、一九五〇年代後半には日本神話の分析をさらに深めた（『神話と文学』岩波現代文庫〔吉村武彦解説〕、二〇〇〇年など）。それぞれ大きな影響を与えた成果であるが、しかし古代国家の成立過程を正面から全面的に分析したのは一九七一年に書き下ろされた本書が初めてであった。

では本書の内容を、若干のコメントを付しながら、まとめてみよう。

第一章「国家成立史における国際的契機」では、国際関係を国家が成立するための独立の要因としてとらえる。アジア的な首長制では首長は共同体の共同性を代表し、他民族との「交通」が重要になればその首長制＝王権は強化される。推古朝・大化改新・天《てん》平《ぴょう》期を取り上げ、東アジアの戦争と内乱が古代国家の権力集中と不可分であることを論ずる。七世紀後半の白村江《はくそんこう》の敗戦による対外危機に対応して律令国家が成立したことは常識であるが、それを除けば対外交渉史は内政史と分離したいわば独立分野であった。それに対して六世紀末から七世紀初頭の隋の成立、七世紀中葉の唐の高宗《こうそう》の高句麗《こうくり》征討による東アジアの緊張の意味を取り上げたことが重要である。この時期に朝鮮三国で権力集中がおき、百済《くだら》型、高句麗型、新羅《しらぎ》型の三類型があるとし、推古朝の聖徳太子の「摂政」は新羅型に近い新しい権力集中の体制であり、その後蘇我入鹿《そがのいるか》が高句麗型の専制を目指す。それを滅ぼした中大兄《なかのおおえ》皇子は万機総摂による新羅型の権力集中を行なった、と大化改新から斉明《さいめい》朝を位置づける。大化改新は唐高宗の厳しい圧力に対応するために「国家」という新しい機構を作る動きであり、推古朝もまた東アジア情勢に対応する国家形成の画期であったとし、「天皇」号は推古朝の対隋交渉のなかで作られたと論ずる。倭《わ》が推古朝以来保ってきた新羅・百済を朝貢させる「大国」意識が、律令では公民を支配するのみならず、夷狄・諸蕃の上に立つ「大国」の法として制度化されたことを指摘し、天平年間の政治史の分析から古代の「帝国主義」にもふれる。

東アジアのなかで日本の古代を考えることは現在では常識になっているが、そのさきがけとなったのが本書である。従来、歴史は社会の階級分化にはじまり、社会・経済要因により自律的に発展すると考えて、その歴史像は一国中心主義に流れがちであった。

第二章「大化改新の史的意義」では、七世紀中葉の大化改新の目的を見直す。従来は改新詔《かいしんのみことのり》第一条を信じて、改新の目的は、屯倉《みやけ》・田荘《たどころ》の停廃・収公、つまり私地私民を廃して公地公民制を実現することと考えられてきた。著者は独自の『日本書紀』の史料批判(五つの詔・奏や改新詔第四条を第一次史料とする)により、改新の第一の課題は、一律的な土地調査(一般的校田)を行なうことであるとする。それは班田収授法《はんでんしゅうじゅ》につながるのではなく、改新詔の「田之調《たのちょう》」は民戸ではなく国造《くにのみやつこ》などが納入すべき調の総額を決定する指数であると考え、各首長の領域内の田地総面積の調査が税制の成立の前提になったとする。さらに第二の課題は、領域内の民戸・男丁《だんてい》を調査登録すること(編戸)にあったとする。六世紀から七世紀初頭の秩序である王民制では、各「氏《うじ》」とその部民《べみん》がカバネナを負うことにより王権に奉仕する「タテ割リ」的な体制だったが、改新は人民を居住地により地域的に編成する公民制への転換を目指し、領域的国家が成立する画期であると意義づける。

その改革を執行した主体について、大化の東国国司詔を取り上げ分析する。東国における国造は強力で、伴造《とものみやつこ》・屯倉を包摂していたという特色がある。彼らが改新の主体として登場することに注目し、それを評造《こおりのみやつこ》とすることによって評《こおり》が成立し、領域的国家が成立すると論ずる。国造から「評」制への転換は、国造の領域支配が制度化され純粋の行政区画となったことであるが、同時に国造の領域の分割・統合を行ない、国造以外の新たな群小豪族も評造に補任することによる政府の権力基盤拡大でもあった。一方で国造の裁判権や徭役《ようえき》賦課権には介入することなく首長層の在地における権力に依存した。改新政権の特徴として軍事的関心の高さをあげ、推古朝の官司制は自然発生的で複雑な独得の国制であったとして、改新以降の国制との断絶と継承の関係に注意している。こうした大化改新の分析が、本書における論証の中核となっている。

第三章「国家機構と古代官僚制の成立」では、支配階級の共同の「機関」としての国家機構の成立、二官八省の成立を取り上げる。著者は甲子宣《かっしのせん》(六六三)の「民部《かきべ》・家部《やかべ》」や「近江令《おうみりょう》」の分析から、天智《てんじ》朝における国制の転換は過渡的なものと位置づける。ついで天武《てんむ》・持統《じとう》朝において、六八九年の飛鳥浄御原令《あすかきよみはらりょう》によって律令制国家機構が成立し、班田収授制・租庸調制が全国的に確立し、畿内の武装化や総領制・道制・軍団制の創立などにより武装力が建設されることをあげる。雑徭《ぞうよう》の兵役からの分離、調の人頭税化、田租《でんそ》の成立、庚寅年籍《こういんねんじゃく》(六九〇)など税制の面からは、国家の成立は浄御原令によって全面的に完成したとする。

律令制下の法の制定、とくに太政官が上奏して勅を仰ぐ論奏《ろんそう》式の規定を対応する唐の奏抄《そうしょう》式と比較することによって、太政官・八省のあり方を具体的に分析し、太政官は、大化前代の畿内豪族の代表者からなる大夫《まえつきみ》層の系譜を引く議政官《ぎせいかん》による機関であり、君主権から相対的に独自性の強い勢力として天皇権力を制約していたと論ずる。官制大権・官吏任命権・軍事大権・刑罰権・外交と王位継承などの天皇の大権事項を取り上げて、律令制国家は「東洋的専制国家」であるとする一方で、日本の律令制がもつ貴族制的要素、伝統的族制秩序の強固さに注目している。また八省については、多くの被管の官庁(職《しき》・寮《りょう》・司《し》)をもつ宮内《くない》省・中務《なかつかさ》省・大蔵《おおくら》省と、二つの寮しかもたない民部《みんぶ》省に代表される省があると指摘する。前者は古い型の省であり、伴造・品部《しなべ》制などの天皇との個別的・世襲的な隷属関係が行政組織に継承されたものだが、後者は新しい型の省で、国家対公民という抽象的な関係をもととし、記帳と計算と管理、「国用の支度《したく》」(予算)を機能とする。民部省官人は、もはや天皇の家産制的臣僚ではなく、支配階級の共同利害をまもる機構である国家の官僚となったと論じている。天皇と太政官の関係や官司のもつ歴史的特質の分析など、新鮮な論点でその後の研究に刺激を与えた。

なお「あとがき」にあるように、当初の構想では、現行四節構成のこの章にはさらに第五節「古代官僚制」が置かれるはずであった。その草稿である「古代官僚制」「官僚制国家と人民」「国家と行基と人民」は、『日本古代国家論　第一部』(岩波書店、一九七三年)で活字にされており、そこでは一六〇頁余りある。それを三分の一に圧縮する予定であったと述べられている。

第四章「古代国家と生産関係」は、本書の理論的中心となる「在地首長制」について解明する。律令制財政の基礎は租庸調と雑徭であるが、著者は、雑徭のあり方の検討から、首長層が共同体を支配していて徭役労働を編成したことを読みとる。また大化以前にすでに祭祀儀礼に伴い収穫の一部を初穂・初物として首長へ貢納する慣行があり、それが天皇に対する田租や調の貢納に転化されることで律令税制が成立したとする。浄御原令による班田収授法成立の前段階には、大化以降行なわれた収公・還授を伴わない班田である賦田制があり、さらに背景には共同体を代表する首長が神的人格として大地を所有する神話的土地所有があると論ずる。国家の経済的な土台である生産関係からいえば、首長制こそが第一次的、本源的なものであった。

しかし六世紀以降、生産力が発展し階級分化するなかで、首長層は、総体的奴隷制という生産関係は保ちつつも変化していき、国造制《こくぞうせい》、大国造制によって大王《だいおう》の秩序に編成されていく。六世紀から大化改新、浄御原令にいたる時期に「国造法」の段階を設定し、その主な内容である裁判刑罰権・徴税権・勧農権・祭祀権を明らかにし、こうした国造による支配が、人民の支配、すなわち隷属関係が成立する第一の道であるとする。律令制国家において、地方の首長制支配は国造制を基礎に郡司《ぐんじ》の形へと制度化されていった。在地においては首長対人民の第一次的生産関係があり、その上に律令制国家(＝国司《こくし》)対公民という生産関係が、第二次的、派生的に存在したのである。

本書の意義は、従来の国家理論によらず、文化人類学の成果を取り込み新たな国家論を模索し、日本の古代国家が首長制の上に成立しているという特質を剔出したことにあり、そこに本書の魅力もある。しかしこうした認識に至るには長い背景があるだろう。石母田は、大戦前から歴史学研究会において、そして戦後は民主主義科学者協会(民科)を結成して、戦後の歴史学運動とくに国民的歴史学運動を牽引した。『歴史と民族の発見――歴史学の課題と方法』(東京大学出版会、一九五二年)は、そこに収める「村の歴史・工場の歴史」などが国民的歴史学運動のバイブルとなり、学者の著作としては異例なほど多くの読者をえて社会に影響を与えた(筆者所有の一九八一年版は二六刷である)。

網野善彦氏と筆者が最後に懇談したとき、その話題は国民的歴史学運動の一環である山村工作隊の思い出であり反省だった。網野氏の話のなかにはその運動を主導した「石母田さん」も出てきた。山村工作隊とは、日本共産党が一九五二年に始めた、中国共産党を模倣して山村地帯に「遊撃隊」を作るという活動で、網野氏はじめ多くの学生党員が山村部に派遣され、紙芝居（「祇園祭」「山城国《やましろのくに》一揆」など）をもって「人民解放」にあたったが、成果はなかった。結局、国民的歴史学運動は、共産党の内部闘争のなかで、一九五五年の六全協で行なわれた極左冒険主義否定という党の方針転換により終焉し、過去の悪夢として封印されることになった。網野史学や網野氏の「日本論」の根底にはこの運動の挫折と、異なった形での運動の継承があったのではないかとかつて筆者は述べたのだが、石母田の在地首長制論についても同じことがいえるように思う（拙稿「解説」網野善彦『日本の歴史00 「日本」とは何か』講談社学術文庫、二〇〇八年）。

石母田は一九六五年四月からヨーロッパに一年間留学し、六七年に「国家史のための前提について」（『歴史評論』二〇一、のちに『戦後歴史学の思想』法政大学出版局、一九七七年）を発表する。そこでは、中ソ論争や文化大革命の進行、日本はアメリカ帝国主義の「従属国家」か否かなどの課題を踏まえ、国家理論と歴史的事実との緊張が足りないことを訴える。「そもそも「国家」とはなにか、その本質、構造、機能とはなにか、それは日本で歴史的にどのように形態変化したかについて少なくとも自分の理論をみがくことなしに、どのような方向で問題を提起し、国家のどの側面をどのような方法で分析することができるであろうか。（中略）多様な国家理論が正しいかどうかを、日本の古代または中世の国家史に即して検証する必要がある」と述べる。網野善彦『日本中世の非農業民と天皇』(岩波書店、一九八四年)が冒頭でこの文章を引用して述べるように、ここで石母田はマルクス主義に安易によるのでなく、自ら国家論に取り組む決意を述べ、その努力が四年後の本書に結実するのである。本書「はしがき」には「理論や概念の「適用」という安易な道ではなく、所与の国家の歴史自体からわれわれの古代国家論を作り上げてゆく必要がある。戦後の古代史研究者の仕事は、この課題にこたえるために、蓄積されてきたといってよい」とある。

「国家史のための前提について」にはすでに本書に通じる指摘が見られる。国家独占資本主義時代の国家に対して、国家を生産関係でなく上部構造とする一般的理解には問題があり、生産関係には「本源的な」それと「第二次的、第三次的の」それとがあり、国家は後者に属する「生産関係」としての側面をもつという指摘である。さらに「律令制国家の研究の困難な問題の一つは、社会の下部構造＝生産関係と、上部構造＝国家対人民との関係」を「どのように統一的にとらえるかにある」という部分には、国家対公民の関係を第二次的生産関係とする構想の端緒が見られる。

石母田は、ヨーロッパ留学後半ではロンドンで文化人類学の研究に没頭した。その成果が「民会と村落共同体」(『歴史学研究』三二五、一九六七年)で、「ポリネシアの共同体についてのノート(一)」の副題をもつ。古代の支配形態は、共同体の「共同性」が首長によって代表される形と、成員相互の関係、すなわち民会によって代表される形の二つにわけられ、前者はアジア的、専制的とされ、後者は古典古代・ゲルマン的とされている（このマルクス説は本書でも繰り返し述べられる）。この「ノート㈠」では、サモアでの首長と「民会」とを対比して、前者から後者への権力の移行を指摘して、かつて首長が権力を確立していたことを述べ、「首長制」の肉付けをしていった。

トンガ社会を分析する「ノート㈡」は、「東洋社会研究における歴史的方法について」（『岩波講座世界歴史』三〇、一九七一年）の後半「ポリネシアにおける「賦田制」と貢納制」として発表された。トンガの専制的な王権は、神的権威と現世的権力の二元的支配構造をもち、王への貢納は、地代であると同時に神々に対する豊饒を願う供物奉献儀式であるなど、首長制の生産関係や貢納制のあり方のイメージが示されたこの「ノート㈡」もまた、本書を理解するために参照したい。なお以上の本書誕生にいたる石母田の歩みについては、『石母田正著作集』第四巻に付された吉田孝氏の解説が有益である。

本書の首長制論の中心になっているのは、第四章の大化前代の国造制論である。各地方を統括する国造には、在地首長の支配と領域をそのままクニとして編成した小国造だけでなく、支配領域内部に多くの自立的首長層を抱えた大国造がある。国造制の画期は大国造制の成立ととらえるべきで、ヤマト国家による上からの編成により成立したというのが石母田説である。国造領域内には大王・豪族が所有する部民と彼らを統率する伴造《とものみやつこ》がいたものの、それらは国造制に包摂されたとし、大化改新を伴造制的秩序を否定し国造制的秩序に基づいて国家すなわち領域支配を成立させた画期と位置づける。この石母田説は、井上光貞氏や八木充氏などの国造制研究を踏まえたものではあるが、大国造制の領域支配を強力なものと考えるかどうか、伴造制、名代《なしろ》・子代《こしろ》、屯倉制との関係など、今なお様々な考え方がある。

もう一つの首長制論への異論は、首長制という用語の使用にある。この語は古代国家の構造を説明するには便利だが、国際的契機を重視することにより社会の内部矛盾を軽視し、かつ吉田孝説のように古代社会を「未開」とすることで社会の内部矛盾をほとんど無視するおそれがあると指摘される(吉田晶「石母田古代史学の批判と継承」『歴史学研究』七八二、二〇〇三年、本書の発刊三〇年の特集号)。大国造制の領域は律令制の国司に代位される。それ自体は首長制の基礎にならず、郡になったのは小国造であり、大化改新においては国造以外の多くの中小豪族も評官人になったわけであるから、著者も指摘してはいるが国造制が抱えていた内部矛盾を考究する必要がある。

「はしがき」に言うように、石母田は古代国家の成立過程を、邪馬台国から順に段階を跡づけるのでなく、七・八世紀、推古朝から律令制国家の成立にいたる時期を議論の場にした。その点で本書は、律令国家論でもある。律令制研究の視点からいえば、本書は、首長制が制度化されたのが郡司であり(郡司は官位相当の適用外であるが、世襲が認められ、終身官であるという特異な官である)、国家—公民の支配関係を代表するのが国司であるという歴史的位置づけを明示したことが注目される。この石母田の二重の生産関係の議論は、律令国家は律令制と氏族制の二元的国家であるとの指摘(井上光貞「律令国家群の形成」『岩波講座世界歴史』六、一九七一年)や、未開の古代社会(氏族制)のうえに文明である律令制が被さっているとのイメージ(吉田孝『律令国家と古代の社会』岩波書店、一九八三年)と補い合い、律令国家の理解を深めた。首長制の国家構造が、こうした律令国家の二重構造を本質的に規定したと考えられ、律令国家の人民支配は在地首長(郡司)の伝統的支配なしには成り立たないことを明示したのである。天皇が戸籍・計帳によって人民を強力に把握している(個別人身的支配)というかつての単純な議論は、もはや成立しないだろう。

本書は地方行政組織の解明が古代国家研究の中核であることを確信させ、そこから大化の評制施行や郡司制をめぐる研究が進展した。律令租税制の基礎に貢納制があることを示したことも刺激となり、調庸制や地方に貯蓄される稲穀などの財政史研究も深められた。他方で、伝統的首長である郡司層が没落していく社会の変化に対して国司がどのように支配を再編するかという視点へつながり、平安時代の地方行政研究も進展した。

「はしがき」冒頭で石母田は、本書の課題を国家の成立の問題であると明言した。多くの解釈は、著者は古代国家の成立を律令国家において考えているとする。しかしそうだろうか。たしかに石母田は推古朝以降を議論の場としつつも、律令国家を古代国家の完成形態と述べ、中央官制や税制からは七世紀末の天武・持統朝を国家成立の完成とする。しかし国造制がヤマト朝廷による領域的支配であり、律令国家の基礎にあったとすれば、七世紀初めの推古朝前後、大国造制の成立において、古代国家の枠組みはほぼ固まったといえるのではないだろうか。第一章で、東アジアの緊張に対応する権力集中の画期として推古朝を取り上げていることからも、推古朝を中心に律令制の政治や貴族の特色をとりだした関晃氏の研究が多く参照されていることからも、古代国家成立の第一段階としての推古朝の重要性を、著者ははっきりと認識していた。

首長制論において、王権や首長への貢納制は、国家に対する租税・地租に制度化・転化する。だがその前後で断絶があるのでなく、むしろ貢納制としての共通性が維持されるとも著者は論じており、国家の完成・制度化によってもその本質は維持されると考えていたように思う。本書では、邪馬台国以来の支配形態が国家構造のなかに保存され止揚されていることを一貫して述べ、官僚制における宮内省のような古い型の省の分析や、太政官に代表されるような天皇をも拘束する貴族制の強さなど、律令国家のなかに古い伝統的なあり方——その最大のものは天皇制である——が残っていることを明らかにしている。律令国家だけに国家の成立をみていると読み取るのは表面的だろう。

天皇制についていえば、著者は第三章で天皇の大権事項を分析する。そこで名例律《みょうれいりつ》に規定する勅断権を取り上げているが、これは唐律の規定がそのまま引き写されたものであり、律令の継受法としての性格を考えると、勅断権が日本の実態かどうか、天皇が唐の皇帝と同じ専制君主であるといえるかは議論の余地がある。専制君主はあるべき理想だったかもしれないが、「国家が天皇制の一部を機構内に編成した」という著者の見解からすると、天皇制も大和政権の政治的首長という古いあり方を継承している部分が大きいと思う。

最後に、あまり取り上げられないが、本書のもつ大化改新研究としての意義にふれておく。戦後の古代史研究の大きなテーマに、大化改新詔の信憑性を疑う井上光貞氏と『日本書紀』の記載を信頼する坂本太郎氏との間で繰り広げられた「郡評論争」がある。その後一九六〇年代後半には、さらに詔のみならず大化改新そのものも否定する説も唱えられるようになった。石母田はそれに全く参加していなかったのだが、本書では、改新詔はしばらく改新論から外すとして、大化元年から二年の五つほどの詔・奏を第一次史料と認定して、改新に取り組んだ。当初は史料の認定が恣意的だなどの批判もあったようだが、結局その方法は正しかったように思う。

著者は、大化の東国国司詔に国造が改新の主体としてあらわれることから、律令国家が在地首長制に基づいていることを論証したものの、東国国司の性格や目的については踏み込んでいなかった。その後早川庄八氏が、東国国司の任務は評官人への任官候補者を連れて帰り中央で試練を受けさせることであると論じ(『日本古代官僚制の研究』岩波書店、一九八六年)、また鎌田元一氏が『常陸国風土記』の分析から常陸国での立評を論証したこと(『律令公民制の研究』塙書房、二〇〇一年)などから、全国に評を設置する大化改新の改革が確かに行なわれたと考えられるに至った。さらに石母田は改新詔自体にせまってその存在を部分的に肯定しているのは注目すべきであろう。たとえば第四条の田《た》の調《ちょう》という税制について、「国造等の在地首長層が国家に納入すべき毎年の調の総額を決定する」ための基準であり、「国家対人民」の関係でなく国家と首長層間の分配関係を規制していると説明する。また第二条の四至で定める畿内の規定も原史料に基づくと評価して、朝鮮半島をモデルとする制度として軍事的な意味を重視している。今日の学界では改新肯定論が活発になり、やや行き過ぎではないかと思えるくらいだが、その流れの大きな変化のきっかけは本書にあったということもできるだろう。

筆者が本書を読んだのは、大学一年生の時だったと思うが、そのときの衝撃は忘れられない。笹山晴生先生の『日本書紀』のゼミに参加して学んでいた、緻密なしかし地味な史料の考証の成果が、大きな理論のもとに再構築されるさまは圧倒的だった。古代史研究のスケールの大きさと面白さを味わったように思う。それ以来本書には有形無形に学恩を受けてきた。著者は「あとがき」で不備の補正を約束していたが、病気のためにかなわなかった。今回の文庫化にあたり、多少でも役に立てたとすれば望外の喜びである。

著者の年譜・著作目録と著作は、『石母田正著作集』全一六巻(岩波書店、一九八八―九〇年)にまとめられている。

〔編集付記〕

一、本書の底本には、『石母田正著作集』第三巻、岩波書店、一九八九年を使用し、モダンクラシックス版の石母田正『日本の古代国家』岩波書店、二〇〇一年を参照した。

一、底本の明らかな誤記・誤植は正し、表記・表現に最小限の統一を施した。

一、読みやすさを考慮し、読み仮名を付した。読み仮名については、『日本書紀』からの引用は、岩波文庫『日本書紀』(全五冊、坂本太郎・家永三郎・井上光貞・大野晋校注、岩波書店、一九九四―九五年)を、『続日本紀』からの引用は、新日本古典文学大系『続日本紀』(全五巻、青木和夫・稲岡耕二・笹山晴生・白藤禮幸校注、岩波書店、一九八九―九八年)を参照した。

一、引用文献に出典が記されていない場合、適宜補った。

一、注の参考文献は、必要に応じて補足した。

一、〔 〕内の注記は、右の著作集および本文庫での補いである。

一、巻末に、「大化改新詔関連史料」「国造表」「関連地図」を付録として収載した。「事項索引」は、モダンクラシックス版所収のものを一部改めて収載した。

一、文庫化のための補訂にあたっては、大津透氏のご教示とご助力を得た。

(岩波文庫編集部)

岩波文庫の最新刊

フアン・リンス著／横田正顕訳
民主体制の崩壊
―危機・崩壊・再均衡―

デモクラシーはある日突然、死に至るのではない。危機を昂進させる政治過程を経て崩壊する。その分析枠組を提示した比較政治学の古典的研究。
〔白三四-一〕 本体一〇一〇円

下村湖人作
次郎物語（五）

朝倉先生のあとを追って上京した次郎は先生が主宰する「友愛塾」の助手となり、自己を磨く充実した日々を送る。不朽の教養小説最終巻。（解説＝原彬久）（全五冊）
〔緑二二五-五〕 本体九五〇円

幸田露伴作
渋沢栄一伝

偉人の顕彰ではなく、激動の時代が造り出した一人の青年が成長していくドラマを、史実を踏まえて文豪が描き出す。露伴史伝文学の雄編。（解説＝山田俊治）
〔緑一二-一八〕 本体八一〇円

……今月の重版再開……

ジョージ・オーウェル著／都築忠七訳
カタロニア讃歌
本体九二〇円
〔赤二六二-二〕

ヴァルター・ベンヤミン著／野村修編訳
ボードレール 他五篇
―ベンヤミンの仕事2―
本体九二〇円
〔赤四六三-二〕

定価は表示価格に消費税が加算されます　2020. 11

岩波文庫の最新刊

大岡信著
詩人・菅原道真
——うつしの美学——

菅原道真の詩は「うつしの美学」が生んだ最もめざましい実例である。語られざる古代のモダニストの実像。和歌の詩情を述志の漢詩に詠んだ詩人を論じる。
〔緑二〇二-四〕 本体六〇〇円

柳井滋・室伏信助・大朝雄二・鈴木日出男・藤井貞和・今西祐一郎校注
源氏物語（八）
早蕨—浮舟

薫の前に現れた、大君に瓜二つの異母妹、浮舟。薫は早速宇治に迎えるが、強引に匂宮が割り込み、板挟みに耐えかねた浮舟は——。早蕨から浮舟の四帖を収録。（全九冊）〔黄一五-一七〕 本体一四四〇円

ジャック・ラカン
精神分析の四基本概念（下）
ジャック＝アラン・ミレール編／小出浩之・新宮一成・鈴木國文・小川豊昭訳

ラカンの高名なセミネールの中で、最重要の講義録。下巻では、転移と分析家、欲動と疎外、主体と〈他者〉などの問題が次々と検討される。改訳を経ての初の文庫化。
〔青N六〇三-二〕 本体一〇一〇円

……今月の重版再開……

小松雄一郎訳編
ベートーヴェン **音楽ノート**
〔青五〇一-二〕 本体五二〇円

ヴァルター・ベンヤミン著／野村修編訳
暴力批判論 他十篇
——ベンヤミンの仕事1——
〔赤四六三-一〕 本体八四〇円

カント 実践理性批判　波多野精一・宮本和吉・篠田英雄 訳
判断力批判 全二冊　カント 篠田英雄 訳
永遠平和のために　カント 宇都宮芳明 訳
プロレゴメナ　カント 篠田英雄 訳
人間の使命　フィヒテ 宮崎洋三 訳
学者の使命・学者の本質　フィヒテ 宮崎洋三 訳
ヘーゲル 政治論文集 全二冊　金子武蔵 訳
歴史哲学講義 全二冊　ヘーゲル 長谷川宏 訳
人間的自由の本質　シェリング 西谷啓治 訳
自殺について 他四篇　ショウペンハウエル 斎藤信治 訳
読書について 他二篇　ショウペンハウエル 斎藤忍随 訳
知性について 他四篇　ショーペンハウエル 細谷貞雄 訳
将来の哲学の根本命題 他二篇　フォイエルバッハ 松村一人・和田楽 訳
反復　キルケゴール 桝田啓三郎 訳
不安の概念　キェルケゴール 斎藤信治 訳
死に至る病　キェルケゴール 斎藤信治 訳
体験と創作 全二冊　ディルタイ 柴田治三郎・小牧健夫 訳

眠られぬ夜のために 全二冊　ヒルティ 草間平作・大和邦太郎 訳
幸福論 全三冊　ヒルティ 草間平作・大和邦太郎 訳
悲劇の誕生　ニーチェ 秋山英夫 訳
ツァラトゥストラはこう言った 全二冊　ニーチェ 氷上英廣 訳
道徳の系譜　ニーチェ 木場深定 訳
善悪の彼岸　ニーチェ 木場深定 訳
この人を見よ　ニーチェ 手塚富雄 訳
プラグマティズム　W・ジェイムズ 桝田啓三郎 訳
宗教的経験の諸相 全二冊　W・ジェイムズ 桝田啓三郎 訳
純粋現象学及現象学的哲学考案 全二冊　フッセル 池上鎌三 訳
デカルト的省察　フッサール 浜渦辰二 訳
愛の断想・日々の断想　ジンメル 清水幾太郎 訳
笑い　ベルクソン 林達夫 訳
物質と記憶　ベルクソン 熊野純彦 訳
時間と自由　ベルクソン 中村文郎 訳
ラッセル教育論　安藤貞雄 訳
ラッセル幸福論　安藤貞雄 訳

ラッセル結婚論　安藤貞雄 訳
存在と時間 全四冊　ハイデガー 熊野純彦 訳
学校と社会　デューイ 宮原誠一 訳
民主主義と教育 全二冊　デューイ 松野安男 訳
歴史と自然科学・道徳の原理に就て・聖　ヴィンデルバント 篠田英雄 訳
我と汝・対話 「ブレルーディエン」より　マルティン・ブーバー 植田重雄 訳
アラン 幸福論　神谷幹夫 訳
アラン 定義集　神谷幹夫 訳
英語発達小史　H・ブラッドリ 寺澤芳雄 訳
日本の弓術　オイゲン・ヘリゲル述 柴田治三郎 訳
饒舌について 他五篇　プルタルコス 柳沼重剛 訳
ことばのロマンス —英語の語源　ウィークリー 寺澤芳雄・出淵博 訳
天才・悪　ブレンターノ 篠田英雄 訳
比較言語学入門　高津春繁
人間の頭脳活動の本質 他一篇　ディーツゲン 小松摂郎 訳
ハリネズミと狐 —『戦争と平和』の歴史哲学　バーリン 河合秀和 訳
言語 —ことばの研究序説　エドワード・サピア 安藤貞雄 訳

《哲学・教育・宗教》〔青〕

- ソクラテスの弁明・クリトン　プラトン　久保勉訳
- ゴルギアス　プラトン　加来彰俊訳
- 饗宴　プラトン　久保勉訳
- テアイテトス　プラトン　田中美知太郎訳
- パイドロス　プラトン　藤沢令夫訳
- メノン　プラトン　藤沢令夫訳
- 国家　全二冊　プラトン　藤沢令夫訳
- プロタゴラス　―ソフィストたち　プラトン　藤沢令夫訳
- パイドン　―魂の不死について　プラトン　岩田靖夫訳
- アナバシス　―敵中横断六〇〇〇キロ　クセノポン　松平千秋訳
- アリストテレス　ニコマコス倫理学　全二冊　高田三郎訳
- アリストテレス　形而上学　全二冊　出隆訳
- アリストテレス　弁論術　戸塚七郎訳
- アリストテレース詩学・ホラーティウス詩論　松本仁助・岡道男訳
- 物の本質について　ルクレーティウス　樋口勝彦訳
- エピクロス　―教説と手紙　出隆・岩崎允胤訳

- 生の短さについて　他二篇　セネカ　大西英文訳
- 怒りについて　他二篇　セネカ　兼利琢也訳
- マルクス・アウレーリウス　自省録　神谷美恵子訳
- 老年について　キケロー　中務哲郎訳
- 友情について　キケロー　中務哲郎訳
- 弁論家について　全二冊　キケロー　大西英文訳
- キケロー書簡集　高橋宏幸編
- 方法序説　デカルト　谷川多佳子訳
- 哲学原理　デカルト　桂寿一訳
- 精神指導の規則　デカルト　野田又夫訳
- 情念論　デカルト　谷川多佳子訳
- パンセ　全三冊　パスカル　塩川徹也訳
- 知性改善論　スピノザ　畠中尚志訳
- スピノザ　エチカ（倫理学）　全二冊　畠中尚志訳
- モナドロジー　他二篇　ライプニッツ　谷川多佳子・岡部英男訳
- 学問の進歩　ベーコン　服部英次郎・多田英次訳
- ニュー・アトランティス　ベーコン　川西進訳

- ハイラスとフィロナスの三つの対話　バークリ　戸田剛文訳
- 自然宗教をめぐる対話　ヒューム　犬塚元訳
- 人間機械論　ド・ラ・メトリ　杉捷夫訳
- 聖トマス　形而上学叙説　―有と本質とに就いて　高桑純夫訳
- エミール　全三冊　ルソー　今野一雄訳
- ルソー　告白　全三冊　桑原武夫訳
- 孤独な散歩者の夢想　ルソー　今野一雄訳
- 人間不平等起原論　ルソー　本田喜代治・平岡昇訳
- ルソー　社会契約論　桑原武夫・前川貞次郎訳
- 政治経済論　ルソー　河野健二訳
- 学問芸術論　ルソー　前川貞次郎訳
- 演劇について　―ダランベールへの手紙　ルソー　今野一雄訳
- 言語起源論　―旋律と音楽的模倣について　ルソー　増田真訳
- ディドロ、ダランベール編　百科全書　―序論および代表項目　桑原武夫訳編
- 道徳形而上学原論　カント　篠田英雄訳
- 啓蒙とは何か　他四篇　カント　篠田英雄訳
- 純粋理性批判　全三冊　カント　篠田英雄訳

読書子に寄す

――岩波文庫発刊に際して――

岩波茂雄

真理は万人によって求められることを自ら欲し、芸術は万人によって愛されることを自ら望む。かつては民を愚昧ならしめるために学芸が最も狭き堂宇に閉鎖されたことがあった。今や知識と美とを特権階級の独占より奪い返すことはつねに進取的なる民衆の切実なる要求である。岩波文庫はこの要求に応じそれに励まされて生まれた。それは生命ある不朽の書を少数者の書斎と研究室とより解放して街頭にくまなく立たしめ民衆に伍せしめるであろう。近時大量生産予約出版の流行を見る。その広告宣伝の狂態はしばらくおくも、後代にのこすと誇称する全集がその編集に万全の用意をなしたるか。千古の典籍の翻訳企図に敬虔の態度を欠かざりしか。さらに分売を許さず読者を繋縛して数十冊を強うるがごとき、はたしてその揚言する学芸解放のゆえんなりや。吾人は天下の名士の声に和してこれを推挙するに躊躇するものである。このときにあたって、岩波書店は自己の責務のいよいよ重大なるを思い、従来の方針の徹底を期するため、すでに十数年以前より志して来た計画を慎重審議この際断然実行することにした。吾人は範をかのレクラム文庫にとり、古今東西にわたって文芸・哲学・社会科学・自然科学等種類のいかんを問わず、いやしくも万人の必読すべき真に古典的価値ある書をきわめて簡易なる形式において逐次刊行し、あらゆる人間に須要なる生活向上の資料、生活批判の原理を提供せんと欲する。この文庫は予約出版の方法を排したるがゆえに、読者は自己の欲する時に自己の欲する書物を各個に自由に選択することができる。携帯に便にして価格の低きを最主とするがゆえに、外観を顧みざるも内容に至っては厳選最も力を尽くし、従来の岩波出版物の特色をますます発揮せしめようとする。この計画たるや世間の一時の投機的なるものと異なり、永遠の事業として吾人は微力を傾倒し、あらゆる犠牲を忍んで今後永久に継続発展せしめ、もって文庫の使命を遺憾なく果たさしめることを期する。芸術を愛し知識を求むる士の自ら進んでこの挙に参加し、希望と忠言とを寄せられることは吾人の熱望するところである。その性質上経済的には最も困難多きこの事業にあえて当たらんとする吾人の志を諒として、その達成のため世の読書子とのうるわしき共同を期待する。

昭和二年七月

日本《にほん》の古代国家《こだいこっか》

2017年1月17日　第1刷発行
2020年11月16日　第3刷発行

著　者　石母田《いしもだ》 正《しょう》

発行者　岡本　厚

発行所　株式会社 岩波書店
〒101-8002 東京都千代田区一ツ橋 2-5-5

案内 03-5210-4000　営業部 03-5210-4111
文庫編集部 03-5210-4051
https://www.iwanami.co.jp/

印刷・精興社　製本・中永製本

ISBN 978-4-00-334362-3　Printed in Japan

事項索引

配列順序は，あいうえお順によるのを原則とした．ただし，慣行のよみくせによらなかった場合がある．複数のよみかたがある場合，どれか1つのよみによった．なお，関連する項目を必要に応じて〔　〕を付して掲出した．氏(うじ)の次に〔大氏・小氏〕を掲出した例などである．

き

く

さ

し

す

せ

ち

つ

て